Acknowledgment is hereby made of financial assistance given in the publication of this book, by the St. Louis University and the Missouri Province of the Society of Jesus.

CONTENTS

INTRODUCTION

1. *Rationale of the Bibliography*

In 1921, a bibliography of works pertaining to the study of the life, works, and thought of St. Thomas Aquinas, compiled by Fathers Mandonnet and Destrez, was published.[1] This list of 2,219 items, analytically arranged with excellent indexes, has proved to be an almost indispensable research tool for thomistic scholars. No such general bibliography has appeared since 1921. To supplement the original *Bibliographie,* the Dominicans of Le Saulchoir have printed periodical surveys of thomistic literature, with critical comments, in the *Bulletin Thomiste,* beginning with the year 1924.[2] Several other journals have excellent bibliographical sections in which the chief thomistic works of each year are included.[3] While these periodical surveys are most useful, it is difficult for the average scholar to obtain them all and to find quickly in them the literature relevant to a specific piece of research. Hence, it has seemed advisable to compile in one volume an analytical list of the more important publications in the field of thomistic studies from 1920 to 1940. The present *Bibliography* is the result. Its purpose, then, is to make available, in handy form, accurate references to the thomistic literature of these twenty years.

Naturally, the learned members of St. Thomas' own Order, who did the *Bibliographie* of 1921, would be the logical compilers of such a supplement. However, Father Mandonnet is now dead (1936) and, due to war conditions, the Dominicans of Belgium and their European confrères are unable to do this work. Representatives

---

[1] Mandonnet, P., O.P. and Destrez, J., O.P. *Bibliographie Thomiste,* Le Saulchoir, Kain, Belgique (Bibliothèque thomiste, I) 1921 xxi-116 pp.

[2] The *Bulletin Thomiste,* bibliographical supplement to the *Revue Thomiste,* is numbered in three-year cycles and lists from 1000 to 1500 items in each cycle.

[3] Notably: the *Revue Néoscolastique* (Louvain); the *Revue des Sciences Philosophiques et Théologiques* (Paris); the *Philosophisches Jahrbuch* (Fulda); the *Rivista di Filosofia Neoscolastica* (Milan); and the *New Scholasticism* (Washington). There are many others.

of the Order of Preachers in Canada and the United States have assured the present writer that they cannot carry on such a task of compilation. They have been very kind in giving full approval to the present enterprise.[4]

In the main, the analytical divisions according to subject-matter, of the present list, follow those of the Mandonnet-Destrez *Bibliographie Thomiste.* These categories, with a few modifications for the sake of clarity and completeness, have been retained so that it will be possible to use this *Bibliography* as a supplement to that of 1921. As far as the listing of secondary works is concerned, this *Thomistic Bibliography* in no way supplants the work of Mandonnet-Destrez, since they deal with different chronological periods.

The user will find, in the present work, references to a large number of recent books and articles in all scholarly languages, dealing with the many aspects of thomistic studies. No effort has been made to give all the literature in this field. That would be neither possible nor advisable; no one man can know all these publications, and not all of them are really valuable. On the other hand, the fact that a work is listed here does not mean that it is necessarily a good study, or that it presents St. Thomas in an orthodox fashion, or finally, that it is recommended for the use of the average student. Conceivably, it may be necessary for some investigators to have reference to bad works as much as to good ones. Moreover, it is probably unnecessary to point out that the present writer has not seen many of the works herein listed.

Items in the *Bibliography* are classified under five major categories: I. Life and Personality of St. Thomas, II. Works of St. Thomas, III. Philosophical Doctrines, IV. Theological Doctrines, and V. Doctrinal and Historical Relations. The sub-divisions under these general categories may be seen in the *Table of Contents.* Within each sub-division, items are listed alphabetically under the names of the authors, with anonymous works first. This represents a departure from the chronological ordering of each subdivision, which is used in the *Bibliographie Thomiste.*

Acknowledgment of assistance is gratefully made to the staffs of the following institutions: St. Louis University Library, St. Louis Public Library, the Library of the School of Divinity of St. Louis University, at St. Marys, Kansas, the Library of the University of Michigan, and the Library of the Pontifical Institute of Mediaeval Studies, Toronto. Special thanks are also due the Board of Editors of the *Modern Schoolman,* of St. Louis University.

[4] In this connection, special thanks are due to Father L.M. Régis, of the Dominican Institut Médiéval Albert le Grand, Montreal, and to Father R.E. Brennan, formerly of the Dominican House of Studies, Washington, D. C., for their encouragement.

2. *Method of Using the Bibliography*

To find the title and probable date of any work of St. Thomas: see *Introduction,* section 4, where the authentic works are arranged chronologically. Location of each work in the standard editions is also indicated there. For more complete information on recent editions and translations, consult the *Bibliography,* category II: *Works of St. Thomas.*

To find works on a definite topic: check the pertinent sub-divisions in the *Table of Contents* and consult the pages therein indicated. Thus, if the topic be the immortality of the human soul, one would look at category III: *Philosophical Doctrines,* sub-division J: *Psychology.* On the other hand, if the investigation has to do with the supernatural destiny of man, let us say the beatific vision, one would consult category IV: *Theological Doctrines,* sub-division O: *Future Life and Destiny of Man.* As this example shows, certain topics may fall within two or more sub-divisions.

To find all of the works of a modern author on thomistic topics: use the alphabetical list of authors in *Index* I, where such works are listed by serial number; then look up these numbers in the *Bibliography.* Non-English names are alphabetized without attention to such prefixes as: *de, di, van, von,* and so on. Authors who write normally in English but have names containing such prefixes are listed according to the complete form of their surnames; thus, D'Arcy comes under 'D'. Religious are listed by surnames, where given; otherwise, by their name in religion.

To find the full title and place of publication of a periodical, collection, or reference work: check the abbreviation with the alphabetical list in *Index* IV.

To find thomistic articles appearing in any periodical during the period 1920-1940: see alphabetical list of periodicals in *Index* III, where references are given to serial numbers under which articles from the periodicals are listed.

To find anonymous works: consult the list alphabetized under the first key-word in the title, in *Index* II. Note that *Symposium* titles are listed alphabetically in category III, sub-division B.

3. *Chronology of the Life of St. Thomas*

1225 A.D. Thomas Aquinas was born in the castle of Roccasecca, seventy-five miles south of Rome. His father, Landolfo, was Count of Aquino, a nearby town. Some competent authorities give 1224 or 1226 as the date of his birth.

1230 (probably in May) He entered the Benedictine Abbey of Monte Cassino (eighty-five miles south of Rome) as an oblate and began his elementary studies. This monastery, founded in

529 by St. Benedict, had been the cradle of the Benedictine Order.

1239 Due to the war between Frederick II, King of Sicily (which kingdom included the portion of southern Italy about Naples and north beyond Aquino), and Pope Gregory IX, the monks were forced to leave the Abbey. Thomas returned home.

1239 (Autumn) After doffing the Benedictine habit and spending the summer at home, he enrolled at the University of Naples, recently (1224) founded by Frederick II. Here he completed his liberal arts studies, finishing the *trivium* under Master Martin and the *quadrivium* under Peter of Ireland.

1243 (December 24) Landolfo, Thomas' father, died. Thomas took the habit of the Dominican Order, possibly in the Spring of 1244. John the Teuton, General of the Order, decided to take Thomas to Bologna, and eventually to Paris, to complete his philosophical and theological studies. Fifteen days later, while en route at Aquapendente, some of Thomas' brothers and relatives apprehended him because they and his mother did not like his entrance into a mendicant Order. Thomas remained at home, a semi-prisoner, for about one year.

1245 (Autumn) Thomas regained his liberty, again took the Dominican habit and went to Paris, where he began to study under St. Albert the Great. Some German authorities, not without some historical basis, insist that he went to Cologne at this time.

1248 St. Albert went to Cologne to establish a Dominican House of Theological Studies and Thomas was taken along to study theology for four years.

1252 Thomas returned to the University of Paris to lecture on the Bible for two years *(Baccelarius Biblicus)*.

1254 For the following two years, he lectured on the *Four Books of Sentences* of Peter Lombard *(Baccelarius Sententiarum.)*

1256 Thomas was granted his Magistrate (doctorate) in Theology at the University of Paris, and continued to teach there for three years.

1259 He returned to Italy to teach theology at the Pontifical Court of Pope Alexander IV, at Anagni.

1261-1265 Taught theology at Orvieto, the residence of Pope Urban IV.

1265-1267 Leaving the Papal Court, he taught at the Dominican House of Studies, in the Convent of St. Sabina, Rome.

1267 (Autumn)-**1268** (November) Recalled by Pope Clement IV, Thomas taught theology at Viterbo, in the Papal Court.

1268 (Autumn) He returned to teach at the University of Paris. Now, he was involved in various controversies, with the Latin

Averroists, with opponents of the mendicant Orders, and with reactionary critics of his doctrine.

1272 (After Easter) Thomas went back to Italy; was present at a general chapter of the Dominicans held in Florence in the week of Pentecost; attended his brother-in-law, Roger of Aquila at his death on August 2; served as executor of the estate. In October, he began to teach at the University of Naples.

1274 At the invitation of Pope Gregory X, he set out in January for Lyons, to attend an important Church Council. On the way, he fell sick and had to stop at the Cistercian Abbey of Fossanova, near Terracina. There he died on the seventh of March.

1323 Pope John XXII canonized St. Thomas, on July 18th.

1567 Pius V, Pope and Saint, proclaimed St. Thomas a Doctor of the Church, on April 11th.

1880 Pope Leo XIII, on August 4th, named St. Thomas the universal patron of Catholic Schools.

4. *The Works of St. Thomas: Chronological List*

(i) **Major Theological Works.** These are the *Scriptum super IV Libros Sententiarum,* the *Summa contra Gentiles,* and the magistral *Summa Theologica.* There are few problems of authenticity in connection with these works. The *Commentary on the Sentences* is the product of St. Thomas' first years as a teacher of theology. It was considered by Mandonnet to be a somewhat immature work.[5] The *Summa contra Gentiles* was done in the middle of St. Thomas' teaching period. It is not properly called a *Summa Philosophica* (as is done in some printed editions); rather, it is a work of Christian apologetics, using philosophical arguments frequently in the first three books but relying much on theological principles in the fourth book. The *Summa Theologica* was written during St. Thomas' last years and remained unfinished at his death. The *Supplementum* to Part III was compiled, chiefly from portions of the *Commentary on the Sentences,* by Reginald of Piperno, the friend and closest associate of St. Thomas. It should be noted by those who are not familiar with the text that some editions of the *Summa Theologica* contain, in each article, a section entitled *Conclusio.* These conclusions were not written by St. Thomas but by a Louvain theologian, Augustinus Hunnaeus.

Certain abbreviated forms are used almost universally in citations of these works. The *Summa contra Gentiles* is divided into books and chapters. A standard reference will take this form: *CG* III, 6 *init.*

[5] Thus, in the *Avertissement* of his edition of the *Scriptum in Libros Sententiarum,* Paris, 1929, I, v, Mandonnet wrote: "à trente et un ans, un homme même de génie n'a pas dit son dernier mot."

(i.e. *Summa contra Gentiles,* Book three, chapter six, at the beginning of the chapter). Each of the four books of St. Thomas' *Commentary on the Sentences* is divided into distinctions; each distinction will contain one or more questions; each question has several articles; some articles are divided into sub-questions *(quaestiunculae)*. The structure of the article is similar to that of an article in the *Summa Theologica,* as explained below. Thus, a standard reference would be: *In III Sent.* 25, 2, 1, 3 *solut.* (or *resp.,* or *c*), (i.e. *Commentary on the Third Book of Sentences,* distinction twenty-five, question two, article one, sub-question three, in the solution, also called the response or *corpus*). The *Summa Theologica* is divided into three Parts: Part two is subdivided into two divisions: *Prima Secundae* (I-II) and *Secunda Secundae* (II-II). Each part is divided into more than a hundred questions. Each question contains from one to more than fifteen articles. Each artitcle has the following structure: the statement of the problem *(Utrum . . .)*, the objections itemized *(Videtur quod . . .)*, the statement of an authority or reason in opposition to the objections *(Sed contra . . .)*, the response, or body of the article, constituting the main answer of St. Thomas to the problem *(Respondeo dicendum . . .)*, and the itemized replies to the original objections *(Ad 1m, Ad 2m . . .)*. A reference will take this form: *ST (or S.Th.)* II-II (or IIa IIae), 19, 4 c, et ad 2m. (i.e. *Summa Theologica,* second division of Part two, question nineteen, article four, in the *corpus* or response, and also in the answer to the second objection). It is a good practice to add to such references the volume and page numbers of the edition being used. Where possible, the two Summa's should be cited from the Leonine edition; the *Commentary on the Sentences* from the near-critical edition of Mandonnet-Moos.

(ii) **The Theological Questions.** These constitute a distinct genre of mediaeval academic literature. While St. Thomas was not the inventor of the *Question* form, as some scholars have maintained, there is little doubt that with him it reached its perfection. There are two series of thomistic *Questions*: the *Quaestiones Quodlibetales* and the *Quaestiones Disputatae.* The *Quodlibets* deal with a variety of unrelated topics; whereas each *Disputed Question* has one major topic and all its articles bear on this subject. Both are records of formal, academic disputations or debates on theological or philosophical problems. The chronology of these works is difficult and the dates given in the list which follows are admittedly tentative. There is little trouble as to authenticity, but the reader should note that, in the *Quaest. Disp. de Virtutibus in Communi,* art. 2, there is a textual lacuna in the MSS. Most editions fill this in with a section compiled by Father Vincentius de Castro (cf. the text as printed by Marietti, Turin, *Quaestiones Disputatae,* II, 491a-494a).

These *Questions* are most important sources of information about the personal thought of St. Thomas. They will often be found more complete and more analytical than corresponding passages in the *Summa Theologica.* They have the same article structure as the *Summa Theologica.*

(iii) **Scriptural Commentaries.** These include ten expositions of various parts of the *Old* and *New Testament.* St. Thomas had a good knowledge of Holy Scripture but he did not have the linguistic equipment to deal adequately with problems of textual criticism. His commentaries present many problems of authenticity and chronology. The printed versions are often textually defective. None has appeared in the Leonine edition.

(iv) **Commentaries on Aristotle, Boethius, Dionysius and the 'Liber de Causis'.** With exception of the *Organon,* St. Thomas wrote expositions of most of the *philosophic* (as distinguished from the treatises on natural science) works of Aristotle. These thomistic commentaries contain much of his philosophical thought. However, they are not "personal" works, in the sense that the *Summa Theologica* is. St. Thomas usually explains the text as he finds it, only disagreeing with Aristotle where he finds something that is definitely incompatible with Christian principles. He was influenced, particularly from the point of view of style, by the classic commentaries of the twelfth-century, Arabic scholar, Averroës (*the* Commentator). Hence, all due care must be taken not to base an exposition of thomistic doctrine on an isolated portion of one of these commentaries. The expositions of Boethius, Dionysius the Pseudo-Areopagite, and the *Liber de Causis* (all frequently printed among the *Opuscula)* are equally important for the study of the philosophy and the theology of St. Thomas.

(v) **Opuscula.** This is a group of more than thirty miscellaneous works, mostly short but in some cases (such as the *Compendium Theologiae)* of considerable scope. Some of his finest thinking is contained in these *Opuscula.* From the late thirteenth to the sixteenth centuries there was a tendency among thomists to increase the number of these little works by making compilations of texts from well-known works of St. Thomas, or by attributing later treatises to him.[6] Hence, the classic Piana edition (1570 A.D.) printed more than seventy *Opuscula,* of which about half are really authentic. The fact that a treatise is printed in the *Opera Omnia* is, then, no guarantee of its authenticity. The reader will avoid needless difficulty by following the guidance of Grabmann or Mandonnet in using the *Opuscula.* For those who have not easy access to their studies, the

[6] For an example of this, see: V.J. Bourke, "The Unauthenticity of the *De Intellectu et Intelligibili* Attributed to St. Thomas Aquinas," *New Scholasticism,* XIV (1940) 325-345.

following chronological list will prove helpful. It contains a minimal group of unquestionably authentic *Opuscula.* There may be a few others which later researches will remove from the doubtful category.

In the following list, all of the extant works of St. Thomas that are known to be authentic are named and numbered in chronological sequence. The order of listing is only meant to be approximative. Many works took more than one year in their preparation and overlapped on other writings. In these cases, the year in which they were begun is used for purposes of determining sequence. The standard studies by De Rubeis, Mandonnet, Grabmann, Pelster, Birkenmajer, Glorieux, Bačić, and others listed in the *Bibliography,* form the basis of the present chronology.[7] No originality is claimed by the present writer for this information about the dating of the writings. However, it is important for every serious student of St. Thomas to pay some attention to the temporal sequence of the works. Though his thought matured very early and remained remarkably consistent throughout his more than twenty-five years of literary activity, there is little doubt that St. Thomas did perfect his terminology and thought as he grew older.[8] The list given here makes it possible to follow through such developments in any area of thomistic study. The custom of listing St. Thomas' works in three groups, according to subject-matter, stems from the fourteenth century catalogues and there is no reason for keeping such divisions in modern scholarship.[9]

It will also be noticed that certain treatises are listed, herein, as *reportationes.* This means, of course, that they were transcribed by other men from the oral teaching of St. Thomas. Many were corrected later by St. Thomas. The fact that a work is called a *reportatio* should not be interpreted as suggesting that the treatise is not authentic. However, it is well to keep in mind that some *reportationes* were not prepared for publication by St. Thomas himself.

Because titles of the same works vary greatly from one edition to another, and in different traditions of MSS, the present list gives the most common titles and also the opening *(incipit)* and closing *(desinit)* lines of each work. The locations of all works in the widely-used *Opera Omnia* are also appended. There is no complete and critical edition of all the authentic works of St. Thomas. It is hoped that the Leonine edition will eventually remedy this situation, but at the present rate of publication it will not be completed in the

7 See *infra,* II: *Works of St. Thomas,* sub-division C: *General Studies of Works,* and D: *Studies of Individual Works.*

8 For suggestions as to the best method of handling parallel texts in their chronological sequence, consult: J. de Guibert, *Les doublets de S. Thomas,* Paris (Beauchesne) 1926.

9 See: P. Synave, "Le catalogue officiel des oeuvres de S. Thomas. Critique, origine, valeur," AHMA III (1928) 25-103.

twentieth century. Where good editions of separate works exist, these are listed also. It has not been possible to give all editions of such frequently published treatises as the *Summa Theologica* or the *De ente et essentia.* For those who wish more information on such recent editions and translations, it is recommended that they consult the *Bibliography,* II A: *Editions of Latin Works,* and II B: *Translations.*

Since many writers follow the regrettable practice of citing the *Opuscula* solely by their serial numbers in the Piana edition, without giving the title, these Piana numbers are given for each *opusculum.* Other editions (notably that of Mandonnet) use a different system of numbering and the result is chaos. It is much better to refer to each *opusculum* by its proper title.

The following are the abbreviations used in referring to standard editions:

Piana—S. Thomae Aq. *Opera Omnia,* jussu S. Pii V. 18 vol. in fol. Roma, 1570-1571. (Also known as the first Roman edition, or *editio Vaticana.*)

Parma—*Opera Omnia,* Parma, 1852-1873. 25 vol. (Petri a Bergamo, *Tabula Aurea,* in vol. XXV.)

Vivès—*Opera Omnia,* éd. par. E. Fretté et P. Maré, Paris (Vivès) 1872-1880. 34 vol. (*Tab. Aurea,* in vol. XXXIII and XXXIV.)

Leon.—*Opera Omnia,* jussu edita Leonis XIII P. M. Roma (Typis R. Garroni) 1882—. (Incomplete, 15 volumes now printed.)

Mand. Opusc.—*Opuscula Omnia,* cura P. Mandonnet, O. P. Paris (Lethielleux) 1927. 5 vol.

Other special editions are cited in full.

CHRONOLOGICAL LIST OF ST. THOMAS' WORKS

1. **De propositionibus modalibus** (1244-45 A. D.?) Incipit: "Quia propositio modalis a modo dicitur . . ." Desinit: ". . . Amabimus Edentuli." (Piana, n. 40; Mand. Opusc. n. 42, vol. IV, pp. 505-507.)
2. **De fallaciis ad quosdam nobiles artistas** (1244-45 A. D.?) Inc: "Quia logica est rationalis scientia . . ." Des: ". . . Et haec de fallaciis dicta sufficiant." (Piana, n. 39; Mand. Opusc. n. 43, IV, 508-534.)
3. **Principium Fr. Thomae de Aquino, quando incepit Parisius ut Baccelarius Biblicus** (1252 A.D.) Inc: "Hic est liber mandatorum Dei. . . . Secundum Augustinum, in IV De doctrina christiana . . ." Des: ". . . ad quem nos perducat ipse Jesus Christus, benedictus in saecula saeculorum. Amen." (First edition: Salvatore, F. *Due sermonie inediti di S. Tommaso d'Aq.* Roma, 1912; Mand. Opusc. n. 39, IV, 481-490.)
4. **De ente et essentia** (1254-56 A.D.) Inc: "Quia parvus error . . ." Des: ". . . finis et consummatio hujus sermonis." (Piana, n. 30; Parma, XVI, 330—; Vivès XXVII, 468—; Mand Opusc. n. 8, I,

145-161; *Opusculum De ente et essentia,* Turin: Marietti, 1932, 34 pp; Roland-Gosselin, M-D. *Le 'De ente et essentia' de s. Thomas d'Aq.* Le Saulchoir: Bibl. Thomiste VIII, 1925.)

5. **De principiis naturae ad fratrem Silvestrum** (1255 A.D.) Inc: "Quoniam quoddam potest esse, licet non sit . . ." Des: ". . . ita principia substantiae sunt principia omnia aliorum." (Piana, n. 31, XVII, 207—; Parma, XVI, 338—; Vivès, XXVII, 480; Mand. Opusc. n. 2, I, 8-18.)

6. **Scriptum super IV libros Sententiarum magistri Petri Lombardi** (1254-56 A.D.) Inc: "Ego sapientia effudi flumina. . . . " Des: ". . . ad quem omnia ordinantur; cui est honor et gloria in saecula saeculorum. Amen." (Piana, VI-VII; Parma, VI-VII; Vivès, VII-XI; ed. Mandonnet-Moos, 4 vols. Paris, 1929-1934.)

7. **Breve Principium Fr. Thomae de Aq., quando incepit Parisius ut magister in theologia** (1256 A.D.) Inc: "Rigans montes de superioribus suis. . . . Rex coelorum et Dominus hanc legem. . ." Des: ". . . Oremus. Nobis Christus concedit. Amen." (First ed.: Salvatore, *op. cit.* supra no. 3; Mand Opusc. n. 40, IV, 491-496.)

8. **Contra impugnantes Dei cultum et religionem** (1256-57 A.D.) Inc: "Ecce inimici tui sonuerunt et qui oderunt. . ." Des: ". . . cui honor et gratiarum actio in saecula saeculorum. Amen." (Piana, n. 19, XVII, 137—; Parma, XV, 1—; Vivès, XXIX, 1—; Mand. Opusc. n. 28, IV, 1-195.)

9. **Expositio in Evangelium Matthaei** (1256-59 A.D. unfinished, possibly a *reportatio* made by Leodegarius Bissuntinus, or by Fr. Petrus de Andria.) Inc: "Matthaeus ex Judea. . . . Evangelio Matthaei Hieronymus praemittit prologum. . ." Des: ". . . cui est honor et potestas per infinita saecula saeculorum. Amen." (Piana, XIV; Parma, X, 1—; Vivès, XIX, 226—; *In Evangelia S. Matthaei et S. Joannis Commentaria,* Turin: Marietti, 1919, 2 vols.)

10. **Quaestiones disputatae De Veritate** (1256-59 A.D.) Inc: "Primo enim quaeritur quid sit veritas. . ." Des: ". . . licet aliqua eorum non sufficienter." (Piana, VIII, 289—; Parma, IX, 1—; Vivès, XIV, 315—; Mandonnet, *Quaest. Disputatae,* Paris; Lethielleux, 1926, 3 vols.; S. Thomae, *Quaest. Disp.,* Turin-Rome: Marietti, 1931, vol. III-IV.)

11. **Quaestiones Quodlibetales** (1256-72 A.D. Detailed chronology of the individual *Questions* is difficult to establish. Mandonnet suggests: Christmas 1256—Quodl. VII; Chr. 1257—VIII; Easter 1258—IX; Chr. 1258—X; Eas. 1259—XI; Eas. 1269—I; Chr. 1269—II; Eas. 1270—III; Chr. 1270—XII; Eas. 1271—IV; Chr. 1271—V; Eas. 1272—VI. For other chronologies, see Pelster, Synave, Destrez and Grabmann.) Inc: "Quaesitum est de Deo, angelo et homine. De Deo. . ." Des: ". . . sed est sequestrandus in carcere vel alio modo." (Piana, VIII, 1—; Parma, IX, 459—; Vivès, XV, 357—; Mandonnet ed. Paris: Lethielleux, 1926; S. Thomae, *Quaestiones,* Turin-Rome: Marietti, 1931, t. V.) *Quodlibet* XII may be a *reportatio.*

12. **Expositio super Boetium De Trinitate** (1257-58 A.D. incomplete) Inc: "Ab initio nativitatis investigabo. . ." Des: ". . . et hoc est

propter eminentiam illius finis." (Piana, XVII, 114—; Parma, XVII, 349—; Vivès, XXVIII, 468—; Mand. Opusc. n. 16, III, 19-141.)

13. **Expositio in librum Boetii De Hebdomadibus** (1257-58 A.D.) Inc: "Praecurre prior in domum tuam. . ." Des: ". . . expositio hujus libri. Benedictus Deus per omnia. Amen." (Piana, n. 59, XVII, 111—; Parma, XVII, 339—; Vivès, XXVIII, 467—; Mand. Opusc. n. 9, I, 162-192.)

14. **Summa contra Gentiles, seu De Veritate Catholicae Fidei** (1258-1264 A.D. There is no MS sanction for the title, *Summa Philosophica.)* Inc: "Veritatem meditabitur guttur meum. . ." Des: ". . . sed guadebitis et exultabitis usque in sempiternum. Amen." (Piana, IX; Parma, V; Vivès, XII; Leon. XIII-XV; Editio Leonina Manualis, Roma: Forzani, 1927; id. Roma: Desclée-Herder, 1934; Turin: Marietti, 1922; Paris: Lethielleux, 1922.)

15. **Expositio in S. Pauli Apostoli epistolas, a capitulo xi primae ad Corinthios usque ad finem Pauli** (1259-65 A.D. The text of the editions is corrupt and the question of authenticity is difficult. St. Thomas did lecture on the *Epistles* of St. Paul possibly twice. The present section of this exposition is probably a *reportatio* made by Reginald of Piperno. For *incipit,* see item n. 71, below.) (Piana, XVI; Parma, XIII, Vivès, XX; *In omnes S. Pauli Apostoli Epistolas Commentaria,* Ed. VII, Turin: Marietti, 1929, 2 vols.)

16. **Expositio in Isaiam prophetam** (1259-61 A.D.) Inc: "Scribe visum et explana eum super tabulas. . ." Des: ". . . qui incipere et consummare dedit Jesus Christus Dominus noster, cui est honor et gloria in saecula saeculorum. Amen." (Piana, XIII; Parma, XIV, 427; Vivès, XVIII, 668—; Uccelli, *S. S. Thomae Aq. In Isaiam prophetam,* etc. Roma, 1880.)

17. **Expositio primae decretalis ad archidiaconum Tudertinum** (1259-68 A.D.) Inc: "Salvator noster discipulos ad praedicandum . . ." Des: ". . . quia circa ea non fuit specialiter erratum." (Piana, n. 23, XVII, 195—; Parma, XVI, 300—; Vivès, XXVII, 424—; Mand. Opusc. n. 31, IV, 324-340.)

18. **Expositio super secundum decretalem ad eundem** (i.e. archidiaconum Tudertinum) (1259-68 A.D) Inc: "Damnamus ergo et reprobamus. . ." Des: ". . . quod creatura in infinitum distat a Deo." (Piana, n. 24, XVII, 198—; Parma, XVI, 307—; Vivès, XXVII, 434—; Mand. Opusc. n. 32, IV, 341-348.)

19. **Expositio in Dionysium De divinis nominibus** (1260-68 A.D.) Inc: "Ad intellectum librorum beati Dionysii. . ." Des: ". . . omnium largitori, qui est trinus et unus Deus, vivens et regnans per omnia saecula saeculorum. Amen." (Piana, X; Parma, XV, 259—; Vivès, XXIX, 374—; Mand. Opusc. n. 14, II, 220-654.)

20. **De regimine Judaeorum ad ducissam Brabantiae** (1261 A.D.?) Inc: "Excellentiae vestrae recepi litteras. . ." Des: ". . . et est contra normam dicentis." (Piana, n. 26, XVII, 192—; Parma, XVI, 292—; Vivès, XXVII, 413—; Mand. Opusc. n. 12, I, 488-494.)

21. **Expositio in Job** (1261-64 A.D.) Inc: "Sicut in rebus quae

naturaliter generantur. . ." Des: ". . . perductus est ad futuram gloriam, quae durat per omnia saeculorum. Amen." (Piana, XII; Parma, XIV, 1—; Vivès, XVIII, 1—.)

22. **De articulis fidei et ecclesiae sacramentis ad archiepiscopum Panormitanum** (1261-68 A.D.) Inc: "Postulavit a me vestra dilectio. . ." Des: ". . . ad quem nos perducat, qui vivit et regnat per omnia saecula saeculorum. Amen." (Piana, n. 5, XII, 61—; Parma, XVI, 115—; Vivès, XXVII, 171—; Mand. Opusc. n. 15, III, 1-18.)

23. **De emptione et venditione ad tempus** (1262-63 A.D.) Inc: "Carissimo in Christo fratri Jacobo Viterbensi. . ." Des: ". . . possent usurarii excusari omnes. Valete." (Piana, n. 67, XVII, 110—; Parma, XVII, 337—; Vivès, XXVIII, 465—; Mand. Opusc. n. 20, III, 178-179.)

24. **Contra Errores Graecorum ad Urbanum Pontificem Maximum** (1263 A.D.) Inc: "Libellum ab Excellentia vestra mihi exhibitum. . ." Des: ". . . ut credo, omnia possunt reduci." (Piana, n. 50, XVII, 1—; Parma, XV, 239—; Vivès, XXIX, 344—; Mand. Opusc. n. 27, III, 279-328.)

25. **Officium de festo Corporis Christi ad mandatum Urbani Papae IV** (1264 A.D.) Inc: "*Antiph.* Sacerdos in aeternum Christus Dominus. . ." Des: ". . .Qui vivis et regnas cum Deo Patre in unitate Spiritus Sancti Deus, Per omnia saecula saeculorum, Amen." (Piana, n. 57, XVII, 40—; Parma, XV, 233—; Vivès, XXIX, 335—; Mand. Opusc. n. 37, IV, 461-476.)

26. **De rationibus fidei contra Saracenos, Graecos et Armenos ad cantorem Antiochenum** (1264-68 A.D.) Inc: "Beatus Petrus Apostolus, qui promissionem accepit. . ." Des: ". . . quae tamen alibi diligentius pertracta sunt." (Piana, n. 3, XVI, 88—; Vivès, XXVII, 128—; Mand. Opusc. n. 26, III, 252-278.)

27. **Catena Aurea in Matthaeum** (1261-64 A.D.) Inc: "Sanctissimo ac reverendissimo Patri Domino Urbano. . ." Des: ". . . qui est Deus benedictus in saecula. Amen." (Piana, XV; Parma, XI, 1—; Vivès, XVI, 1—; published with the three following items as: *Catena Aurea super Quattuor Evangelia,* 2 vols. Turin: Marietti, 1925.)

28. **Catena Aurea in Marcum** (1265 A.D.) Inc: "Reverendo in Christo Patri Domino Hannibaldo. . ." Des: ". . . quia te decet et sermonum et operum gloria. Amen." (Piana, XV; Parma, XI, 335—; Vivès, XVI, 499—; see *supra,* item 27.)

29. **Catena Aurea in Lucam** (1266 A.D.) Inc: "Induam coelos tenebris et saccum ponam. . ." Des: ". . . laudantes et benedicentes Deum, cui est gloria et benedictio et virtus in saecula. Amen." (Piana, XV; Parma, XII, 1—; Vivès, XVII, 1—; see *supra,* item 27.)

30. **Catena Aurea in Joannem** (1267 A.D.) Inc: "Vidi Dominum sedentem super solium excelsum. . ." Des: ". . . facere quae volebat: quia ipse est super omnia Deus benedictus in saecula saeculorum. Amen." (Piana, XV; Parma, XII, 257—; Vivès, XVII, 381—; see *supra,* item 27.)

31. **Expositio in Cantica Canticorum** (1264-69 A.D.) St. Thomas did

comment on the *Canticle of Canticles,* but the two printed versions attributed to him (one beginning: "Salomon inspiratus . . .", the other: "Sonet vox tua . . .") are *not authentic.* Cf. Grabmann, *Die Werke des hl. Thomas,* pp. 244-247.

32. **Expositio in Threnos Jeremiae prophetae** (1264-69 A.D.) Inc: "Ecce manus missa est ad me. . ." Des: ". . . Quare ergo percussisti nos, ut nulla sit sanitas?" (Piana, XIII; Parma, XIV, 668—; Vivès, XIX, 201—.)

33. **De rege et regno, sive de regimine principum** (1265-66 A.D. St. Thomas wrote only to the second or fifth ch. of Book II; it was finished by some other writer, possibly Tolomeus Lucensis.) Inc: "Cogitanti mihi quid offerem. . ." Des. ". . . infirma redduntur." or ". . . diffusius documentum eidem tradidit." (Piana, n. 20, XVII, 160—; Parma, XVI, 225—; Vivès, XXVII, 336—; Mand. Opusc. n. 11, I, 312-487, incl. the added portion.)

34. **Responsio ad Fr. Joannem Vercellensem, Gen. Mag. Ord. Praed., de articulis CVIII sumptis ex opere Petri de Tarantasia** (1265-66 A.D. doubtful authenticity.) Inc: "Primo considerandum est quod ratio . . ." Des: ". . . in anima etiam corpore destincto." (Piana, XVII, 76—; Parma, XVI, 152—; Vivès, XXVII, 230—; Mand. Opusc. n. 23, III, 211-245.)

35. **Quaest. Disp. de Potentia Dei** (1265-67 A.D.) Inc: "Primo enim quaeritur utrum in Deo sit potentia. . ." Des: ". . . idem potest dici de aliis similitudinibus." (Piana, VIII, 1—; Parma, VIII, 1—; Vivès, XIII, 1—; *Quaest. Disputatae,* ed. Mandonnet, Paris: Lethielleux, 1926, vol. II; *Quaest. Disp.* Turin: Marietti, 1931, vol. I.)

36. **In X libros Ethicorum ad Nicomachum Expositio** (1266-69 A.D.) Inc: "Sicut dicit Philosophus in principio metaphysicae, sapientis est ordinare. . ." Des: ". . . et terminatio summae, totius libri Ethicorum." (Piana, V; Parma, XXI, 1—; Vivès, XXV, 231—; ed. A. M. Pirotta, Turin: Marietti, 1934.)

37. **In III primos libros Politicorum Expositio** (1266-68 A.D. St. Thomas commented on the first two books and to the end of c. 7 of Book III, *lectio* 6; Petrus de Alvernia finished the Commentary. See: O'Rahilly, "The Comment. of the Politics," *Irish Eccl. Record* LXIII [1927] 614-622.) Inc: "Sicut Philosophus docet in secundo Physicorum, ars imitatur naturam. . ." Des: ". . . quasi aequivalentes eis propter libertatem." (Piana, V; Parma, XXI, 364—; Vivès, XXVI, 89—.)

38. **Summa Theologica** (1266-73 A.D. Incomplete; the **Supplementum tertiae Partis** is taken from the **Script. in Sent.** and was compiled by Reginald of Piperno; Guillelmus Sudre and Petrus Alvernensis also wrote supplements to it.) The Mandonnet (M) and Grabmann (G) chronology of the Parts:

Ia: M 1267-68 A.D.; G 1266 A.D.
Ia IIae: M 1269-70 A.D.; G March 1266—.
IIa IIae: M 1271-72 A.D.; G 1268-72 A.D.
IIIa: M 1272-73 A.D.; G 1272 A.D.
[Supplementum: post 1274, by Reginald of Piperno.]

Inc: "Quia catholicae veritatis doctor. . ." Des: ". . . ante baptismum non distinguitur poenitentia mortalium et venalium." (Piana, X-XII; Parma, I-IV; Vivès, I-IV; Leon. IV-XII printed with commentary by Cajetan; *Summa Theologiae,* revision of Piana text, with excellent notes, Ottawa: Dominican Institute of Med. Studies, 1941—.)

39. **Quaest. Disp. de Spiritualibus Creaturis** (1266-69 A.D.) Inc: "Primo enim quaeritur, utrum substantia spiritualis. . ." Des: ". . . et haec de spiritualibus creaturis dicta sufficiant." (Piana, VIII, 190—; Parma, VIII, 425—; Vivès, XIV, 1—; Paris: Lethielleux, 1926, vol. III; Turin: Marietti, 1931, vol. II; ed. Keeler, L.W., Rome: Univ. Gregoriana, 1938.)

40. **In VIII libros Physicorum Expositio** (1268 A.D.) Inc: "Quia liber physicorum. . ." Des: "totius naturae, qui est super omnia Deus benedictus in saecula. Amen." (Piana, II; Parma, XVIII, 226—; Vivès, XXII, 292—; Leon. II, 3—.)

41. **Exposito in Jeremiam prophetam** (1267-69 A.D. Incomplete, stops at c. 42.) Inc: "Hic est fratrum amator et populi Israel. . ." Des: ". . . et ideo non sum confusus." (Piana, XIII, Parma, XIV 577—; Vivès, XIX, 66—.)

42. **Quaest. Disp. de Unione Verbi Incarnati** (1268-72 A.D.) Inc: "Primo enim quaeritur, utrum haec unio facta sit. . ." Des: ". . . sed sunt in eo duae actiones." (Piana, VIII, 239—; Parma, VIII, 533—; Vivés, XIV, 161—; Paris: Lethielleux, 1926, vol. III; Turin: Marietti, 1931, vol. II.)

43. **Quaest. Disp. de Malo** (1268-69 A.D.) Inc: "Primo enim quaeritur, utrum malum sit aliquid. . ." Des: ". . . circa quaestiones de malo dicta sufficiant." (Piana, VIII, 99—; Parma, VIII, 219—; Vivès, XIII, 320—; Paris: Lethielleux, 1926, vol. II; Turin: Marietti, 1931, vol. II.)

44. **De Secreto** (1269 A.D. Record of the findings of a Dominican commission, of which St. Thomas was a member.) Inc: "Prima quaestio fuit, si frater unus. . ." Des: ". . . in hoc non concordant alii magistri cum fratre Thoma de Aquino." (Mand. Opusc. n. 41, IV, 497-501.)

45. **De perfectione vitae spiritualis, contra magistrum Geraldum** (1269 A. D.) Inc: "Quoniam quidam perfectionis ignari. . ." Des: ". . . Deus judicet inter nos et eos, qui est benedictus in saecula saeculorum. Amen." (Piana, n. 18, XVII, 114—; Parma, XV, 76—; Vivès, XXIX, 117—; Mand. Opusc. n. 29, IV, 196-264.)

46. **In libros perihermeneias Expositio** (1269-72 A.D.) Inc: "Sicut dicit Philosophus in III de Anima. . ." Des: ". . . in quibuscumque nominibus ponantur exempla." (Piana, I; Parma, XVIII, 1—; Vivès, XXII, 1—; Leon. I, 5—.)

47. **In libros posteriorum analyticorum Expositio** (1268 A.D.) Inc: "Sicut dicit Aristoteles in principio metaphysicae. . ." Des: ". . . sicut scilicet intellectus ad principium scientiae." (Piana, I; Parma, XVIII, 84—; Vivès, XXII, 103—; Leon. I, 137—.)

48. **In XII libros metaphysicorum Expositio** (1268-72 A.D.). Inc:

"Sicut docet Philosophus in politicis suis. . ." Des: ". . . quod supra dixit Deum, qui est benedictus in saecula saeculorum. Amen." (Piana, IV; Parma, XX, 245—; Vivès, XXIV, 233—; ed. Cathala, Turin: Marietti, 1926.)

49. **Quaest. Disp. de Anima** (1269-70 A.D.) Inc: "Primo enim quaeritur, utrum anima possit esse forma. . ." Des: ". . . poenae autem intelliguntur corporaliter." (Piana, VIII, 207—; Parma, VIII, 465—; Vivès, XIV, 61—; Paris: Lethielleux, 1926, vol. III; Turin: Marietti, 1931, vol. II.)

50. **Contra pestiferam doctrinam retrahentium homines a religionis ingressu** (1270 A. D.) Inc: "Christianae religionis propositum. . ." Des: ". . . erroneum est auctoritate veritatis confutetur." (Piana, n. 17, XVII, 104—; Parma, XV, 103—; Vivès, XXIX, 157—; Mand. Opusc. n. 30, IV, 265-322.)

51. **Quaest. Disp. de Virtutibus** (1269-72 A.D. Includes: **De virtut. in communi; De virtut. cardinalibus; De caritate; De correctione fraterna; De spe.**) Inc: "Primo enim quaeritur, utrum virtutes sint habitus. . ." Des: ". . . quia beatitudo non erat ei futura, sed praesens." (Piana, VIII, 244—; Parma, VIII, 545—; Vivès, XIV, 178—; Turin: Marietti, 1931, vol. II.)

52. **De sortibus ad dominum Jacobum** (1269-72 A.D. The MSS and editions give a wide variety of place names for Jacobus: de Burgo, de Tolongo, de Bonoso, de Turoneio, de Botgo, and de Tonengo!) Inc: "Postulavit a me vestra dilectio ut quid de sortibus. . ." Des: ". . . in tantum igitur nunc de sortibus dictum est." (Piana, n. 25, XVII, 199—; Parma, XVI, 310—; Vivès, XXVII, 439—; Mand. Opusc. n. 18, III, 144-162.)

53. **De forma absolutionis ad Generalem Magistrum Ordinis** (1269-72 A.D. Addressed to John of Vercelli.) Inc: "Perlecto libello a vobis exhibito. . ." Des: ". . . hoc opus de vestro mandato compilans laborarem." (Piana, n. 22, XVII, 193—; Parma, XVI, 295—; Vivès, XXVII, 417—; Mand. Opusc. n. 19, III, 163-177.)

54. **De occultis operationibus naturae ad quemdam militem** (1269-72 A.D.) Inc: "Quoniam in quibusdam naturalibus corporibus. . ." Des: ". . . et haec de operationibus et actionibus occultis ad praesens dicta sufficiant." (Piana, n. 34, XVII, 213—; Parma, XVI, 355—; Vivès, XXVII, 504—; Mand. Opusc. n. 1, I, 1-18.)

55. **De judiciis astrorum ad. Fr. Reginaldum socium suum carissimum** (1269-72 A.D.) Inc: "Quia petisti ut tibi scriberem an liceret judiciis astrorum uti. . ." Des: ". . . ea quae a voluntate hominis dependent, judiciis astrorum uti." (Piana, XVII, 202—; Parma, XVI, 317—; Vivès, XXVII, 449—; Mand. Opusc. n. 17, III, 142-143.)

56. **In librum de Causis Expositio** (1269-73 A.D.) Inc: "Omnis causa primaria. . ." Des: ". . . Deo omnipotenti qui est prima omnium causa." (Piana, IV; Parma, XXI, 717—; Vivès, XXVI, 514—; Mand. Opusc. n. 10, I, 193-311.)

57. **De aeternitate mundi contra murmurantes** (1270 A.D.) Inc: "Supposito secundum fidem catholicam. . ." Des: ". . . contrariae parti

videntur probabilitatem afferre." (Piana, n. 27, XVII, 202—; Parma, XVI, 318—; Vivès, XXVII, 450—; Mand. Opusc. n. 4, I, 22-27.)

58. **De unitate intellectus contra Averroistas** (1270 A.D.) Inc: "Sicut omnes homines naturaliter scire desiderant veritatem. . ." Des: ". . . ejus errori resistetur vel ignorantiae consuletur." (Piana, n. 16, XVII, 97—; Parma, XVI, 208—; Vivès, XXVII, 311—; Mand. Opusc. n. 6, I, 33-69.)

59. **Expositio in Evangelium S. Joannis** (1269-72) A.D. First five chaps. written by St. Thomas; the rest is a corrected *reportatio* by Reginald of Piperno.) Inc: "Vidi Dominum sedentem. . . . Verba proposita sunt contemplantis. . ." Des: ". . . multiplicati sunt super numerum." (Piana, XIV; Parma, X, 279—; Vivès, XIX, 669—; Turin: Marietti, 1919.)

60. **In libros de Anima Expositio** (1270-72 A.D. Book I is a *reportatio* by Reg. of Piperno; remainder is written by St. Thomas.) Inc: "Sicut docet Philosophus in undecimo de animalibus. . ." Des: ". . . et haec dicta de anima ad praesens sufficiant." (Piana, III; Parma, XX, 1—; Vivès, XXIV, 1—; ed. Pirotta, Turin: Marietti, 1925.)

61. **In librum de Sensu et Sensato Expositio** (1270-72 A.D.) Inc: "Sicut Philosophus dicit in tertio de Anima, sicut separabiles. . ." Des: ". . . fit aliqua praecognitio futurorum." (Piana, III; Parma, XX, 145—; Vivès, XXIV, 197—; ed. Pirotta: Marietti, 1928.)

62. **In librum de Memoria et Reminiscentia Expositio** (1270-72 A.D.) Inc: "Sicut Philosophus dicit in septimo de historiis animalium. . ." Des: ". . . quid sit et quomodo fiat et propter quam causam." (Piana, III; Parma, XX, 197—; Vivès, XXIV, 269—; ed. Pirotta, Turin: Marietti, 1928.)

63. **In Psalmos Davidis Expositio** (1270-72 A.D. Incomplete *reportatio*, by Reg. of Piperno; goes up to Psalm 54.) Inc: "In omni opere suo. . ." Des: ". . . unde non possunt nisi diligere Deum." This is the end of the Comment on Ps. 51, with which the printed versions usually close. (Piana, XIII; Parma, XIV, 148—; Vivès, XVIII, 228—. For an edition of the exposition of Ps. 52 to 54, see: Uccelli, P.A. "De' Salmi LII, LIII e LIV Esposizione inedita di S. Tommaso," *La scienza e la fede* XCIX [1875] 265-273; 375-388.)

64. **Declaratio XLII quaestionum ad magistrum Ordinis** (1271 A.D.) Inc: "Reverendo in Christo Patri Fratri Joanni. . ." (i.e. John of Vercelli) Des: ". . . professio nullatenus requirebat." (Piana, n. 10, XVII, 79—; Parma, XVI, 163—; Vivès, XXVII, 248—; Mand. Opusc. n. 22, III, 196-210.)

65. **Responsio ad lectorem Bisuntinum de articulis VI** (1271 A.D.) Inc: "Carissimo sibi in Christo fratri Gerardo Bisuntino. . ." Des: ". . . orationum suffragia impendatis." (Piana, XVII, 83—; Parma, XVI, 175—; Vivès, XXVII, 264—; Mand. Opusc. n. 24, III, 246-248.)

66. **Declaratio XXXVI quaestionum ad lectorem Venetum** (1271-72 A.D.) Inc: "Lectio vestris litteris in eis inveni. . ." Des: ". . . et

pro hoc labore mihi orationum suffragia rependatis." (Piana, n. 11, XVII, 81—; Parma, XVI, 169—; Vivès, XXVII, 256—; Mand. Opusc. n. 21, III, 180-195.)

67. **Compendium Theologiae ad Fratrem Reginaldum, sive De fide et spe** (1271-73 A.D. Incomplete.) Inc: "Aeterni Patris verbum sua immensitate. . ." Des: ". . . hoc esse possibile ex evidenti exemplo." (Piana, n. 2, XVII, 9—; Parma, XVI, 1—; Vivès, XXVII, 1—; Mand. Opusc. n. 13, II, 1-219.)

68. **In primos libros de Caelo et Mundo Expositio** (1272 A.D. Incomplete; St. Thomas wrote to end of *lectio* 8, Book III; Petrus de Alvernia did the section from *lectio* 9 to the end of Book IV.) Inc: "Sicut Philosophus dicit in primo Physicorum. . ." Des: ". . . quod sint elementa et propter quid sint." (Piana, II; Parma, XIX, 1—; Vivès, XXIII, 1—; Leon. III, 1—.)

69. **In primos libros Meteorologicorum Expositio** (1272 A.D. Incomplete; St. Thomas did the exposition of Book I and of II up to *lectio* 8; Petrus de Alvernia commented on the remainder of Book II and on III; possibly Jean Quidort did Book IV.) Inc: "Sicut in rebus naturalibus nihil est perfectum. . ." Des: ". . . boreas possit pertingere illuc, idest ad locum austri." (Piana, III; Parma, XIX, 300—; Vivès, XXIII, 387—; Leon. III, 325—.)

70. **Expositio in S. Pauli apostoli epistolas, ad Romanos et primam ad Corinthios usque ad finem cap. 10** (1272-73 A.D. Toward the end of his life St. Thomas undertook this *second* exposition of the Pauline *Epistles,* for the first see *supra,* item 15. St. Thomas finished up to *lectio* 2 of the first *Epist. ad Corinth.*: the section from I Cor. 7, 14, seems to have been added by Peter of Tarentaise. The text of the printed editions is corrupt.) Inc: "Vas electionis . . . . Homines in sacra scriptura inveniuntur vasis. . ." Des: (i.e. of the whole printed work, incl. item 15 *supra)* ". . . sint firmiter cum omnibus verbis. Amen, confirmatio est omnium." (Piana, XVI; Parma, XIII, 1—; Vivès, XX, 377—; for the Marietti version, see *supra* item 15.)

71. **De substantiis separatis, sive de natura Angelorum** (1272-73 A.D.) Inc: "Quia sacris Angelorum solemniis. . ." Des: ". . . quos malos esse dicimus ex inferiore ordine et malos esse." (Piana, n. 16, XVII, 86—; Parma, XVI, 183—; Vivès, XXVII, 273—; Mand. Opusc. n. 7, I, 70-144.)

72. **In libros de Generatione et Corruptione Expositio** (1272-73 A.D. Incomplete; St. Thomas did only Book I to *lectio* 17; Thomas of Sutton finished Book I, *lect.* 18-25, and all of Book II.) Inc: "Sicut tradit Philosophus in tertio de Anima. . ." Des: ". . . et finaliter corrumpetur vinum et fiet totaliter aqua." (This is the end of the section by St. Thomas.) (Piana, II; Parma, XIX, 208—; Vivès, XXIII, 267—; Leon. III, 261—.)

73. **De mixtione elementorum ad magistrum Philippum de Castrocoeli** (1273 A.D.) Inc: "Dubium apud multos esse solet, quomodo elementa sint in mixto. . ." Des: ". . . salvatur enim virtus eorum." (Piana, n. 33, XVII, 212; Parma, XVI, 353—; Vivès, XXVII, 502—; Mand. Opusc. n. 3, I, 19-21.)

74. **De moto cordis ad magistrum Philippum de Castrocoeli** (1273 A.D.) Inc: "Quia omne quod movetur, necesse est habere motorem. . ." Des: ". . . cor calescit vel infrigidatur. Et haec de motu cordis dicta sufficiant." (Piana, n. 35, XVII, 214—; Parma, XVI, 358—; Vivès, XXVII, 508—; Mand. Opusc. n. 5, I, 28-32.)
75. **Expositio devotissima orationis dominicae** (1273 A.D. Probably a *reportatio.*) Inc: "Pater noster qui es. . . Inter alias orationes oratio Dominica. . ." Des: ". . . et ad hoc removendum petimus: Sed libera nos a malo. Amen." (Piana, n. 7, XVII, 71—; Parma, XVI, 123—; Vivès, XXVII, 183—; Mand. Opusc. n. 34, IV, 389-411.)
76. **Devotissima Expositio super Symbolum apostolorum, scilicet Credo in Deum** (1273 A.D. Probably a *reportatio.*) Inc: "Credo in unum Deum. Primum quod est necessarium. . ." Des: ". . . ad quam vitam nos perducat Dominus Jesus Christus, Deus benedictus in saecula saeculorum. Amen." (Piana, n. 6, XVII, 64—; Parma, XVI, 135—; Vivès, XXVII, 203—; Mand. Opus. n. 33, IV, 349-388.)
77. **De duobus praeceptis caritatis et decem legis praeceptis** (1273 A.D. A *reportatio,* possibly by Petrus de Andria.) Inc: "Tria maxime sunt homini necessaria ad salutem. . ." Des: ". . . et: non desiderabis uxorem proximi tui." (Piana, n. 4, XVII, 53—; Parma, XVI, 97—; Vivès, XXVII, 144—; Mand. Opusc. n. 35, IV, 413-455.)
78. **Devotissima Expositio super salutatione angelica, scilicet Ave Maria** (1273 A.D.) Inc: "Ave Maria, gratia plena, Dominus tecum. In salutatione ista continentur tria. . ." (Another MS tradition has: "Ista salutatio triplicem partem. . ." One group of MSS probably derives from a *reportatio.)* Des: ". . . sed et magis benedictus fructus eius." (Piana, n. 8, XVII, 75—; Parma, XVI, 133—; Vivès, XXVII, 199—; Mand. Opusc. n. 36, IV, 456-460.)
79. **Responsio ad Bernardum abbatem Casinensem** (1274 A.D. Written in Lent, this letter is one of St. Thomas' last works.) Inc: "Reverendo in Christo patri domino Bernardo. . ." Des: ". . . Valeat Paternitas vestra diu. Frater Raynaldus commendat se vobis." (Vivès, XXXII, 834—; Mand. Opusc. n. 25, III, 249-251.)

The Following Works of Doubtful Authenticity are Undatable:

1. **Adoro te devote latens deitas** (Mandonnet suggests that the proper *Inc.* of this noted hymn is: "Oro te devote." He holds that it is undoubtedly authentic. See: Wilmart, D.A. "La tradition littéraire et textuelle de l'Adoro te devote," *Rech. de Théol. anc. et méd.* I [1929] 21-40; 149-176.)
2. **Sermones seu Collationes dominicales, festivae et quadragesimales** (Piana, XVI; Parma, XV, 126—; Vivès, XXIX, 191-334. There is no doubt that St. Thomas left many sermons and sermon notes. The printed *Sermones,* however, are not all authentic and doubtless there are many sermons which have not been printed. For a survey of the tangled question of MSS, see: Grabmann, *Die Werke,* (1931) pp. 329-342.

3. **Epistola de modo studendi** (Of doubtful authenticity.) Inc: "Quia quaesisti a me quomodo oportet incedere in thesauro scientitiae. . ." Des: ". . . ad id attingere poteris, quidquid affectas." (Mand. Opusc. n. 44, IV, 535.)
4. **Piae Preces** (Authenticity not clearly established.) The *incipits* of these beautiful prayers traditional to Catholic worship, as found in: Uccelli, P.A. "Orazioni e detti di s. Tommaso d'Aquino," *La scienze e la fede* LXVIII (1868) 353-372, are:
(i) Ad te fontem misericordiae, Deus, accedo peccator. . .
(ii) O Deus omnipotens, omnia sciens, principio et fine carens. . .
(iii) Te Deum totius consolationis invoco. . .
(iv) Concede mihi, misericors Deus, quae tibi sunt placita. . .
(v) Laudo, glorifico, benedico te, Deus meus. . .
(vi) Omnipotens sempiterne Deus, ecce accedo ad Sacramentum. . .
(vii) Sit Jesu dulcissime, sacratissimum Corpus tuum. . .
(viii) Gratias tibi ago, Domine Sancte. . .
(ix) Creator ineffabilis, qui de thesauris. . .
(x) O beatissima et dulcissima Virgo Maria. . .

Opuscula Admitted as Authentic by Grabmann but Rejected as Spurious by Mandonnet. (They contain thomistic passages or doctrine but their use is to be avoided by the ordinary student):

1. **De demonstratione,** n. 48, pp. 171-173.
2. **De differentia verbi divini et humani,** n. 61, pp. 365-367.
3. **De instantibus,** n. 56, pp. 284-295.
4. **De quattuor oppositis,** n. 50, pp. 176-192.
5. **De natura accidentis,** n. 54, pp. 265-269.
6. **De natura generis,** n. 53, pp. 221-264.
7. **De natura materiae et dimensionibus interminatis,** n. 52, pp. 197-220.
8. **De natura verbi intellectus,** n. 62, pp. 368-375.
9. **De principio individuationis,** n. 51, pp. 193-196.

(Numbers and page references for these nine *opuscula* are to Mand. Opusc. t. V, *Opuscula Spuria.)*

THOMISTIC BIBLIOGRAPHY: 1920-1940*

PREVIOUS BIBLIOGRAPHIES

1001. "A Bibliography of Philosophy," in *Journal of Philosophy* XXXI, 17-18 (1934) 451-503 (St. Thos: p. 461, 13 items); XXXII, 17-18 (1935) 450-504 (St. Thos: p. 460, 17 items); XXXIII, 17-18 (1936) 450-504 (St. Thos: p. 461, 15 items); XXXIV, 16-17 (1937) 422-476 (St. Thos: p. 431, 11 items.)

1002. *Bulletin de théologie ancienne et médiévale* (1929-1932) Louvain (Suppl. Bibliog. *Recherches de Théol. Anc. et Méd.*) 1932, 675 pp. (1,205 items.)

1003. *Bulletin Thomiste,* Kain, Belgique (Le Saulchoir) et Paris (Ed. du Cerf) 1924—. (Very complete listing, with reviews, of thomistic literature, under direction of Father Destrez, O.P. Publication suspended with t. V, no. 10, avril-juin 1939, XVIe année.)

1004. *Tables Décennales du Bulletin Thomiste,* (Onze tables diverses, pour les dix premières années, 1924-33) Kain (Le Saulchoir) et Paris (Ed. du Cerf) 1934, 88 pp.

1005. *Revue Néoscolastique de Philosophie* (Bibliog. Suppl.) Louvain, 1934-1940.

1006. "Thomistische Literaturschau," I Philos.—pp. 1-22; II Theol.—pp. 23-38; III Geschichte des Thomismus—pp. 39-62, in *Divus Thomas* (Freiburg) XIII (1935) Suppl.

1007. **Byrns, R.** "A Bibliography of J. Maritain, 1910-1942," in *Maritain-Thomist* (Symp.) pp. 345-371.

1008. **Chevalier, U.** *Repertoire des sources historiques du moyen-âge, Bio-Bibliographie.* Paris (Picard) 1905-07, ("Thomas d'Aquin, S." col. 4471-4493.)

1009. **Keeler, L.V., S.J.** "Bibliography of Scholastic Philosophy," *Modern Schoolman* X (1933); revised by the Editors: XVIII (1941) 49-52 (375 titles.)

*Throughout the list, where an abbreviated book title is followed by the symbol: (Symp.), the full title of the symposium may be found in Category III, sect. B, serial nos. 2032-2079. For full descriptions of periodicals and reference works, see *Indexes* 3 and 4.

1010. **Koch, J.** *Thomas von Aquino* (Literaturverzeichnis) in: Ueberweg-Geyer, *Grundriss der Geschichte der Philos.,* II: *Die Patristische und Scholastische Philos.* Elfte Aufl., Berlin (Mittler u. Sohn) 1928, pp. 743-757.

1011. **Mandonnet, P.** et **Destrez, J., O.P.** *Bibliographie Thomiste,* (Biblioth. Thom. I) Kain, Belgique (Rev. des Sc. Philos. et Théol.) 1921, xxi-116 pp.

1012. **Paetow, L.** *A Guide to the Study of Mediaeval History.* 2nd ed. by D.C. Munro and G.C. Boyce, London, 1931.

1013. **Van Steenberghen, F.** "La littérature thomiste récente," *R N P* XLII (1939) 591-608.

I—LIFE AND PERSONALITY OF ST. THOMAS

A—HISTORICAL SOURCES

1014. *Acta Sanctorum,* t. VI, Martii 1. Antwerpiae (apud J. Meursium) 1568, pp. 655-747 (for renaissance editions of the *Vitae* by G. de Tocco, Bernardus Guidonis. Petrus Calo.)

1015. **Bernardi Guidonis.** "Vita S. Thomae Aquinatis," ed. D. Prümmer, O.P. *Rev. Thom.* (Suppl.) n.s. VIII (1925) 161-168; 169-172; 173-176; IX (1926) 177-180; 181-184; 185-216; X (1927) 217-220; 221-232; 233-240; 241-248; 249-263.

1016. **Birkenmajer, A.** "Der Brief der Pariser Artistenfakultät über den Tod der hl. Thomas v. Aq.," *B G P M* XX, 5 (1922) 1-32.

1017. **Birkenmajer, A.** "Neues zu den Brief der Pariser Artistenfakultät über den Tod der hl. Thomas," in *Xenia Thom.* (Symp.) Rome, 1925, III, 57-72.

1018. **Getino, A., O.P.** *Leyenda de S. Tomas de Aq. Siglo XIV.* Madrid, 1925, 220 pp.

1019. **Gomez, E., O.P.** "Catalogo de los manuscritos de escritores Dominicos en la Universidad de Oxford," *D T P* XXXV (1932) 62-69. (On a MS life of St. Thomas.)

1020. **Guillelmi de Tocco, O.P.** "Historia Beati Thomae de Aq.," in *Acta Sanctorum* VI, Martii 1, 657-686.

1021. **Guillelmi de Tocco, O.P.** "Historia B. Thomae de Aq.," ed. D. Prümmer, O.P., St-Maximin, Var *(Rev. Thom.* Suppl.) 1924.

1022. **Janssens, E.** "Les premiers historiens de la vie de S. Thomas d'Aq.," *R N P* XXV (1924) 201-214; 325-352; 452-476.

1023. **Laurent, M.H., O.P.** "Autour du premier procès de canonisation de S. Thomas d'Aq. Un Nouveau manuscrit des Archives vaticanes," *Rev. Thom.* XVI (1933) 272-278.

1024. **Laurent, M.H., O.P.** "Pierre Roger et Thomas d'Aq.," *Rev. Thom.* XIV (1931) 157-173.

1025. **Laurent, M.H., O.P.** "Processus canonizationis S. Thomae Neapoli, (Texte établi d'après le ms de Paris, B.N. fonds lat. 3112)," *Rev. Thom.* XV (1932) 265-278; 279-294; XVI (1933) 295-310; 311-326; 327-358; 359-374; XVII (1934) 375-390; 391-398. 399-406; XVIII (1935) 423-438; 439-454; 455-470; XIX (1936) 471-486; 487-502; 503-510.

1026. **Pègues, T.** et **Maquart, F.** *S. Thomas d'Aq. Sa vie par Guillaume de Tocco et les témoins au procès de canonisation.* Paris, 1925.

1027. **Petri Calo,** *Vita S. Thomae Aq.,* ed. D. Prümmer, O.P. Toulouse *(Rev. Thom.* Suppl.) 1911.

1028. **Poncelet,** "Catalogus codicum hagiographicum latinorum bibliothecae capituli Novariensis," *Analect. Bolland.* XLII (1925) 330-376. (Two MS lives of St. Thomas: MS xxvii, catal. 93, 15th c., f. 35-37; MS xxix, catal. 78, 14th c., f. 68 verso—69 verso.)

1029. **Ptolemaei Lucensis, O.P.** *Historia Ecclesiastica, Lib.* XXII, cap. 20, 25, 39; Lib. XXIII, cap. 8-15, in Muratori, *Rerum Italicarum Scriptores.* Milan, 1727, XI, col. 1151-1173.

1030. **Walz, A.** "Bulla canonizationis S. Thomae," in *Xenia Thom.* (Symp.) III (1925) 173-188.

B—LIVES OF ST. THOMAS

1031. **Boitel, L., O.P.** *Vita di S. Tommaso d'Aq. nel VIo Centenario della sua canonizzazione,* versione dal francese. Roma, 1925.

1032. **Butler, A.** *Lives of the Saints,* revised and copiously supplemented by H. Thurston, S.J. and N. Leeson. (St. Thomas in vol. III, March.) London (Burns Oates & Washbourne) 1931, 460 pp.

1033. **Ceresi, V.** *Vita di S. Tommaso d' Aq.* Roma (Ed. Cateriniane) 1934, 333 pp.

1034. **Chesterton, G.K.** *St. Thomas Aquinas.* London (Sheed & Ward) 1933, 248 pp.

1035. **Chesterton, G.K.** *De heilige Thomas van Aq.* Vert. door H. Reijnen. Amsterdam (Voorhout) 1934, 224 pp.

1036. **Chesterton, G.K.** *S. Thomas d'Aq.* Version française de M. Vox. Paris (Plon) 1935, xvii-235 pp.

1037. **Chesterton, G.K.** *Der hl. Thomas von Aq.* Uebersetzung von E. Kaufmann. Salzburg (Pustet) 1935, 222 pp.

1038. **Chesterton, G. K.** *San Tommaso d'Aq.* Trad. di A.R. Ripamonti e G. Datta. Milano (Agnelli) 1938, 191 pp.

1039. **Chesterton, G.K.** *Sto. Thomás de Aq.* Trad. de la primera edicion inglesa por H. Muñoz, Madrid (Espasa-Calpe) 1935, 240 pp.

1040. **Decker, O., O.P.** *Mein Weg Aufwarts! Ein Lebensbild des hl. Thomas von Aq. unter besonderer Berücksichtigung seiner praktischen Bedeutung für Gottsucher.* Einsiedeln (Benziger) 1926, 132 pp.

1041. **Diaccini, R.** *Vita di San Tommaso d'Aq.* Roma (Ed. Cateriniane) 1934, xii-332 pp.

1042. **Ferretti, L., O.P.** *Vita dell'Angelico Dottore S. Tommaso d'Aq.* Roma, 1923, 208 pp.

1043. **Giuliani, R., O.P.** *L'Angelo delle Scuole.* Torino, 1924, viii-252 pp.

1044. **Grabmann, M.** *Thomas von Aquin. Eine Einführung in seine Persönlichkeit und Gedankenwelt.* Aufl. 6. München (Kösel u. Pustet) 1935, 231 pp.

1045. **Grabmann, M.** *Thomas Aquinas,* transl. by V. Michel, O.S.B. New York (Longmans) 1929.

1046. **Grabmann, M.** *S. Thomas d'Aq.* trad. sur le 6me éd. allemande par E. Van Steenberghe. Paris (Bloud et Gay) 1936, 238 pp.

1047. **Jolivet, R.** "La vie et l'oeuvre de S. Thomas d'Aq.," *Le Christ-Roi* V (1930) 535-550. Reprinted as ch. III of *La Philos. Chrétienne et la Pensée Contemporaine.* Paris (Téqui) 1932, pp. 65-87.

1048. **Kirch, K., S.J.** *Helden des Christentums.* II: Aus dem Mittelalters, Bd. 4. Paderborn (Bonafacius-Druckerei) 1930, 274 pp. (includes a 64 page biography of St. Thomas.)

1049. **Kovacic, F.** *Doctor Angelicus sv. Tomaz Akv.* Ljubliana (Bogosl. Akad. v. Ljubliani) 1923, iv-106 pp.

1050. **Maritain, J.** *Le Docteur Angélique.* Paris (Desclée de Brouwer) 1930, xviii-283 pp.

1051. **Maritain, J.** *The Angelic Doctor: The Life and Thought of St. Thomas Aq.* transl. by J.F. Scanlan. London (Sheed & Ward) 1931; N.Y. (Dial) 1931; Toronto (Longmans) 1931; reissued under title: *St. Thomas Aq. Angel of the Schools.* N.Y. (Sheed & Ward) 1938, 240 pp.

1052. **Maritain, J.** *Il Dottore Angelico,* trad. da C. Bo. Siena (Ed. Cristiana) 1936.

1053. **Maritain, Raissa,** *St. Thomas Aquinas, the Angel of the Schools,* transl. by J. Kernan, illustr. by G. Severini. N.Y. (Sheed & Ward) 1935 (for children.)

1054. **Michael, H.** "Thomas von Aq. und Marsilius von Padua," in *Menschen die Geschichte machten,* hrsg. v. P.R. Rohden, 2te Aufl. Wien (Seidel u. Sohn) 1933, Bd. I, pp. 504-509.

1055. **Piccoli, V.** *S. Tomaso d'Aq.* (Le vite dei Santi narrati ai giovanni.) Torino (Soc. Ed. internaz.) 1925, 173 pp.

1056. **Potter, C.F.** "S. Thomas d'Aq., 1227-1274. Le boeuf muet qui a mugi si fort que la terre l'a entendu," in: *Les fondateurs de religions,* trad. par C.G. Lepage. Paris (Payot) 1930, pp. 326-343.

1057. **Rogozinski, J.** *Sw. Tomasz z Akwinu.* Wloclawek (Ksiegarina Powszechna) 1924, 96 pp.

1058. **Sertillanges, A.D., O.P.** *S. Thomas d'Aq. (Les Grands Coeurs.)* Paris (Flammarion) 1931, 219 pp.

1059. **Sertillanges, A.D.** *St. Thomas Aq. and His Work,* transl. by G. Anstruther. London (Burns Oates) 1933, xi-150 pp.

1060. **Sertillanges, A.D.** *Der hl. Thomas von Aq.* Uebersetz. und Nachwort von R. Grosche. Hellerau bei Dresden (J. Hegner) 1929, 924 pp.

1061. **Sertillanges, A.D.** *San Tommaso d'Aq.* Trad. e Introd. di G. Bronzini. Brescia (Morcelliana) 1932, 270 pp.

1062. **Thonnard, F.J.** *S. Thomas d'Aq.* Paris (Bonne Presse) 1934, 137 pp.

1063. **Walker, L.J.** "Great Thinkers: (V) Aquinas," *Philosophy,* X (1935) 279-288.

C—CRITICAL STUDIES OF HIS LIFE

1064. "Piperno e S. Tommaso d'Aq.," *Corriere d'Italia,* 13 marzo, (1926).

1065. "S. Tommaso d'Aq. e Salerno," *Piccolo Corriere di Salerno,* no. speciale, (1924).

1066. **Alfonsi, T., O.P.** "Probabile cronologia della vita di S. Tommaso d'Aq.," *Mem. Domen.* XL (1923) 485-497.

1067. **Alfonsi, T., O.P.** *S. Tommaso d'Aq. Cenni biografici.* Bologna (A cura del Bolletino de S. Domenico) 1924, 16 pp.

1068. **Anstruther, G.** "Death of St. Thomas," *Blackfriars* XIV (1933) 189-192.

1069. **Baeumker, C.** "Petrus de Hibernia der Jugendlehrer der Thomas v. Aq. und seine Disputation vor König Manfred," *Sitzungsberichte d. Bayer Akad. d. Wissen.—Philos. u. Hist. Klasse,* VIII (1920).

1070. **Barente, E.** "S. Tommaso e Capua," *Osserv. Rom.* 9 giulio, (1924).

1071. **Bellucci, A.** "L'Universitá di Napoli e S. Tommaso d'Aq. Ricerche e Documenti," *Studium* XX (1924) 251-269.

1072. **Bonanni, R.** *Ricerche per la storia d'Aquino. Uomini di Aquino e Diocesi.* Alatri, Isola, 1922-23. 2 vol. 276—136 pp.

1073. **Cantalini, M., O.P.** "I primi anni di S. Tommaso," *Mem. Domen.* XLI (1924) 283-290.

1074. **Cappone, A.** *Relazioni tra la città di Salerno e S. Tommaso d'Aq.* Salerno (Barone) 1924, 100 pp.

1075. **Cappone, A.** "S. Tommaso a Salerno," *Osserv. Rom.* 3 giugno, (1924).

1076. **Castagnoli, P., C.M.** "Regesta thomistica. Saggio di cronologia della vita e scritti di S. Tommaso" *D T P* XXX (1927) 704-724; XXXI (1928) 110-125; 249-268; XXXII (1929) 57-66; 444-458.

1077. **De Contreras, F.** *Biografia del Angelico Doctor Santo Tomas de Aq. y breve commentario a la ultimo enciclica de SS. Pio XI.* Sevilla (Imprenta de la Gavidia) 1925, 434 pp.

1078. **D'Achille, A., O.P.** "Una fervida amicizia nella vita di S. Tommaso d'Aq.," *Mem. Domen.* XLI (1924) 97-112.

1079. **Diamare, G., O.S.B.** "S. Tommaso d'Aq. nella badia di Monte Cassino," *Riv. stor. Benedettina* XV (1924) 131-142.

1080. **Fedele, F.** "Fra i monaci di Fossanova che videro morir S. Tommaso," in *Misc. Stor.-Artist.* (Symp.) 187-194.

1081. **Fei, R., O.P.** "Gli ultimi anni di San Tommaso d'Aq. (legenda)," *Palestra del Clero* XI (1932, II) 203-209.

1082. **Fei, R., O.P.** *San Tommaso d'Aq. L'Uomo. Il Domenicano. Il Santo. Il Genio. Dante e S. Tommaso.* Torino, 1923, 110 pp.

1083. **Fei, R.** e **Filocalo, A.** "San Tommaso e la causa della sua morte," *Palestra del Clero* XII (1933) I, 430-436.

1084. **Filocalo, A.** "Intorno alla morte di San Tommaso," *Palestra del Clero* XI (1932) I, 234-237.

1085. **Filocalo, A.** "S. Tommaso e la causa della sua morte," *Palestro del Clero* XI (1932) II, 559-564.

1086. **Gigon, A., O.P.** "Histoire de la canonisation de S. Thomas d'Aq.," *Rev. Thom.* VI (1923) 142-154; 261-269.

1087. **Giovanni, E. de,** "S. Tommaso d'Aq. fu a Piacenza?" *La Libertà* 15 dicemb. (1923).

1088. **Gornisiewicz, A., O.P.** "Z biografji Sw. Tomasza z Akw.," *Przegl. Teol.* V (1924) 83-100.

1089. **Hedde, F., O.P.** *Quand et comment Thomas d'Aq. fut canonisé en Avignon.* Bruxelles (Etudes Religieuses, 92) 1924, 31 pp.

1090. **Jallonghi, E.** "S. Tommaso a Fossanuova," *Corriere d'Italia,* 7 marzo, (1926).

1091. **Jallonghi, E.** "L'Università di Parigi e il Dottore di Aquino," in *Miscel. Stor.-Artist.* (Symp.) 213-222.

1092. **Lampo, G.** "Il soggiorno napoletano di S. Tommaso d'Aq. nei Regesti Angioni," *Palestra del Clero* XII (1933) I, 175-178.

1093. **Lampo, G.** "S. Tommaso e l'Università di Napoli," *Mem. Domen.* XLI (1924) 113-122.

1094. **Mancini, T.** "S. Tommaso d'Aq. nel castello paterno di Montesangiovanni campano. Note storico-critiche," *Mem. Domen.* XLIX (1932) 345-348; L (1933) 30-39; 154-157; 85-90; 240-249. Offprint: Pistoia (Arte della Stampa) 1934, 36 pp. et fig.

1095. **Mandonnet, P., O.P.** "Le carême de S. Thomas à Naples (1273)," in *Miscel. Stor.-Artist.* (Symp.) 195-212.

1096. **Mandonnet, P., O.P.** "Chronologie sommaire de la vie et des écrits de S. Thomas," *R S P T* IX (1920) 142-152.

1097. **Mandonnet, P., O.P.** "L'entrée de S. Thomas d'Aq. chez les Frères Prêcheurs (fin avril 1244)," *Compte rendu du Ve Congrès Internat. des Sciences Hist.* Bruselles (Weissenbuch) 1923, pp. 219-220.

1098. **Mandonnet, P., O.P.** "Thomas d'Aq. Lecteur à la Curie Romaine. Chronologie du séjour (1259-1268)," in *Xenia Thom.* (Symp.) III, 9-40.

1099. **Mandonnet, P., O.P.** "Thomas d'Aq., novice Prêcheur (1244-1246)," *Rev. Thom.* VII (1924) 243-267; 370-390; 529-547; VIII (1925) 3-24; 222-249; 396-416; 489-533. In book form: St-Maximin (Var) 1925.

1100. **Mandonnet, P., O.P.** "Thomas d'Aq. troubadour," *Rev. des Jeunes* XVI (1925) 517-526.

1101. **Mensch, E., Lemaître, C.** et **Mativa, A.** *S. Thomas d'Aq. Le théologien, le métaphysicien, le poète.* Bruges (Desclée) 1924, 70 pp.

1102. **Mignault, A.M., O.P.** "La canonisation de S. Thomas d'Aq. Sur un texte ancien," in *S. Thomas-Etudes-Ottawa* (Symp.) 5-10.

1103. **Novelli, A.** "S. Tommaso d'Aq. a Milano," *Scuola Catt.* LII (1924) 181-187.

1104. **Pelster, F., S.J.** "La famiglia di S. Tommaso d'Aq.," *Civ. Catt.* LXXXIV (1923) 401-410.

1105. **Pelster, F., S.J.** "La giovinezza di S. Tommaso d'Aq. Studio critico sulle fonti," *Civ. Catt.* LXXIV (1923) 385-400.

1106. **Pelster, F., S.J.** *Kritische Studien zum Leben und zu den Schriften Alberts des Grossen.* Freiburg i. B. (Herder) 1920. (See pp. 62-84 for contention that St. Thomas was in Cologne from 1245-1252.)

1107. **Pelster, F., S.J.** "I parenti prossimi di S. Tommaso d'Aq.," *Civ. Catt.* LXXIV (1923) 299-313.

1108. **Petitot, H.** "La mort de S. Thomas d'Aq.," *Vie Spirit.* X (1924) 312-336.

1109. **Petitot, H., O.P.** *S. Thomas d'Aq. La vocation. L'oeuvre. La vie spirituelle.* Paris (Ed. Rev. des Jeunes) 1923, 155 pp.

1110. **Petitot, H., O.P.** *S. Tommaso d'Aq. La vocazione, l'opere, la vita spirituale,* trad. T. Alfonsi, O.P. Torino (Marietti) 1924, 130 pp.

1111. **Petitot, H., O.P.** *Santo Tómas de Aquino. La vocación, la obra, la vida espiritual.* Almegro (Conv. de los Padres Dominicos) 1929, viii-174 pp.

1112. **Petitot, H., O.P.** "La vocation de S. Thomas," *Vie Spirit.* VII (1923) 605-635.

1113. **Portanova, G., O.S.B.** *Il Castello di S. Severino nel sec. XIII e S. Tommaso d'Aq.* Cava dei Tirreni (Di Mauro) 1924, 142 pp.

1114. **Prümmer, D., O.P.** "De chronologia vitae S. Thomae Aq.," in *Xenia Thom.* (Symp.) III, 1-8.

1115. **Riccio, M.L.** "S. Tommaso e l'Università di Napoli," *Studium* XX (1924) 237-244.

1116. **Scandone, F.** "La vita, la famiglia e la patria di S. Tommaso d'Aq.," in *Miscel. Stor.-Artist.* (Symp.) 1-110.

1117. **Scheeben, H.C.** "Albert der Grosse und Thomas von Aq. in Köln," *D T F* IX (1931) 28-34. (Thomas in Cologne 1244-1252.)

1118. **Stehle, A., O.S.B.** "St. Thomas at Monte Cassino," *Cath. Educat. Assoc. Bull.* XXI (1924) 658-665.

1119. **Taurisano, I., O.P.** "Discepoli e biographi di S. Tommaso," in *Miscel. Stor.-Artist.* (Symp.) 111-186.

1120. **Taurisano, I., O.P.** "S. Tommaso d'Aq. e Montesangiovanni Campano," *Mem. Domen.* XLIII (1926) 282-283.

1121. **Taurisano, I., O.P.** "Una relazione sulla canonizzazione del Santo," in *Miscel. Stor.-Artist.* (Symp.) 310-319; 321-323.

1122. **Torricelli, C.** "Firenze e S. Tommaso," *Unità Catt.* 8 marzo, (1924).

1123. **Vassel, J.** "Saint Thomas d'Aq., par G. Chesterton," (critique) *Etudes Traditionelles* XLII (1937) 186-191.

1124. **Walz, A.M., O.P.** "De Alberti Magni et S. Thomae de Aq. Personali ad Invicem Relatione," *Angel.* II (1925) 299-319.

1125. **Walz, A.M., O.P.** "Brevis Delineatio vitae S. Thomae Aq.," *Angel.* III (1926) 1-32; 252-277; 268-417. As a book: Roma (Angelicum) 1927, 106 pp.

1126. **Walz, A., O.P.** "De bulla canonizationis S. Thomae Aq.," *Anal. Ord. Praed.* XXXI (1923) 173-192.

1127. **Walz, A., O.P.** *Canonizationis S. Thomae de Aq., brevis Historia.* Roma (Garroni) 1924, 20 pp.

1128. **Walz, A., O.P.** "Chronotaxis vitae et operum S. Thomae de Aq.," *Angel.* XVI (1939) 463-473.

1129. **Walz, A., O.P.** "Historia Canonizationis S. Thomae de Aq.," in *Xenia Thom.* (Symp.) III, 105-172.

1130. **Walz., A., O.P.** "Zum Kölner Studienaufenthalt des Aquinaten. Ein Beitrag aus P. Denifles Nachlass," *Röm. Quartalschr.* XXXIV (1926) 46-58.

1131. **Walz, A., O.P.** "De S. Thomae Aq. e vita discessu," in *Xenia Thom.* (Symp.) III, 41-55.

D—PERSONALITY AND CULTURE

1132. "S. Tommaso d'Aq. poeta e musico eucaristico," *Osserv. Rom.* 23-24 giugno, nn. 145-6 (1928).

1133. **Agusti de Montclar,** "Sant Tomas l'agnostic," *Criterion* X (1934) 116-122.

1134. **Amelli, A., O.S.B.** "S. Tommaso d'Aq. poeta eucaristico," *Bollet. Ceciliano* maggio (1928).

1135. **Biever, A.** "St. Thomas and the Art of Preaching," *Eccl. Rev.* LXIX (1923).

1136. **Borne, E.** "S. Thomas d'Aquin," *Bull. Joseph Lotte* IV (1932-33) 164-171.

1137. **De Bruyne, E.** *St. Thomas d'Aq. Le Milieu. L'homme. La Vision du Monde.* Paris-Bruxelles, 1928.

1138. **Burton, G.A.** "The Liturgical Poetry of St. Thomas," in *St. Thomas-Cambridge-1924* (Symp.) 285-298.

1139. **Carey, W.** "Brother Thomas of Aquino, Writer," *Month* CXLVIII (1926) 530-554.

1140. **Castagnoli, P.** "Versi in onore di San Pietro Martire," *D T P* VI (1929) 457-458. (Verses on wall of chapel Portinari, Milan, dubious attribution to St. Thomas.)

1141. **Chesterton, G.K.** "The Poetry of St. Thomas," *Commonweal* XIX (1933) 119-120.

1142. **Chesterton, G.K.** "St. Thomas, the Agnostic," *Commonweal* XIX (1933) 91-92.

1143. **Chevalier, J.** *Trois conférences d'Oxford. S. Thomas, Pascal, Newman.* 2me éd. Paris (Spes) 1933, 128 pp.

1144. **Cordiero, V.** *Formaçao intellectual de S. Thomas de Aq.* Lisboa (Tip. Ingleza) 1925.

1145. **Folghera, J.D., O.P.** "S. Thomas et la prédication, in *Xenia Thom.* (Symp.) II, 585-595.

1146. **Gilson, E.** "L'humanisme de S. Thomas d'Aq.," in *Atti del quinto Congresso internaz. di Filos.* Napoli (Perrella) 1926, 976-989.

1147. **Gilson, E.** *St. Thomas Aquinas* (Lecture on a Master Mind.) London (Oxford Press) 1935, 19 pp.

1148. **Goma, J.** *S. Tomas de Aq. Epoca. Personalidad. Espiritu.* Barcelona (Casulleras) 1924, 160 pp.

1149. **Gorce, M.M., O.P.** "S. Thomas métaphysicien, psychologue et moraliste," *Criterion* VI (1930) 235-240.

1150. **Grabmann, M.** "Die Bewertung der profanen Studien bei Thomas von Aq.," *Philos. Jahrb.* XXXVIII (1924) 311-328.

1151. **Grabmann, M.** "Die persönlichen Beziehungen des hl. Thomas von Aq.," *Hist. Jahrb.* LVII (1937) 305-322.

1152. **Grabmann, M.** *Das Seelenleben des hl. Thomas von Aq.* München (Kath. Gedanke VII: Theatiner Verlag) 1924, 118 pp.

1153. **Grabmann, M.** *Thomas von Aq. Eine Einführung in s. Persönlichkeit u. s. Gedankenwelt,* 5e Aufl. München, 1926.

1154. **Grabmann, M.** *Thomas Aquinas. His Personality and Thought,* authorized transl. by V. Michel, O.S.B. N.Y.-London (Longmans) 1928, 178 pp. 8 Pl.

1155. **Grabmann, M.** *Santo Thomas de Aq.* Trad. de la quinta ed. alamana por S. Minguijon. Barcelona (Ed. Labor) 1930, 178 pp.

1156. **Grumel, V.** "Te trina deitas," *Rech. Sc. Relig.* XVII (1927) 324-326.

1157. **Hocedez, E.** "S. Thomas et la prédication," *Nouv. Rev. Théol.* LI (1924) 163-174.

1158. **Janssens, E.** "L'âme de S. Thomas," *Rev. Cath. des Idées* IV (1924) 13 juin, pp. 7-9; 20 juin, pp. 6-8.

1159. **Kuhn, B.** *S. Thomas d'Aq., prédicateur.* Paris (Année Dominicaine) 1924, 21 pp.

1160. **Kuiper, J.E.** *Thomas van Aq. de Heilige.* Amsterdam (H.J. Paris) 1927, 74 pp.

1161. **Lhande, P., S.J.** *Le poète Angélique.* Paris (Beauchesne) 1924, 32 pp.

1162. **Manser, G.M.** "Die wissenschaftliche Persönlichkeit des hl. Thomas von Aq.," *D T F* I (1923) 218-232.

1163. **Maritain, J.** "S. Thomas d'Aq.," *Rev. Universitaire* XXVIII (1927) 257-282.

1164. **Martindale, C.C.** "St. Thomas Aq.," *Missionary* XLVII (1933) 315-316.

1165. **Masnovo, A.** "La novità di S. Tommaso d'Aq.," in *Sesto Centenario della Canonizzazione.* Milano (1923) pp. 41-50.

1166. **Molkenboer, B.H., O.P.** "Doctor Angelicus," in *S. Thomas-Herdacht* (Symp.) 3-12.

1167. **O'Connor, J.** "Lauda Sion," *Blackfriars* IX (1928) 348-350.

1168. **O. L.** "L'humanisme de S. Thomas," *Rev. des Jeunes* (1928) 7-20.

1169. **Pera, C.** "L'italianità di S. Tommaso," *Fiamme Bianche* VIII (1928) n. 6, 15 juni.

1170. **Petitot, H., O.P.** "S. Thomas d'Aq.," *Année Domin.* LXVIII (1932) 71-75.

1171. **Pope, H., O.P.** "St. Thomas the Preacher," *Eccles. Rev.* LXIX (1923) 65-75; 341-375.

1172. **Pope, H., O.P.** "Wisdom of St. Thomas," *Blackfriars* XI (1930) 98-106.

1173. **Przywara, E., S.J.** "Thomas von Aq. als Problematiker. Ein Versuch," *Stimmen der Zeit* CIX (1925) 188-199.

1174. **Raby, F.J.E.** *A Hist. of Christian Latin Poetry from the Beginnings to the Close of the Middle Ages.* (Ch. XII, sect. 3: Thomas Aq. and the Poetry of the Eucharist, pp. 402-411.) Oxford (Clarendon) xii-491 pp.

1175. **Romeyer, B., S.J.** "St. Thomas Aq.," *Modern Schoolman* XV (1938) 91-94.

1176. **Ruffini, E.** "Solenne commemorazione di S. Tommaso d'Aq.," in *Annuario della Univ. Catt. del Sacro Cuore.* Milan (Vita e Pensiero) 1930, pp. 71-90.

1177. **Sertillanges, A.D., O.P.** "In his Habit, as He Lived," *Cath. World* (1937) 347-348.

1178. **Sertillanges, A.D., O.P.** "Le génie de S. Thomas," ch. 5 of: *S. Thomas d'Aq.* Paris (Flammarion) 1931.

1179. **Stakemeier, E.** "Die geistige Gestalt des hl. Thomas von Aq.," *Theol. u. Glaube* XXX (1938) 628-641.

1180. **Szabó, O.P.** "Perfectio intellectualis S. Thomae Aq.," *Angel.* II (1925) 3-13.

1181. **Taylor, A.E.** "St. Thomas as a Philosopher," in *Philosophical Studies,* London (Macmillan) 1934, pp. 224-257; as a book: Oxford (Blackwell) 1924, 32 pp.

1182. **Trucco, F.** "Cinque strofe ritmiche di S. Tommaso d'Aq. poco note e la errata collocazione di una de esse in certe edizioni," *Scuola Catt.* XIII (1929) 48-55.

1183. **Trucco, F.** "La paternità tomistica del 'Verbum supernum'," *Scuola Catt.* XII (1928) 268-278.

1184. **Trucco, F.** *San Tommaso d'Aq. poeta della Santissima Eucaristica.* Studio storico-critico e letterario sulla poesia tomistica con versione italiana sul metro del latino e commento ascetico e dommatico. Sarzana (Collegio della Missione) 1928, 100 pp.

1185. **Vann, G.** *St. Thomas Aquinas.* London, 1940.

1186. **Verschaeve, C.** "Thomas van Aq. Der Dichter," *Onze Jeugd* V (1924) 70-114.

1187. **Walgrave, A.** "De Dichter S. Thomas," *Dietsche Warande en Belfort* XXIV (1924) 481-502.

1188. **Wébert, J., O.P.** *S. Thomas d'Aq. le Génie de l'Ordre.* Paris (Denoel et Steele) 1934, 275 pp.

E—RELICS AND CULT

1189. **Alfonsi, T., O.P.** "La cappella e il reliquario di S. Tommaso a S. Domenico di Bologna," *Boll. di S. Domen.* (1924).

1190. **D'Alós-Moner, R.** "Translacio d'una reliquia de S. Tomás des de Tolosa a Barcelona," in *Miscel. Tomista* (Symp.) 278-301.

1191. **Beltrán de Heredia, V., O.P.** "La Academia, la Cofradia y la fiesta de S. Tomás en Valencia," *Cienc. Tom.* XXXV (1927) 208-225.

1192. **Beltrán de Heredia, V., O.P.** "La Cofradia y la fiesta de S. Tomás en la Universidad de Santiago," *Cienc. Tom.* XXXI 211-237.

1193. **Beltrán de Heredia, V., O.P.** "La fiesta de S. Tomás en las antiguas Universidades de Andalucia," *Cienc. Tom.* XXIX (1924) 223-238.

1194. **Beltrán de Heredia, V., O.P.** "La fiesta de S. Tomás en la Universidad de Salamanca," *Cienc. Tom.* XXXII (1926) 203-230.

1195. **Bittremieux, J.** "Bedenkingen naar aanleidingen der St. Thomas-viering," *Dietsche Warande en Belfort* XXIV (1924) 899-917.

1196. **Clergeac, A.** "Un Cardinal Condomois, Guillaume de Teste," *Rev. de Gascogne* n.s. XXIV (1929) 145-158; 203-210.

1197. **Constant, M.D., O.P.** "Une rélique de S. Thomas d'Aq. à Paris," *Année Domin.* LX (1924) 112-124.

1198. **Didier, Fr., O.M.C.** *S. Thomas d'Aq. Charactéristique de sa sainteté.* Bruxelles (Etudes religieuses, n. 104) 1924, 32 pp.

1199. **Ferretti, L., O.P.** *Gebet zu Thomas. Novene zu Ehren des hl. Thomas von Aq.* Vechta (Albertus-Magnus Verlag) 1924, 24 pp.

1200. **Jacquin, P.M., O.P.** "Une rélique de S. Thomas d'Aq.," *D T F* III (1923) 289 seqq.

1201. **Lavaud, L.** "S. Thomas. Notes distinctives de la sainteté," *Vie Spirit.* VIII (1923) 341-375.

1202. **Lavocat, H.M., O.P.** "Symbolisme et liturgie. A propos d'une hymne de l'office de S. Thomas d'Aq.," *Quest. liturg. et paroiss.* X (1925) 107-111.

1203. **Marion, A., O.P.** "S. Thomas d'Aq. Le saint," in *S. Thomas-Etudes-Ottawa* (Symp.) 31-55.

1204. **Marti Albanell, F.** "Festa de Sant Tomás a Santa Caterina (Barcelona) en l'any 1614," *Critérion* III (1927) 92-94.

1205. **Montagne, H.A., O.P.** *S. Thomas d'Aq. à Toulouse. Ses réliques, son culte.* Toulouse, 1923, 45 pp.

1206. **Olivi, A., O.P.** *Manualetto di pietà per i devoti di S. Tommaso e per gli ascritti alla Milizia Angelica.* Lucca (Chiesa di S. Romano) 1923, 64 pp.

1207. **Van den Oudenrijin, M.A., O.P.** "Miracula S. Thomae Aq.," *Anal. Ord. Praed.* XXXI (1923) 80-84; 135-136; 283-287.

1208. **Pera, C., O.P.** "Il sacro cingolo di S. Tommaso d'Aq., saggio storico sulla tradizione premontese," in *Xenia Thom.* (Symp.) III; offprint: 59 pp.

1209. **Planzer, D., O.P.** "Ein Dominikanerbrevier aus dem Anfang des 14 Jahrhunderts," *Arch. Frat. Praed.* I (1931) 343-350.

1210. **Rousseau, L., O.P.** "Dominicanae liturgiae documentum vetus," *Anal. Ord. Praed.* XIX (1929) 171-175. (Chair and breviary in Domin. convent of Orvieto; pseudo relics.)

1211. **Scheeben, H.C.** "Zur Geschichte der Verehrung des hl. Thomas von Aq.," *Angel.* XV (1938) 286-294.

F—PANEGYRICS

1212. *Un Astro de primero magnitud del siglo XIII. Homenaje al merito.* Lima (Imprenta F. Southwell) 1927, 178 pp.

1213. "S. Tommaso d'Aq. guida degli studi e modello degli studiosi," *Civ. Catt.* II (1923) 4 agosto.

1214. **Albe, E.** "Le centenaire de S. Thomas d'Aq.," *Rev. Relig. de Cahors* XXXIII (1923) 418-421.

1215. **Albert, A.G., O.P.** "Pourquoi 'Doctor Angélique'?" *Rev. Domin.* XXIX (1933) 129-134.

1216. **Amiable, P., O.P.** *La Pensée de S. Thomas. A l'école de la vie, au service de la vie.* Toulouse (Impr. Fournié) 1933, 16 pp.

1217. **Arts, J., O.P.** *S. Thomas, Patron der studierande Jeugd.* Gand (Veritas) 96 pp.

1218. **Barry, W.** *Roma Sacra. Essays on Christian Rome.* (One chap. on 'Angelic Doctor'.) London (Longmans) 1927, vi-250 pp.

1219. **Brennan, R.E., O.P.** "Troubador of Truth," in *Essays in Thomism* (Symp.) 1-24; 365-366.

1220. **Burgos, V.** "Doctor Communis, Doctor Angelicus," *Ciud. Dios* CXL (1925) 469-481.

1221. **Cappellazi, A.** *S. Tommaso d'Aq.* Brescia (Tip. Queriniana) 1924, 30 pp.

1222. **Congar, M.J., O.P.** "S. Thomas serviteur de la vérité," *Vie Spirit.* XXXVI (1937) 259-279.

1223. **Coppens, J.S.** *Thomas van Aq. Feestrede* . . . Antwerpen (Vrouwenleven) 1928, 8 pp.

1224. **Eysele, C., S.M.** "L'humilité intellectuelle de S. Thomas d'Aq.," *Bull. de l'Inst. Cath. de Paris* XXII (1931) 57-67.

1225. **Faragó, J.** *Aquinoi Szt. Tamás erkölcsi és szellemi nagysaga.* Temesvar, 1924, 34 pp.

1226. **Guinassi, E., O.P.** "L'Aquinate e l'Italia," *Avvenire d'Italia,* 7 marzo (1930).

1227. **Guinassi, E., O.P.** "La modernità di San Tommaso," *Memor. Domen.* XLVIII (1931) 181-192.

1228. **Hedde, F., O.P.** *S. Thomas d'Aq. et l'Ordre des Frères Prêcheurs.* Liège-Bruxelles (Etudes religieuses, n. 142) 1926, 21 pp.

1229. **Hornsby, W.** "St. Thomas Communis Ecclesiae Doctor," *Cath. Educat. Assoc. Bull.* XXI (1924) 591-602.

1230. **Hormaneche, F. de, S.J.** *El Angel de Aquino. Panegirico.* Burgos (Universidad Pontif.) 1927, 21 pp.

1231. **Jacquin, M., O.P.** *Le 'prudentissime Frère Thomas.' Conférence.* Fribourg (St-Paul) 1924.

1232. **Janvier, M.A., O.P.** "La raison dans la doctrine de S. Thomas," in *L'Ame dominicaine,* Paris (Spes) 1933, I, 87-114; "L'idée de Dieu en S. Thomas," *ibid.* I, 115-137; "L'humilité intellectuelle en S. Thomas," *ibid.* I, 138 seqq.

1233. **Martin, R., O.P.** "S. Thomas van Aq.," *Dietsche Warande en Belfort* XXIV (1924) 309-323.

1234. **Massaux, J., O.P.** *Allez à S. Thomas.* Gand (Impr. Veritas) 1923, 76 pp.

1235. **McNicholas, J.** "St. Thomas Aquinas. Sixth Centenary," *Eccl. Rev.* LXIX (1923) 1-10.

1236. **O'Malley, A.** "The Human Aspect of St. Thomas Aq.," *Eccl. Rev.* LXX (July, 1924).

1237. **Pohl, W.** *Thomas von Aq. Ein Lehrer der Wahrheit.* Wien (Mayer) 1924, 38 pp.

1238. **Revilla, M.** "S. Tomás modelo de vida y maestro de doctrina," *Ciud. Dios* CXL (1925) 492-510.

1239. **Riccio, M.** "Il dottore Angelico," *Studium* XX (aprile, 1924).

1240. **Rott, N.** "Aquinói sz. Tomás tudomanyos müködése," *Religio* LXXXVIII (1929) 13-16.

1241. **Salvadori, E.** "Il cuori, il buon senso e il genio di S. Tommaso," *Mem. Domen.* XLI (1924) 179-189; offprint: Arezzo (S. Domenico) 1924.

1242. **Sancho, H.** "VI Centenario de la canonización de S. Tomas de Aquino," *Cienc. Tom.* XXV (1923) 153-163.

1243. **Schwertner, T., O.P.** "Aquinas Predicabilis," *Eccl. Rev.* LXIX (Sept., 1923).

1244. **Siegfried, F.** "St. Thomas the Thinker," *Eccl. Rev.* LXIX (1923) 10-21.

1245. **Smith, I., O.P.** "Thomas Aquinas, Saint and Scholar," *Cath. World* CXVII (1923) 466-468.

1246. **De Solages, B.** "S. Thomas d'Aq., champion de l'autonomie de la raison," *Bull. Littér. Eccl.* (mars, 1936) 49-62.

1247. **Ugarte de Ercilla, E.** "S. Tomás y l'apoteosis de la filosofia cristiana," *Razón y Fe* (mar. 1924).

1248. **Urbano, L., O.P.** *Panegirico de Sto Tomás d'Aquino.* Barcelona (Miguel Rius) 1930, 42 pp.

1249. **Villeneuve, R. Card.** "Ite ad Thomam," *Angel.* XIII (1936) 3-23.

G—ST. THOMAS IN ART AND LITERATURE

1250. **Alfonsi, T., O.P.** "Un nuovo ritratto di S. Tommaso d'Aq.," *Boll. di S. Domen.* IV (nov.-dicemb. 1922); reprod. in *Mem. Domen.* XL (1926) 496. (A portrait.)

1251. **Beltrán de Heredia, V., O.P.** "S. Tomás, de Murillo," in *La Academia . . . S. Tomás en Valencia* (supra n. 1191) pp. 215-216. (A portrait.)

1252. **Berenson, B.** "Nuove pitture in cerca di un' attribuzione," *Il Dedalo* V (1925) fasc. 10.

1253. **Cantalini, M., O.P.** "Dante discepoli di S. Tommaso d'Aquino a Santa Maria Novella," *Mem. Domen.* XLVII (1930) 117-120. (A poem.)

1254. **Chiappelli, A.** "Il più antico ritratto di Dante, scoperto in San Domenico di Pistoia," *Mem. Domen.* XLVIII (1931) 15-19; e tav. IV. (Reprod. of a possible portrait of St. Thomas with Dante, from a fresco of 14th c.)

1255. **Commer, E.** "Phototypie des hl. Thomas nach dem Gemälde des Francesco di Giacomo," *D T F* III (1923) 193 seqq. (Possible portrait.)

1256. **Couturier, M.A., O.P.** "S. Dominique amenant son disciple S. Thomas au Christ. Peinture à l'huile dans l'oratoire du Maître Général des Prêcheurs, à Rome, 1932," Reproduction: Paris (Librairie de l'Art Catholique) 1933. (A modern portrait.)

1257. **Elia, P.** "Palma e Antonio da Fabriano: S. Tommaso d'Aq.," in "I Dominicani a Fano," *Mem. Domen.* XLIII (1926) p. 101 e tav. VIII (Portraits.)

1258. **Endres, J.A.** "Ein Zychlus von Wandgemälden aus dem Leben des hl. Thomas von Aq. in der Dominikanerkirche zu Regensburg," in *Beiträge zur Kunst- und Kulturgeschichte des mittelalterlichen Regensburgs,* hrsgb. v. K Reich. Regensburg (Habbel) 1925, xvi-219 pp.

1259. **Feeney, L., S.J.** "Angelicus," (A Poem for the Feast of St. Thomas Aquinas.) *Thought* I (1926) 72-77.

1260. **Ferretti, L., O.P.** "Appunti iconografici intorno a S. Tommaso d'Aq.," *Arte Cristiana* XII (1924) 198-207; 279-309. (40 illustrazioni.)

1261. **Ferretti, L., O.P.** "Il S. Tommaso di Raffaello nell' affresco della Disputa," *Mem. Domen.* XLI (1924) 559-561.

1262. **Ferretti, L., O.P.** "I 'trionfi' di S. Tommaso," *Scuola Catt.* LII (1924) 170-180. (On portraits.)

1263. **Ferretti, L., O.P.** *S. Tommaso d'Aq.* (Arte sacra ital. Coll. iconogr.) Torino (Marietti) 1924, 16 pp. (Portraits.)

1264. **Ferretti, L., O.P.** "Un ritratto trecentesco di S. Tommaso," *Mem. Domen.* XLI (1924) 501. (Note on a portrait.)

1265. **Ferretti, L., O.P.** "Un 'trionfo' di S. Tommaso nella chiesa dei Domenicani in Tivoli," in *Miscel. Stor.-Artist.* (Symp.) pp. 299-301.

1266. **Getino, A., O.P.** "El Angelico. Primer poema americano sobre S. Tomás y primer poema epico de Lima," *Cienc. Tom.* XXIX (1924) 186-208. (Concerning a poem by A. Alecio, died 1657.)

1267. **Ghéon, H.** *Triomphe de S. Thomas d'Aquin.* (A la manière des vieux âges, composé pour la scène, en prose mêlée de vers à l'occasion du sixième centenaire.) St-Maximin (Lib. St-Thomas) 1924, 135 pp.

1268. **Hostachy, V.** "Frère Thomas d'Aquin," (poème dédié au P. Lemonnyer, O.P.) in *Cris de guerre.* Paris (Ed. de la Jeune Académie) 1932, pp. 39-41.

1269. **Jallonghi, E.** "Per la gloria di S. Tommaso. La chiesa della Libera in Aquino," *Corriere d'Italia* 5 genn. (1924).

1270. **Lahitton et Mora.** *Cantate à S. Thomas.* (Paroles de M. le chan. Lahitton; musique de M. l'abbé Mora.) Poyanne (Landes); Rome (Grand Séminaire français) 1924, 16 pp.

1271. **Lourié, A.** and **Maritain, Raïssa,** "Motet: De Ordinatione Angelorum," (A selection of texts from *Summa Theologica, I,* quaest. 108, made by R. Maritain and set to music by A. Lourié. For mixed voices and five instruments.) in *Maritain-Thomist* (Symp.) pp. 319-344.

1272. **Marti, Albanell, F.** "Festa de Sant Tomàs a Santa Catarina (Barcelona) en l'any 1614," *Critérion* III (1927) 92-94.

1273. **McNabb, V., O.P.** "Saint Thomas," *Blackfriars* V (1924) 229. (An English sonnet.)

1274. **Mejia, R.S., O.P.** *Poesias tomisticas.* Chiquinquira (Colombia) 1923, 104 pp.

1275. **M [olkenboer], B.H., O.P.** "De Trionf van S. Thomas," in *S. Thomas-Herdacht* (Symp.) pp. 97-110. (Portraits.)

1276. **Molkenboer, B.H., O.P.** "St. Thomas van Aq. in de Schilderkunst," in *S. Thomas-Bijdragen* (Symp.) pp. 143-228. (Best study of iconography of St. Thomas; includes 131 reproductions.)

1277. **Petralla, G.** *L'Aquinate giovane* (Poemetto). Palermo (Vena) 1931, 22 pp.

1278. **Pike, R.E.** "St. Thomas Aq. and the 'Songe du Vergier'," *Speculum* XIV (1939) 492.

1279. **De Ricci, S.** "La collection Holford," *Gazette des Beaux-Arts* LXVII (1925) 38-39. (On a bust of St. Thomas, presumably by Botticelli.)

1280. **Rousseau, L., O.P.** "Dominicanae Liturgiae documentum vetus," *Anal. Ord. Praed.* XIX (1929) 171-175.

1281. **Sertillanges, A.D., O.P.** "Les 'triomphes' de S. Thomas d'Aq.," in *Miscel. Stor.-Art.* (Symp.) 293-298. (Portraits.)

1282. **Servadei, D.E.** "S. Tommaso d'Aq. nell' arte a Forli," *Momento di Forli* marzio (1924).

1283. **S. M. A.** "Ode in Honour of St. Thomas," *Blackfriars* IV (1924) 1468. (A latin poem of 5 stanzas.)

1284. **Smialek, W.** "Sw. Tomasz z Akw. w glorji wichow," *Przegl. Teol.* V (1924) 179-189.

1285. **Taurisano, I., O.P..** "Un curioso ritratto (di S. Tommaso)," in *Miscel. Stor.-Art.* (Symp.) pp. 309-310. (A note on a supposed description of St. Thomas by the mother of Reginald of Piperno.)

1286. **Tissier, J.** *La doctrine de nos fêtes.* Vol. I: *Les grands* *maîtres.* Paris (Téqui) 1928, vi-264 pp.

1287. **Trens, M.** "Iconografia de S. Tomás," *Vida Cristiana* XII (1924) 73-82.

1288. **Trucco, F.** "Cinque strofe ritmiche di S. Tommaso," *Scuola Catt.* XIII (1929) 48-55.

1289. **Veuillot, L.** "S. Thomas dans une fresque de Fra Angelico à Florence," *Nouv. Rev. des Jeunes* I (1929) 132-133.

1290. **Zucchi, A., O.P.** "Le Sequenze ed il Prefazio per la messa di S. Tommaso d'Aq.," in *Miscel. Stor.-Art.* (Symp.) pp. 303-307.

II—THE WORKS OF ST. THOMAS

A—EDITIONS OF LATIN WORKS

1291. "Les éditions actuelles des oeuvres de S. Thomas," *Bull. Thom.* IV (1934-36) 80-84. (Survey of commercially available editions.)

Opera Omnia: Chief Editions in Chronological Order:

1292. *Opera Omnia.* Romae, 1570, 18 vol. in fol. (jussu S. Pii V; called Editio Piana, or Vaticana, or the First Roman edition.) The editors were Vincentius Justinianus and Thomas Manriquez, O.P.

1293. *Opera Omnia . . . ad exemplar Romanae impressionis restituta.* Venetiis, 1593-94 (apud Dominicum Nicolinum et Socios) 18 vol. in fol. (Same text as *Piana.*)

1294. *Opera Omnia, ad fidem vetustissimorum codicum manuscriptorum et editorum emendata, aucta et cum exemplari Romano collata,* per R.P. Fr. Cosmam Morelles, S.T.D. Antwerpiae (apud Joannem Keerbergium) 1610. 18 vol. in fol. (Bačić, *Introductio,* p. 86, considers this a better edition than *Piana,* or *Veneta Prima.*)

1295. *Opera Omnia.* Ed. J. Nicolai et al. Parisiis (apud societatem Bibliopolarum) 1660. 23 vol. in fol.

1296. *Opera.* Editio altera Veneta ad plurima exempla comparata et emandata. Accedunt vita, seu elogium eius a Jacobo Echardo diligentissime concinnatum, et Bernardi Mariae De Rubeis in singula admonitiones praeviae. Venetiis (cudebat Jos. Bettinelli) 1745-1760, 1765-1788. 28 vol. in 4°.

1297. *Opera Omnia.* Parma, 1852-1873, 25 vol. in 4°. (The *Tabula Aurea* of Peter of Bergomo is in t. XXV.)

1298. *Opera Omnia.* Ed. E. Fretté et P. Maré. Paris (Vivès) 1872-1880. 34 vol. (The *Tabula Aurea* of Peter of Bergomo is in tt. XXXIII and XXXIV.)

1299. *Opera Omnia jussu impensaque Leonis XIII, P.M., edita.* Romae (Typis R. Garroni) 1882—. The *Leonine Edition,* still in process of publication; the following vols. have appeared:

Tome I: *Comm. in Arist. Peri Hermeneias et Post. Analyt.* (1882)

II: *Comm. in Arist. VIII libros Physicorum* (1884)

III: *Comm. de caelo et mundo, de gen. et corrup. et meteorologica* (1886)

IV-XII: *Summa Theologiae cum Comment. Thomae de Vio, Card. Caietani* (1896-1906)

XIII-XV: *Summa contra Gentiles cum Comment. Silvestris Ferrariensis* (1920-1930).

Editions of Separate Works: Alphabetized by Titles:

1300. **Castagnoli, P., C.M.** (ed.) "L'opusculo 'De forma absolutionis' di San Tommaso d'Aq. Introd. e Testo critici," *D T P* XXXVI (1933) 360-416 et seqq. As a book: Piacenza (Monografie del Coll. Alberoni, 13) 110 pp.

1301. **S. Thomae Aq.** *In Aristotelis Librum De Anima Commentarium.* Ed. A. Pirotta, O.P. Turin (Marietti) 1925, xii-308 pp. Ed. 2a, 1936.

1302. **S. Thomae Aq.** *Catena aurea in Quatuor Evangelia.* Turin (Marietti) 8th printing, 1925, 2 vol. 1300 pp.

1303. **S. Thomae Aq.** *Catena aurea in Quatuor Evangelia.* Vol. II: complectens exposit. in Lucam et Joannem. Ed. 9a. Turin (Marietti) 1938, 650 pp.

1304. **S. Thomae Aq.** *Summa contra Gentiles.* Romae (Forzani) 1927.

1305. **S. Thomae Aq.** *Summa contra Gentiles.* (Editio leonina manualis.) Romae (apud Sedem Commissionis Leoninae, et apud Librariam Vaticanam; Desclée—Herder) 1934, vi-581 pp.

1306. **Bauer, L.** (ed.) *De ente et essentia opusculum.* (Opusc. et textus, Series Schol. 1) Münster (Aschendorff) 1926, 60 pp.

1307. **Bauer, L.** (ed.) *Sermo seu tractatus 'De ente et essentia'* ad undecim codicum manu scriptorum (saec. XIII—XIV) nec non editionis Pianae fidem in usu scholarum ed. L. Baur. (Ed. altera) Münster (Aschendorff) 1934, 66 pp.

1308. **Boyer, C., S.J.** (ed.) *S. Thomae Aq. opusculum De ente et essentia,* introd. et notis auctum. (Textus et Doc. Series Philos. 5) Romae (Pont. Univ. Gregor.) 1933, 64 pp.

1309. **Roland-Gosselin, M.D., O.P.** *Le 'De ente et essentia' de S. Thomas d'Aq.* Texte établi d'après les ms. parisiens. Introd. Notes et Etudes historiques. (Bibl. thom. VIII) Le Saulchoir, Kain, 1926, xxx-220 pp.

1310. [**Sestili, I.** ed.] *S. Thomae Aq. Opusculum de ente et essentia diligentissime recognitum.* Turin (Marietti) 1926, 34 pp.

1311. **Pirotta, A., O.P.** (ed.) *In decem libros Ethicorum Aristotelis ad Nicomachum expositio.* Editio novissima. Turin (Marietti) 1934, xxiv-747 pp.

1312. *In Evangelia S. Matthaei et S. Joannis Commentaria.* (4th printing.) Turin (Marietti) 1925, 2 vol. 1000 pp.

1313. **Cathala, M.P., O.P.** (ed.) *In Metaphysicam Aristotelis Commentaria.* Ed. quarta. Turin (Marietti) 1935, xii-798 pp.

1314. **Mandonnet, P., O.P.** (ed.) *Opuscula omnia genuina quidam nec non spuria melioris notae debito ordine collecta.* Paris (Lethielleux) 1927; t. I: *Introd. Opusc. genuina philos.* iv-508 pp. t. II, III, IV: *Opusc. gen. theologica, opusc. vix dubia.* 608 pp., 636 pp., 552 pp. t. V: *Opusc. spuria.* 486 pp. (A corrected reprint of the Lethielleux edition of 1881.)

1315. *In omnes S. Pauli Apostoli Epistolas Commentaria.* (7th printing.) Turin (Marietti) 1929, 2 vol. 1100 pp.

1316. **Mandonnet, P., O.P.** (ed.) *Quaestiones Disputatae,* nova ed. Paris (Lethielleux) 1925, 3 vol.

1317. *Quaestiones Disputatae et Quaestiones Quodlibetales.* Turin (Marietti) 1927, 5 vol.

1318. **Mandonnet, P., O.P.** *Quaestiones Quodlibetales,* cum introd. Paris (Lethielleux) 1926, viii-464 pp.

1319. **Mathis, J.** (ed.) *De Regimine principum ad Regem Cypri, et De Regimine Judaeorum ad ducissam Brabantiae.* Turin (Marietti) 1924, xv-124 pp.

1320. **Rossi, I.** (ed.) *Expositio Salutationis angelicae. D T P* XXXIV (1931) 445-479; offprint: Piacenza (Colleg. Alberoni, 11) 39 pp.

1321. **Mandonnet, P., O.P.** (ed.) *Scriptum super Libros Sententiarum Magistri Petri Lombardi,* editio nova. Paris (Lethielleux) 1929-1933, 4 vol. (M.F. Moos, O.P. became editor with vol. III.)

1322. **Keeler, L.W., S.J.** (ed.) *Tractatus de spiritualibus creaturis,* ed. critica. (Textus et Doc. Series philos., 13) Rome (Univ. Gregor.) 1938, xvi-152 pp.

1323. **Faucher, X., O.P.** (ed.) *Summa Theologica,* ed. tertia. Paris (Lethielleux) 1924, 5 vol.

1324. *Summa Theologica,* diligenter emendata, De Rubeis, Billuart et aliorum notis selectis ornata. Turin (Marietti) 1932, 6 vol.

1325. *Summa Theologica,* de novo edita cura et studio collegii prov. Tolosanae ejusdem ordinis apud S. Maximium. Paris (Blot) 1926-1935; I: xxx-1408 pp; II: ii-1408 pp; III: 869 pp; IV: 1174 pp; V: 1330 pp; VI: 1069 pp. (Index in each vol.)

1326. **Keeler, L. W., S.J.** (ed.) *De unitate intellectus contra Averroistas,* ed. critica. (Text. et Doc. Series philos., 12) Rome (Univ. Gregor.) 1936, xxiv-86 pp.

1327. **Ottaviano, C.** "Una inedita 'compilacio ex dictis Thomae' (De ratione animae ad corpus) dal MS Ambrosiano C. 161. Inf." *Giorn. crit. Filos. Ital.* XI (1930) 392-399. (Fragmentary text of *De unit. intellectus.*)

1328. **Di Martino, M.** *S. Tommaso d'Aq. 'Ars musicae',* trattato inedito illustrato e trascritto. Napoli (De Simone) 1933, 39 pp. 15 photostats. (Spurious.)

1329. **Gómez, E., O.P.** *De Immortalitate Animae, cuestion inedita de Santo Tomás de Aq.* Publicada con introd. y notas. (Biblio. de Tom. Espan. Serie manual, III) Madrid-Valencia (Feda) 1935, 91 pp. (Doubtful authenticity.)

Selections: Alphabetized by Editors

1330. **Arnou, R., S. J.** (ed.) *De quinque viis S. Thomae,* ad demonstrandum Dei existentiam apud antiquos graecos et arabes et judaeos praeformatis vel adumbratis. Textus selectos. (Text. et Doc. Series Philos., 4) Rome (Univ. Gregor.) 1932, 104 pp.

1331. **Backes, I.** (ed.) *Quaestio de gratia capitis* (Summae IIIa, q. 8.) Accedunt textus inediti S. Alberti Colon. et Ulrici de Argentina. (Floril. Patrist., 40) Bonn (Hanstein) 1935, 31 pp.

1332. **Casotti, M.** (ed.) *Tommaso d'Aquino, La conoscenza.* Estratti della S.T. (Introd. trad. e note di M. C.) Brescia (La Scuola) 1938, 100 pp.

1333. **Contri, S.** (ed.) *Il problema della verità in S. Tommaso d'Aq.* (Passi scelti della Summa teologica e da altre opere tomistiche, con introd.) Torino (Soc. ed. internaz.) 1938, 252 pp.

1334. **Dyroff, R.** (ed.) *Quaestio de magistro* (*De veritate,* q. XI.) (Florilegium Patristicum, 13) Bonn (Hanstein) 1921.

1335. **Geyer, B.** (ed.) *Quaestiones De Trinitate divina Summae de theologia,* I, qq. 27-32, ad fidem codic. ms. recensuit notis et prolegomenis instruxit. (Flor. Patr., 37) Bonn (Hanstein) 1934, 64 pp.

1336. **Guzzo, A.** (ed.) *Somma teologica.* Pagine scelte e annotate. Napoli (Loffredo) 1938, 166 pp.

1337. **Lorenz, J.** (ed.) "Die Stellung Thomas von Aq. zur Frage der internationalen Wirtschaftsbeziehungen. Kleiner Wirtschaftskommentar zu 'De Regimine Principum,' II, 3," *D T F* XV (1937) 129-144. (Contains partial edition of text.)

1338. **Modestus a Sancto Stanislao, C.P.** (ed.) *Summa Passionis D.N. Jesu Christi ex authenticis operibus S. Thomae Aq. ad unguem deprompta.* Romae (Typ. Augustiniana) 1930, viii-614 pp.

1339. **Pelster, F., S.J.** (ed.) *Quaestiones de natura fidei ex Com-*

ment. in lib. III Sent. d. 23 et 24, secundum fidem mss. denuo edidit. (Opusc. et text. Ser. Schol., 3) Münster (Aschendorff) 1926, 64 pp.

1340. **Rabeneck, J., S.J.** (ed.) *De generatione Verbi et processione Spiritus Sancti ex lib. IV Summae c. Gent.* (Opusc. et text. Ser. Schol., 19) Münster (Aschendorff) 1937, 71 pp.

1341. **Dal Sasso, G.** (ed.) *Compendio della Somma teologica di S. Tommaso d'Aq.* 2a ed. Padova (Ed. Gregoriana) 1935, 461 pp.

1342. **Sertillanges, A. D.,** et **Boulanger, B.** (ed.) *Les plus belles pages de S. Thomas d'Aq.* Paris (Flammarion) 1929, 281 pp.

1343. **Simon, Y.** (ed.) *S. Thomas d'Aq. Pages choisies,* trad. française; préface de J. Maritain. Paris (Gallimard) 1939, 113 pp.

1344. **Valandra, G.** (ed.) *Il problema morali.* Estratti della somma teologica e dalle Questioni disputate con introd. trad. e note. Padova (Ed. Gregoriana) 1934, 195 pp.

1345. **De Vries, J., S.J.** (ed.) *De cognitione veritatis, textus selecti S. Thomae Aq.* (Opusc. et text. Ser. Schol., 14) Münster (Aschendorff) 1933, 60 pp.

1346. **S. Thomae Aq.** *In Libros I-VI Ethicorum Aristotelis.* [Mimeographed; one brochure for each book; also "six brochures ensemble."] Québec (Université Laval: Textes Philosophiques) n.d.

1347. **S. Thomae Aq.** *In XII Libros Metaphysicorum Aristotelis.* [Mimeographed in several brochures.] Québec (Univ. Laval) n.d.

1348. **S. Thomae Aq.** *In VIII Libros Physicorum Aristotelis.* [Mimeographed.] Québec (Univ. Laval) n.d.

1349. **S. Thomae Aq.** *In VIII Libros Politicorum Aristotelis.* (Texte d'Aristote et Comm. de S. Thomas et P. d'Auvergne.) [Mimeographed] Québec (Univ. Laval) n.d. [Nos. 1346-1349 are latin texts for class use, published in the decade 1935-45. For further information consult: *Annuaire de la Faculté de Philosophie,* Université Laval, 1943-44 pp. 76-82.]

B—TRANSLATIONS OF WORKS

Summa Theologica: Translations:

1350. **Mechithar de Sebaste.** [Author of a 17th c. Armenian translation of the *S.T.* Not to be confused with a 14th c. partial transl. See Oudenrijn's studies, *infra* nn. 1611-1614.]

1351. *Tch'ao Sing Shue Yao.* Zi-ka-wei (Shanghai) 1930, 18 vol. (A revision under direction of Mgr. Constantini, by the Jesuits of Shanghai, of Father Buglio's 17th c. Chinese version of parts of the *S.T.*)

1352. *Versio Sinica Summae Theologicae divi Thomae Aq.* Peiping (Commissio Synodalis) 1930-32, 9 vol. (Chinese transl. with Latin titles of sections of Pars Ia, IIIa et Suppl.)

1353. **St. Thomas Aq.** *The Summa Theologica.* Literally transl. by the Fathers of the Eng. Dominican Province, 2nd rev. ed. London (Burns Oates—Benziger) 1912-1936. 22 vol.

1354. **S. Thomas d'Aq.** *Somme Théologique.* Texte latin et traduction française. Direct. M. Gillet, O.P. Paris (Ed. Rev. des Jeunes) 1925 ff. Circa 30 vol. (This transl. with brief but excellent annotations was done by the following French Dominicans: Bernard, R; Boulanger, A.B.; Folghera, J.D.; Gerlaud, M.J.; Gillet, M.; Héris, C.V.; Hugueny, E.; Laversin, M.J.; Lemonnyer, A.; Le Tilly, J.; Mennessier, I.; Misserey, L.; Mulard, R.; Noble, H.D.; Sertillanges, A.D.; Spicq, C.; Synave, P.; Wébert, J.)

1355. **Perrin, E.** (pseudonym of **J. Turmel**) *S. Thomas d'Aq. Somme Théologique.* t. I, Dieu; t. II, Dieu en trois personnes. La création. Les anges. Les six jours. Trad. nouvelle avec introd. et notes. (Coll. les Textes du christianisme.) Paris (Rieder) 1927-1929, 217-244 pp. (On this unfortunate translation see: Saltet, L. "L'oeuvre théologique pseudonyme de M. l'abbé J. Turmel," *Bull. de Litt. Eccl. de Toulouse,* 1929, p. 173, et 1930, pp. 35-36.)

1356. **S. Thomae Aq.** *Die deutsche Thomas-Ausgabe. Vollständige, ungekürzte deutschlateinische Gesamtausgabe der Summa Theologica des hl. Thomas von Aq.* Uebersetzt von den Dominikanern und Benediktinern Deutschlands und Oesterreichs; herausgegeben vom Katholischen Akademikerverband . . . Salzburg-Leipzig (Pustet) 1933 ff. (Incomplete in 1939, the following scholars have collaborated on this annotated translation: Amschl, H.; Christmann, H.M., O.P.; Herlt, B., O.S.B.; Hield, A.; Kropp, A.; Soukup, L., O.S.B.; Winzen, D., O.S.B.)

1357. **Thomas von Aq.** *Summe der Theologie.* Herausg. von J. Bernhart. Bd. I, Leipzig (Kröner) 1934, lxxxiii-419-32 pp. Bd. III, Stuttgart (Kröner) 1938, xviii-669 pp. (Full data lacking; a careful, literal translation.)

1358. **S. Tommaso d'Aq.** *Somma teologica. Antologia.* Introd. trad. e note di N. Petruzzellis. Bari (Laterza) 1936, 160 pp.

1359. *Theologische Summa van den H. Thomas van Aq.* Latijnische en Nederlandsche Tekst uitgegeven door een groep Dominicanen. Antwerpen (Geloofsverdediging) 1927 ff. (Eleven volumes of this Flemish transl. without notes were published by 1939; still incomplete.)

1360. **Hortynski, P., S.J.** *S. Thomae Aq., Summa Theologica.* (A partial Polish translation.) Kraków (Wiadomosci Katolickie) Vol. I, Ia, qq. 1-26 (1927) 321 pp. Vol. II, Ia, qq. 27-49 (1927) 216 pp. Vol. III, Ia, qq. 50-74 (1933) 256 pp.

1361. **S. Tomas de Aq.** *Suma teologica.* Primeira tradução portuguesa. (Accompanhado do texto latino.) Sao Paulo (Odeon) (Apparently incomplete as yet; vol. XIV, por A. Correira, 329 pp., was published in 1937.)

Translations of Other Works: Alphabetized by Translators:

1362. Anon. transl. *Contra Gentiles* (Polish translation.) Kraków (Wiadomosci Katolickie) t. I (Books I-II) 1930, 319 pp.; t. II (Book III) 1933, 452 pp.

1363. **Allers, R.** (tr.) Thomas von Aquin, *Ueber das Sein und das Wesen.* (Deutsch-lateinische Ausgabe.) Uebersetzt u. erläutert. Wien (Hegner) 1936, 166 pp.

1364. **Batzill, H., O.S.B.** (tr.) "Das tätige und das beschauliche Leben. Texte aus den Werken des hl. Thomas v. Aq.," *Bened. Monatschr.* XII (1930) 338-354; 447-458.

1365. **Batzill, H., O.S.B.** (tr.) *Im Anfang war das Wort. Der Prolog des Johannesevangeliums erklärt vom hl. Thomas v. Aq.* Uebersetz. Sechau (Buchhandl. der Abtei) 1931, 56 pp.

1366. **Bianchi, E.** (tr.) *La dottrina dell' anima e la teoria della conoscenza.* (Estratti dalla S.T.) Introd. scelta, traduz. e commento. Firenze (Vallecchi) 1937, 239 pp.

1367. **Bord, J.P.** (tr.) *L'Oraison dominicale et la Salutation angélique d'après S. Thomas.* Paris-Tournai-Rome (Desclée) 1933, 130 pp.

1368. **Brunner, P.** (tr.) "Die Römerbrieferklärungen des Thomas v. Aq. und Luthers in deutschen Uebersetzung," *Zw. Zeiten* VIII (1930) 350-352.

1369. **Carame, N.** *Somme contre les Gentils de S. Thomas d'Aq.* (in Arabic.) Traduction arabe accompagnée de nombreuses notes tirées très souvent des plus célèbres philosophes arabes. Djounieh (Liban), (Imprimerie des Missionaires Libanais) 1931, 530 pp.

1370. **Castellani, G.** (tr.) S. Tommaso d'Aq. *L'unità dell' intelletto.* Testo, introd. traduz. e commento. Milano (Albrighi) 1927, 164 pp.

1371. **Collins, J.B.** (tr.) *The Catechetical Instructions of St. Thomas Aq.,* transl. with commentary. Introd .by R.G. Bandas. San Francisco (Wagner); London (Herder) 1939, xvi-200 pp.

1372. **D'Arcy, M.C., S.J.** (ed.) Thomas Aquinas, *Selected Writings.* (Everyman's Lib., 953) New York (Dutton) 1939, xvi-289 pp.

1373. **Delaney, B., O.P.** (tr.) *On the Ways of God,* transl. from the *De moribus divinis* of St. Thomas Aq. London (Burns Oates) 1926; N.Y. (Benziger) 1927, viii-32 pp. (Spurious.)

1374. **Dunn, R.J.** (tr.) *The Compendium Theologiae.* (Part I, Tract. 2, transl. into English.) Toronto (St. Michael's Coll.) 1934, 194 pp.

1375. **English Dominican Fathers** (tr.) *The Summa contra Gentiles,* literally transl. from the latest Leonine ed. London (Burns Oates); N.Y. (Benziger) 1928-29, 5 vol.

1376. **Eusebietti, P.** (tr.) Aristotele, *L'anima. Con commento di S Tommaso d'Aq.* Passi scelti, introd. e versione. Torino (Soc. ed. internaz.) 1933, 168 pp.

1377. **Fahsel, H.** (tr.) Das hl. Thomas von Aq. *Kommentar zum Römerbrief.* Zum ersten Mal ins Deutsche übersetz. Freiburg i. B. (Herder) 1927, xvi-512 pp.

1378. **Firminger, W.K.** (tr.) *The Most Devout Exposition of the Lord's Prayer of St. Thomas Aq.* Transl. with Introd. and notes. London (Faith Press) 1927, xxvi-54 pp.

1379. **Getino, L., O.P.** (tr.)*Regimiento de Principes de S. Tomas de Aq. seguido de la Gobernación de los Judios por el mismo Santc.* Edición, introd, y notas. (Bibl. de Tomist. Espan., V) Valencia (Soc. Fomento de la Educación y del Arte) 1931, xliii-280 pp.

1380. **Guzzo, A.** (tr.) Tommaso d'Aq. *Il Maestro.* Traduz., Introd., Commento. Firenze (Vallecchi) 1928, 65 pp.

1381. **Herbert, A.G.** (ed.) Thomas Aquinas. *God and His Works. Selections from Part I of the Summa Theologica,* Arranged with Introd. London (SPCK. Texts for Students, 40) 1927, xxiv-128 pp. (An Anglican text.)

1382. **Hosse, J.** (tr.) Hl. Thomas. *Kirchenvater und das Evangelium,* ausgewalt u. übersetzt. Freiburg i. B. (Herder) 1937, xii-241 pp. (Texts from *Catena Aurea* translated.)

1383. **Hughes, P.** (tr.) St. Thomas, *Meditations for Lent,* translated. London & N.Y. (Sheed and Ward) 1938, 141 pp.

1384. **Innerkofler, A.** (tr.) *Des hl. Thomas v. Aq. drei goldene Büchlein über das Alterheiligste.* Paderborn (Schöningh) 1929, 334 pp. (Transl. three spurious opuscula: *De ven. sac. altaris; De sac. altaris ad modum praedicam.; Expositio Missae.)*

1385. **Leckie, G.G.** (tr.) St. Thomas Aq. *Concerning Being and Essence.* Translated with Preface. N.Y. (Appleton) 1937, xliv-48 pp.

1386. **Marcucci, G., O.P.** (tr.) *Preghiere di S. Tommaso d'Aq. tradotte.* Arezzo, 1932, 110 pp.

1387. **Mager, A., O.S.B.** (tr.) Thomas v. Aq. *Die Seele, Erklärungen zu d. 3 Büchern des Aristoteles 'Ueber die Seele',* Uebertr. u. eingel. von A.M. Wien (Hegner) 1937, 453 pp.

1388. **Maréchal, H., O.P.** (tr.) S. Thomas d'Aq. *L'entrée en religion,* trad. français. Juvisy (Ed. du Cerf) 1935, 162 pp. *(Contra pest. doct. retrahentium homines a relig. ingressu.)*

1389. **Maréchal, H., O.P.** (tr.) "Vers la perfection de la vie spirituelle," (Trad. franç. du *De perfectione vitae spiritualis.) Vie Spirit.* XVIII (1928) 498-506; 619-624; XIX (1928-29) 85-97; 203-228; 342-352; 697-703. As a book: Paris (Lethielleux) 1932, xiv-168 pp.

1390. **Maresca, M.** (tr.) *Il problema della conoscenza. Estratti* *dalla Somma teologica.* Trad., introd. e note. Milano (Mondadori) 1935, 102 pp.

1391. **Maritain, R.** (tr.) S. Thomas d'Aquin. *Des moeurs divines.* Trad. nouvelle. Paris (Art Catholique) 1931, 45 pp. (apocryphal)

1392. **Meseda, G.C.** (tr.) *Paginas de oro. Del ente y de la esencia.* Traducción y observaciones. Mondoñedo (Tip. de Centro de Acción Soc. Cat.) 1926, 108 pp.

1393. **Mathis, G.** (tr.) S. Tommaso d'Aq. *De regimine principum.* Trad. ital. Turin (Paravia) 1928, xv-254 pp.

1394. **Mausbach, J.** (tr.) *Ausgewählte Texte zur allgemeinen Moral aus den Werken des hl. Thomas v. Aq.* (Opusc. et Text., 3) Münster (Aschendorff) viii-112 pp.

1395. **Mayer, M.H.** (tr.) *The Philos. of Teaching of St. Thomas Aq.* Pref. by E.A. Fitzpatrick. Milwaukee (Bruce) 164 pp. (partial transl. of *De veritate,* X.)

1396. **McKeon, R.** (tr.) St. Thomas Aq. *The Disputed Questions on Truth* (Quest. I) Transl. with Introd. in *Selections from Med. Philosophers.* N.Y. (Scribners) 1930, II, 149-234.

1397. **Meister, F.A.M.** (tr.) *Des hl. Thomas v. Aq. Abhandlung 'Vom Sein und von der Wesenheit'.* Ueberset. Einl. u. Anmerkungen. Freiburg i. B. (Herder) 1935, x-75 pp.

1398. **Meozzi, A.** (tr.) Tommaso di Aquino. *De Regimine principum.* Trad. e introd. (Coll. Cultura dell' anima) Lanciana (Carabba) 1924, 208 pp.

1399. **Mézard, A.M., O.P.** (tr.) *La moelle de S. Thomas d'Aq. ou Méditations tirées de ses oeuvres et distribuéès pour tous les jours de l'année.* Trad. par un religieux du même ordre. Paris (Lethielleux) 1930, 2 vol. 452; 352 pp.

1400. **McEniry, E.C.** (tr.) St. Thomas, *Meditations for Every Day.* Compiled by P.D. Mézard and translated from Latin. Somerset, Ohio (Rosary Press) 1939, xix-496 pp.

1401. **Meyrinck, G.** (tr.) Thomas v. Aq. *Abhandlung über den Stein der Weisen.* Uebersetzt . . . mit . . . Einleitung. München-Planegg (O.W. Barth) 1925, xlviii-56 pp. (A spurious alchemical treatise!)

1402. **Muzio, G.** (tr.) S. Tommaso d'Aq. *Il Maestro. Estratti delle Questioni De Veritate,* con introd. e commento. Torino (Soc. ed internaz.) 1930, 122 pp.

1403. **Nachod, H.** und **Stern, P.** (tr.) *Die Summe wider d. Heiden.* Dt. von H. Nachod u. P. Stern, Vorw. won A. Dempf, Erläut. von A. Brunner. Leipzig (Hegner) 1935, 460 pp.

1404. **Nardi, B.** (tr.) Tommaso d'Aq. *Trattato sull' unità dell' intelletto contro gli averroisti.* Trad., comm. e introd. storica. Firenze (Sansoni) 1938, 192 pp.

1405. **O'Neill, F.** (tr.) St. Thomas Aq. *The Blessed Sacrament* *and the Mass,* transl. with pref., introd. and notes. London (Coldwell) 1935, xii-186 pp.

1406. **Ottaviano, C.** (tr.) Tommaso d'Aq. *Saggio contro la dottrina averroistica dell' unità dell' intelletto.* Trad., pref. e note. Lanciano (Carabba) 1930, 200 pp.

1407. **Ottaviano, C.** (tr.) Tommaso d'Aq. *Saggio sull' essere e l'essenza, e altri opuscoli.* Pref., traduz. e note critiche. Lanciano (Carabba) 1930, 126 pp. *(De princ. individ.* and *De sensu resp. sing.* included.)

1408. **Péguy, P.** et **Simon, Y.** (tr.) *Commentaire de S. Thomas sur l'Oraison dominicale.* Trad. franç. de l'*Expositio orationis dominicae. Vie Spirit.* XX (1929) 342-352; 451-458; 545-551; XXI (1929-30) 212-216; XXII (1930) 83-88; 282-287; XXIII (1930) 73-77; à suivre.

1409. **Pegis, A.C.** (ed.) *Basic Writings of St. Thomas.* (Selected works in English) N.Y. (Random House) 1945, 2 vol.

1410. **Perdraux,** (tr.) "Adoro Te," (Eng. transl.) *Theology* XXIII (1931) 159-160.

1411. **Phelan, G.B.** (tr.) St. Thomas Aq. *On the Governance of Rulers, (De Regimine Principum)* transl. into Eng. Toronto (St. Michael's Coll.) 1935, 143 pp.

1412. **Pieper, J.** (tr.) Thomas v. Aq. "Ueber das Böse," (Uebers.) *Kathol. Gedanke* IX (1936) 293-305.

1413. **Pucetti, A., O.P.** (tr.) S. Tommaso d'Aq. *Le prime verità della vita cristiana.* Trad. Firenze (Libr. Ed. Fiorentina) 1929, x-198 pp. (A transl. of four opuscula.)

1414. **Pucetti, A., OP.** (tr.) *San Tommaso d'Aq.* (Pagine cristiane, VI) Torino (Soc. Ed. internaz.) 1928, 322 pp. (Extr. from *Expos. in Symbol., C G, Comp. Theol.* and *S T.*)

1415. **Pucetti, A., O.P.** (tr.) S. Tommaso d'Aq. *Summa contra Gentiles, ossia la Verità della Fede cattolica.* Versione italiana. Torino (Soc. Ed. intenaz.) 1930, 2 vol. 448; 644 pp.

1416. **Pucci, U.** (tr.) S. Tommaso d'Aq. *La Politica. Estratti dalla 'Somme teologica' e 'De Regimine Principum.'* Trad., introd e note. Torino (Soc. Ed. internaz.) 1935, 186 pp.

1417. **Pucci, U.** (tr.) S. Tommaso d'Aq. *Il Cosmo. Estratti dalla Somme teologica.* Torino (Soc. Ed. internaz.) 1935, 149 pp.

1418. **Pucci, U.** (tr.) S. Tommaso d'Aq. *Dio. Estratti dalla Somma teologica.* Trad., introd. e note. Torino (Soc. Ed. internaz.) 1932, 230 pp.

1419. **Pucci, U.** (tr.) S. Tommaso d'Aq. *L'uomo. Estratti dalla Somma teologica.* Trad., introd. e note. Torino (Soc. Ed. internaz.) 1935, 235 pp.

1420. **Raskop, H.** (tr.) *Erläuterungen zum Apostolischen Glaubenserkenntnis, zum Vater unser und zu den 10 Geboten.* Köln

(Bachem) 1936, 216 pp.

1421. **Reicher, E.** (tr.) *Modlitwy Swietego Tomasza z Akw.* Warszawa (Kolo Studjow Kathol.) 1928. (Polish transl. of Prayers of St. Thomas.)

1422. **Riedl, C.C.** (tr.) St. Thomas Aq. *On Being and Essence* (De ente et essentia.) Toronto (St. Michael's Coll.) 1934, 66 pp.

1423. **Roguet, C.** (tr.) S. Thomas d'Aq. *Du Gouvernement royal.* Trad. de la partie authentique du *De Reg. Princip.* Préf. du R.P. Garrigou-Lagrange. Paris (Ed. de la Gazette française) 1926, xxxi-155 pp. Second ed. Paris (Libr. du Dauphin) 1931, 160 pp.

1424. **Schulte, K.** (tr.) *Die Gotteslehre des hl. Thomas v. Aq. Textauswahl und Uebersetzung aus der Theol. Summe.* (I u. II Abhandlung.) Düsseldorf (Schwann) 1933, 125 pp.

1425. **Schulte, K.** (tr.) *Das Wahrheits- und Erkenntnis-Problem nach Thomas v. Aq.* (F. Schöninghs Samml. philos. Lesestoff, herausg. J. Feldmann u. J. Rüther, X) Paderborn (Schöningh) 1927, 82 pp. *(De Verit.* I, a. 1-3, 9-12; XI, a. 1-2.)

1426. **Sertillanges, A.D.** et **Boulanger, B., O.P.** (tr.) *Les plus belles pages de S. Thomas d'Aq.* Paris (Flammarion) 1929, 281 pp.

1427. **Shapcote, L., O.P.** (tr.) *The Commandments of God; Conferences on the Two Precepts of Charity and the Ten Commandments.* Transl. by L.S. Introd. by T. Gilby, O.P. London (Burns Oates) 1937, vii-89 pp.

1428. **Shapcote, L., O.P.** (tr.) *On the Power of God* (De Potentia Dei.) Transl. London (Burns Oates); N.Y. (Benziger) 1932-34, I (qq. 1-3) xii-248 pp; II (qq. 4-6) viii-227 pp; III (qq. 7-10) viii-228 pp.

1429. **Soreth, S., O.P.** (tr.) *Grundriss der Heilslehre. 'Compendium theologiae' des hl. Thomas v. Aq.* Deutsche Uebers. Augsburg (Inst. v. Haas u. Grabherr) 1928, xvi-272 pp.

1430. **Soreth, S., O.P.** (tr.) *Von göttlichen Leben, dem hl. Thomas v. Aq. zugeschriebenen.* Mit einem Kommentar v. P. Lemmonyer. Uebers. (Dominikan. Geistesleben, III) Vechta i. O. (Albertus-Magnus-Verlag) 1927, 216 pp. (Spurious.)

1431. **Stein, E.** (ed.) Thomas v. Aq. *Untersuchungen über die Wahrheit.* (Quaest. disp. De Veritate) In dt. Uebertr. Breslau (Borgmeyer) 1931-32. Vol. I, xxii-388 pp; II, xii-512 pp. (A free adaptation.)

1432. **Thiéry, A.** (tr.) *Commentaire du Traité de l'âme d'Aristote.* Trad. franç. du texte latin de S. Thomas d'Aq. Louvain (Inst. Sup. de Philos.) 1923, 697 pp.

1433. **Vanhamme, G., O.P.** (tr.) *Evangile selon S. Jean commenté par S. Thomas d'Aq.* I. *La divinité du Verbe Incarné,* (ch. 1) Trad. franç. Paris (Desclée, éd. de la Vie Spirit.) 1927, 264 pp.

1434. **Vargas, J. de,** (tr.) S. Tomás de Aq. *Teodicea* (Libro I de la Summa c. Gentiles.) Trad. Santiago de Chile (Ed. Ercilla) 1938, 264 pp.

1435. **Veiga dos Santos, A.** (tr.) *Governo dos Principes ao Rei de Cipro. Seguido do opusculo Do Governo dos Judeus á Duqueza de Brabante.* Traduzio do latin. Sao Paulo (Brazil) 1937, 172 pp.

1436. **Van de Vijvere, J., O.P.** (tr.) *De Gelukzaligheid des hemels.* (Uit de kleinere geschriften van S. Thomas v. Aq.) Antwerpen (Geloofsverdediging) 1929, 118 pp. (Apocryphal *De beautitudine.)*

1437. **Welthy, E.M., O.P.** (tr.) Thomas v. Aq. *Die Vollkommenheit des geistlichen Lebens in Deutsche uebertragen.* (Domin. Geistesleben) Vechta (Albertus-Magnus-Verlag) 1933, 182 pp.

C—GENERAL STUDIES OF WORKS AND MSS

1438. *Chronologie des Ecrits de S. Thomas d'Aq.* D'après le P. Mandonnet, O.P. Ottawa (Collège Domin.) c. 1935. (A printed wall-chart, 17 x 22 inches.)

1439. **Axters, E.** "Pour l'état des manuscrits des Questions Disputées de S. Thomas d'Aq.," *D T P* XXXVIII (1935) 129-159.

1440. **Axters, E.** "Pour l'état des manuscrits des Questions Quodlibétiques de S. Thomas d'Aq.," *D T P* XLI (1938) 293-301.

1441. **Bačić, A., O.P.** "Introductio compendiosa in Opera S. Thomae Aq.," *Angel.* I (1924) 82-106; II (1925) 145-184; 223-276. As a book: Romae (R. Garroni) 1925.

1442. **Beltrán de Heredia, V.** "Los manuscritos de S. Tomás en la Bibl. del Cabildo de Toledo," *Ciencia Tom.* XXXIII (1926) 398-412.

1443. **Beltrán de Heredia, V.** "Los manuscritos de S. Tomás de la Bibl. Nacional de Madrid," *Cien. Tom.* XXXIV (1926) 88-111.

1444. **Beltrán de Heredia, V.** "Los manuscritos de S. Tomás en la Bibl. Real de Madrid," *Cien. Tom.* XXXIV (1926) 196-216.

1445. **Birkenmajer, A.** "Vermischte Abhandlungen zur Geschichte der mittelalterlichen Philosophie," *B G P M* XX, 5 (Münster, 1922.)

1446. **Blanche, F.A.** "La vocabulaire de l'argumentation et la structure de l'article dans les ouvrages de S. Thomas," *R S P T* XIV (1925) 167-187.

1447. **Carreras, L.** "El ritme de l'obra tomista," in *Miscel. Tomista* (Symp.) pp. 428-478.

1448. **Castagnoli, P.** "Gli scritti tomistici della biblioteca Classense di Ravenna," *D T P* XXXIV (1931) 541-543. (Three MSS.)

1449. **Castagnoli, P.** "Saggio di cronologia della vita e degli scritti di S. Tommaso d'Aq.," *D T P* XXXII (1929) 57-66; 444-458.

1450. **Coyne, J.** "The Literary Style of St. Thomas Aq.," *Eccl. Rev.* XCVI (1937) 392-400.

1451. **Daley, C.M., O.P.** *Dominican Incunabula in the Library of Congress.* Reprinted from: *Hist. Records and Studies* XXII

(1932) 88 pp. (Five thomistic incunabula.)

1452. **Destrez, J., O.P.** *Etudes critiques sur les oeuvres de S. Thomas d'Aq. d'après la tradition manuscrite,* I. (Bibl. Thom. XVIII) Paris (Vrin) 1933, 226 pp.

1453. **Doucets, V., O.F.M.** "Cinq manuscrits dominicains conservés au couvent de l'Observance de Sienne," *Anton.* VIII (1933) 229-234.

1454. **Doucets, V., O.F.M.** "Notulae bibliographicae de quibusdam operibus Fr. Joannis Pecham," *Anton.* VIII (1933) 425-459. (Frag. of thomistic *Quodlibeta* in Pecham MS.)

1455. **Felszak, S., S.J.** "Dziela sw. Tomasza z Akw.," *Ruch Teologiczny,* Suppl. ad *Collect. Theol.* III (1931) 33-41.

1456. **Glorieux, P.** *La littérature quodlibétique de 1260 à 1320.* (Bibl. Thom., V) Paris (Vrin) 1925.

1457. **Glorieux, P.** "De quelques 'emprunts' de S. Thomas," *R T A M* VIII (1936) 154-167.

1458. **Glorieux, P.** "Un Maître franciscain de Paris," *Fran. Francisc.* XIII (1930) 125-172. (Thomistic MSS with works of Mag. Eustacius, O.F.M.)

1459. **Gomez, E., O.P.** "Catálogo de los manuscritos de escritores Dominicos en la Univ. de Oxford," *Cien. Tom.* XLIV (1931, II) 55-68; and *D T P* XXXV (1932) 62-69; 177-184; 399-404.

1460. **Gomez de Mello, A.** "La forma literaria y la forma filosofica del Doctor Angelico," *Estudios* (1924) 630-641.

1461. **Grabmann, M.** "De notis, ut aiunt, S. Thomae Aq. autographis in Cod. Vatic. lat. 3804," *Anal. Ord. Praed.* XXXIII (1925) 233-237.

1462. **Grabmann, M.** "Die echten Schriften der hl. Thomas v. Aq.," *B G P M* XXII, 1-2, (Münster, 1920) vi-275 pp.

1463. **Grabmann, M.** "Die Werke des hl. Thomas v. Aq.," *B G P M* XXII, 1-2 (Münster, 1931) xv-372 pp. (Revision of no. 1462, *supra.*)

1464. **Grabmann, M.** "Wert und Bedeutung der Aristoteleskommentare des hl. Thomas," in *Mittelalterliches Geistesleben,* München, 1926.

1465. **Kaeppeli, T., O.P.** "Die Thomas-Handschriften der Biblioteca Casanatense in Rom," *Arch. Frat. Praed.* II (1932) 364-381.

1466. **Kaeppeli, T., O.P.** "Die Thomas-Handschriften der Bibl. Vallicelliana in Rom," *Arch. Frat. Praed.* II (1932) 348-363.

1467. **Kaeppeli, T., O.P.** "Mitteilungen über Thomas-Handschriften der Bibl. Nazionale in Neapel," *Angel.* X (1933) 111-125.

1468. **Kaeppeli, T., O.P.** "Zerstreute Autographblätter des hl. Thomas v. Aq., *Arch. Frat. Praed.* II (1932) 382-402.

1469. **Kruitwagen, B., O.F.M.** *S. Thomae de Aq. Summa Opusculorum anno c. 1485 typis edita, vulgati opusculorum textus princeps.*

(Bibl. Thom., IV) Le Saulchoir Kain; Paris (Vrin) 1924, 94 pp.

1470. **O'Rahilly, A.** "Some Manuscripts of the Opuscula," *Irish Eccl. Rec.* LXV (1927) 366-382; 481-490.

1471. **Pelster, F., S.J.** "Die Uebersetzungen der aristotelischen Metaphysik in der Werken des hl. Thomas v. Aq.," *Gregor.* XVII, 3 (1936).

1472. **Pelster, F., S.J.** "Zur Forschung nach dem echten Schriften des hl. Thomas," *Philos. Jahrb.* XXXVI (1923) 35-49.

1473. **Pelzer, A.** *Bibliothecae Apostolicae Vaticanae codices manuscripti recensiti* . . . Codices Vaticani latini. Tomus II. Pars Prior. Cod. 679-1134. Città del Vaticano (Biblioteca Vaticana) 1931, xxxiv-775 pp. (Thomistic works in 103 MSS.)

1474. **Pelzer, A.** "Etude critique: J. Destrez," (no. 1452 *supra*) *Bull. Thom.* IV (1934) 225-240.

1475. **Pera, C., O.P.** "Le opere di S. Tommaso (Note bibliografice.)," Appendix to: Horvath, *La Sintesi scientifica di S. Thommaso,* Turin, 1932, pp. 513-541.

1476. **Pfeiffer, H.** et **Cernik, B.** *Catalogus codicum manu scriptorum, qui in bibl. Canonicorum Regularium S. Augustini Claustroneoburgi asservantur.* Klosterneuburg, Austria (Siftsbibliothek) 1931, vol. II, 414 pp. (15 MSS of St. Thomas.)

1477. **Philippe, P., O.P.** "Plan des Sentences de P. Lombard d'après S. Thomas," *Bull. Thom.* VII (1931-33) 131*-154*.

1478. **Powicke, F.M.** *The Mediaeval Books of Merton College.* Oxford (Clarendon Press) 1931, xi-287 pp. (Several St. Thomas MSS)

1479. **Rossi, G.F., C.M.** "L'Autografo di S. Tommaso del Commento al III libro delle Sentenze," *D T F* XXXV (1932) 532-585. Offprint: Piacenza (Coll. Alberoni, 12) 1932, 56 pp.

1480. **Rossi, G.F., C.M.** "Gli autografi di S. Tommaso della Biblioteca Vaticana," *D T P* XXXVII (1934) 594-600.

1481. **Sinko, T.** [The poetical works of St. Thomas: in Polish] *Przeglad Powszechny* (1924) 97-111.

1482. **Suermondt, C.** "Kort oversicht en lijst van S. Thomas werken," *Ephem. Theol. Lovan.* II (1925) 236-244.

1483. **Suermondt, C.** "Krit. Besprechung der eben genannten Ausgabe wie der von Th. M. Pègues veranstalteten Taschenausgabe," *Bull Thom.* IV (1927) 35-50.

1484. **Suermondt, C.** "Principia recensionis operum S. Thomae in editione Leonina," *Angel.* III (1926) 418-465.

1485. **Synave, P., O.P.** "Le Catalogue officiel des oeuvres de S. Thomas. Critique, Origine, Valeur," *A H M A* III (1928) 25-103.

1486. **Synave, P., O.P.** "Les Commentaires de S. Thomas d'Aq.," *Vie Spirit.* VIII (1923) 455-469.

1487. **Théry, G., O.P.** "L'autographe de S. Thomas conservé à la

Biblioteca Nazionale de Naples," *Arch. Frat. Praed.* I (1931) 15-86.

1488. **Théry, G., O.P.** "Le petit reliquaire du couvent de San Domenico Maggiore contenant une page autographe de S. Thomas d'Aq.," *Arch. Frat. Praed.* II (1932) 336-340.

1489. **Théry, P., O.P.** "Piccolo reliquario di S. Domenico Maggiore contenente una pagina autografa di S. Tommaso d'Aq.," *S. Domenico nel mezzogiorno d'Italia* VI (1930) 118-125.

1490. **Théry, G., O.P.** "Le manuscrit de Salerne contenant le commentaire de S. Thomas sur les Physiques," *Arch. Frat. Praed.* I (1931) 311-335.

1491. **Théry, G., O.P.** "Le manuscrit Vat. Grec 370 et S. Thomas d'Aq.," *A H M A* VI (1931) 5-23. (A Greek MS of Dionysius and Bazil annotated by a Frater Thomas.)

D—STUDIES OF INDIVIDUAL WORKS

1492. "Die Deutsche Thomas-Ausgabe," *Kathol. Gedanke* VI (1933) 225-230. (On the German transl. of the *S.T.*)

1493. **G. J.** "La Somme de S. Thomas," *Coll. Comm. Synod.* (Peiping) III (1930) 828-835. (On Chinese transl. of *S.T.)*

1494. "De Summa Theologica divi Thomae Aq. in Sinicum sermonem translata," *Coll. Comm. Synod.* (Peiping) (1930) 521-526; 635-639; 752-755.

1495. **Abfalter, M.** *Der hl. Thomas als Erklärer des hl. Paulus.* Salzburg (Kath. Kirchenzeitung) 1924, 81 pp.

1496. **Alfonsi, T., O.P.** "Un 'sonetto' attribuito a S. Tommaso," *Mem. Domen.* XLI (1924) 293-294.

1497. **Amelli, A., O.S.B.** *S. Tommaso d'Aq. poeta e musico eucaristico.* Sora (Camastro) 1924, 26 pp.

1498. **Amelli, A., O.S.B.** "Una probabile fonte del 'Lauda Sion'," *Scuola Catt.* LII (1924) 188-189.

1499. **Axters, E.** "Frère Jacobin d'Asti a-t-il été un faussaire? ou l'heur et le malheur d'un autographe," *Angel.* XII (1935) 502-517.

1500. **Axters, E.** "Ou en est l'état des manuscrits des questions quodlibétiques de S. Thomas d'Aq.," *Rev. Thom.* XIX (1936) 505-530.

1501. **Axters, E.** "Pour l'état des manuscrits des Questions disputées de S. Thomas d'Aq.," *D T P* XXXVIII (1935) 129-159.

1502. **Axters, E.** "Pour l'état des manuscrits des Questions quodlibétiques de S. Thomas d'Aq.," *D T P* XLI (1938) 293-301.

1503. **Balthasar, N.** et **Simonet, A.** "Le plan de la Somme contre les Gentils de Thomas d'Aq.," *R N P* XXXII (1930) 183-210.

1504. **Beltrán de Heredia, V.** "Estudios criticos sobre los Cuodlibetos de S. Tomás," *Cien. Tom.* XXIX (1924) 371-386.

1505. **Beltrán de Heredia, V.** "Los manuscritos de S. Tomás en la Biblioteca del cabildo de Toledo," *Cien. Tom.* XXXIII (1926) 398-411.

1506. **Beltrán de Heredia, V.** "Los mss. de S. Tomás de la Bibl. Nac. de Madrid," *Cien. Tom.* XXXIV (1926) 88-111.

1507. **Beltrán de Heredia, V.** "Los mss. de S. Tomás en la Bibl. Real de Madrid," *Cien. Tom.* XXXIV (1926) 196-216.

1508. **Berten, A.** "A propos de la Summa contra Gentiles," *Criterion* IV (1928) 175-183.

1509. **Biermann, B.M., O.P.** "Die chinesische Uebersetzung der theologischen Summa des hl. Thomas v. Aq.," *D T F* IX (1931) 337-339.

1510. **Birkenmajer,** "Ueber die Reihenfolge und die Entstehungszeit der Quaestiones disputatae des hl. Thomas v. Aq.," *Philos. Jahrb.* XXXIV (1921) 31-49.

1511. **Bourke, V.J.** "The Unauthenticity of the 'De intellectu et intelligibili' Attributed to St. Thomas Aq.," *New Schol.* XIV (1940) 325-345.

1512. **Bouyges, M., S.J.** "Le plan du Contra Gentiles de S. Thomas," in *Etudes sur S. Thomas* (Symp.) pp. 176-197.

1513. **Bouyges, M., S.J.** "L'idée génératrice du *De Potentia* de S. Thomas," *Rev. de Philos.* II (1931) 113-131; 247-268.

1514. **Browne, M., O.P.** "An sit authenticum opusculum S. Thomae *De regimine principum?*" *Angel.* III (1926) 300-303.

1515. **De Burgos y Mazo, M.** "Es de S. Tomás el tratado 'De Regimine Principum'?" *Anales de la Acad. de ciencias morales y politicas* XLIII (1935) 369-384; 585-594; XLIV (1936) 41-60.

1516. **Castagnoli, P., C.M.** "I commenti di S. Tommaso ai 'Libri Naturales' di Aristotile," *D T P* XXXIV (1931) 261-283.

1517. **Castagnoli, P., C.M.** "Il commento all' Ecclesiaste attribuito a S. Tommaso d'Aq.," *D T P* XXXVII (1934) 278-281.

1518. **Castagnoli, P., C.M.** "La data di composizione della Summa c. Gentiles di S. Tommaso," *D T P* XXXI (1928) 489-492.

1519. **Castagnoli, P., C.M.** "Le dispute Quodlibetali VII-XI di S. Tommaso," *D T P* XXXI (1928) 277-290.

1520. **Castagnoli, P., C.M.** "Un duplicato del 'De forma absolutionis' di S. Tommaso nel Cod. lat. 14546 della Nazionale di Parigi," *D T P* XXXIX (1936) 56-59.

1521. **Chenu, M.D., O.P.** "Le plan de la Somme," *Rev. Thom.* XLV (1939) 93-107.

1522. **Chevalier, J.** "Notule de critique textuelle thomiste: *De verit.* q. IV, a. 2, ad 7." *D T P* XLI (1938) 63-68.

1523. **Dalmau, J., S.J.** *De ratione suppositi et personae.* Barcelona (Casals) 1923, 48 pp. (Authenticity of *De unione Verbi Incarn.)*

1524. **Deman, T., O.P.** "Eclaircissements sur Quodlibet VIII,

a. 13," *D T P* XXXVIII (1935) 42-61.

1525. **Dempf, A.** *Die Hauptform mittelalterlicher Weltanschauung. Eine geisteswissenschaftliche Studie über die Summa.* München (Oldenbourg) 1925.

1526. **Destrez, J., O.P.** "Les disputes quodlibétiques de S. Thomas d'après la tradition manuscrite," in *Mélanges Thom.* (Symp.) pp. 49-108.

1527. **Destrez, J., O.P.** "L'édition de la Somme contre les Gentils: les manuscrits, la 'pecia', le texte," *Bull. Thom.* VI (1929) 501-515. (Critical note on Leonine ed. t. XIV; adds 42 MSS of complete work and 11 MSS of fragments of *C.G.*)

1528. **Destrez, J., O.P.** "La lettre de S. Thomas, dite lettre au lecteur de Venise d'après la tradition manuscrite," in *Mélanges Mand.* (Symp.) pp. 99-189.

1529. **Dondaine, A., O.P.** "Le problème de l'attribution du 'Tractatus de Beatitudine' du MS 784 de la Bibl. Vat. latine," *Bull. Thom.* VIII (1931-33) 109*-118*.

1530. **Dondaine, A., O.P.** "S. Thomas a-t-il disputé à Rome la question des 'Attributs Divins'? (I *Sent.* d. 2, q. 1, a. 3.)," *Bull. Thom.* VIII (1931-33) 171*-182*.

1531. **Dondaine, A., O.P.** "S. Thomas et les traductions latines des Métaphysiques d'Aristote," *Bull. Thom.* VIII (1931-33) 199*-213*.

1532. **Driscoll, A.M., O.P.** *The 'Quaestiones Quodlibetales' of St. Thomas Aq.* (Dissert.) Washington (Cath. U.) 1930.

1533. **Farrell, W., O.P.** *Companion to the Summa.* N.Y. (Sheed & Ward) Vol. I: The Architect of the Universe (1941); II: The Pursuit of Happiness (1939) viii-459 pp; III: The Fullness of Life (1940) viii-530 pp; IV: The Way of Life (1942) 464 pp.

1534. **Feckes, K.** "Das opusculum des hl. Thomas v. Aq. 'De ente et essentia' im Lichte seiner Kommentare," in *Aus d. Geisteswelt* (Symp.) pp. 666-681. (Besides 3 anonymous Commentators, the following are listed: Armand de Belvezer, Gerardus de Monte, Joannis Versor, Cajetanus, Pierre Crockart, Raphael Ripa, Jerome Contarini, Giuseppe Pecci, Michael de Maria, E. Bruneteau and M.D. Roland-Gosselin.)

1535. **Feder, A., S.J.** "Des Aquinaten Kommentar zu Pseudo-Dionysius 'De divinis nominibus'. Ein Beitrag zur Arbeitsmethode des hl. Thomas," *Schol.* I (1926) 321-351.

1536. **Festugière, A.** "Notes sur les sources du commentaire de S. Thomas au livre XII des Métaphysiques," *R S P T* XVIII (1929) 282-290.

1537. **Flori, E.** "Il trattato 'De Regimine Principum' e le dottrine politiche di S. Tommaso," *Scuola Catt.* LII (1924) 134-169.

1538. **Flori, E.** *Il trattato 'De regimine principum' e le dottrine politiche di S. Tommaso.* Bologna (Zanichelli) 1928, viii-108 pp.

1539. **Gaglio, A.** "*L'Adoro te* dell' Aquinate," *Riv. Liturg.* XVII (1930) 14-20.

1540. **Garrigos, F.** "El Catecismo de S. Tomàs de Aquino," *Rev. Calasancia* (1924) 186-204.

1541. **Gaudel, A.** "A propos de la controverse touchant l'attribution de l'*Adoro te* à S. Thomas," *Rev. Sc. Relig.* X (1930) 258-260.

1542. **Glorieux, P.** "Le *Contra impugnantes* de S. Thomas. Ses sources. Son plan," in *Mélanges Mand.* (Symp.) I, 51-81.

1543. **Glorieux, P.** "Le 'De Regimine Judaeorum'. Hypothèses et précisions," *D T P* XXXIX (1936) 153-160.

1544. **Glorieux, P.** *La littérature quodlibétique de 1260 à 1320.* (Bibl. Thom.) Le Saulchoir-Paris (Vrin) 1925.

1545. **Glorieux, P.** "Pour qu'on lise le 'De Perfectione'," *Vie Spirit.* XXIII (1930) Suppl. 198-226.

1546. **Glorieux, P.** "Les questions disputées de S. Thomas et leur suite chronologique," *R T A M* IV (1932) 5-33.

1547. **Glorieux, P.** "Le Quodlibet XII de S. Thomas," *R S P T* XIV (1925) 20-46.

1548. **Gomez, E., O.P.** "Una cuestión inedita de S. Tomás de Aq.,"*Contemporanéa* III (1933) 423-437; IV (1934) 222-238.

1549. **Gomez, E., O.P.** "La cuestión de S. Thomás sobre la immortalidad del alma," *Contemporanéa* V (1935) 384-397.

1550. **Grabmann, M.** "Die Aristoteleskommentare des hl. Thomas v. Aq.," in *Mittel. Geistesleben* (München, 1926) pp. 266-314.

1551. **Grabmann, M.** "De commentariis in opusculum S. Thomae Aq. 'De ente et essentia'," *A P A R* V (1939) 7-20.

1552. **Grabmann, M.** "Commentatio historica in prologum Summa theologiae S. Thomae Aq.," *Angel.* III (1926) 146-165.

1553. **Grabmann, M.** *Einführung in die Summa Theologiae des hl. Thomas v. Aq.* Zweite Aufl. Freiburg (Herder) 1928, viii-183 pp.

1554. **Grabmann, M.** *Introd. to the Theological Summa of St. Thomas.* Transl. by J.S. Zybura. St. Louis (Herder) 1930, x-220 pp.

1555. **Grabmann, M.** *La Somme théologique de S. Thomas d'Aq. Introd. historique et critique.* Trad. par E. Vansteenberghe. Paris (Desclée) 1930, x-220 pp.

1556. **Grabmann, M.** "Eine Fortsetzung und Ergänzung zum Metaphysikkommentar des hl. Thomas v. Aq. in einer Münchener Handschrift," *Arch Frat. Praed.* IX (1939) 184-191.

1557. **Grabmann, M.** "Helwicus Theutonicus, O.P. (Helwic von Germar?), der Verfasser der pseudothomistischen Schrift 'De dilectione Dei et proximi'," *D T F* V (1927) 401-410.

1558. **Grabmann, M.** "Indagini e scoperte intorno alla cronologia delle . . . Quodlibeta," in *S. Tommaso d'Aquino* (Symp.) pp. 100-121.

1559. **Grabmann, M.** "Eine mittelhochdeutsche Uebersetzung der Summa Theologiae des hl. Thomas v. Aq.," in *Mittel. Geistesleben* (München, 1926) 432-439.

1560. **Grabmann, M.** "Die Neuausgabe der Summa contra Gentiles des hl. Thomas nach dem Autograph," *Theologische Revue* II (1920) 41-49; 81-86; 121-127.

1561. **Grabmann, M.** "Wert und Bedeutung der Aristoteleskommentare des hl. Thomas," in *Mittel. Geistesleben* (München, 1926.)

1562. **Grandclaude, M.** "Les particularités du *De regimine principum* de S. Thomas," resumé dans *Rev. Hist. de droit français et étranger* (1929) 665-666.

1563. **Guzzo, A.** *La Summa contra Gentiles.* Torino (Ed. 'L'Erma') 1931, 83 pp.

1564. **Hayen, A.** "S. Thomas a-t-il édité deux fois son Commentaire sur le Livre des Sentences?" *R T A M* IX (1937) 219-236.

1565. **Huf, O., S.J.** *De Sacraments hymnen van den H. Thomas v. Aq.* Maastricht, 1924, viii-395 pp.

1566. **Joyce, T.A., O.P.** "The *Quaestiones Quodlibetales* of St. Thomas Aq.," *Dominicana* XVI (1931) 13-18.

1567. **Kaeppeli, T., O.P.** "Ein Fragment des Neapler Thomasautographs in S. Domenico in Bologna," *Arch. Frat. Praed.* V (1935) 343-346.

1568. **Keeler, L.W., S.J.** "History of the Editions of St. Thomas' *De unitate intellectus,*" *Gregor.* XVII (1936) 53-81.

1569. **Keeler, L.W., S.J.** "The Vulgate Text of St. Thomas' Commentary on the Ethics," *Gregor.* XVII (1936) 413-436.

1570. **Koch, J.** "Ueber die Reihenfolge der quaestiones disputatae des hl. Thomas v. Aq.," *Philos. Jahrb.* XXXVII (1924) 359-367.

1571. **Kruitwagen, B., O.F.M.** *S. Thomae de Aq. Summa Opusculorum* (Bibl. Thom. IV) Le Saulchoir-Paris (Vrin) 1924.

1572. **Laurent, M.H., O.P.** "Autour de la 'Summa contra Gentiles'. Simple mise au point," *Angel.* VIII (1931) 237-245.

1573. **Legendre, A.** *Introduction à l'Etude de la Somme Théologique de S. Thomas d'Aq.* Paris (Bloud) 1923, vi-192 pp.

1574. **Lottin, O., O.S.B.** "La date de la Question disputée 'De malo' de S. Thomas d'Aq.," *Rev. d'Hist. Eccl.* XXIV (1928) 373-388.

1575. **Macler, F.** "Ile de Chypre. Notices de manuscrits arméniens," *Rev. de l'Orient chrétien* XXIII (1922-23) 172-198. (MS of Armenian version of *S.T.*)

1576. **Makey, P., O.P.** "The Autograph of St. Thomas," in *St. Thomas-Cambridge-1924* (Symp.) pp. 35-44.

1577. **Mandonnet, P., O.P.** "A propos des autographes de S. Thomas d'Aq.," *Bull. Thom.* VI (1929) 521-523.

1578. **Mandonnet, P., O.P.** "Chronologie des Ecrits Scripturaires de S. Thomas d'Aq.," *Rev. Thom.* n.s. XI (1928) 27-45; 116-155; XII (1929) 53-69; 132-145; 489-519.

1579. **Mandonnet, P., O.P.** "Chronologie des questions disputées de S. Thomas d'Aq.," *Rev. Thom,* n.s. I (1918) 266-287; 341-371.

1580. **Mandonnet, P., O.P.** "Les 'Collationes' sur l'Ave Maria et la critique récente," *Bull. Thom.* VIII (1931-33) 155*-167*.

1581. **Mandonnet, P., O.P.** "Les 'Opuscules' de S. Thomas d'Aq.," Introd. to S. Thomae, *Opuscula Omnia,* Paris, 1927, t. I, liii pp. Reprinted in: *Rev. Thom.* n.s. X (1927) 121-157.

1582. **Mandonnet, P., O.P.** "Les Questions disputées de S. Thomas d'Aq.," Introd. to S. Thomae, *Quaest. Disp.* Paris, 1925, t. I.

1583. **Mandonnet, P., O.P.** "S. Thomas d'Aq. créateur de la dispute quodlibétique," *R S P T* XV (1926) 477-506; XVI (1927) 5-38.

1584. **Mansion, A.** "Le Commentaire de S. Thomas sur le *De sensu et sensato* d'Aristote," in *Mélanges Mand.* (Symp.) I, 81-112.

1585. **Mansion, A.** "Pour l'histoire du commentaire de S. Thomas sur la Métaphysique d'Aristote," *R N P* XXVI (1925) 274-295.

1586. **Mansion, A.** "Sur le Texte de la version latine de la Métaphysique et de la Physique d'Aristote dans les éditions des Commentaires de S. Thomas d'Aq.," *R N P* XXXIII (1932) 66-69.

1587. **March, J.** "Cuestiones cuodlibeticas de la biblioteca capitular de Tortosa," *Est. Eccl.* VI (1927) 151-156. (For *Quodl.* of St. Thomas, see p. 155.)

1588. **Mariani, U.** "Il 'De regimine principum' e la teorie politiche di Egidio Romano," *Giorn. Dantesco* XXIX (1926)

1589. **Meersemann, G., O.P.** "A propos de deux écrits de spiritualité attribuées à S. Thomas," *Rev. Thom.* XIII (1930) 560-570. (On: *De divin. moribus, De beatitudine.*)

1590. **Meersemann, G., O.P.** "Les manuscrits du cours inédit d'Albert le Grand sur la Morale à Nicomaque, recueilli et rédigé par S. Thomas d'Aq.," *R N P* XXXVIII (1935) 64-83.

1591. **Merkle, S.** "Antonio Uccelli und Thomas 'Contra errores Graecorum'," *Röm. Quartalschr.* XXXV (1927) 209-239.

1592. **Michelitsch, A.** "De commentariis in Summam Theologiae S. Thomae Aq.," *Xenia Thom.* (Symp.) III, 449-458.

1593. **Michelitsch, A.** *Kommentatoren zur Summa Theologiae des hl. Thomas v. Aq.* Graz u. Wien, 1924, 204 pp.

1594. **Michelitsch, A.** "De opusculorum septem S. Thomae Aq. genuinitate," *Angel.* V (1928) 71-86. (Accepts the 7 *Opusc.* of MS 251 of Avignon.)

1595. **Mittler, T., S.V.D.** "Introductio in versionem sinicam Summae Theol. divi Thomae," *Coll. Comm. Synod.* (Peiping) V (1932) 541-549.

1596. **Moos, F., O.P.** "Une nouvelle édition de S. Thomas sur les Sentences," *Rev. Thom.* XVI (1933) 576-602.

1597. **Motte, A.R., O.P.** "Date du Contra Gentiles," *Rev. Thom.* n.s. XXI (1938) 806-809.

1598. **Motte, A.R., O.P.** "La chronologie relative du Quodlibet VII et du commentaire sur le IVe Livre des Sentences," *Bull. Thom.* VII (1931-33) 29*-45*.

1599. **Motte, A.R., O.P.** "La date extrême du commentaire de S. Thomas sur les Sentences," *Bull. Thom.* VII (1931) 43*-61*.

1600. **Motte, A.R., O.P.** "Pour l'exégèse de la Ia Pars, q. 12, a. 1," *Bull. Thom.* VII (1931-33) 125*-130*.

1601. **Motte, A.R., O.P.** "Un chapitre inauthentique dans le 'Compendium theologiae' de S. Thomas," *Rev. Thom.* n.s. XXII (1939) 749-753.

1602. **O'Rahilly, A.** "Notes on St. Thomas. I: Some manuscripts of the Opuscula," *Irish Eccl. Rec.* LXIII (1927) 376-382; 481-490.

1603. **O'Rahilly, A.** "Notes on St. Thomas. II: The Commentary on the Politics," *Irish Eccl. Rec.* LXIII (1927) 614-622.

1604. **O'Rahilly, A.** "Notes on St. Thomas. III: St. Thomas on Credit," *Irish Eccl. Rec.* LXIV (1928) 159-168.

1605. **O'Rahilly, A.** "De regimine principum," *Irish Eccl. Rec.* LXIV (1928) 296-340.

1606. **O'Rahilly, A.** "Notes on St. Thomas. IV: De Regimine principum," *Irish Eccl. Rec.* LXIV (1928) 396-410.

1607. **O'Rahilly, A.** "Tolomeo of Lucca, the Continuator of the 'De regimine principum'," *Irish Eccl. Rec.* LXIV (1928) 606-614.

1608. **Ottaviano, C.** "Controversie medioevale. A proposito della paternità tomistica di un *Tractatus de universalibus* e della data del *De unitate intellectus*," *Sophia* III (1935) 134-138.

1609. **Ottaviano, C.** "La data del *De unitate intellectus* di S. Tommaso," *Sophia* I (1933) 101-104.

1610. **Ottaviano, C.** (ed.) *Tractatus de Universalibus attribuito a S. Tommaso d'Aq.* (Reale Acad. d'Italia. Studi e documenti, 2) Rome, 1932, 96 pp. (Attempts to defend authenticity.)

1611. **Van den Oudenrijn, M.A., O.P.** "Eine armenische Uebersetzung der Summa Theol. des hl. Thomas im 14 Jahrhundert," *D T F* VIII (1930) 245-278.

1612. **Van den Oudenrijn, M.A., O.P.** "Oratiuncula S. Thomae Aq. in Armenia lingua," *Angel.* VI (1929) 77-82.

1613. **Van den Oudenrijn, M.A., O.P.** "The Monastery of Aparan and the Armenian Writer Fra Mxitarič," *Arch. Frat. Praed.* I (1931) 265-303.

1614. **Van den Oudenrijn, M.A., O.P.** "La version arménienne du Supplementum ad Tertiam Partem S.T.," *Angel.* X (1933) 3-23.

1615. **Pègues, T., O.P.** *Commentaire Francais Littérale de la*

Somme Théologique. Toulouse (Privat) 1906—. 20 vol.

1616. **Pelster, F., S.J.** "Beiträge zur Chronologie der Quodlibeta des hl. Thomas v. Aq.," *Gregor* VIII (1927) 508-538; X (1929) 52-71; 387-403.

1617. **Pelster, F., S.J.** "Beiträge zur Chronologie der Quodlibeta des hl. Thomas v. Aq. (Cod. Vat. lat. 781)," *Gregor.* X (1929) 60-61.

1618. **Pelster, F., S.J.** "De concordantia dictorum Thomae. Ein echtes Werk aus den letzten Lebensjahren des hl. Thomas," *Gregor.* IV (1923) 73-105.

1619. **Pelster, F., S.J.** "Zur Datierung der Q. disp. De spiritualibus creaturis," *Gregor.* VI (1925) 231-247.

1620. **Pelster, F., S.J.** "Die Expositio super quatuor Evangelia ad litteram S. Thomae Aq.," *Biblica* V (1924) 64-72.

1621. **Pelster, F., S.J.** "Un nuovo trattato di S. Tommaso?" *Civil. Catt.* (1933) 65-69. (Vs. authenticity of *De Universal.)*

1622. **Pelster, F., S.J.** "La Quaestio disp. de unione Verbi incarnati," in *Etudes sur S. Thomas* (Symp.) 198-245.

1623. **Pelster, F., S.J.** "Das Thomas-Fragment in Cod. B VII, 9, der Universitätsbibliothek Basel," *Philos. Jahrb.* LII (1939) 85-91.

1624. **Pelster, F., S.J.** "Wann ist das zwölfte Quodlibet des hl. Thomas v. Aq. entstanden?" *Gregor.* V. (1924) 278-286.

1625. **Pelzer, A.** "L'édition Léonine de la Somme contra Gentiles, *R N P* XXII (1920) 217-245.

1626. **Pérez Goyena, A., S.J.** "Trabajos de los Españoles en la impresión de la 'Suma' de Santo Tomás," *Razón y Fe* LXV (1923) 325-342.

1627. **Pérez Goyena, A., S.J.** "Un compendio de la Suma casi desconocido," *Estudios Eccl.* III (1924) 98-101.

1628. **Phillimore, J.S.** "A Hymn of St. Thomas," *Blackfriars* V (1924) 345-347.

1629. **Pirenne, H.** "La duchesse Aleyde de Brabant et le De regimine Judaeorum de S. Thomas," *Bull. de la classe des Lettres de l'Acad. Belgique* XIV (1928) 43-55.

1630. **Pirenne, H.** "La duchesse Aleyde de Brabant et le 'De regimine Judaeorum' De S. Thomas d'Aq.," *R N P* XXX (1928) 193-205.

1631. **Rackl, M.** "Die griechische Uebersetzung der Summa Theol. des hl. Thomas v. Aq.," *Byzant. Zeitschr.* XXIV (1923) 48-60.

1632. **Rackl, M.** "Eine griechische Abbreviatio der Prima Secundae des hl. Thomas v. Aq.," *D T F* II (1922) 50-59.

1633. **Ramge, K.** "Spuren der Frauleichnamssequenz des Thomas v. Aq. 'Laude, Sion, Salvatorem' im Luthertum," *Monatschr. f. Gottesdienst u. kirch. Kunst* (1930) 176-178.

1634. **Roland-Gosselin, M.D., O.P.** *Le 'De ente et essentia' de S.*

Thomas d'Aq. Texte établi d'après les manuscrits parisiens. Introd. Notes et Etudes historiques. (Bibl. Thom., VIII) Le Saulchoir-Paris (Vrin) 1927, xxx-220 pp.

1635. **Rolfes, E.** "In expositionem S. Thomae super Aristotelis Metaphys. lib. XII, c. 6 seq.," in *Xenia Thom.* (Symp.) I, 389-410.

1636. **Rossi, G.F., C.M.** "An textus quidam D. Thomae quem 'maculistae' suum faciunt genuinus sit," *D T P* XXXVI (1933) 417-428.

1637. **Rossi, G.F., C.M.** "L'autografo di S. Tommaso del Commento al III libro delle Sentenze," *D T P* XXXV (1932) 532-585. (Concerning Cod. Vat. lat. 9851.)

1638. **Rossi, G.F., C.M.** "La 'Expositio Salutationis angelicae' di S. Tommaso d'Aq.," *D T P* XXXVI (1933) 280-288.

1639. **Saba, A.** "Un discorso di S. Tommaso a Milano," *Scuola Catt.* LXII (1934) 345.

1640. **Salaville, S.** "Fragment inédit de la traduction grecque de la Règle de S. François," *Echos d'Orient* XXXII (1929) 167-172. (Cod. Vat. Graec. 1122, XVth c. contains Greek extracts from *Contra Gentiles* and *Adversus Graecos ad cantorem antiochenum,* transl. by Demetrios Cydones.)

1641. **Salman, D., O.P.** "S. Thomas et les traductions latines des Métaphysiques d'Aristote," *A H M A* VII (1932) 85-120.

1642. **Salman, D., O.P.** "Sur la lutte 'contra Gentiles' de S. Thomas," *D T P* XL (1937) 488-509.

1643. **Samuel d'Algaida, O.M.Cap.** "Una edició de la 'Summa' amb notes de S. Vicento Ferrer," *Criterion* II (1926) 441-445.

1644. **Dal Sasso, G.** *Compendio della Somma Teologica di S. Tommaso d'Aq.* Padova (Lib. Gregor.) 1923, 460 pp.

1645. **Sassen, F.** "Philosophus philomythes?" "*Studia Cath.* X (1934) 297-302. (On S. Thomae, *In Metaph.* I, lect. 3.)

1646. **Sertillanges, A.D., O.P.** *Prières de S. Thomas d'Aq.* Paris, 1920.

1647. **Singer, D. W.** *Catalogue of Latin and Vernacular Alchemical MSS in Great Britain and Ireland.* Brussels (Lamartin) 1928, vol. I. (No. 184, pp. 160-163 lists 10 MSS containing parts of a *De lapide* falsely attributed to St. Thomas.)

1648. **Sladeczek, F.** "Wann ist der Traktat des hl. Thomas 'De articulis fidei et ecclesiae sacramentis' entstanden?" *Schol.* II (1927) 413-415.

1649. **Soreth, S.M., O.P.** *Von göttlichen Leben dem hl. Thomas v. Aq. zugeschrieben mit einem Kommentar von P. Lemmonyer, O.P.* (Domin. Geistesleben, 3) Vechta, 1927.

1650. **Soukup, L.** "Drei Fragen zu der neuen Thomasuebersetzung und ihre Antworten," *Kath. Gedanke* VI (1933) 368-371.

1651. **Suermondt, C., O.P.** "De textu Summae contra Gentiles observationes criticae ad recensionem quemdam," *Angel.* VII (1930) 253-257; 348-355; VIII (1931) 60-68.

1652. **Suermondt, C., O.P.** "Le texte léonin de la Ia Pars de S. Thomas. Sa révision future et la critique de Baeumker." in *Mélanges Mand.* (Symp.) I, 19-50.

1653. **Synave, P., O.P.** "Catalogue officiel des oeuvres de S. Thomas. Critique. Origine. Valeur," *A H M A* III (1928) 25-103.

1654. **Synave, P., O.P.** "Le Commentaire sur les quatre Evangiles d'après le Catalogue officiel," in *Mélanges Mand.* (Symp.) I, 109-122.

1655. **Synave, P., O.P.** "Les Commentaires scripturaires de S. Thomas d'Aq.," *Vie Spirit.* VIII (1922) 455-469.

1656. **Synave, P., O.P.** "L'ordre des quodlibets VII à XI de S. Thomas d'Aq.," *Rev. Thom.* n.s. IX (1926) 43-47.

1657. **Synave, P., O.P.** "Le problème chronologique des questions disputées de S. Thomas d'Aq.," *Rev. Thom.* n.s. IX (1926) 154-159.

1658. **Synave, P., O.P.** "La question disputée 'De sensibus sacrae Scripturae', Quodl. VII, a. 14-16 (avril 1256)," in: "La doctrine de S. Thomas sur le sens littéral des Ecritures," *Rev. Bibl.* XXXV (1926) 50-52.

1659. **Synave, P., O.P.** "La révélation des vérités divines naturelles d'après S. Thomas." in *Mélanges Mand.* (Symp.) I, 327-371. (*De Verit.* q. XIV, a. 10, dated 11-13th March, 1258, see p. 354.)

1660. **Teepe, P.** "De chinesische Uitgave der Summa van St. Thomas," *Het Missiewerk* XIII (1931) 76-78.

1661. **Théry, G., O.P.** "L'autographe de S. Thomas conservé à la biblioteca nazionale de Naples," *Arch. Frat. Praed.* I (1932) 15-86.

1662. **Théry, G.** "Le manuscrit de Salerne contenant le commentaire de S. de S. Thomas sur les Physiques," *Arch. Frat. Praed.* I (1932) 311-335.

1663. **Théry, G.** *Notes sur le texte latin. Préface à la traduction de la Somme Théologique.* Paris (Rev. des Jeunes) 1926, t. I. 12-14.

1664. **Tonolo, F.** *L'Ufficio del SS. Sacramento. Testo latino, con versione, introd. e commento.* Torino (Marietti) 1925, xx-130 pp.

1665. **Truc, G.** *La pensée de S. Thomas d'Aq.* Extraits . . . de la *S.T.* . . avec une introd. bibliographie et le texte latin. (Grands Penseurs Etrangers) Paris (Payot) 1924, 328 pp.

1666. **Trucco, F.** "Le caratteristiche della poesia tomistica," *Scuola Catt.* XII (1928) 363-372.

1667. **Trucco, F.** "Il metro della poesia tomistica," *Scuola Catt.* XII (1928) 437-448.

1668. **Trucco, F.** "La paternitá tomistica del 'Verbum supernum'," *Scuola Catt.* XII (1928) 268-278.

1669. **Tusquets i Terrats, J.** "L'opuscule de S. Tomàs 'De unitate intellectus'," *Rev. Ecl.* (1923)

1670. **Wiesmann, H., S.J.** "Der Kommentar des hl. Thomas v. Aq. zu den Klageliedern des Jeremias," *Schol.* IV (1929) 78-90.

1671. **Wilmart, A., O.S.B.** "La tradition littéraire et textuelle de l'*Adoro te devote,*" *R T A M* I (1929) 21-40; 146-176.

1672. **Wilmart, A., O.S.B.** "La tradition littéraire et textuelle de l'*Adoro te devote,*" chap. XIX of: *Auteurs spirituels et textes dévots au Moyen Âge latin.* Paris (Bloud et Gay) 1932, 361-414.

E—LEXICONS, INDEXES, DICTIONARIES, ENCYCLOPEDIAS

1673. *The Catholic Encyclopedia.* N.Y.-London, 1907-1914, 16 vol. Suppl. vol. 1922. Revised ed. by E.A. Pace et al. N.Y., 1936, 16 vol.

1674. *Christelijke encyclopedie voor het nederlandsche volk.* Kempen, 1925-1931, 6 vol.

1675. *Dictionnaire Apologétique de la Foi Catholique.* Paris, 1911-1922; Tables et Index, 1931.

1676. *Dictionnaire pratique des connaissances réligieuses.* Paris (Letouzey) 1925-1933, 7 vol.

1677. *Dictionnaire de Spiritualité,* Paris (Letouzey) 1932—.

1678. *Enciclopedia italiana di scienze, lettere ed arti.* Milano, 1929-1939, 36 vol. Appendice I, 1938.

1679. *Enciclopedia universal illustrada europeo-americano.* (ESPASA) Bilbao-Madrid-Barcelona, 1905-1930, 70 vol. in 72. Appéndice, 1930-33, 10 vol. Suplementó (Annual) 1935—.

1680. *Index to Biblical, Patristic and other Authorities Quoted in the Summa Theologica.* Vol. XXII of the Eng. Domin. Transl. of the *S.T.* London (Burns, Oates, Washbourne) 1925, vii-296 pp.

1681. *Lexicon für Theologie und Kirche,* hrsg. von M. Buchberger. Freiburg i. B., 1929—.

1682. *Die Religion in Geschichte und Gegenwart,* hrsg. von H. Gunkel und L. Zscharnack. Neue Aufl. Tübingen, 1927-1932, 6 vol. (Includes Dictionary and Encyclopedia.)

1683. **Axters, S., O.P.** *Scholastiek Lexicon. Latijn-Nederlandsch.* Antwerpen (Geloofsverdediging) 1937, x-198*-334 pp. (13,000 terms illustrated by texts from St. Thomas.)

1684. **Blanche, F.A., O.P.** *Lexique Thomiste.* Paris (Rev. des Jeunes) 1925.

1685. **Celestinus a S. Joseph, O.C.D.** *Tabulae synopticae Summae Theologiae divi Thomae.* Mariakerke, prope Gandavum (D'Hont-D'Haenens) 1924.

1686. **Eisler, R.** *Handwörterbuch der Philosophie,* 2 Aufl. Berlin, 1922.

1687. **Eisler, R.** *Philosophen-Lexicon.* Berlin, 1925.

1688. **Eisler, R.** *Wörterbuch der philosophischen Begriffe.* 4 Aufl. Berlin, 1927-30, 3 Bd.

1689. **Grabmann, M.** "Hilfsmittel des Thomasstudiums aus alter Zeit," *D T F* III (1923) I: *Abbreviationes* p. 13 seq; II: *Concordantiae* p. 97 seq; III: *Tabulae* p. 373 seq. As a book: Freiburg (Suppl. Divus Thomas) 1923.

1690. **Grabmann, M.** "Hilfsmittel des Thomasstudiums aus alter Zeit. (Abbreviationes, Concordantiae, Tabulae.) Auf Grund handschriftlicher Forschungen dargestelt," in *Mittel. Geistesleben,* München (Hueber) 1936, Bd. II, 424-489. (Revision of no. 1689.)

1691. **Lalande, A.** (ed.) *Vocabulaire technique et critique de la philosophie.* 2me éd. Paris, 1928-32, 2 vol. et suppl.

1692. *Indices et Lexicon.* (t. VI: S. Thomae, *Summa Theol.* Lexicon auctore **J.Z. Mellino.**) Turin (Marietti) 1932, 438-51* pp.

1693. **Paris, G.M., O.P.** *Divisio schematica Summae Theol. S. Thomae Aq. ac ad Tertiam Partem Supplementi, ad usum Professorum atque Studentium.* Turin-Rome (Marietti) 1931, 73 pp.

1694. **Pègues, T., O.P.** *Dictionnaire de la Somme Théologique de S. Thomas d'Aq. et du Commentaire français littéral.* Toulouse (Privat); Paris (Téqui) 1935, 2 vol. 1383 pp.

1695. **Pègues, T., O.P.** "Le Dictionnaire de la Somme Théol. de S. Thomas d'Aq.," *L'Ordre Social Chrétien* XV (1936) 35-44.

1696. **Petri a Bergomo, O.P.** *Tabula Aurea,* in S. Thomae, *Opera Omnia,* Parma, 1873, vol. XXV.

1697. **Runes, D.** (ed.) *Dictionary of Philosophy.* N.Y. (Philosophical Lib.) 1942, 343 pp. (See: "Aquinas, Thomas" by A.C. Pegis, pp. 16-17; other entries on thomistic terms by Allers, Bourke, Guthrie and Ryan.)

1698. **Schütz, L.** *Thomaslexikon, Sammlung, Uebersetzung und Erklärung der in sämtlichen Werken d. hl. Thomas v. Aq. vorkommenden Kunstausdrücke und wissensch. Aussprüche.* Paderborn, 1881; 2e Aufl. 1895.

1699. **Signoriello, N.** *Lexicon Peripateticum, Philosophico-theologicum, in quo scholasticorum distinctiones et effata praecipua explicantur.* Ed. quinta. Rome (Pustet) 1931, 470 pp. (Usages from S. Bonaventure, S. Thomas, S. Albert.)

1700. **Simonin, H.D., O.P.** *Tabulae opusculorum D. Thomae.* St. Maximin (Bureaux de la Rev. Thomiste) 1930, 8 pp.

1701. *Dictionnaire de Théologie Catholique.* Ed. J. Vacant, E. Mangenot, E. Amann. Paris, 1908—. (Vol. XIV, 1, to "Schneider" was published in 1939.)

III—PHILOSOPHICAL DOCTRINES

A—INTRODUCTIONS TO THOMISTIC PHILOSOPHY

2001. **De Bruyne, E.** *S. Thomas d'Aq. Le milieu, l'homme, la vision du monde.* Bruxelles (Ed. de la Cité Chrétienne); Paris (Beauchesne) 1928, 348 pp.

2002. **Forest, A.** *S. Thomas d'Aquin.* Paris, 1923, 147 pp.

2003. **Forest, C., O.P.** "S. Thomas d'Aq. Le Philosophe," in *Etudes pub. par le Collège Domin. d'Ottawa* (Ottawa, 1923) 59-76.

2004. **Garrigou-Lagrange, R., O.P.** "La puissance d'assimilation du thomisme," *Rev. Thom.* XXII (1939)

2005. **Gény, P.** "La cohérence de la synthèse thomiste," in *Xenia Thom.* (Symp.) I, 105-125.

2006. **Gilson, E.** *Le Thomisme. Introd. au système de S. Thomas d'Aq.* 3me éd. Paris (Vrin) 1927, 323 pp.

2007. **Gilson, E.** *The Philosophy of St. Thomas Aq.* Transl. by E. Bullough. St. Louis (Herder) 1929; 2nd ed. rev., Cambridge (Heffer) 1930.

2008. **Haban, M., O.P.** "Uvod do tomismu," *Filosoficka Revue* III (1931) 147-150; IV (1932) 1-4.

2009. **Hoogveld, J.H.E.J.** *Inleiding tot de Wijsbegeerte.* 'S-Hertogenbosch (Malmberg) 1933; 2 vol. xii-164; 92 pp.

2010. **Hoogveld, J.H.E.J.** *Inleiding tot leven en leer van S. Thomas v. Aq.* Derde bijgewerkte druk. Nijmegen-Utrecht (Dekker en Van de Vegt) 1939, xii-217 pp.

2011. **Horten, M.** "Ist die Philosophie des hl. Thomas v. Aq. in ihren Grundlagen verfehlt?" *Philos, Jahrb.* XXXIX (1926) 179-186; 298-308.

2012. **Horvath, A., O.P.** *Aquinoi sz. Tomas vilagnezete.* (Sz. Istvan Könyvek, 21) Budapest (Sz. Istvan tarsulat) 1924, 232 pp.

2013. **Lumbreras, P., O.P.** "El Tomismo, filosofia catolica oficial," in *Estudios filosoficos* (Symp.) pp. 81-114.

2014. **Maritain, J.** *Eléments de Philosophie: Introduction générale à la philosophie.* Paris (Téqui) 1921.

2015. **Maritain, J.** *An Introd. to Philosophy.* Transl. by E.I. Watkin. London (Longmans) 1930; N.Y. (Sheed & Ward) 1933, 272 pp.

2016. **Maritain, J.** *Introd. generale alla filosofia.* Vers. italiana con introd. di A. Coiazzi. Torino (Soc. Ed. internaz.) 1925, 207 pp. Ed. 2o, 1926.

2017. **Meersemann, G., O.P.** (ed.) *Decisionum S. Thomae quae ad invicem oppositae a quibusdam dicuntur.* Concordantiae anno 1456 editae per Gerardum de Monte ad codicum fidem nunc primum typis mandavit. Rome (Istituto Storico Domen.) 1934, 108 pp.

2018. **Messaut, J.** "L'esprit de la philosophie thomiste," *Rev. Thom.* XVII (1934) 231-236.

2019. **Pimenta, A.** *Estudios filosoficos e criticos.* Pref. di Prof. Dr. R. Jorge. Coïmbra (Universidad) 1930, xlii-600 pp.

2020. **De Raeymaeker, L.** *Inleidung tot de wysbegeerte en tot het Thomisme.* Mechelen (Het Kompas); Amsterdam (De Spieghel) 1934, 271 pp.

2021. **De Raeymaeker, L.** *Introductio generalis ad philosophiam et ad thomismum.* Ed. altera recognita et aucta. Louvain (Warny) 1934, 199 pp. (Ed. prim. 1931)

2022. **De Raeymaeker, L.** *Introd. à la Philosophie.* Louvain (Inst. Sup. de Philos.) 1938, vii-269 pp.

2023. **Richard, T., O.P.** "Positivité de la doctrine de S. Thomas," in *Xenia Thom.* (Symp.) I, 33-52.

2024. **Saitta, G.** *Il carattere della filosofia tomistica.* (Studi di lettere storia e filosofia, 5) Firenze (Sansoni) 1934, 147 pp.

2025. **Sassen, F.** *Thomas van Aquino.* (Helden van den geest, 9) 'S-Gravenhage (Kruseman) 1934, 95 pp.

2026. **Steiner, R.** *Die Philosophie des Thomas v. Aq.* Dornach, Switz. (Philos.-Anthroposophisches Verlag am Gotheanum) 1930, 131 pp. (By a contemporary Theosophist.)

2027. **Tischleder, P.** *Die geisteswissenschaftliche Bedeutung des hl. Thomas v. Aq. für Metaph., Ethik u. Theologie.* Freiburg i. B., 1927.

2028. **Wais, K.** "Znaczenie Zw. Tomasza jako filozofa," *Przegl. Teol.* V (1924) 101-110.

2029. **Walshe, M.A.** *The Quest of Reality: an Introd. to the Study of Philos.* London (Kegan Paul) 1933, xix-594 pp.

2030. **Welschen, R., O.P.** "The Continuity and Scientific Autonomy of Thomistic Philos.," in *Xenia Thom.* (Symp.) I, 127-145.

2031. **De Wulf, M.** *Initiation à la philosophie thomiste.* Louvain (Inst. Sup. de Philos.) 1932, 198 pp.

B—SYMPOSIA: COLLECTIONS BY SEVERAL AUTHORS

2032. *Acta Hebdom: Acta hebdomadae augustinianae-thomisticae* ab Academia Romana S. Thomae indictae . . . (Romae, 23-30 aprilis, 1930) Torino (Marietti) 1931, 342 pp.

2033. *Acta I Congr: Acta primi congressus thomistici internationalis, invitante Academia Romana S. Thomae.* Romae (Marietti) 1925, xvii-315 pp.

2034. *Acta II Congr: Acta secundi congressus thomistici internationalis, invit. Acad. Rom. S. Thomae.* Turin-Rome (Marietti) 1936, 285 pp.

2035. *Aspects-New Schol: Aspects of the New Scholastic Philosophy.* (In honor of Dr. E.A. Pace.) Ed. C.A. Hart. N.Y. (Benziger) 1932, xi-311 pp.

2036. *A S. Tommaso: A S. Tommaso d'Aquino . . . il seminario Campano.* Napoli, 1924.

2037. *Atonement-Cambridge-1926: The Atonement.* (Summer School of Cath. Studies, Cambridge, 1926.) Cambridge (Heffer) 1937, xx-309 pp.

2038. *Aus d. Geisteswelt: Aus der Geisteswelt des Mittelalters.* (Festg. M. Grabmann.) Münster i. W., 1935.

2039. *Aus Ethik u. Leben: Aus Ethik und Leben.* (Festg. J. Mausbach.) Hrsg. von M. Meinertz und A. Donders. Münster (Aschendorff) 1931, viii-252 pp.

2040. *Bild v. Menschen: Das Bild vom Menschen.* (Festschr. F. Tillmann.) Düsseldorf (Schwann) 1934.

2041. *Cattol. e Ideal: Cattolicismo e Idealismo.* Milano (Vita e Pensiero) 1928.

2042. *Essays in Thom: Essays in Thomism.* Ed. by R.E. Brennan, O.P. N.Y. (Sheed & Ward) 1942, 427 pp.

2043. *Estudios Filos: Estudios filosoficos.* (Bibl. de Tomistas españoles, 1) Valencia (Conv. de Predic.) 1930.

2044. *Etudes sur S. Thomas: Etudes sur Saint Thomas* (1225-1925), *Archives de Philosophie* III, 2, Paris (Beauchesne) 1925, 245 pp.

2045. *God-Cambridge-1931: God. Papers Read at the Summer School of Catholic Studies, held at Cambridge, 26 July—4 Aug. 1930.* Ed. by G. Lattey, S.J. London (Sheed & Ward) 1931, 254 pp.

2046. *Hommage à M. De Wulf: Hommage à M. le Prof. Maurice de Wulf.* (*R N P* XLI, 1934) Louvain (Inst. Sup. de Philos.) 1934, 546 pp.

2047. *Indirizzi e Conquiste: Indirizzi e conquiste della filosofia neoscolastica italiana.* Publ. a cura della Università del S. Cuore nel venti-cinquesimo della fondazione della 'Rivista di filosofia neoscolastica,' 1909-1934. (*R F N S* XXVI Suppl.) Milano, 1934, 247 pp.

2048. *Initiation-Peillaube: Initiation à la philosophie de S. Thomas.* Par E. Peillaube (éditeur) avec N.M. Denis-Boulet, G. Capelle, M. Esnée, S. Leuret, E. de Beaucoudrey, S. Moreau-Rendu, V. Reyre, et M. Clément. Paris (Rivière) 1926, 430 pp.

2049. *Wtajemniczenie w Filosofje sw. Tomasza z Akwinu.* Trad. par Mme. la Dr. Koperska. Poznan (Ksiegarnia sw. Wojciecha) 1930, 359 pp. (Polish transl. of no. 2048.)

2050. *Katholische Almanach.* München (Kösel) 1927.

2051. *Magister Thomas: Magister Thomas doctor communis.* (Studia Gnesnensia, XII.) Gniezno (Sklad Glowny w Ksiegnarni sw. Wojciecha w Poznaniu) 1935, xxx-499 pp. (Conferences of the Days of Internat. Studies of Thom. Philos., Aug. 28-30, 1934, at Poznan.)

2052. *Maritain-Thomist: The Maritain Volume of the Thomist.* Dedicated to J. Maritain on his Sixtieth Anniv. (*Thomist* V, 1943) N.Y. (Sheed & Ward.)

2053. *Mélanges Mand: Mélanges Mandonnet. Etudes d'histoire littéraire et doctrinale du moyen âge.* (Bibl. Thom., XIII-XIV) Paris (Vrin) 1930, 2 vol. 512 et 500 pp.

2054. *Mélanges Thom: Mélanges Thomistes. Publiés par les Dominicains de la province de France à l'occasion du VIe centenaire de la canonisation de S. Thomas d'Aq.* (Bibl. Thom. III) Le Saulchoir, Kain, 1923, 408 pp. Deuxième imp. Paris (Vrin) 1935, 409 pp.

2055. *Miscel. Philos: Miscellanea Philosophica.* (Fest. J. Gredt) Roma (Herder) 1938, 294 pp.

2056. *Miscel. Stor.-Art: S. Tommaso d'Aquino. Miscellanea storico-artistica.* Roma. (Tip. Manuzio) 1924, vii-324 pp.

2057. *Miscel. Vermeersch: Miscellanea Vermeersch.* Scritti publicati in onore del R.P. Arturo Vermeersch, S.J. Roma (Analecta Gregoriana, vol. IX-X et append.) 1935, 3 vol.

2058. *Miscel. Tomista: Miscellania Tomista en commemoració del sisé centenari de la canonizació de S. Tomas d'Aq.* (Estud. Franc., XXXIV) Barcelona (Conv. d. PP. Cap.) 1924, 511 pp.

2059. *Moral Princ.-Cambridge-1932: Moral Principles and Practice.* Papers read at the Summer School of Cath. Studies held at Cambridge, 1932. Ed. by G.J. MacGillivray. London-N.Y. (Sheed & Ward) 1933, viii-326 pp.

2060. *Nasza Mysl Teol: Nasza Mysl Teologiczna.* Pamietnik pierwszego zjadu naukowego Polskiego Tow. Teologicznego odbytego we Lwowie r. 1928. Lwow (Bibl. Religijna) vol. I, 1930, 271 pp; vol. II, 1935.

2061. *Philos. Chrét: La Philosophie Chrétienne.* Journée d'Etudes de la Société Thomiste, II. Juvisy (Ed. du Cerf) 1934, 170 pp. (Papers by: Forest, Motte, de Solages, Festugière, Gilson, Mandonnet, Jolivet, Sertillanges, Feuling, Chenu, Van Steenberghen, Penido, Masnovo, and Cochet.)

2062. *Philos. Perennis: Philosophia Perennis. Abhandlungen zu ihrer Vergangenheit und Gegenwart* (Festg. J. Geyser) Hrsg. v. F.J. von Rintelen. Ratisbon (J. Habbel) 1930, 2 vol. xx-526 pp. u. x-527 pp. (continued pagination, 1044 pp.)

2063. *Philos. and Hist.: Philosophy and History.* Essays presented to E. Cassirer. Ed. by Klibansky and Paton. Oxford (Clarendon Press) 1936.

2064. *Present-Day Thinkers: Present-Day Thinkers and the New Scholasticism.* An international symposium. Ed. by J.S. Zybura. St. Louis and London (Herder) 1926, xviii-543 pp.

2065. *Probleme d. Gottes: Probleme der Gotteserkenntnis.* (Veröff. d. kath. Inst. f. Philos. z. Köln, II, 3) Münster (Aschendorff) 1928.

2066. *St. Thomas-Cambridge-1924: St. Thomas Aquinas. Papers from the Summer School of Catholic Studies, held at Cambridge* Aug. 4-9, 1924. Ed. by C. Lattey, S.J. Cambridge (Heffer) 1925, xii-312 pp.

2067. *St. Thomas-Fordham: Saint Thomas Aquinas, Yesterday and Today. A Symposium by Juniors of Fordham Univ.* N.Y. (Fordham U. Press) 1940, 80 pp.

2068. *S. Thomas-Etudes-Ottawa: Saint Thomas d'Aq. Etudes pub. par le Coll. Dominicain d'Ottawa (VIe Cent.)* Ottawa, 1923, 152 pp.

2069. *S. Tommaso d'Aquino: S. Tommaso d'Aquino. Pubblicazione commemorativo del sesto centenario della canonizzazione.* A cura della Fac. di Filos. dell' Univ. Catt. del S.C. Milano (Vita e Pensiero) 1923, 318 pp.

2070. *Sbornik Mezin. Thomist: Sbornik mezinarodnich thomistickych Konferenci v Praze, 1932.* Ed. M. Haban, O.P. Olomouc (Slovenska) 1933, 232 pp.

2071. *Scientia Sacra.* (Theol. Festgabe Kard. Schultes) Köln-Düsseldorf (Schwann) 1935, 370 pp.

2072. *S. Thomas-Bijdragen: S. Thomas van Aquin. Bijdragen* over zijn lijd, zijn Leer . . . Bruxelles (Standaard-Boekhandel) 1927.

2073. *S. Thomas-Herdacht: Sint Thomas van Aquin Herdacht.* (De Beiaard, VIII) Teulings, 'S-Hertogenbosch, 1923, 110 pp.

2074. *Svaty Tomas: Svaty Tomas Aquinsky.* (Knihovna Zivota) Praze (Liga Akademicka) 1924, 176 pp.

2075. *Synthesen-Dyroff: Synthesen in der Philosophie der Gegenwart.* (Festg. A. Dyroff) Bonn (Schroeder) 1926, viii-234 pp.

2076. *Verslag I: Verslag van eerste algemeene vergadering der vereeniging voor thomistische wijsbegeerte.* (14 en 15 April 1934. Bijlage van 'Studia Catholica') Nijmegen (Centrale Drukkerij) 1934, 82 pp.

2077. *Verslag II: Verslag van de tweede algemeene vergadering der vereeniging voor thomistische wijsbegeerte.* (II: Psychoanalyse.) Nijmegen (Centrale Druk.) 1935, 57 pp.

2078. *Verslag III: Verslag van de derde algemeene vergadering der vereeniging voor thomist. wijsbegeerte.* (III: Gemenschap en individu.) Nijmegen (Centrale Druk.) 1936.

2079. *Xenia Thom: Xenia Thomistica, S. Thomae Aq. doctori communi et angelico,* (occasione anni sexcentesimi ab ejus canonizatione . . . oblata.) Ed. H.S. Szabó, O.P. Rome (Coll. Angel.) 1925, 625 pp. Vol. I: *Tractatus Philosophici;* vol. II: *Tract. Theologici;* vol. III: *Tract. historio-critici.*

C—GENERAL EXPOSITIONS OF THOMISTIC PHILOSOPHY

2080. **D'Alès, A., S.J.** "Thomisme," *Dict. Apolog.* IV, 1667-1713.

2081. **Bastien, H.** "Réflexions sur le thomisme," *Rev. Domin.* XXXVIII (1932) 551-560.

2082. **Baur, L.** "Thomas v. Aq. als Philosoph," *Theol. Quartalschr.* CVI (1925) 249-266; CVII (1926) 8-38.

2083. **Betzendörfer, W.** "Thomas v. Aq.," *Religion in Gesch. u. Gegenwart* V, 1153-1155.

2084. **Boyer, C., S.J.** *Cursus Philosophiae.* Paris (Desclée de Brouwer) 1935-36, 2 vol. 560 et 600 pp.

2085. **Bréhier, E.** *Histoire de la Philosophie.* Paris (Alcan) 1931, t. I, fasc. 3: Moyen âge et renaissance, pp. 523-791.

2086. **Brennan, R.E., O.P.** "The Mansions of Thomistic Philos." *Thomist,* I (1939)

2087. **Bricout, J.** "Les vingt-quatre thèses thomistes," *Dict. prat. des conn. relig.* VI, 679-681 (version franç. par P. Hugon.)

2088. **De Bruyne, E.** *S. Thomas d'Aquin.* Paris-Bruxelles, 1928.

2089. **Buonaiuti, E.** *Tommaso d'Aquino* (Coll. Profili, 73) Roma (Formiggini) 1924, 73 pp.

2090. **Calcagno, F.X., S.J.** *Philosophia Scholastica secundum rationem, doctrinam et principia S. Thomae Aq. ad usum Seminariorum.* Neapoli (M. D'Auria) 1937-38, vol. I: Dialect. Crit. Ontol. Cosmol., 468 pp; vol. II: Psych. Theol. Natur., 530 pp; vol. III: Ethica, 367 pp.

2091. **Cappellazzi, A.** *La filosofia di S. Tommaso. Il movimento del pensiero.* Cremona (Tip. 'Coltura popolare') 1926, 160 pp.

2092. **Carretti, E.** *Lezioni di Filosofia. Tratte sostanzialmente dalle opere di S. Tommaso.* Bologna (Lib. Ed. 'Bononia') vol. I: L'Antropologia. La Criteriol., 1929, 285 pp; vol. II: Metafisica gen. e Teol. natur., 1930, 275 pp; vol. III: La Logica e l'Etica, 1931, 309 pp.

2093. **Chicochetti, E.** *San Tommaso.* (I Maestri del Pensiero) Milano (Ed. Athena) 1925, 122 pp.

2094. **Chojnacki, P.** "Mozliwosci uwspólczesnienia filosofji tomistycznej," *Przeg. Filoz.* XXXVI (1933) 199-223.

2095. **Chojnacki, P.** *Postulaty i logika budowy i rozbudowy filozofji tomisticznej.* Warszawa, 1932, 51 pp.

2096. **Chojnack, P.** *U zródel reformy i u podstaw krytycysmu filozofji sw. Tomasza z Akw.* Warszawa, 1932, 62 pp.

2097. **Collin, H.** *Manuel de philosophie thomiste.* Paris (Téqui) 1926-27, t. I: Logique formelle, Ontol., Psych., xi-585 pp; t. II: Crit., Méthod., Morale, Théol. nat., 476 pp.

2098. **Cornoldi, G.M.** e **Busnelli, G., S.J.** *La Filosofia scolastica di S. Tommaso e di Dante ad uso dei Licei.* Roma (Civ. Catt.) 1931, vol. I: Logica e Ontol., viii-152 pp.

2099. **D'Arcy, M.C., S.J.** *Thomas Aquinas.* Boston (Little, Brown & Co.); London (Benn) 1930, ix-292 pp.

2100. **Denis-Boulet, N.M.** "Les grandes thèses thomistes," *Rev. Fédéraliste* (juin 1923) 324-340.

2101. **Easby-Smith, A. (Mother Mary Mildred)** *Scholastic Synthesis according to the Mind of St. Thomas.* Philadelphia (Dolphin) 1932, 130 pp.

2102. **Filion, E., P.S.S.** *Elementa Philosophiae Thomisticae.* Montréal (Beauchesne) vol. I: 1937, x-550 pp; II: 1938, x-606 pp.

2103 **Forest, A.** *Du consentement à l'être.* Paris (Aubier) 1936, 158 pp.

2104. **Geyer, B.** *Fr. Ueberwegs Grundriss der Geschichte der Philos.* Zweiter Teil: Die Patrist. u. Schol. Philos. Elfte Aufl. Berlin (Mittler) 1928, (Thomas v. Aq: pp. 419-445.)

2105. **Gickler, D.M., O.P.** *Die Einheit im Weltbild des hl. Thomas v. Aq.* Ein Durchblick durch das philosophischdogmatische Lehrgebäude des Aquinaten unter besonderer Berücksichtigung Gottes, der Menschen und Engel. Vechta in Oldenburg (Albertus-Magnus-Verlag) 1933, 352 pp.

2106. **Gilby, T., O.P.** "The Philos. of Thomas Aq.," *Journal of Soc. for Promoting the Study of Religions* (1937).

2107. **Gilson, E.** *The Spirit of Mediaeval Philosophy.* (Gifford Lectures, 1931-32) Transl. by A.H.C. Downes. London (Sheed & Ward) 1936, ix-490 pp.

2108. **Gredt, J., O.S.B.** *Die aristotelisch-thomistische Philosophie.* Freiburg i. B. (Herder) 1935, vol. I: Logik u. Naturphilos., xii-434 pp; vol. II: Metaphysik u. Ethik, viii-374 pp.

2109. **Gredt, J., O.S.B.** *Elementa philosophiae aristotelico-thomisticae.* Freiburg i. B. (Herder) Ed. quarta, 1936; Ed. quinta, 1929; Ed. sexta, 1932; Ed. septima, 1937, vol. I: Logica, Philos. Nat., xxii-502 pp; vol. II: Metaphysica, Ethica, xvi-470 pp. (Excellent manual.)

2110. **Grenier, H.** *Cursus Philosophiae.* Québec (L'action sociale) 1937, 388 pp.

2111. **Henrich, W.** *Zarys Historji Filosofji.* Krakow (Gebethner-Wolff) 1925-30, t. II, xii-232 pp. (Sw. Tomas., pp. 167-185.)

2112. **Hessen, J.** *Die Weltanschauung des Thomas v. Aq.* Stuttgart (Strecker) 1926, 170 pp.

2113. **Hope, F.** "Scholasticism," *Philosophy* XI (1936) 445-465 pp.

2114. **Horváth, A.** *La sintesi scientifica di S. Tommaso d'Aq.* Torino (Marietti) 1932, 2 vol. (Transl. by C. Pera, O.P. from the Hungarian ed. of 1924).

2115. **Horváth, A.** (vide *supra* no. 2012.)

2116. **Hugon, E., O.P.** *Cursus Philosophiae Thomisticae.* Paris (Lethielleux) 1927, 6 vol.

2117. **Hugon, E., O.P.** *Les vingt-quatre thèses thomistes.* Paris (Lethielleux) 1927.

2118. **Joannis a Sancto Thoma, O.P.** *Cursus Philosophicus Thomisticus.* Nova ed. a P. Beato Reiser, O.S.B. Torino-Roma (Marietti) vol. I: Logica, 1930, xviii-839 pp; vol. II: Philos. Nat., 1933, xviii-888 pp; vol. III: Philos. Nat., 1937, xvi-624 pp.

2119. **Jolivet, R.** *Cours de Philosophie.* Lyon-Paris (Vitte) 1937 399 pp.

2120. **Kowalski, K.** *Podstawy Filosofji.* Gniezno (Studia Gnesnensia.) 1930, 272 pp.

2121. **Kowalski, K., Woroniecki, H., O.P., Pastuszka J.** *Zarys Filosofji. Praca zbiorowa.* Lublin, 1929, 288 pp.

2122. **Kreling, P.** "Het intellectualisme van den hl. Thomas v. Aq.," in *S. Thomas-Bijdragen* (Symp.) pp. 39-52.

2123. **Le Rohellec, J., C.S.Sp.** *Problèmes Philosophiques.* Articles et notes recueillis et publiés par C. Larnicol et A. Dhellemmes, C.S.Sp. Paris (Téqui) 1932, xiii-370 pp.

2124. **Lumbreras, P., O.P.** *The Twenty-four Fundamental Theses of Official Catholic Philosophy.* Notre Dame, Ind. (Univ. Press) 1923, 31 pp. (Extr. from *Homil. and Pastoral Rev.)*

2125. **Manser, G.M., O.P.** "Das Wesen des Thomismus," *D T F* II (1924) 3-23; 196-221; 441-431; III (1925) 3-24; IV (1926) 3-22; 172-194; (and a cont. series of many articles for several years.)

2126. **Manser, G.M., O.P.** *Das Wesen des Thomismus.* Freiburg, Schw. (Paulus-Druckerei) 1932, vii-501 pp. (Revision of *D T F* articles, plus 3 appendices.)

2127. **Manser, G.M., O.P.** *Das Wesen des Thomismus.* 2e Aufl. Freiburg (Rütschli) 1935, viii-679 pp.

2128. **Maquart, F.X.** *Elementa Philosophiae.* Paris (Blot) 1937, t. I: Introd. ad totam philos., Logica, 264 pp; t. II: Philos. nat., 566 pp.

2129. **Masnovo, A.** "Esegesi tomistica," *R F N S* XXVII (1935) 329-337.

2130. **Masnovo, A.** "Esegesi tomistica," *R F N S* XXIX (1937) 144-147.

2131. **Masnovo, A.** "Esegesi tomistica, (q. I, De veritate, a. 9)," *Angel.* XIV (1937) 311-317.

2132. **Mattiussi, G., S.J.** *Les points fondamentaux de la philos. thomiste.* Commentaire des vingt-quatre thèses approuvées par la S. Congrégation des Etudes. Trad. et adaptée par J. Levillain. Torino (Marietti) 1926, 394 pp. (From: *Le XXIV tesi della filosofia de S. Thommaso d'Aq.* Roma, 1917.)

2133. **Mercier, D. Card.** *Manual of Modern Scholastic Philos.* London (Kegan Paul) 1926, 2 vol. (French original precedes 1920.)

2134. **Meyer, H.** *Thomas v. Aq. Sein System und seine geistesgeschichtliche Stellung.* Bonn (Hanstein) 1938, xii-642 pp. (Eng. transl. by F. Eckoff, *The Philos. of St. Thomas Aq.* St. Louis [Herder] 1944.)

2135. **O'Grady, D.C.** "Thomism as a Frame of Reference," *Thomist* I, 2 (July 1939.)

2136. **Olgiati, F.** *L'anima di S. Tommaso. Saggio filosofico intorno alla concezione tomistica.* Milano (Vita e Pensiero) 1923.

2137. **Olgiati, F.** *Key to the Study of St. Thomas.* Transl. by J.S. Zybura. St. Louis and London (Herder) 1925; 2nd ed. rev. 1929, viii-176 pp.

2138. **Palhoriès, F.** *Vie et doctrine des grands philosophes à travers les âges.* Paris (Lenore) 1928, 3 vol. (one ch. on S. Thomas.)

2139. **Pègues, T., O.P.** *Aperçus de philosophie thomiste et de propédeutique.* Paris (Blot) 1927, xxiii-446 pp.

2140. **Pègues, T. O.P.** *Iniziazione tomista.* Trad. e pref. del Prof. D.L.T. Regattieri. Torino (Marietti) 1927, xi-476 pp.

2141. **Phillips, R.P.** *Modern Thomistic Philosophy.* London (Burns Oates) 1934-35; new ed. 1939-40, vol. I, xiv-346 pp; vol. II, xii-400 pp.

2142. **Pirotta, A., O.P.** *Summa philosophiae aristotelico-thomisticae.* Torino (Marietti) 1931, 3 vol.

2143. **Poleze, F.** "Lezione e sentenze di S. Thommazo d'Aq.," *Mem. Domen.* XLII (1925) 41-61.

2144. **De Raeymaeker, L.** *Inleidung tot de wijsbegeerte en tot het thomisme.* Mechelen (Het Kompas) 1934, 271 pp. *Introd. generalis ad philosophiam et ad thomismum.* Louvain (Warny) 1931, 104 pp; ed. altera recognita et aucta, Louvain (Warny) 1934, vii-199 pp.

2145. **Ramirez, J., O.P.** "De ipsa philosophia in universam secundum doctrinam aristotelico-thomisticam," *Cien. Tom.* XXV (1922) 325-364; XXVII (1923) 5-35; XXIX (1924) 24-58; 209-222.

2146. **Reinstadler, S.** *Elementa philosophiae scholasticae.* Ed. 15a,

Freiburg i. B. (Herder) 1934, vol. I, xxviii-522 pp; vol. II, xix-566 pp.

2147. **Remer, V., S.J.** *Summa Praelect. Philosophiae Scholast.* Romae (Gregor. Univ.) 1936, 6 fasc.

2148. **Riccardi, A.** *Praelectiones philosophiae scholasticae ad mentem S. Thomae Aq.* Ed. A. Testi. Roma (Lib. Ed. Relig.) 1928, vol. I, 376 pp; vol. II, 254 pp.

2149. **Rolfes, E.** *Die Philosophie von Thomas v. Aq.* (Philos. Bibliot., Bd. 100) Leipzig (Meiner) 1920, xi-224 pp.

2150. **Romeyer, B., S.J.** "Thomas d'Aquin," *Dict. prat. des conn. relig.* (J. Bricout) VI, 657-679.

2151. **Saitta, G.** "Il carattere della filosofia tomistica," *Giorn. crit. della Filos. ital.* XI (1930) 257-271; 421-445; XII (1931) 161-192; XIII (1932) 1-28; 317-346. As a book: Firenze (Sansoni) 1934, 146 pp.

2152. **Schöpfer, Ä.** *Der hl. Thomas als Bahnbrecher der Wissenschaft.* Innsbruck (Verlagsanstalt Tyrolia) 1925, 204 pp.

2153. **Sertillanges, A.D., O.P.** *Les grandes thèses de la philosophie thomiste.* (Bibl. Cath. des Sc. relig.) Paris (Bloud et Gay) 1928, 248 pp.

2154. **Sertillanges, A.D., O.P.** *Foundations of Thomistic Philosophy.* Transl. by G. Anstruther, O.P. (Cath. Lib. of Knowl., XX) St. Louis (Herder); London (Sands) 1931, 256 pp.

2155. **Sertillanges, A.D., O.P.** *St. Thomas Aq. and His Work.* Transl. by G. Anstruther, O.P. London (Burns Oates) 1933, ix-150 pp.

2156. **Steiner, R.** *La filosofia di Tommaso d'Aq. Tre Conferenze.* Trad. di S. Giadice. Lanciano (Carraba) 1932, 150 pp. (By a theosophist.)

2157. **Tatarkiewicz, W.** *Historja Filosofji.* Lwow (Zaklad Narodowy im. Ossolinskich) 1931, 2 vol. 399; 315 pp. (St. Thomas: vol. I, 340-352.

2158. **Terán, S.** *Aproximaciones a la doctrina tradicional.* Buenos Aires (La Faculdad, Roldan) 1935, 402 pp.

2159. **Tischleder, P.** *Die geistesgeshichtliche Bedeutung des hl. Thomas v. Aq. für Metaph. Ethik u. Theol.* Freiburg i. B. (Herder) vi-38 pp.

2160. **Vanni Rovighi, S.** "Tesi fondamentali della scolastica e loro vitalitá," *Indirizzi e Conquiste* (Symp.) pp. 29-41.

2161. **De Vleeschauwer, H.J.** *Schets eener critiek der thomistische wijsbegeerte.* Gand, 1930, 68 pp.

2162. **De Wulf, M.** *Histoire de la Philos. médiévale.* 6me éd. Louvain-Paris (Vrin) t. II: Treizième siècle, 1936; *History of Mediaeval Philosophy,* 3rd Eng. ed. transl. by E.C. Messenger, N.Y. (Longmans) 1938, vol. II, 1-37.

2163. **De Wulf, M.** *Mediaeval Philosophy Illustrated from the System of Thomas Aquinas.* Cambridge, U.S. (Harvard U. Press) 1924, 153 pp; 2nd ed. in 1929.

2164. **Zychlinski, A.** *Zasady filosofji.* Poznan (Ksiegarnia sw. Wojciecha) 1926. (A transl. of Hugon, *Les XXIV thèses.)*

D—METHODOLOGY AND LANGUAGE

2165. "Refondre Lortie?" *Rev. Domin.* XXXVIII (1932) 92-108; 169-180; 225-240; 292-308; 352-372; 423-437; 497-502; 614-621; 683-691. (Critique of Lortie, *Elementa philos. Christ.)*

2166. **Adamczyk, S.** "Harmonijna zwartość systemu tomistycznego," *Collect. Theol.* I (1938) 47-57.

2167. **Bernareggi, A.** "Ciò che manca alla gloria di S. Tommaso," *Scuola Catt.* LII (1924) 190-194.

2168. **Blanche, F.A., O.P.** "Le vocabulaire de l'argumentation et la structure de l'article dans les ouvrages de S. Thomas," *R S P T* XIV (1925) 167-187.

2169. **Blanche, F.A., O.P.** "Sur la langue technique de S. Thomas d'Aq.," *Rev. de Philos.* XXX (1930) 7-30.

2170. **Bonafede, G.** "Sull' interpretazione di S. Tommaso," *Riv. Rosmin.* XXVII (1933) 11-24.

2171. **Bruni, G.** *Riflessioni sulla Scolastica,* Roma, 1927.

2172. **Bruni, G.** *Progressive Scholasticism.* Transl. by J. S. Zybura. St. Louis (Herder) 1929, xxxviii-185 pp.

2173. **Carton de Wiart, E.** "Pour étudier S. Thomas," *Coll. Mechlin.* I (1927) 336-342.

2174. **Chenu, M.D., O.P.** "Notes de lexicographie philosophique médiévale: *Sufficiens,*" *R S P T* XXII (1933) 251-259.

2175. **Chenu, M.D., O.P.** "Pour l'histoire de la philosophie médiévale," *New Scholast.* III (1929) 65-74.

2176. **Chojnacki, P.** "Mozliwosé uwspólczesnienia filosofji tomistycznej," *Przeg. Filos.* XXXVI (1933)

2177 **Cordovani, M., O.P.** "Ciò che manca alla gloria di S. Tommaso," *Mem. Domen.* XLI (1924) 93-96.

2178. **Deman, T., O.P.** "Probabilis," *R S P T* XXII (1933) 260-290.

2179. **Descoqs, P., S.J.** "Comte rendu de: J. Maritain, *Le docteur angélique,* 1931," *Arch. de Philos.* X (1934) 177-186.

2180. **Ehrle, F. Card.** *Die Scholastik und ihre Aufgaben in unserer Zeit.* Grundsätzliche Bemerkungen zu ihrer Charakteristik. Zweite vermehrte Aufl. von F. Pelster, S.J. Freiburg i. B. (Herder) 1933, viii-99 pp.

2181. **Ehrle, F. Card.** *La scolastica e i suoi compiti odierni.* Trad. di G. Bruni della secondo ed. tedesca a cura di F. Pelster, S.J. Torino (Soc. Ed. internaz.) 1935, 120 pp.

2182. **Ferland, J.** "La méthode de S. Thomas d'Aq.," *Le Canada français* XVIII (1931) 361-379; 478-489.

2183. **Gény, P.** "La cohésion de la synthèse thomiste," in *Xenia Thom.* (Symp.) III.

2184. **Gillet, M.S., O.P.** "La méthode philosophique de S. Thomas et l'expérience," *Angel.* VII (1930) 145-168.

2185. **Gillio-Tos, M.T.** "Disciplina e libertà nel campo neoscolastico," *Criterion* (Bologna) IV (1936) 32-41.

2186. **Gilson, E.** *Christianisme et Philosophie.* Paris (Vrin) 1936, 168 pp.

2187. **Gilson, E.** "Concerning Christian Philosophy. The Distinctiveness of the Philosophic Order," in *Philos. and Hist.* (Symp.) pp. 61-76.

2188. **Gorce, M.M., O.P.** "Où trouver S. Thomas?" *Bull. de la Soc. S. Thomas d'Aq.* (1931) 1-5.

2189. **De Guibert, J., S.J.** *Les doublets de S. Thomas. Leur étude méthodique. Quelques réflexions, quelques exemples.* Paris (Beauchesne) 1926, 164 pp.

2190. **Grabmann, M.** "De methodo historico in studiis scholasticis adhibenda," *Cien. Tom.* XXVII (1923) 194-209.

2191. **Janssens, E.** *Comment suivrons-nous S. Thomas. Vrai thomisme et faux thomisme.* Liège 1925, 1925, 32 pp.

2192. **Janssens, H.L., O.S.B.** "The Study of the *Summa Theologica*," in *St. Thomas-Cambridge-1924* (Symp.) 1-34.

2193. **Lebret, J.** "Ce qu'apporte à la formation du chef d'étude de S. Thomas," *Rev. des Jeunes* (1926) p. 488.

2194. **Mandonnet, P., O.P.** "S. Thomas d'Aq. créateur de la dispute quodlibétique," *R S T P* XV (1926) 477-506; XVI (1927) 5-38.

2195. **Maritain, J.** "Mission de la pensée chrétienne, (sect. 2: Le 'retour' à S. Thomas)" *Nouv. Litt.* (Warsaw) 5 janv. (1934); *Vie Intell.* XXXI (1934) 41-47.

2196. **Maritain, J.** *Von der christlichen Philosophie.* Uebertr. von B. Schwarz. Salzburg-Leipzig (Pustet) 1936, 206 pp.

2197. **Martini, A.** "S. Tommaso e gli altri dottori," *Segni dei Tempi* I (1934) n. 1.

2198. **Maydieu, A.J., O.P.** "N'appelez personne votre maître," *Vie Intell.* XXXI (1934) 224-227.

2199. **Peghaire, J., C.S.Sp.** "Comment être thomiste," *D T P* XXXV (1932) 249-270.

2200. **Penido, M.T.L., O.P.** "Sur le problème historique de la philos. chrétienne," *Rev. Thom.* XVIII (1934) 103-109.

2201. **Phelan, G.B.** "Progress in Philosophy," (Pres. Address to Amer. Cath. Philos. Assoc., 1931) *Proc. Amer. Cath. Philos. Assoc.* VII (1931) 27-40.

2202. **Pierrot, M.** "Pour la lecture de la Somme théologique," *Bull. Joseph Lotte* VI (1934-35) 67-75; 406-414.

2203. **Przywara, E., S.J.** "Thomas von Aquin Deutsch," *Stimmen der Zeit* CXXI (1931) 385-386.

2204. **Ramirez, J., O.P.** "Qué es un tomista?" *Cien. Tom.* XV (1923) 164-193.

2205. **Richard, T., O.P.** *Comment étudier et situer S. Thomas.* Paris (Lethielleux) 1939, 214 pp.

2206. **Richard, T., O.P.** *Introduzione allo studio e all' insegnamento della scolastica.* Trad. del Prof. T.L. Regattieri. Torino (Marietti) 1928, xi-333 pp.

2207. **Rimaud, J., S.J.** *Thomisme et méthode. Que devrait être un 'Discours de la Méthode' pour avoir le droit de se dire thomiste?* Paris (Beauchesne) 1925, xxxv-276 pp.

2208. **Schmutz, S., O.S.B.** "Nach der Lehre des hl. Thomas. Zur Thomasinterpretation," *Bened. Monatschr.* XIII (1931) 60-70.

2209. **Sertillanges, A.D., O.P.** "La méthode de S. Thomas d'Aq.," *Vie Intell.* IX (1930, IV) 40-62.

2210. **Smith, I., O.P.** "The place of Authority in Philosophy according to St. Thomas Aquinas," *Proc. Amer. Cath. Philos. Assoc.* II (1927) 89-102.

2211. **Spiess, E.** "Die methodischen Leitgedanken des hl. Thomas v. Aq.," *Schweizerische Kirchen-Zeitung* (1931, May-June) 165-166; 176-177; 192-194; 212-213.

2212. **Stolz, A., O.S.B.** "Das Elend der Thomasinterpretation," *Bened. Monatschr.* XIII (1931) 158-161.

2213. **Teixidor, L.** "El P. Suarez y S. Tomas. Notas criticas," *Est. Ecl.* XIII (1934) 262-263.

2214. **De Tonquédec, J., S.J.** "Les principes de la philosophie thomiste," Préface à *La critique de la connaissance* Paris (Beauchesne) 1929, xxx pp.

2215. **Villeneuve, R. Card.** "Ite ad Thomam," (Discours prononcé à la séance inaugurale de l'Année académique à l'Angelico, le 14 nov. 1935) *Angel.* XIII (1936) 3-23; en latin: *Anal. Ord. Praed.* XLIII (1935) 315-332.

E—EPISTEMOLOGY AND THEORY OF KNOWLEDGE

2216. "Come l'intelletto intenda sè, le cose e i primi principii," *Civ. Catt.* LXXXII (1931) 229-238 (Series seq.)

2217. **Amerio, F.** "Il principio di causalità nella gnoseologia di S. Tommaso," *R F N S* XXX (1938) 475-479.

2218. **Balthasar, N.** "Cognoscens fit aliud inquantum aliud," *R N P* XXV (1923) 296-310.

2219. **Balthasar, N.** "Quelques précisions au sujet de la connaissance de l'autre," *R N P* XXV (1923) 430 seq.

2220. **Balthasar, N.** "Thomistische metaphysica en critiek van de Kennis," *Kultuurleven* VII (1936) 172-189.

2221. **Barron, J.** *Elements of Epistemology.* N.Y. (Macmillan) 1931, xix-225 pp.

2222. **Baur, L.** "Die Form der wissenschaftlichen Kritik bei Thomas v. Aq.," in *Aus der Geisteswelt* (Symp.) pp. 688-709.

2223. **Bertomeu, A.** "D'Epistemologia," *Criterion* II (1926) 129-141.

2224. **Blanche, F.A., O.P.** "La théorie de l'abstraction chez S. Thomas," in *Mélanges Thom.* (Symp.) pp. 237-251.

2225. **Bonafede, G.** "Gnoselogia tomista a proposito del 'De Magistro'," *Tradizione* VII (1934) 321-324; 360-365.

2226. **Bontadini, G.** "Risposta a Graziano Ceriani," *R F N S* XXVI (1935) 498-499. (See no. 2239.)

2227. **Bosković, H., O.P.** "Immanentia et transcendentia cognitionis," in *Acta II Congr.* (Symp.) pp. 113-121.

2228. **Bosković, H., O.P.** "Principium formale humanae cognitionis," *D T P* XXXIV (1931) 387-396.

2229. **Boyer, C., S.J.** "De problematis critici positione et solutione," in *Acta I Congr.* (Symp.) pp. 3-8.

2230. **Boyer, C., S.J.** "Réflexions sur la connaissance sensible selon S. Thomas," in *Etudes sur S. Thomas* (Symp.) 241-260.

2231. **Boyer, C., S.J.** "Le sens d'un texte de S. Thomas: *De Verit.* I, a. 9," *Gregor.* V (1924) 424-443.

2232. **Braito, S.M.** "Objectioni plastuost prznani a mravnosti ve filosofi sv. Tomasi," *Filosofická Rev.* IV (1932) 67-70.

2233. **Browne, M., O.P.** "Adnotationes veritatem cognitionis humanae respicientes," *Angel.* IV (1927) 476-490.

2234. **Browne, M., O.P.** "Elucidatio doctrinae S. Thomae de veritate sensationis (*de Verit.* q. I, a. 11)," *Angel.* VI (1929) 241-252.

2235. **Browne, M., O.P.** "Adnotationes in doctrinam S. Thomae de veritate simplicis apprehensionis (Ia, q. 16, a. 2; q. 17, a. 3; *De Verit.* q. I, a. 3 et 12)," *Angel.* VIII (1931) 53-59.

2236. **Browne, M., O.P.** "Quomodo disponi potest tractatus criteriologiae?" *Angel.* VIII (1931) 69-74.

2237. **Casotti, M.** "Sul carattere 'critico' della filosofia scolastica," in *Acta II Congr.* (Symp.) pp. 137-144.

2238. **Ceriani, G.** "Il concetto di immanenza nel realismo di S. Tommaso," *R F N S* XXVII (Suppl. 1935) 31-39.

2239. **Ceriani, G.** "Il realismo gnoseologico in S. Tommaso d'Aq.," *R F N S* XXVII (1935) 486-498.

2240. **Chechelski, J.** "Noetyka zw. Tomasza wobec zasadniczego problemu 'Krytyki czystego rozumu'," *Przeg. Powszechny* 179 (1928) 252-267; 180 (1928) 31-45.

2241. **Coffey, P.** *Epistemology.* N.Y. (Smith) 1938, 2 vol. (A reprint.)

2242. **Contri, S.** *Il problema della verità in S. Tommaso d'Aq.* (Letture di Filosofia, 8) Torino (Soc. Ed. internaz.) 1925, ix-252 pp.

2243. **Cordovani, M., O.P.** *"Concetto di verità secondo* S. Tommaso," in *Cattol. e Ideal.* (Symp.) pp. 93-113.

2244. **Cordovani, M., O.P.** "Il concetto di verità secondo il neoidealismo italiana e la filosofia di S. Tommaso," in *Acta I Congr.* (Symp.) pp. 223-230.

2245. **Donato de S. Giovanni in Persiceto,** *Scienza e fede nel concetto di S. Tommaso di Aq.* Forli (Riformatorio giuidiziario) 1937, 12 pp.

2246. **Ducharme, S.** "Intellectus et Ratio selon S. Thomas d'Aq. (à propos de Peghaire, vide no. 2756 *infra),*" *R U O* VII (1937) 162-170.

2247. **Esser, G., S.V.D.** *Epistemologia.* Techny, Illinois (St. Mary's Press) 1934, xv-243 pp.

2248. **Etcheverry, A., S.J.** "De munere evidentiae in critica cognitionis," in *Acta II Congr.* (Symp.) pp. 133-136.

2249. **Fabbricotti, C.** *Ricerche gnoseologiche* (Spencer, Schelling, Cousin, De Bonald) *con note illustrative di psicologia tomistica.* Firenze (Lib. Ed. Fiorent.) 1925, viii-295 pp.

2250. **Fabro, C.** "Knowledge and Perception in Aristotelic-Thomistic Psychology," *New Scholast.* XII (1938) 337-365.

2251. **Fatta, M.** "Metafisica tomista e teoria della conoscenza," *Logos* XI (1928) 49-59.

2252. **Fatta, M.** "Realismo Tomista," *D T P* XLI (1938) 24-31.

2253. **Fleig, P.** "Die Erkenntnis der Aussenwelt nach Thomas v. Aq.," *Philos. Jahrb.* XLIII (1930) 41-66.

2254. **Fleig, P.** "Thomistische und skotistische Erkenntnislehre," *Franziskanische Studien* XXII (1935) 149-157.

2255 **Flori, M., S.J.** "Revaloración de la criteriologia escolastica," in *Acta II Congr.* (Symp.) pp. 154-162.

2256. **Forest, A.** "Essai d'une étude critique de la connaissance," *Rev. Thom.* XVI (1933) 109-123.

2257. **Galfy, L., S.J.** "Aquinoi Szent Tomás intellectualizmus a és az élet," *Magyar Kultura* XI (1924) 129-134.

2258. **Gantenberg, H.** *Das Problem der Erkenntnis im System des Thomas v. Aq. und seine metaphysischen Grundlage.* (Dissert.) Bottrop i. W. (Postberg) c. 1930, viii-94 pp.

2259. **Garcia, D., C.M.F.** "De metaphysica multitudinis ordinatione et de tribus simpliciter diversis speciebus secundum D. Thomae principia," *D T P* XXXI (1928) 93-109; 607-638.

2260. **Gardeil, A., O.P.** "A propos d'un cahier du R.P. Romeyer," *Rev. Thom.* XIII (1929) 520-532.

2261. **Gardeil, A., O.P.** "La perception expérimentale de l'âme par elle-même d'après S. Thomas," in *Mélanges Thom.* (Symp.) pp. 219-236.

2262. **Garin, P.** *La Théorie de l'Idée (suivant l'école thomiste).* Paris, 1932, 2 vol.

2263. **Garrigou-Lagrange, R., O.P.** "Cognoscens quodammodo fit vel est aliud a se," *R N P* XXV (1923) 420-429.

2264. **Garrigou-Lagrange, R., O.P.** "La première donnée de l'intelligence selon S. Thomas," in *Mélanges Thom.* (Symp.) pp. 175-197.

2265. **Garrigou-Lagrange, R., O.P.** "Le réalisme thomiste et le mystère de la connaissance," *Rev. de Philos.* XXXVIII (1931) 58-80; 132-156.

2266. **Garrigou-Lagrange, R., O.P.** "Utrum mens seipsum per essentiam cognoscat an per aliquam speciem?" *Angel.* V (1928) 37-54.

2267. **Gemelli, A.** e **Olgiati, F.** "Il caso Zamboni," *R F N S* XXVII (1935) 393-427; Offprint: Milano, 1935, 39 pp.

2268. **Gény, P., S.J.** *Critica de cognitionis humanae valore disquisitio.* Ed. nova nonullis ipsius auctoris notis et emendationis adornata. Roma (Univ. Gregor.) 1927, xix-415 pp.

2269. **Gény, P., S.J.** "De ratione problematis critici solvendi," in *Acta I Congr.* (Symp.) pp. 129-136.

2270. **Gerrity, Bro. Benignus,** *The Relations Between the Theory of Matter and Form and the Theory of Knowledge of St. Thomas Aq.* (Dissert.) Washington (Cath. U.) viii-164 pp.

2271. **Gessner, J.** "Die Abstraktionslehre in der Scholastik bis Thomas v. Aq. mit besonderer Berücksichtigung des Lichtbegriffes," *Philos. Jahrb.* XLIV (1931) 362-371; 457-475; XLV (1932) 65-82. Offprint: Fulda (Fuldaer Aktiendruckerei) 1930, viii-87 pp.

2272. **Gilson, E.** "Le Réalisme méthodique," in *Philos. Perennis* (Symp.) II, 743-758.

2273. **Gilson, E.** *Le Réalisme méthodique.* Paris (Téqui) 1936, 101 pp.

2274. **Gilson, E.** "Réalisme et méthode," *R S P T* XXI (1932) 161-186.

2275. **Gilson, E.** *Réalisme thomiste et critique de la connaissance.* Paris (Desclée de Brouwer) 1939, 242 pp.

2276. **Glenn, P.** *Criteriology.* St. Louis (Herder) xi-261 pp.

2277. **Gomez Izquierdo, A.** "Valor cognoscitivo de la 'intentio' en S. Tomás de Aq.," *Cien. Tom.* XVI (1924) 169-188.

2278. **Gouhier, H.** "Introduction à la théorie thomiste de la connaissance; Y a-t-il un problème thomiste de la connaissance? Le point de vue critique," *Rev. des Cours et Conf.* XXXIII (1931-32) 248-263; 481-493; and several other articles during this year.

2279. **Grabmann, M.** "Das Ethos der wissenschaftlichen Wahrheitserkenntnis nach dem hl. Thomas v. Aq.," *Jahresbericht der Görres-Gesellschaft* (1937-38) 38-58.

2280. **Grabmann, M.** *Der göttliche Grund d. menschlichen Wahrheitserkenntnis nach Augustin u. Thomas v. Aq.* Cologne, 1924.

2281. **Grabmann, M.** "Der Wissenschaftsbegriff des hl. Thomas v. Aq. und das Verhältnis von Glaube und Theologie zur Philosophie und weltlichen Wissenschaft," *Jahresb. d. Görres-Gesellsch.* (1934) 7-44.

2282. **Grabmann, M.** "Il concetto di scienza secondo S. Tommaso d'Aq. e le relazioni della fede e della teologica con la filosofia e le scienze profane," *R F N S* XXVI (1934) 127-155.

2283. **Grabmann, M.** "Scientific Cognition of Truth: Its Characteristic Genius in the Doctrine of St. Thomas Aq.," *New Scholast.* XIII (1939) 1-30 (transl. by C.V. Bastnagel.)

2284. **Gredt, J.** "De unione omnium maxima inter subjectum cognoscens et objectum cognitum," in *Xenia Thom.* (Symp.) I, 303-318.

2285. **Guillet, J.** "La lumière intellectuelle d'après S. Thomas," *A H M A* II (1927) 79-88.

2286. **Guzzo, A.** "Intorno all' idealismo e al realismo," *Sophia* III (1937) 496-500.

2287. **Habermehl, L.M.** *Die Abstraktionslehre des Thomas v. Aq.* Speyer (Koch) 1935, x-104 pp.

2288. **Hayen, A.** "La présence à soi de la pensée selon Descartes et S. Thomás," in *Congrès Descartes,* fasc. VIII, 144-152.

2289. **Hellin, J.M., S.J.** "Critica de un principio de psicologia," *Est. Ecles. VII* (1928) 161-179.

2290. **Hellin, J.M., S.J.** "La inmaterialidad, es raiz del conocer?" *Est. Ecles.* VIII (1929) 241-255.

2291. **Henry, J.** "De l'imputabilité de l'erreur d'après S. Thomas," *R N P* XXVI (1925) 224-242.

2292. **Hermann, H.** "Die Lehre von Gustav Britsch und die Erkenntnistheorie des hl. Thomas," *Wort in der Zeit* XII (1934) 21-27.

2293. **Heuel, M.** *Die Lehre vom Lumen naturale bei Thomas v. Aq., Bonaventura und Duns Scotus.* Bonn (Univ. Dissert.) 1927.

2294. **Hilckman, A.** "Noëls Epistemologie," *Philos. Jahrb.* XLIII (1930) 338-356.

2295. **Hoerler, A.** *Der menschliche Wille und das wissenschaftliche Erkennen. Grundsätzliche Untersuchungen nach der Lehre des hl. Thomas v. Aq.* Kalocsa (Arpad-Druckerei) 1924, 111 pp.

2296. **Honecker, M.** "Der Lichtbegriff in der Abstraktionslehre des Thomas v. Aq. Eine ideengeschichtliche Studie," *Philos. Jahrb.* XLVIII (1935) 268-288.

2297. **Horst, J., S.J.** "The Ultimate Criterion and Motive of Truth and St. Thomas' *De Verit.* q. I, a. 9," in *Acta II Congr.* (Symp.) 97-102.

2298. **De Hove, J.** "La psychophysique et la théorie thomiste de la connaissance," in *Acta I Congr.* (Symp.) 141-160.

2299. **Hufnagel, A.** *Intuition und Erkenntnis nach Thomas v. Aq.* (Veröff. d. Kath. Inst. f. Philos., Köln, Bd. II, 5-6) Münster (Aschendorff) 1932, xxii-301 pp.

2300. **Hufnagel, A.** "Studien zur Entwicklung des thomistischen Erkenntnisbegriffes in Anschluss an das Correctorium Quare," *B G P M* XXXI, 4 (1935) vii-131 pp.

2301. **Degl' Innocenti, U.** "Il problema critico nel realismo," *Sophia* III (1937) 251-262.

2302. **Jacques, J., S.C.J.** "La méthode de l'épistemologie et l'*Essai critique* du P. Roland-Gosselin," *R N P* XL (1937) 412-440.

2303. **Jandelli, E.** *Il problema della conoscenza e S. Tommaso d'Aq.* Venezia (Libr. Emiliana) 1925, 30 pp.

2304. **Jansen, B., S.J.** "Transzendentale Methode und thomistische Erkenntnismetaphysik," *Schol. III* (1928) 341-368.

2305. **Jolivet, R.** "De quelques conditions du spiritualisme," *Rev. Apolog.* XLVIII (1929) 294-299.

2306. **Jolivet, R.** "L'intuition intellectuelle," *Rev. Thom.* XV (1932) 52-70; repris: "L'intuition intellectuelle et le problème de la métaphysique," *Arch. de Philos.* X, 2 (1934) 111 pp.

2307. **Jolivet, R.** *Le Thomisme et la critique de la connaissance.* (Bibl. franç. de philos. 3me série) Paris (Desclée de Brouwer) 1933, 148 pp.

2308. **Kazubowski, R.** "Fundamentum cognitionis secundum philosophiam arist.-thomisticam," in *Xenia Thom.* (Symp.) I, 363-377.

2309. **Keeler, L.W., S.J.** *The Problem of Error from Plato to Kant.* (Anal. Gregor., VI) Roma (Univ. Gregor.) 1934, xiii-281 pp. (One chap. on St. Thomas.)

2310. **Keeler, L.W., S.J.** "St. Thomas's Doctrine Regarding Error," *New Scholast.* VII (1933) 26-57.

2311. **Kreling, P., O.P.** "Het intellectualisme van den H. Thomas v. Aq.," in *S. Thomas-Herdacht* (Symp.) 13-32.

2312. **Kremer, R., C.SS.R.** "La synthèse thomiste de la vérité," in *Sbornik Mezin. Thomist.* (Symp.) 139-150; reprod: *R N P* XXXV (1933) 317-338.

2313. **Kremer, R., C.SS.R.** "Sur la notion du réalisme épistémologique," in *Philos. Perennis* (Symp.) II, 731-743.

2314. **Kremer, R., C.SS.R.** "Wat is critische kennistheorie, en hoe is ze mogelijk?" *Thom. Tijdschr.* IV (1933) 426-444.

2315. **Kuiper, V.M., O.P.** "Pour ou contre d'idée-objet," (sic) *Angel.* XV (1938) 121-137.

2316. **Kuraitis, P.** "Pagrindiniai gnoseologijos klausimai ir jy sprendimo bûdai," *Logos Filosofijos* VIII (1928) 113-125. (Fundamental questions of gnoseology and ways of solving them.)

2317. **De La Taille, M., S.J.** "Utrum cognitio intellectiva de re concreta extra mentem exsistenti sit immediata necne," in *Acta I Congr.* (Symp.) 218-222.

2318. **Le Rohellec, J., C.S.Sp.** "De genuina humanae cognitionis ratione adversus idealismum hodiernum," *D T P* XXXII (1929) 663-673; XXXIII (1930) 149-163; 576-587.

2319. **Le Rohellec, J., C.S.Sp.** *Problèmes Philosophiques.* Paris (Téqui) 1932, xiii-370 pp.

2320. **Le Rohellec, J., C.S.Sp.** "Utrum juxta S. Thomae doctrinam essentiae rerum sensibilium statim in simplici apprehensione percipiantur?" in *Xenia Thom.* (Symp.) I, 285-302.

2321. **Leuret, S.** "S. Thomas et notre science de l'esprit humain," *Rev. Thom.* VI (1923) 368-386.

2322. **Maquart, F.X.** "Connaissance et a priori psychologique," *Rev. Thom.* XIII (1929) 335-359.

2323. **Maquart, F.X.** "Connaissance, vérité et objet formel," *Rev. Thom.* XI (1928) 347-387. (Crit. Maréchal, see *infra* no. 2330.)

2324. **Maquart, F.X.** "L'espace et le temps, règles universelles et a priori de la sensibilité," *Rev. Thom.* XIII (1930) 3-23.

2325. **Maquart, F.X.** "L'espèce intelligible," *Rev. de Philos.* XXVIII (1928) 585-610.

2326. **Maquart, F.X.** "L'universel," *Rev. de Philos.* XXX (1930) 91-112.

2327. **Marcos del Rio, F.** "El conocimiento según S. Tomàs y S. Agustin" *Ciud. Dios* CXLV (1926) 427-447; CXLVI (1926) 81-102.

2328. **Maréchal, J., S.J.** "De la forme du jugement d'après S. Thomas," *R F N S* XV (1923) 156-184.

2329. **Maréchal, J., S.J.** "Le dynamisme intellectuel dans la connaissance objective," *R N P* XXVIII (1927) 137-165.

2330. **Maréchal, J., S.J.** *Le point de départ de la métaphysique. Leçons sur le développement historique et théorique du problème de la connaissance.* Bruges (Beyaert); Louvain (Museum Lessianum) 1923-26, 4 vol., xi-161; x-192; xi-247; xxiv-482 pp. (See particularly: Cahier V: *Le Thomisme devant la philosophie critique.*)

2331. **Maréchal, J., S.J.** "Lettre au Directeur de la Revue de Philos.," *Rev. de Philos.* XXXVI (1929) 211-212.

2332. **Maréchal, J., S.J.** "Ut suus veritati sit locus. Réplique à M. l'abbé Maquart," *Rev. de Philos.* XXX (1930) 283-295.

2333. **Marino, G.** *Il problema della conoscenza. Estratti dalla Somma teologica.* Torino (Paravia) 1925, 122 pp.

2334. **Maritain, J.** *Distinguer pour unir, ou les Degrés du savoir.* Paris (Desclée de Brouwer) 1932, xvii-919 pp.

2335. **Maritain, J.** *The Degrees of Knowledge.* Transl. by B. Wall and M. Adamson. London (Bles) 1937; N.Y. (Scribners) 1938.

2336. **Maritain, J.** "Du réalisme critique," *Nova et Vetera* VII (1932) 1-17.

2337. **Maritain, J.** "La vie propre de l'intelligence et l'erreur idéaliste," *Rev. Thom.* XXIX (1924) 268-313.

2338. **Maritain, J.** "Le réalisme thomiste," (Conférence à Genève, auspices du Comité des Conf. universitaires, le 6 mars, 1923.) in *Réflexions sur l'intelligence* (*infra* no. 2339) pp. 288-335.

2339. **Maritain, J.** *Réflexions sur l'intelligence et sur sa vie propre.* Paris (Nouv. Libr. Nationale) 1924; 2me éd. (Bibl. franç. de Philos.) Paris (Desclée de B.) 1926; 3me éd. *(ibid.)* 1930, 380 pp.

2340. **Masnovo, A.** "Brevi appunti di metodo sul problema della conoscenza," in *Acta I Congr.* (Symp.) 246-249.

2341. **Masnovo, A.** "Esegesi tomistica," *R F N S* XXVII (1935) 329-337; XXIX (1937) 144-147.

2342. **Masnovo, A.** "Esegesi tomistica (q. I De Verit., a. 9)," *Angel.* XIV (1937) 311-317.

2343. **Mattiussi, G., S.J.** "De intellectus nobilitate," in *Xenia Thom.* (Symp.) 267-283.

2344. **Mazzantini, C.** *La lotta per l'evidenza. Studi di metafisica e gnoseologia.* Roma (Studium) 1929, vii-128 pp.

2345. **Mazzantini, C.** "Realità ed intelligenza," *R F N S* XXI (1929) 118-140; 251-281; 495-503. Offprint: Milano (Vita e Pensiero) 64 pp.

2346. **McCormick, J.F., S.J.** *St. Thomas and the Life of Learning.* (Aquinas Lecture, 1937) Milwaukee (Marquette U. Press) 1937.

2347. **McKeon, R.** "Thomas Aquinas' Doctrine of Knowledge and its Historical Setting," *Speculum* III (1928) 425-444.

2348. **Messaut, J., O.P.** "Le thomisme et la critique de la connaissance," *Rev. Thom.* XL (1935) 48-78.

2349. **Meyer, H.** "Die Wissenschaftslehre des Thomas v. Aq.," *Philos. Jahrb.* XLVII (1934) 171-206; 308-345; 441-486; XLVIII (1935) 12-40; 289-312. As a book: Fulda, 1934.

2350. **Mignosi, P.** "La Strada di S. Tommaso," *Tradizione* IX (1936) 185-198; 207-213.

2351. **Müller, M.** "Vom Gegenstand der Wissenschaft. Nach: H. Meyer, Die Wissenschaftslehre d. Thomas v. Aq.," (Crit. of no. 2349) *Wissenschaft u. Weisheit* III (1936) 227-229.

2352. **Naber, A., S.J.** *Critica (ad usum privatum.)* Romae (Gregor. Univ.) 1932, 412 pp.

2353. **Nink, C., S.J.** "Das Finalitätsprinzip und seine Bedeutung im Erkenntnisleben," *Scholast.* XII (1937) 175-203.

2354. **Nink, C., S.J.** "Die intellectuelle Erkenntnis," *Philos. Jahrb.* XLI (1928) 267-283; 449-466.

2355. **Nink, C., S.J.** "Die Wesenerkenntnis und ihre Bedeutung für Grundfragen der Philosophie," *Scholast.* III (1928) 65-86.

2356. **Nink, C., S.J.** "Die Wesenheiten der Dinge und ihre Erkenntnis," *Scholast.* II (1927) 541-561.

2357. **Noël, L.** "Après le Congrès thomiste. La discussion sur le réalisme," *R N P* XXVI (1925) 389-393.

2358. **Noël, L.** "Comment poser le problème de la connaissance?" in *Acta I Congr.* (Symp.) 25-30.

2359. **Noël, L.** "La critique de l'intelligible et de sa valeur réelle," *R N P* XXXVI (1935) 5-23.

2360. **Noël, L.** "La critique du jugement selon S. Thomas," in *Aus d. Geisteswelt* (Symp.) I, 710-719.

2361. **Noël, L.** "L'épistémologie thomiste," in *Acta II Congr.* (Symp.) 31-42.

2362. **Noël, L.** "L'intelligible," *R N P* XXXI (1930) 396-402.

2363. **Noël, L.** "La méthode du réalisme," *R N P* XXXII (1931) 433-447.

2364. **Noël, L.** *Notes d'épistémologie thomiste.* Louvain (Inst. Sup.) 1925.

2365. **Noël, L.** "La présence de l'intelligible à la conscience selon S. Thomas et Cajétan," in *Philos. Perennis* (Symp.) I, 159-166.

2366. **Noël, L.** "La présence des choses à l'intelligence," *R N P* XXXI (1930) 145-162.

2367. **Noël, L.** "La présence immédiate des choses," *R N P* XXVIII (1927) 179-196.

2368. **Noël, L.** "Les progrès de l'épistémologie thomiste," *R N P* XXXIII (1932) 429-448.

2369. **Noël, L.** "Le réalisme de S. Thomas," in *Xenia Thom.* (Symp.) I, 319-330.

2370. **Noël, L.** "The Realism of St. Thomas," *Blackfriars* XVI (1935) 817-832.

2371. **Noël, L.** *Le réalisme immédiat.* Louvain (Inst. Sup. de Philos.) 1938, viii-298 pp.

2372. **Noël, L.** "Le réel et l'intelligence," *R N P* XXVI (1925) 5-28.

2373. **Noël, L.** "Réalisme méthodique ou réalisme critique," *Bulletins de la Classe des Lettres et des Sciences morales et politiques de de l' Académie royale de Belgique,* 5me. série, t. XVII, 4, Séance du 13 avril, 1931. pp. 111-129.

2374. **Olgiati, F.** "Il problema della conoscenza nella filosofia moderna ed il realismo scolastica," *R F N S* XXVIII (1936) 456-472; also in *Acta II Congr.* (Symp.) 47-63.

2375. **Ottaviano, C.** "Ancora sulla fondazione del realismo," *Sophia* III (1937) 334-345.

2376. **Peillaube, E.** "Avons-nous l'expérience du spirituel?" *Rev. de Philos.* XXIX (1929) 245-267.

2377. **Peillaube, E.** "Avons-nous l'expérience du spirituel (Réponse au R.P. Romeyer)?" *Rev. de Philos.* XXIX (1929) 660-685.

2378. **Peillaube, E.** "Les degrés de la connaissance humaine dans la doctrine de S. Thomas," *Rev. de Philos.* XXIV (1924) 161-187.

2379. **De Petter, D., O.P.** "Nieuwe richting in de thomistische kennis en zekerheidsleer," *Thom. Tijdschr.* I (1930) 78-86.

2380. **Picard, G., S.J.** "Essai sur la connaissance sensible d'après les scolastiques," *Arch. de Philos.* IV, 1 (1926) 93 pp.

2381. **Pirotta, A., O.P.** "Nota psychologiae rationalis (De unione immediata animae rationalis, ut talis, cum corpore)," *D T P* II (1925) 329-338.

2382. **Rabeau, G.** *Réalité et relativité. Etudes sur le relativisme contemporain.* Paris (Rivière) 1927, vii-283 pp.

2383. **Rahner, K.** *Geist in Welt. Zur Metaphysik der endlichen Erkenntnis bei Thomas v. Aq.* Innsbruck-Leipzig (Rauch) 1939, xvi-296 pp.

2384. **Ranwez, C.** "La controvèrse gnoséologique en Italie," *R N P* XXXVIII (1935) 535-551.

2385. "Réalisme," *D T C* XIII, col. 1833-1910. (III: La thèse hellénistique de l'unité de l'intellect et la psychologie concrète de S. Thomas d'Aq. col. 1849-1858, par M.M. Gorce, O.P.)

2386. **De Rivera, M.C., O.P.** "Breve replica al P. Hellin, S.J.," *Cien. Tom.* XL (1929) 82-91. (See *supra* no. 2290.)

2387. **De Rivera, M.C., O.P.** "La raiz del conocimiento," *Cien. Tom.* XXXVIII (1928) 365-374.

2388. **Roland-Gosselin, M.D., O.P.** "De la connaissance affective," *R S P T* XXVII (1938) 5-26.

2389. **Roland-Gosselin, M.D., O.P.** *Essai d'une étude critique de la connaissance.* I: *Introduction et première partie.* (Bibl. Thom., XVIII) Paris (Vrin) 1932, 165 pp.

2390. **Roland-Gosselin, M.D., O.P.** "Peut-on parler d'intuition intellectuelle dans la philosophie thomiste?" in *Philos. Perennis* (Symp.) II, 709-730.

2391. **Roland-Gosselin, M.D., O.P.** "Sur la notion de présence en épistémologie," *R S P T* XVII (1928) 77-81.

2392. **Roland-Gosselin, M.D., O.P.** "Sur la théorie thomiste de la vérité," *R S P T* X (1921) 222-234.

2393. **Roland-Gosselin, M.D., O.P.** "La théorie thomiste de l'erreur," in *Mélanges Thom.* (Symp.) 253-274.

2394. **Roland-Gosselin, M.D., O.P.** "La valeur relative de l'intuition," *R S P T* XIV (1925) 188-189.

2395. **Rolfes, E.** *Fünf Fragen über d. intellectuelle Erkenntnis (S.T. I, q. 84-88)* Ueberz. u. erkl. Leipzig (Meiners Phil. Bibl.) 1924.

2396. **Romeyer, B., S.J.** "La doctrine de S. Thomas sur la vérité. Esquisse d'une synthèse," *Etudes sur S. Thomas* (Symp.) 145-198.

2397. **Romeyer, B., S.J.** "Notre science de l'esprit humain d'aprés S. Thomas d'Aq.," *Arch. de Philos.* I (1923) 32-55.

2398. **Romeyer, B., S.J.** "Réponse au R.P. Peillaube," *Rev. de Philos.* XXXVI (1929) 551-573. (See *supra* no. 2376-2377.)

2399. **Romeyer, B., S.J.** "S. Thomas et notre connaissance de l'esprit humain," *Arch. de Philos.* VII, 2 (1928) 114 pp.

2400. **Rosmini, A.** *La dottrina della conoscenza in S. Tommaso.* (Estratto dal *Rinnovamento della filosofia.*) A cura di G. Marino. (Piccola Bibl. Rosminiana, 6) Torino (Paravia) 1926, xxxii-74 pp.

2401. **Rossi, A.** "De gnoseologia a Jos. Camboni prolata," *D T P* XXXVII (1934) 226-264; XXXVIII (1935) 62-76; 160-192; 286-305; 379-417. (On Zamboni, see nos. 2464-2469 *infra.)*

2402. **Rossi, A.** "La 'Gnoseologia di S. Tommaso d'Aq.' secondo il Prof. Zamboni," *D T P* XXXVIII (1935) 564-573.

2403. **Rossi, A.** *La gnoseologia (o 'Psicologia pura della conoscenza propria e attuale') del Prof. Zamboni,* Piacenza (Coll. Alberoni) 1935, 310 pp.

2404. **Rossi, A.** "Realismo gnoseologico e realismo tomistico," *D T P* XLI (1938) 359-412.

2405. **Rougier, L.** "La mentalité scolastique," *Rev. Philosophique* XLII (1924) 208-232.

2406. **Rousselot, P., S.J.** *L'intellectualisme de S. Thomas.* 2me éd. Paris (Beauchesne) 1924.

2407. **Rousselot, P., S.J.** *The Intellectualism of St. Thomas.* Transl. by J.E. O'Mahony, London (Sheed & Ward) 1935, viii-231 pp.

2408. **Rozwadowski, A., S.J.** "De fundamento metaphysico nostrae cognitionis universalis secundum S. Thomam," in *Acta II Congr.* (Symp.) 103-112; also in *D T P* XL (1937) 255-266.

2409. **Rubczynski, W.** "Zroznicowanie kierunkow neotomistycznych," *Przeg. Powszechny* 186 (1930) 23-48; 175-197.

2410. **Rung, R.** "Studio sulla Quaest. disp. De magistro di S. Tommaso d'Aq.," *R F N S* XIV (1923) 109-165.

2411. **Ryan, J.K.** "The Problem of Truth," in *Essays in Thom.* (Symp.) 63-80; 369.

2412. **Santeler, J., S.J.** "Ist die individuelle Wesenheit des Menschen unerkennbar?" *Zeitschr. f. kath. Theol.* LIX (1935) 572-595.

2413. **Schlick, M.** "Positivismo e realismo," *Sophia* III (1937) 263-281.

2414. **Schönenberger, A.** *Das Gewissen nach d. hl. Thomas v. Aq.* (Dissert.) Weida i. Thüringen (Univ. Freiburg) 1924.

2415. **Schulte, K.** *Das Wahrheits- und Erkenntnis-problem nach Thomas v. Aq.* (Philos. Lesestoffe, 10) Paderborn (Schöningh) c. 1926, 82 pp.

2416. **Schwarz, B.** *Der Irrtum in der Philosophie.* Münster (Aschendorff) 1934, viii-300 pp. (About 10 pages on St. Thomas.)

2417. **Sertillanges, A.D., O.P.** "L'être et la connaissance dans la philosophie de S. Thomas d'Aq.," in *Mélanges Thom.* (Symp.) 175-197.

2418. **Siewerth, M.G.** *Die Metaphysik der Erkenntnis nach Thomas v. Aq.* Teil I: Die sinnliche Erkenntnis. München (Oldenbourg) 1933, 110 pp.

2419. **Simon, P.** *Erkenntnistheorie und Wissenschaftbegriff in der Scholastik.* (Philos. u. Gesch., 14) Tübingen (Mohr) 1927, 21 pp.

2420 **Simon, Y.** *Introduction à l'ontologie du connaître.* (Bibl. franç. de Philos.) Paris (Desclée de Brouwer) 1934, 231 pp.

2421. **Simonin, H.D., O.P.** "A propos de la notion d'*intuition* dans la philosophie thomiste de la connaissance. L'opinion de Capreolus," *Rev. Thom.* XV (1932) 448-451.

2422. **Simonin, H.D., O.P.** "Connaissance et similitude," *R S P T* XX (1931) 293-303.

2423. **Simonin, H.D., O.P.** "Immatérialité et intellection," *Angel.* VII (1930) 460-486.

2424. **Simonin, H.D., O.P.** "La notion d'*intentio* dans l'oeuvre de S. Thomas d'Aq.," *R S P T* XIX (1930) 445-463.

2425. **Simonin, H.D., O.P.** "L'identité de l'intellect et de l'intelligible dans l'acte d'intellection," *Angel.* VII (1930) 218-248.

2426. **Siwek, P., S.J.** "Problema valoris in philosophia S. Thomae et Cartesii," *Gregor.* XVIII (1937) 518-533.

2427. **Skydsgaard, K.E.** "La connaissance humaine d'après S. Thomas d'Aq.," *Classica et Mediaevalia* II (1939) 86-120.

2428. **Sladeczek, F., S.J.** "Die intellectuelle Erfassung der sinnfälligen Einzeldinge nach der Lehre des hl. Thomas v. Aq.," *Scholast.* I (1926) 184-215.

2429. **Sladeczek, F., S.J.** "Die intell. Erfassung der sinnfälligen Einzeldinge—entwickelt aus der Erkenntnismetaphysik des hl. Thomas v. Aq.," *Scholast.* I (1926) 573-579.

2430. **Smith, G., S.J.** "A Date in the History of Epistemology," in *Maritain-Thomist* (Symp.) 246-255.

2431. **Söhngen, G.** "Die Synthese im thomistischen Wahreitsbegriff und ihre Gegenwartsbedeutung," in *Synthesen-Dyroff* (Symp.) 126-143.

2432. **Söhngen, G.** *Sein und Gegenstand.* Münster (Aschendorff) 1930, xix-334 pp.

2433. **Di Somma, J.** "Doctrina S. Thomae de veritate et judicio contra idealismum modernum," *A P A R* V (1938) 26-40.

2434. **Di Somma, J.** "De naturali participatione divini luminis in mente humana secundum S. Augustinum et S. Thomam," *Gregor.* VII (1926) 321-338.

2435. **Stepa, J.** *Poznawalnosc swiata rzeczywitego w oswietleniu sw. Tomasza.* (Studjum z zakresu teorji posnania) Lwów (Bibliotheka religjina) 1930, 119 pp.

2436. **Stepa, J.** "Poznawalnosc swiata rzeczywitego," *Przeg. Teol.* XII (1931) 255-257.

2437. **Synave, P., O.P.** "La révélation des vérités divines naturelles d'après S. Thomas," in *Mélanges Mand.* (Symp.) I, 327-370.

2438. **Talbot, E.F., O.M.I.** *Knowledge and Object.* (Dissert.) Washington (Cath. Univ.) 1932, 115 pp.

2439. **Thiel, M.** "Die thomistische Philosophie und die Erkennbarkeit des Einzelmenschen," *D T F* VI (1928) 26-44; 177-194.

2440. **Toccafondi, E.** "Il problema della realità e l'inizio della metafisica critica," *Angel.* XI (1934) 277-324.

2441. **Toccafondi, E.** "Immaterialità e conoscenza," *Angel.* XIV (1937) 497-515.

2442. **De Tonquédec, J., S.J.** *Les principes de la philosophie thomiste. La critique de la connaissance.* (Bibl. des Arch. de Philos.) Paris (Beauchesne) 1929, xxx-565 pp.

2443. **Ušeničnik, A.** "De reflexione completa in qua intima videtur esse ratio certitudinis," in *Acta II Congr.* (Symp.) 91-96.

2444. **De Valk, T., O.P.** "S. Thomas' vroegste kenleer," *Stud. Cath.* III (1927) 387-400; IV (1927-28) 41-58.

2445. **Veuthey, L., O.M. Conv.** "Critériologie et critique," in *Acta II Congr.* (Symp.) 75-83.

2446. **De Vries, J., S.J.** "Ausgangpunkt der Erkenntniskritik und thomistische Erkenntnispsychologie," *Scholast.* VIII (1933) 89-98.

2447. **De Vries, J., S.J.** "Die Bedeutung der Erkenntnismetaphysik für die Lösung der erkenntniskritischen Frage *(De verit.* I, 9)," *Scholast.* VIII (1933) 321-358.

2448. **De Vries, J., S.J.** *De cognitione veritatis: textus selecti Thomae Aq.* (Opusc. et text. cura M. Grabmann et F. Pelster, S.J., fasc. VIV) Münster (Aschendorff) 1933, 60 pp.

2449. **De Vries, J., S.J.** *Critica.* Freiburg i. B.-St. Louis (Herder) 1937, xiii-176 pp.

2450. **De Vries, J., S.J.** *Denken und Sein.* Freiburg i. B. (Herder) 1937, x-304 pp.

2451. **De Vries, J., S.J.** "De fine et methodo inquisitionis criticae," in *Acta II Congr.* (Symp.) 84-90.

2452. **De Vries, J., S.J.** "Zielsicherheit der Natur und Gewissheit der Erkenntnis. Zur Problematik von *De verit.* q. I, a. 9, und der neuscholastischen Erkenntnistheorie," *Scholast.* X (1935) 481-507; XI (1936) 52-81.

2453. **Warnach, V., O.S.B.** "Erkennen und Sprechen bei Thomas v. Aq.," *D T F* XV (1937) 189-218; 263-290; XVI (1938) 161-196.

2454. **Wébert, J., O.P.** "L'image dans l'oeuvre de S. Thomas," *Rev. Thom.* X (1926) 433 seqq.

2455. **Wébert, J., O.P.** "La connaissance confuse," *R S P T* XVII (1928) 365-382.

2456. **Wébert, J., O.P.** "*Reflexio.* Etude sur les opérations réflexives dans la psychologie de S. Thomas," in *Mélanges Mand.* (Symp.) I, 285-325.

2457. **Weier, F.** *Die Lehre des Thomas v. Aq. über den intellectus possibilis im zusammenhang ihrer geschichtl. Entwicklung.* (Dissert.) Münster i. W., 1921.

2458. **Weiss-Nagel, S.** "Pasivita našho rozuma a jej kriteriologicky vyznam," in *Sbornik Mezin. Thomist.* (Symp.) 109-115.

2459. **Wilpert, P.** "Das Problem der Wahrheitssicherung bei Thomas v. Aq. Ein Beitrag zur Geschichte des Evidenzproblems," *B G P M* XXX 3 (1931) xiv-214 pp.

2460. **Wilpert, P.** "Das Urteil als Träger der Wahrheit nach Thomas v. Aq.," *Philos. Jahrb.* XLVI (1933) 56-75.

2461. **Wintrath, P., O.S.B.** "Inwiefern ist der Gegenstand unseres Verstandes bewusstseinsjenseitig?" *D T F* IX (1931) 265-292; 429-448; X (1932) 79-102.

2462. **Wintrath, P.** "Ueber die objektive Evidenz. Zugleich eine Begutachtung des Evidenzbegriffes G. Söhngens in seinem Buch: *Sein und Gegenstand,*" *D T F* XI (1933) 427-444; XII (1934) 84-108; 206-220.

2463. **Wintrath, P.** "Wirklichkeit und Bild im Erkennenden," *D T F* VII (1929) 61-76.

2464. **Zamboni, G.** "Discussioni gnoseologiche. (Ancora sulla dottrina epistemologica di L. Noel di Lovania)," *R F N S* XX (1928) 89-105.

2465. **Zamboni, G.** "L'elaborazione intellettiva dei dati sensibili, secondo S. Tommaso e secondo Kant," *R F N S* XIX (1927) 322-355.

2466. **Zamboni, G.** *La gnoseologia dell' atto come fondamento della filosofia dell' essere.* Milano (Vita e Pensiero) 1923.

2467. **Zamboni, G.** *La gnoseologia di S. Tommaso d'Aq.* Verona (Tip. Veronese) 1934, 247 pp.

2468. **Zamboni, G.** *Metafisica e gnoseologia. Risposta a Mons. Fr. Olgiati,* Verona (Tip. Veronese) 1935, 136 pp.

2469. **Zamboni, G.** *Realismo, Metafisica, Personalità.* Verona (Tip. Veronese) 1937, 197 pp.

2470. **Zimmermann, S.** "Filosofijska ideologija Tome Akoinskog,"

Bogoslavni Vestnik VI (1926) 261-270.

2471. **Zimmermann, S.** "Schema sistematico del probleme del conoscere scientifico con riguardo all' ideologia tomistica e kantiana," in *Atti del quinto Congresso internaz. di Filos.* Napoli (Perrella) 1926, 1086-1092. (A resumé of his work: *Kant et la Néoscolastique,* 2 vol. Zagreb, n.d.)

F—LOGIC, LOGISTIC AND MATHEMATICS

2472. **Van Acker, L.** *Introdução à Filosofia: Logica.* São Paulo (Livraria Acadèmia) 1932, 322 pp.

2473. **Ajdukiewicz, K.** "Zalozenia logiki tradycyjnej," *Przeg. Filos.* XXIX (1926) 200-229.

2474. **Balthasar, N.** "Etres de raison: négations et relations," *Critérion* V (1929) 262-297.

2475. **Van den Berg, I.J.M.** *De Strijd om de Logica.* Nijmegen (Dekker-Van de Vegt) 1935, 72 pp.

2476. **Bochenski, I.M., O.P.** "Logistique et logique classique," *Bull. Thom.* IV (1935) 240-248.

2477. **Bochenski, I.M., O.P.** "La métaphysique et la logique moderne," in *Sbornik Mezin. Thomist.* (Symp.) 153-159.

2478. **Bochenski, I.M., O.P.** "Notes historiques sur les propositions modales," *R S P T* XXVI (1937) 673-692.

2479. **Bochenski, I.M., O.P.** *Nove lezioni di logica simbolica.* Roma (Angelicum) 1938, 183 pp.

2480. **Bodewig., E.** "Die Stellung des hl. Thomas v. Aq. zur Mathematik," *Arch. f. Gesch. d. Philos.* XLI (1932) 401-434; offprint: Berlin (Heymann) 34 pp.

2481. **Calderoni, J.** *Nova Elementa Logicae et Metaphysicae, ad mentem S. Thomae, tyronum usui.* Faenza (Lega) 1928, vii-307 pp.

2482. **Carbone, C.** *Circulus Philosophicus.* Vol. I: *Logica.* Torino (Marietti) 1934, viii-532 pp.

2483. **Czezowski, T.** *Klasyczna nauka o sadzie i wniosku w swietle logiki wspólczesnej.* Wilno, 1927, 60 pp.

2484. **Dominczak, S.** *Les jugements modaux chez Aristote et les Scolastiques.* Louvain, 1920.

2485. **Erdey, F.** *Logica cum Introductione in philosophiam.* Budapest (Gergeby) 1934, 278 pp.

2486. **Garrigou-Lagrange, R., O.P.** "De investigatione definitionum secundum Aristotelem et S. Thomam," *A P A R* II (1936) 193-201.

2487. **Glenn, P.** *Dialectics.* 4th ed. St. Louis (Herder) 1933, xx-187 pp.

2488. **Grabmann, M.** "De fontibus historicis logicam S. Thomae de Aq. illustrantibus," *A P A R* IV (1938) 53-64.

2489. **Grabmann, M.** "Die Entwicklung der mittelalterlichen Sprachlogik," in *Mittelalterliches Geistesleben.* München, 1926, pp. 104-141.

2490. **Guérard des Lauriers, L.B.** "Analyse de l'être mathématique," *R S P T* XXII (1933) 385-431; 585-639.

2491. **Huber, S.** *Grundzüge der Logik und Noetik im Geiste des hl. Thomas v. Aq.* 3 Aufl. herausg. von H. Ostler. Paderborn (Schöningh) 1924, xi-236 pp.

2492. **Joannis a S. Thoma, O.P.** *Cursus philosophicus thomisticus.* Nova editio a P. B. Reiser, O.S.B., exarata. vol. I: Ars logica, seu de forma et materia ratiocinandi. Torino (Marietti) 1930, xviii-839 pp.

2493. **Johan, R.** "Nature du jugement," *Rev. de Philos.* XXIV (1924) 465-489.

2494. **Lachance, L., O.P.** "S. Thomas dans l'histoire de la logique," in *Etudes d'hist. littéraire et doct. du XIIIe siècle,* Ottawa-Paris (Vrin) 1932, I, 61-103.

2495. **Lallemand, M.** *Le transfini. Sa logique, sa métaphysique.* Paris (Desclée de Brouwer) 1934, 302 pp.

2496. **Le Masson, R.** *Philosophie des nombres.* (Questions Disputées, VII) Paris (Desclée de Brouwer) 1932, xii-84 pp.

2497. **Manthey, F.** *Die Sprachphilosophie des hl. Thomas v. Aq. und ihre Anwendung auf Probleme der Theologie.* Paderborn (Schöningh) 1937, 268 pp.

2498. **Maréchal, J., S.J.** "De la forme du jugement d'après S. Thomas," *R F N S* XV (1923) 156-184.

2499. **Maritain, J.** "La quantification du prédicat et la logique de l'école," *R N P* XXV (1923) 57-69.

2500. **Maritain, J.** "La vrai notion du syllogisme," *Rev. de Philos.* XXX (1923) 174-181.

2501. **Maritain, J.** *L'Ordre des concepts.* I: *Petite Logique* (Logique Formelle.) Paris (Téqui) 1923; 2me éd. *(ibid.)* 1933, 355 pp.

2502. **Maritain, J.** *An Introduction to Logic.* Transl. by I. Choquette, N.Y. (Sheed & Ward) 1937.

2503. **McLaughlin, J., S.J.** *An Outline and Manual of Logic.* Milwaukee (Marquette U. Press) 1935, xvii-165 pp.

2504. **Michalski, C., Lukasiewicz, J., Bochenski, I.M., O.P., Salamucha, J.,** et **Drewnowski, J.F.** *La Pensée Catholique et la Loquique Moderne,* (Compte rendu de la session spéciale tenue le 26, IX, 1936, pendant le IIIe Congrès Polonais de Philos.) Krakow, 1937.

2505. **Muller-Thym, B.J.** "The *To Be* which Signifies the Truth of Propositions," *Proc. Amer. Cath. Philos. Assoc.* XVI (1940) 230-254.

2506. **Pavelka, A.** "Princip abstrakce a tomismus," *Filosofická*

Rev. III (1931) 117-121.

2507. **De Petter, D.M., O.P.** "Naar een neo-thomistische Wetenschapsleer," *Kultuurleven* (1935) 312-335.

2508. **Phelan, G.B.** "Verum sequitur esse rerum," *Mediaeval Studies* I (1939) 11-22.

2509. **Reymond, A.** *Les principes de la logique et la critique contemporaine.* Paris (Boivin) 1932, vii-277 pp.

2510. **Richard, T., O.P.** "Autour de la probabilité unique," *Rev. Thom.* n.s. X (1927) 165-195.

2511. **Riedl, J.** *Exercises in Logic.* Rev. ed. Milwaukee (Marquette U. Press) 1936, 48 pp.

2512. **Salamucha, J.** "Dowód 'ex motu' na istnienie Boga. Analiza logiczna argumentacji sw. Tomasza z Akw." *Collect. Theol.* XV (1934) 53-92.

2513. **Salamucha, J.** *Pojecie Dedukcji u Arystotelesa i sw. Tomasza z. Ak. Studjum historyczno-krytyczne.* Warsaw (Polskie Towarzystwo Teol.) 1930, x-130 pp.

2514. **Ternus, J., S.J.** "Zur Philosophie der Mathematik," *Philos. Jahrb.* XXXIX (1926) 217-231.

2515. **Tricot, J.** *Traité de logique formelle.* Paris, 1930.

2516. **Vanni Rovighi, S.** "Concezione aristotelico-tomistica e concezioni moderne dell' induzione," *R F N S* XXVI (1934) 578-593.

2517. **Wartmann, C.** *The Scholastic Doctrine of the Elision of Probability.* Roma (S. Sixto Vecchio) 1936, 79 pp.

2518. **Wilpert, P.** "Das Urteil als Träger der Wahrheit nach Thomas v. Aq.," *Philos. Jahrb.* XLVI (1933) 56-75.

2519. **Xiberta, B.M.** "Momentum doctrinae S. Thomae circa structuram iudicii," *A P A R* I (1935) 154-162.

G—PHILOSOPHY OF NATURE, COSMOLOGY, PHYSICS

2520. "S. Tommaso e l'influsso genetliaco delle stelle," *Civ. Catt.* LXXVIII (1927) 303-316. (Cf. *infra* no. 2528.)

2521. **Bernhardin, P.** "Widerstreitet die Elektronenlehre dem Hylomorphismus?" *D T F* XIII (1935) 219-223.

2522. **Berry, K.K.** "Matter in the *De Ente,*" *New Schol.* XII (1938) 143-149.

2523. **Berten, A.** "La physique de S. Thomas d'après la *Summa contra Gentiles,*" *R N P* XXVIII (1926) 389-409.

2524. **Bodewig, E.** "Zahl und Kontinuum in der Philosophie des hl. Thomas," *D T F* XIII (1935) 55-77; 187-207.

2525. **Caldin, E.F.** "Modern Physics and Thomist Philosophy," *Thomist* I (1940)

2526. **Camenzind, C.** *Die antike und moderne Auffassung vom Naturgeschehen mit besonderer Berücksichtigung der mittelälter-*

lichen Impetustheorie. (*Manns pädag. Magazin* H. 1067, *Beiträge. z. Pädog. u. Psych.*, hrsg. v. Lipps) Langensalza (Beyer) 1926, 83 pp.

2527. **Carbone, C.** *Circulus Philosophicus.* Vol. III: *Cosmologia.* Torino (Marietti) 1937, vii-624 pp.

2528. **Choisnard, P.** *Les Précurseurs de l'astrologie scientifique et la tradition* (Ptolomée, S. Thomas d'Aq. et Képler.) Paris (Leroux) 1929, 72 pp. (See no. 2667)

2529. **Christmann, H.M., O.P.** "Het hylemorphisme: eene verklaring der stoffelijke wereld, volgens Aristoteles en S. Thomas," *Thom. Tijdschr.* II (1930) 325-356.

2530. **Esser, G., S.V.D.** *Cosmologia.* Techny, Illinois (St. Mary's Press) 1939, xix-357 pp.

2531. **Glenn, P.** *Cosmology.* St. Louis (Herder) 1939, x-337 pp.

2532. **Dawson, C.** "The Origins of the European Scientific Tradition: St. Thomas and Roger Bacon," *Clergy Review* II (1931) 193-205.

2533. **Descoqs, P., S.J.** "Autour de l'hylémorphisme," *Arch. de Philos.* V, 3 (1928) 158-165. (Bibliog. Critique.)

2534. **Descoqs, P., S.J.** *Essai critique sur l'hylémorphisme.* Paris (Beauchesne) 1924.

2535. **Eing, B.** "Zur Natur des Lichtes," *D T F* VIII (1930) 207-211.

2536. **Eing, B.** "Thomistische Grundsätze und Newton'sche Gesetze," *D T F* VIII (1930) 317-328.

2537. **Fatta, M.** "Cosmologia e scienze," *R F N S* XXV (1933) 91-96.

2538. **Fatta, M.** "Elemorfismo e fisica contemporanea," *D T P* XXXVIII (1935) 523-536; XXIX (1936) 143-152; 229-242.

2539. **Fatta, M.** "Luogo e movimento locale," *D T P* XXXV (1932) 412-418.

2540. **Fatta, M.** "Il 'movimento' in rapporto alle categorie," *D T P* XXXVI (1933) 289-294.

2541. **Fatta, M.** "Nota sul movimento," *D T P* XXXIII (1930) 440-445.

2542. **Fatta, M.** "Nota sul tempo," *D T P* XXXIV (1931) 284-294; 397-412.

2543. **Fatta, M.** "Il problema dell' unità del composto chimico," *R F N S* XXVII (1935) 283-289.

2544. **Fatta, M.** "La quantità continua dell' individuo materiale e l'individualità," *R F N S* XXIV (1932) 141-161.

2545. **Fatta, M.** "Tra fisica e metafisica," *R F N S* XXV (1933) 397-409.

2546. **Garcia, D., C.M.F.** *Ensayo sobre las consecuencias fisicomatematicas de la teoria Tomista de la materia y forma.* (Anal. S.

Tarracon. fasc. 1, vol. IX) Barcelona (Bibl. Balmes) 1933, 135 pp.

2547. **Garrigou-Lagrange, R., O.P.** "L'attraction universelle (S. Thomas et Newton)," in *Philos. Perennis* (Symp.) II, 843-853.

2548. **Gent, W.** *Die Philosophie des Raumes und der Zeit. Historische, kritische und analytische Untersuchungen.* Bonn (Cohen) 1926, xi-274 pp. (Thomas v. Aq. pp. 60-64.)

2549. **Giacon, C., S.J.** "Fisica atomica e filosofia tomistica," *Civ. Catt.* LXXXVIII (1937) 354-362.

2550. **Goheen, J.** *The Problem of Matter and Form in the 'De ente et essentia' of Thomas Aquinas.* Cambridge (Harvard U. Press) 1939, 137 pp.

2551. **Grosche, R.** "Die Idee des Kosmos beim hl. Thomas v. Aq.," *Abendland* (Oct. 1928).

2552. **Hain, R.** "Metaphysica, philosophia naturalis, scientia naturalis," *R U O* III (1933) 258*-273*.

2553. **Hartmann, E.** "Der Hylomorphismus und die moderne Physik," *Synthesen-Dyroff* (Symp.) 79-91.

2554. **Hoenen, P., S.J.** "De constitutione corporum," in *Acta II Congr.* (Symp.) 173-196.

2555. **Hoenen, P., S.J.** *Cosmologia.* Ed. 2a, Romae (Gregor. Univ.) 1936, viii-535 pp.

2556. **Jansen, B.** "Wandel des Hylemorphismus von Thomas auf Heute?" *Stimmen d. Zeit* CXXXIII (1937) 329-333.

2557. **Jolivet, R.** *Cosmologie,* dans: *Traité de Philosophie.* Lyons (Vitte) 1939.

2558. **Kolisko, E.** "Thomas v. Aq. und die Verchristlichung der Naturwissenschaft," *Die Drei* VI (1927) 729-737.

2559. **De Koninck, C.** "Het problem der physische wetten," *Kultuurleven* V (1934) 472-493.

2560. **De Koninck, C.** "Naturwettenschappelijke methodologie en Wijsbegeerte," *Thom. Tijdschr.* IV (1933) 445-457; cont. in *Kultuurleven* V (1934) 51-70; 180-193; 322-341.

2561. **De Koninck, C.** *Le problème de l'indéterminisme.* Québec, 1937, 94 pp.

2562. **De Koninck, C.** "Réflexions sur le problème de l'indéterminisme," *Rev. Thom.* n.s. XX (1937) 227-252; 393-409.

2563. **De Koninck, C.** "Thomism and Scientific Indeterminism," *Proc. Amer. Cath. Philos. Assoc.* XII (1936) 58-76.

2564. **Manser, G.M.** "Die Naturphilosophie des Aquinaten und die alte und moderne Physik," *D T F* XVI (1938) 3-14.

2565. **Mansion, A.** "La théorie aristotélicienne du temps chez les peripatéticiens médiévaux, Averroës, Albert le Grand, Thomas d'Aq.," *R N P* XXXVI (1934) 275-307.

2566. **Maritain, J.** "De la notion de philosophie de la nature," in *Philos. Perennis* (Symp.) II, 819-828.

2567. **Maritain, J.** *La philosophie de la nature: Essai critique sur ses frontières et son objet.* Paris (Téqui) 1935.

2568. **Maritain, J.** "Philosophie de la nature et sciences expérimentales," *A P A R* I, (1935) 77-93.

2569. **Maritain, J.** "Philosophie et science expérimentale," *Rev. de Philos.* XXVI (1926) 342-378; reprinted with little changed in: *Cahiers de la Philos. de la Nature,* Paris (Vrin) 1929, pp. 161-211.

2570. **Maritain, J.** "Philosophie et science expérimentale," et "Connaissance de la nature sensible," chap. 2-3 in *Distinguer pour unir* (see *supra* no. 2334.)

2571. **Maritain, J.** "Science et philosophie d'après les principes du réalisme critique," *Rev. Thom.* XXXVI (1931) 1-46.

2572. **Marling, J.M.** "Hylemorphism and the Conversion of Mass into Energy," *New Schol.* X (1936) 311-323.

2573. **Marling, J.M.** *The Order of Nature in the Philosophy of St. Thomas Aq.* (Dissert.) Washington (Cath. Univ.) 1934, xii-187 pp.

2574. **McAllister, J.B.** *The Letter of St. Thomas Aq. 'De occultis operibus naturae ad quemdam militem ultramontanum'.* (Dissert.) Washington (Cath. Univ.) 1940, x-209 pp.

2575. **McWilliams, J.A., S.J.** "Are Substantial Changes Instantaneous?" *New Schol.* XIV (1940) 295-311.

2576. **McWilliams, J.A., S.J.** *Cosmology.* 2nd ed. N.Y. (Macmillan) 1938, x-243 pp.

2577. **McWilliams, J.A., S.J.** "De mechanismo hodierno et de Hylemorphismo," in *Acta II Congr.* (Symp.) 320-326.

2578. **De Medio, P.N., O.P.** *Discusiones cientifico-filosofico-relativistas.* Oviedo (Imp. 'La Cruz') 1927, 68 pp.

2579. **De Medio, P.N., O.P.** *Sensación y materia.* Oviedo (Imp. 'La Cruz') 1927, viii-295-68 pp. (Pp. 215-225 titled: "Fundamento del hilemorfismo tomista.")

2580. **Mitterer, A.** "Der Bewegungssatz (omne quod movetur ab alio movetur) nach dem Weltbild des hl. Thomas und dem der Gegenwart," *Scholast.* IX (1934) 372-399; 481-518.

2581. **Mitterer, A.** "Der Dienst des Menschen und der Natur nach dem Weltbild des hl. Thomas und dem der Gegenwart," *Zeitschr. f. kath. Theol.* LVI (1932).

2582. **Mitterer, A.** "Glaubensungefährlichkeit und Wahrheit des physikalischen Hylomorphismus," *Theol. Quartalschr.* CXVII (1936) 457-465.

2583. **Mitterer, A.** "Thomasische und neuthomistische Wissenschaftslehre," *Theol.-prakt. Quartalschr.* LXXXIX (1936) 318-324.

2584. **Mitterer, A.** *Wandel des Weltbildes von Thomas auf heute.* Bd. I: Das Ringen der alten Stoff-Form-Metaphysik mit dem heutigen Stoff-Physik. Innsbruck (Tyrolia) 1935, 160 pp; Bd. II: Wesensartwandel und Artensystem der Physikalischen Körperwelt. Bressanone (Weger) 1936.

2585. **Mitterer, A.** "Der Warmebegriff des hl. Thomas nach seinem physikalischen Weltbild un dem der Gegenwart," in *Aus. d. Geisteswelt* (Symp.) 720-735.

2586. **Moock, W.** "Die Wirkweise der Natur bei Thomas v. Aq.," *Theol. u. Glaube* XXVII (1935) 265-285.

2587. **De Munnynck, M., O.P.** "La notion de temps," in *Philos. Perennis* (Symp.) II, 855-868.

2588. **De Munnynck, M., O.P.** "L'hylémorphisme dans la pensée contemporaine," *D T F* VI (1928) 154-176.

2589. **Nys, D.** *Cosmologie, ou Etude philosophique du monde inorganique.* Vol. I: Le mécanisme, le néo-mécanisme, le mécan. dynamique, le dynamisme et énergétisme. Vol. II: La théorie scolastique. (Bibl. de l'Inst. Sup., VIII) 4me éd. Louvain (Warny) 1928, viii-336; 360 pp.

2590. **Nys, D.** *La notion de temps d'aprés les principes de S. Thomas d'Aq.* 3me éd. Louvain (Warny) 1925.

2591. **O'Neill, J.** *Cosmology.* London (Longmans) 1923, xi-308 pp.

2592. **Pirotta, A., O.P.** *Summa Philos. aristotelico-thomisticae.* Vol. II: Philos. naturalis generalis et specialis. Torino (Marietti) 1936, xxx-820 pp.

2593. **Régis, L.M., O.P.** "La philosophie de la nature: quelques 'apories'," in *Philosophie,* Cahier I, Ottawa (1936) pp. 127-156.

2594. **Rossi, P.** "La cosmologia di S. Tommaso in rapporto alle scienze moderne," in *S. Tommaso d'Aquino* (Symp.) 247-279.

2595. **Roure, L.** "S. Thomas d'Aquin et l'influence des astres, d'après un livre récent," *Etudes* CLXXXVII (1926) 329-338. (See n. 2528 and 2667.)

2596. **Rozwadowski, A.** "De motus localis causa proxima secundum principia S. Thomae," *D T P* XLII (1938) 104-113.

2597. **Sarton, G.** *Introduction to the History of Science.* Vol. II: From Rabbi Ben Ezra to Roger Bacon. Baltimore (Carnegie Inst. of Washington and Williams & Wilkins Co.) 1931 ("St. Thomas Aquinas" pp. 914-921, bibliog.)

2598. **Sheen, F.J.** *Philosophy of Science.* Preface by L. Noël. Milwaukee (Bruce) 1934, xxiv-197 pp.

2599. **Simon, Y.R.** "Maritain's Philos. of the Sciences," in *Maritain-Thomist* (Symp.) 85-102.

2600. **Sertillanges, A.D., O.P.** "Note sur la nature du mouvement d'après S. Thomas d'Aq.," *R S P T* XVII (1928) 235-240.

2601. **Sladeczek, M.** "Die Auffassung des hl. Thomas v. Aq. in seiner Summa Theol. von der Lehre des Aristoteles über die Ewigkeit der Welt," *Philos. Jahrb.* XXXV (1922) 38-56.

2602. **Thorndike, L.** *A History of Magic and Experimental Science.* N.Y. (Macmillan) 1923, II, 593-615 (on St. Thomas.)

2603. **Unterkircher, F.** "Moderne Physik und das Weltbild des Aquinaten," *Monatschr. f. Kultur u. Politik* I (1936) 274-276.

2604. **Urbano, L., O.P.** *Einstein y S. Tomás. Estudio critico de las teorias relativistas.* I: Espacio, Tiempo, Movimiento. (Bibl. de Tomistas Esp. II) Valencia (Conv. de Predic.) 1926, xxxii-236 pp.

2605. **Urbano, L., O.P.** "Einstein y S. Tomás. Respuesta a un critico novisimo," *D T P* XXX (1927) 127-140. (See Rossi, P. in *R F N S* XX [1928] 128-132.)

2606. **Vanni Rovighi, S.** "Principi scientifica e principi filosofici," in *Acta II Congr.* (Symp.) 363-366.

2607. **Wais, K.** *Kosmologja Szczegolowa.* Czec. I. Gniezno (Studia Gnesnensia) 1931, 392 pp.

2608. **Walsh, F.A.** "The New Physics and Scholasticism," in *Aspects-New Schol.* (Symp.) 40-59.

H—BIOLOGY AND ANTHROPOLOGY

2609. **André, H.** *Urbild und Ursache in der Biologie.* München (Oldenbourg) 1931, xi-360 pp. (Hist. outline, pp. 1-79, includes St. Thomas.)

2610. **André, H.** *Der Wesensunterscheid von Pflanze, Tier und Mensch. Eine moderne Darstellung der Lebensstufen im Geiste Thomas v. Aq.* Haberschwerdt (Frankes) 1925, 76 pp.

2611. **Van den Bom, T.** "Het thomistisch Vitalisme in het licht der moderne levenstheorien," *Stud. Cath.* II (1925-26) 295-310.

2612. **Fabro, C.** "Un saggio di filosofia della biologia," *Bollet. Filos.* III (1937) 65-77.

2613. **Fatta, M.** "La trascendenza della vita nel pensiero tomista," *Bollet. Filos.* IV (1938) 324-334.

2614. **Haban, M., O.P.** "Duchovy rys zivota lidského," *Filosofická Rev.* VI (1934) 8-12.

2615. **Haban, M., O.P.** "Zivotni a vyspestená sila v lidskem zivota," *Filosofická Rev.* VI (1934) 51-55.

2616. **Konečny, J.** Zivot ve filosofi sv. Tomaše a dnes," in *Sbornik Mezin. Thomist.* (Symp.) 163-169.

2617. **Kors, J.B., O.P.** "Thomas v. Aq. en de nieuwere biologie," *R.K. Artsenblad* XV (1936) 110-114.

2618. **Livingstone, T.** "The Scholastics and Evolution," *Eccl. Rev.* LXXIII (1925) 472-481.

2619. **Manquat, M.** "Mécanisme et vitalisme. A propos d'un livre récent," *Rev. Quest. Scient.* XXIII (1933) 237-252. (See Oldekop, *infra* no. 2623.)

2620. **Maritain, J.** "Notes sur la fonction de nutrition," *Rev. Thom.* XLIII (1937) 263-275.

2621. **Mitterer, A.** "Mann und Weib nach dem biologischen Weltbild des hl. Thomas und dem der Gegenwart," *Zeit. f. kath. Theol.* LVII (1933) 491-557.

2622. **Moreau, L.J.** "Le transformisme et la doctrine de S. Thomas," *Bull. J. Lotte* VIII (1937) 462-465.

2623. **Oldekop, E.** *Le principe de hiérarchie dans la nature, et ses rapports avec le problème du vitalisme et du mécanisme.* (Cahiers de philos. de la nature) Paris (Vrin) 1933, 101 pp.

2624. **Pirotta, A., O.P.** "De vitae genesi," *D T P* XXXV (1932) 271-284; "De philogenesi," *D T P* XXXVII (1934) 437-468; 569-581.

2625. **Van der Pluym, P.** "Het 'biologisch wereldbeeld' van den H. Thomas," *R.K. Artsenblad* XIV (1935) 299-306.

2626. **Rutkiewicz, B.** *L'individualisation, l'évolution et le finalisme biologique.* (Cahiers de la philos. de la nature) Paris (Vrin) 1932, 127 pp. (First publ. in Polish, Lublin, 1932.)

2627. **Sanders, F.** "De leer van St. Thomas over man en vrouw in het licht zijner historische bronnen," *R.K. Artsenblad* XV (1936) 231-250. (Cf. Mitterer, *supra* no. 2621.)

2628. **Schöllgen, W.** "Der anthropologische Sinn der astrologischen Schicksalsdeutung als der Platzhalterin der Vererbungstheorie im Weltbild des Thomas v. Aq.," *Philos. Jahrb.* XLIX (1936) 125-137.

2629. **Söhngen, G.** "Thomas v. Aq. über Teilhabe durch Berührung," in *Scientia Sacra* (Symp.) 1935.

2630. **Schous, M.** "Man en vrouw volgens het biologisch wereldbeeld van St. Thomas en dat van onzen tijd," *R.K. Artsenblad* XIV (1935) 255-267.

2631. **Thiel, M., O.S.B.** "Verhältnis der beiden Geschlechter zur menschlichen Wesenheit und zueinander in allgemein philosophischer Betrachtung," *D T F* XII (1934) 3-36.

2632. **Tischleder, P.** "Der Mensch in der Auffassung des hl. Thomas v. Aq.," in *Bild v. Menschen* (Symp.) 42-57.

I—PSYCHOLOGY

2633. **Adamczyk, S.** *De objecto formali intellectus nostri.* (Analecta Gregor., II) Roma (Univ. Gregor.) 1933, xv-152 pp.

2634. **Adamczyk, S.** "Zupelna analogja miedzy przedmiotem formalnym umyslu i zmyslow u sw. Tomasza z Akw.," *Collect. Theol.* XVI (1935) 104-112.

2635. **Adler, M.J.** *What Man has Made of Man.* N.Y. (Longmans) 1937, xix-246 pp.

2636. **Albanese, F.** *La filosofia di S. Tommaso e gli sviluppi della sciena moderna.* I: Sviluppi della filos. di S. Tommaso riguardo alle facolta conoscitive dei bruti superiori e riguardo alle analoghe facolta immaginative dell' uomo. Palermo ('Stella') 1934, 55 e 39 pp.

2637. **Allers, R.** "Intellectual Cognition," in *Essays in Thom.* (Symp.) 39-62; 367-369.

2638. **Alphandery, P.** "De quelques documents médiévaux relatifs aux états psychasthéniques," *Journ. de Psych.* XXVI (1929) 763-787.

2639. **Aroca, F.** "Los estados prepasionales," *Cien. Tom.* LIV (1936) 196-212. (Libido in St. Thomas.)

2640. **Auer, J.** *Die menschliche Willensfreiheit im Lehrsystem des Thomas v. Aq. und Johannes Duns Scotus.* München (Hueber) 1938, xii-307 pp.

2641. **Barbado, E.M., O.P.** "Correlaciones del entendimiento con el organismo. Comparación de las doctrinas modernas con las de S. Tomás," *Cien. Tom.* XXXIII (1926) 177-202; XXXIV (1926) 161-195.

2642. **Barbado, E.M., O.P.** "De habitudine psychologiae rationalis ad experimentalem," in *Acta I Congr.* (Symp.) 93-102.

2643. **Barbado, E.M., O.P.** *Introdución a la psicologia experimental.* Madrid (Ed. Voluntad) 1928, 712 pp. Italian transl. by G.C. Ulloa, O.P., Roma (Angelico) 1930, viii-532 pp. French transl. by P. Mazoyer, Paris (Lethielleux) 1931, 500 pp.

2644. **Barbado, E.M., O.P.** "La conciencia sensitiva según S. Tomás," *Cien. Tom.* XXX (1924) 169-203.

2645. **Barbado, E.M., O.P.** "La physionomie, le tempérament et le caractère, d'après Albert le Grand et la science moderne," *Rev. Thom.* XIV (1931) 344-351. (Refers to St. Thomas.)

2646. **Barbado, E.M., O.P.** "De reditu novae psychologiae ad scholasticam," *Angel.* III (1926) 355-367.

2647. **Berlage, P.** "Das Leib-Seele Problem bei Thomas v. Aq.," *Zeit. f. kath, Rel. Unter.* XIV (1937) 28-36.

2648. **Bernard, R., O.P.** "Proprium rationis est discurrere," in *Xenia Thom.* (Symp.) I, 147-157.

2649. **Bizzari, R.** "Si da pensiero senza imagine?" *Palestra del Clero* XIII (1934) 338-344; reprod. in *Criterion* X (1934) 142-150.

2650. **Bizzari, R.** "Manya, J. Entorn de Pensament i la Imatge. Cloenda d'una controvérsia," *Criterion* X (1934) 332-338.

2651. **Bizzari, R.** "Necessità dell' intelletto agente," *Palestra del Clero* XIV (1935) offprint 22 pp.

2652. **Blanche, F.A., O.P.** "La pensée de S. Thomas sur l'occultisme," *Rev. d. Jeunes* XIII (1923) 502-523.

2653. **Boganelli, E.** "Alcuni aspetti della psicologia e fisiologia delle passioni secondo S. Tommaso," *Bollet. Filos.* I (1935) 56-68.

2654. **Boyer, C., S.J.** "Notula de textu 'Valde ruditer argumentantur'," *A P A R* II (1936) 202-203. (On a passage in *De unitate intellectus.*)

2655. **Boyer, C., S.J.** "Réflexions sur la connaissance sensible selon S. Thomas," in *Etudes sur S. Thomas* (Symp.) 97-116.

2656. **Brennan, R.E., O.P.** *General Psychology. An Interpretation of the Science of Mind Based on Thomas Aquinas.* N.Y. (Macmillan) 1937, xxxviii-509 pp.

2657. **Brennan, R.E., O.P.** *Theory of Abnormal Cognitive Processes according to St. Thomas.* (Dissert.) Washington (Cath. U.) 1925, 76 pp.

2658. **Brennan, R.E., O.P.** *Thomistic Psychology. A Philosophic Analysis of the Nature of Man.* N.Y. (Macmillan) 1941, xxvi-401 pp.

2659. **Brett, G.** *A History of Psychology.* Vol. II: Medieval and Early Modern. London (Macmillan) 1921.

2660. **Browne, M., O.P.** "De intellectu et voluntate in electione," *A P A R* I (1935) 32-45.

2661. **Bundy, M.W.** *The Theory of Imagination in Classical and Mediaeval Thought.* Urbana, Illinois (Univ. of Ill.) 1927.

2662. **Busnelli, G., S.J.** "La 'philosophia perennis' e l'intuizione presso S. Tommaso," *Civ. Catt.* LXXXIV (1933) 339-350. (Discusses views on intuition in no. 2062, *supra.*)

2663. **Castiello, J., S.J.** "The Psychology of Habit in St. Thomas Aq.," *Modern Schoolman* XIV (1936) 8-12.

2664. **Ceriani, G.** "Evidenza e autocoscienza," in *Acta II Congr.* (Symp.) 122-131.

2665. **Cesaitis, I.** "Charakterio sv. Tomo Akviniecio doctrina," *Soter* VIII (1931) 12-23.

2666. **Chevalier, J.** *L'habitude. Essai de métaphysique scientifique.* Paris (Boivin) 1929.

2667. **Choisnard, P.** *S. Thomas d'Aq. et l'influence des astres.* Paris (Alcan) 1926, 256 pp.

2668. **Clarke, F.P.** *The Intellect in the Philosophy of St. Thomas.* (Dissert.) Philadelphia (Univ. of Pennsylvania) 1928, 57 pp.

2669. **Coady, Sister M. Anastasia, C.S.N.** *The Phantasm according to the Teaching of St. Thomas.* (Dissert.) Washington (Cath. Univ.) 1932, 80 pp.

2670. **Collin, H.** *Psychologie,* in: *Manuel de philos. thomiste.* Vol. I, Paris (Téqui) 1926.

2671. **Czyrnek, B., O.P.** "Wplyw duszy na cialo wedlug sw. Tomasza a prawo zachowania energji w swiecie," *Ateneum Kaplanskie* XXVI (1930) 37-47.

2672. **Czyrnek, B., O.P.** "Wplyw duszy na cialo w psychologji sw. Tomasza a zasady nowoczesnego spirityzmu," *Ateneum Kaplanskie* XXX (1932) 348-365.

2673. **Dubarle, D.** "G. Rabeau: Species, Verbum. L'activité intellectuelle élémentaire selon S. Thomas," *Bull. Thom.* V (1938) 282-299.

2674. **Dwelshauwers, G.** *L'étude de la pensée. Méthodes et résultats.* (Cours et Doc. de Phil.) Paris (Téqui) n.d. (c. 1935) 229 pp.

2675. **Esser, G., S.V.D.** *Psychologia.* Techny, Illinois (St. Mary's Press) 1931, xvii-515 pp.

2676. **Farges, A.** "L'action transitive et la connaissance sensible," *Rev. de Philos.* XXIV (1924) 89-97.

2677. **Fei, R., O.P.** "Che cosa è l'anima," *Logos* X (1927) 20-27.

2678. **Fischl, J.** *Unsere Gedächtnisbilder.* Wien (Mayer) 1932, xiv-210 pp.

2679. **Gaetani, F.** "Come l'anima conosca se stessa. Controversie speculative e contributi sperimentali," *Civ. Catt.* LXXXVI (1936) III, 465-480.

2680. **Gaetani, F.** "De verbo mentis," *A P A R* II (1935) 70-79.

2681. **Gardeil, A.** "La perception expérimentale de l'âme par elle-même," in *Mélanges Thom.* (Symp.) 219-236.

2682. **Gardeil, A.** *La structure de l'âme et l'expérience mystique.* Paris (Gabalda) 1927, 2 vol. xxxiv-397 et 370 pp.

2683. **Gardeil, A.** "Le 'mens' d'après S. Augustin et S. Thomas d'Aq.," *R S P T* XIII (1924) 145-161.

2684. **Garin, P.** *La théorie de l'idée suivant l'école thomiste.* (Etude d'après les textes.) Paris (Desclée de Brouwer) 1932, 2 vol. ensemble, 1260 pp.

2685. **Garrigou-Lagrange, R., O.P.** "L'amour pur et les principes de S. Thomas d'Aq.," *Vie Spirit.* XX (1929).

2686. **Gemmel, J.** "Zu einer neuen Begriffsbestimmung der menschlichen Freiheit," *Scholast.* IV (1937) 547-551.

2687. **Gessner, J.** "Die Abstraktionslehre in der Scholastik bis Thomas v. Aq., mit besonderer Berücksichtigung des Lichtbegriffes," *Philos. Jahrb.* (see *supra* no. 2271.)

2688. **Glenn, P.** *Psychology.* St. Louis (Herder) 1936, viii-391 pp.

2689. **Götzmann, W.** *Die Unsterblichkeitsbeweise in der Väterzeit und Scholastik bis zum Ende des 13 Jahrhunderts.* Karlsruhe (Gutsch) 1927, viii-247 pp.

2690. **Gorce, M.M., O.P.** "L'activité constructrice de l'esprit chez S. Thomas," *Rev. d. Cours et Conf.* XXXVI (1935) 22-40.

2691. **Gorce, M.M., O.P.** "Le jugement pratique," *R S P T* XVII (1928) 5-37.

2692. **Gorce, M.M., O.P.** "Le problème de l'autonomie à la quest. VI (art. unique) du *De Malo* de S. Thomas," *R S P T* XIX (1930) 266-267.

2693. **Gorce, M.M., O.P.** "Sommes-nous libres?" *Bull. de la Conf. Saint-Michel* XVI (1931-32) 1-71; 85-122; 197-233; 252-263.

2694. **Grabmann, M.** *Das Seelenleben des hl. Thomas v. Aq.* München, 1924.

2695. **Gredt, J., O.S.B.** "Das Bindeglied zwischen dem geistigen und sinnlichen Erkennen," *D T F* XV (1937) 243-254.

2696. **Gredt, J., O.S.B.** *De cognitione sensorum externorum.* Ed. 2a, Romae (Desclée) 1924.

2697. **Gredt, J., O.S.B.** "Die Selbstbewegung des menschlichen Verstandes und Willens," *D T F* XV (1927) 45-52.

2698. **Haban, M., O.P.** "Intuice jako úkon intelektu," *Filosofická Rev.* VII (1935) 111-114.

2699. **Hain, R.** "De vi aestimativa et de instinctu animalium," *R U O* I (1932) 98*-114*.

2700. **Hart, C.A.** *The Thomistic Concept of Mental Faculty.* (Dissert.) Washington (Cath. Univ.) 1930, 142 pp.

2701. **Havermans, F.M.** "De 'Katholike' psychiatrie," *Stud. Cathol.* XII (1936) 459-468.

2702. **Hoban, J.H.** *The Philosophy of Personality in the Thomistic Synthesis and in Contemporary Neo-Scholastic Thought.* (Dissert.) Washington (Cath. Univ.) 1939.

2703. **Hugo, J.** "Discussion. Intelligence and Character: a thomistic view," *New Scholast.* X (1937) 58-68.

2704. **Degl' Innocenti, H., O.P.** "De sensatione apud S. Thomam," in *Acta II Congr.* (Symp.) 145-148.

2705. **Jakubisiak, A.** *La pensée et le libre arbitre.* Paris (Vrin) 1936, 344 pp.

2706. **Jolivet, R.** "Etude critque. S. Thomas et notre connaissance de l'esprit humain," *Rev. de Philos.* XXXVIII (1933) 295-311. (On Romeyer, see *infra* no. 2773.)

2707. **Jolivet, R.** "L'intuition intellectuelle," *Rev. Thom.* n.s. XV (1932)

2708. **Jolivet, R.** *Les sources de l'idéal.* Paris (Desclée) 1936, 222 pp.

2709. **Klingseis, R., O.S.B.** "Moderne Theorien über das Unterbewusstsein und die thomistische Psychologie," *D T F* VII (1929) 147-183; 279-300; VIII (1930) 40-59; 192-206; 381-405.

2710. **Kopp, P.** "Psychiatrisches bei Thomas v. Aq. Beiträge zur Psychiatrie der Scholastik," *Zeitschr. f. die ges. Neurologie u. Psychiatrie* CLII (1935) 178-196.

2711. **Kreutle, M.** "Die Unsterblichkeitslehre in der Zeit nach Thomas v. Aq.," *Philos. Jahrb.* XL (1927) 40-56.

2712. **Laporte, J.** "Le libre arbitre et l'attention selon S. Thomas," *Rev. de Métaph. et de Morale* XXXVIII (1931) 61-73; XXXIX (1932) 199-223; XLI (1934) 25-57.

2713. **Laurent, A.** "De natura actionis immanentis secundum S. Thomam," *D T P* XLI (1938) 233-253.

2714. **Ledvina, J.K.** *The Psychology and Philosophy of Sensation according to St. Thomas Aq.* (Dissert.) Washington (Cath. Univ.) 1941.

2715. **Lemaire, J.** "Les preuves de l'immortalité de l'âme humaine d'après S. Thomas d'Aq.," *Coll. Mechlin.* I (1927) 35-49.

2716. **Lépicier, A.M. Card.** "Quanti facienda sit pro philosophica et theologica veritate dilucidanda S. Thomae Aq. doctrina de anima humana tanquam forma substantiali corporis," in *Xenia Thom.* (Symp.) II, 97-117.

2717. **Leuret, S.** et **De Beaucoudrey, M.E.** *Psychologie,* dans: *Initiation à la Philos. de S. Thomas.* Paris (Rivière) 1926.

2718. **Libertini, C.** *Intelletto e volontà in Tommaso d'Aq. e Duns Scoto.* Napoli (Perrella) 1926, 127 pp.

2719. **Linehan, J.C.** *The Rational Nature of Man with Particular Reference to the Effects of Immortality on Intelligence according to St. Thomas.* (Dissert.) Washington (Cath. Univ.) 1937, 126 pp.

2720. **Lottin, O., O.S.B.** *La théorie du libre arbitre depuis S. Anselme jusqu'à S. Thomas d'Aq.* Louvain (Abbaye du Mont-César) 1929, 164 pp.

2721. **Lottin, O., O.S.B.** "Le thomisme de Godefroid de Fontaines en matière de libre arbitre," *R N P* XXXIX (1937) 554-573.

2722. **Lottin, O., O.S.B.** "Le traité du libre arbitre depuis le chancelier Philippe jusqu'à S. Thomas d'Aq.," *Rev. Thom.* X (1927) 446-472.

2723. **Mager, A., O.S.B.** "Der νοῦς παθητικός bei Aristoteles und Thomas von Aq.," *R N P* XXXVI (1934) 263-274.

2724. **Manyà, J.B.** "La idea i la imatge poden esser perfectament coincidents? (Replica al P. Rom. Bizzari)," *Criterion* X (1934) 109-116.

2725. **Manyà, J. B.** "El pensament i la imatge," *Criterion* IX (1933) 113-161; 299-326; X (1934) 5-49; 187-217.

2726. **Manyà, J.B.** *El pensament i la Imatge.* Barcelona (Ed. Criterion) 1935, 232 pp.

2727. **Manyà, J.B.** "El talent i l'organisme segons la doctrina de S. Tomàs," *Criterion* VI (1929) 143-157; 436-448.

2728. **Manyà, J.B.** "Psicologia de l'atenció," *Criterion* VIII (1932) 113-128.

2729. **Manyà, J.B.** "Questions de gnoseologia. La teoria de l'intellect agent," *Anal. Sac. Tarrac.* VI (1930) 61-104. (Rejects agent intellect theory.)

2730. **Maquart, F.X.** "De l'action de l'intellect-agent," *Rev. de Philos.* XXVII (1927) 380-416.

2731. **Maquart, F.X.** "La fonction de l'intellect-agent et la hiérarchisation des facultés," *Rev. de Philos.* XXVII (1927) 489-518.

2732. **Marchal, R., S.J.** "L'action transitive et la connaissance sensible d'après S. Thomas et Suarez," *Rev. de Philos.* XXIII (1923) 445-483.

2733. **Marcos, V.** "De animarum humanarum inaequalitate," *Angel.* IX (1932) 449-468.

2734. **Marino, G.** "La cognizione sensitiva di S. Tommaso e la percezione sensitiva del Rosmini," *Riv. Rosmin.* XXIV (1930) 135-141.

2735. **McCormick, J.F., S.J.** "Quaestiones Disputandae," *New Schol.* XIII (1939) 368-374. (On immortality of soul and functions of *intellectus agens.*)

2736. **McKenzie, J.L., S.J.** "Abstraction in St. Thomas," *Mod. Schoolman* XI (1934) 75-76; 91-94.

2737. **Mills, A.M., O.S.M.** "De natura et origine speciei sensibilis," *A P A R* I (1934) 163-169.

2738. **Mills, A.M., O.S.M.** "De valore objectivo cognitionis sensitivae," *A P A R* I (1934) 50-60.

2739. **Monahan, W.B.** *The Psychology of St. Thomas Aq. and Divine Revelation.* Worcester (St. Swithin's Rectory, B. Baylis) 1936, 304 pp.

2740. **Moore, T.V., O.S.B.** *Cognitive Psychology.* N.Y. (Lippincott) 1939, viii-636 pp.

2741. **Moore, T.V., O. S. B.** *Dynamic Psychology.* N. Y. (Lippincott) 1926, 444 pp.

2742. **Moore, T.V., O.S.B.** "Gestalt Psychology and Scholastic Philosophy," *New Schol.* VII (1933) 298-325; VIII (1934) 46-80.

2743. **Moore, T.V., O.S.B.** "The Scholastic Theory of Perception," *New Schol.* VII (1933) 222-238.

2744. **Muller-Thym, B.J.** "The Common Sense, Perfection of the Order of Pure Sensibility," *Thomist* II (1940) 315-343.

2745. **Neto, A.A.** "O livre arbitrio segundo S. Thomas," *Rev. da Faculd. de Filos. et Letr. de São Paulo* III (1930) 3-11.

2746. **Noble, H.D., O.P.** "L'action volontaire," in *Mélanges Thom.* (Symp.) 275-288.

2747. **Noble, H.D., O.P.** "Comment la passion enjóle la volonté," *D T P* III (1926) 635-663.

2748. **Noble, H.D., O.P.** "Les divèrses passions," *D T P* III (1926) 259-278.

2749. **Noble, H.D., O.P.** "La nature de la passion d'après S. Thomas," *D T P* II (1925) 651-668; III (1926) 55-76.

2750. **Noble, H.D., O.P.** "La passion et la sensation," *D T P* III (1926) 447-460.

2751. **O'Donnell, C.M.** *The Psychology of St. Bonaventure and St. Thomas Aq.* (Dissert.) Washington (Cath. Univ.) 1937.

2752. **Olgiati, F.** "L'Autocoscienze e la dimonstrazione del libero arbitrio in S. Tommaso d'Aq.," *R F N S* XXIII (1931) 490-503.

2753. **Peghaire, J., C.S.Sp.** "Le couple augustinien 'Ratio superior et ratio inferior.' L'interprétation thomiste," *R S P T* XXIII (1934) 221-240.

2754. **Peghaire, J., C.S.Sp.** "L'intellection du singulier matériel chez les anges et chez l'homme," *Rev. Domin.* XXXIX (1933) 135-144.

2755. **Peghaire, J., C.S.Sp.** "Intellectus et Ratio. Leurs rapports d'après S. Thomas," *R U O* VI (1936) 186*-217*.

2756. **Peghaire, J., C.S.Sp.** *Intellectus et Ratio selon S. Thomas d'Aq.* Paris-Ottawa (Vrin) 1936, 318 pp.

2757. **Peghaire, J., C.S.Sp.** "L'intellectus principiorum d'après les Commentaires sur les Sentences," *Rev. Thom.* XVIII (1935) 659-666.

2758. **Pegis, A.C.** "In umbra intelligentiae," *New Schol.* XIV (1940) 146-180. (Reply to no. 2735 *supra.*)

2759. **Pegis, A.C.** *St. Thomas and the Problem of the Soul in the Thirteenth Century.* Toronto (Inst. of Med. Studies) 1934, 213 pp.

2760. **Philippe, T., O.P.** "L'intelligence, mystère de lumière," *R S P T* XXIV (1935) 434-461.

2761. **Pirotta, A., O.P.** "Ulterior explanatio doctrinae de anima humana ut forma substantialis corporis," *Angel.* III (1926) 278-298.

2762. **Pisters, E., S.M.** *La nature des formes intentionelles d'après S. Thomas d'Aq.* Paris (Bossuet) 1933, 179 pp.

2763. **Rabeau, G.** "Czynosc poznania intelektualnego podluz sw. Tomasza," *Przeg. Teol.* V (1924) 111-124.

2764. **Rabeau, G.** *Species. Verbum. L'activité intellectuelle élémentaire selon S. Thomas d'Aq.* (Bibl. Thom., XXII) Paris (Vrin) 1938, 225 pp.

2765. **Reilly, G.C.** *The Psychology of St. Albert the Great Compared with that of St. Thomas.* (Dissert.) Washington (Cath. Univ.) 1934, x-95 pp.

2766. **Remer, V., S.J.** *Psychologia.* Ed. 6a. Romae (Univ. Gregor.) 1938, 329 pp.

2767. **Robilliard, J.A., O.P.** "J. Peghaire: Intellectus et Ratio selon S. Thomas d'Aq. (Etude critique)," *Bull Thom.* V (1937) 17-26. (Cf. no. 2756 *supra.*)

2768. **Roland-Gosselin, M.D., O.P.** "De la connaissance affective," *R S P T* XXVII (1938) 5-26.

2769. **Roland-Gosselin, M.D., O.P.** *L'habitude.* Paris (Beauchesne) 1920, 152 pp.

2770. **Roland-Gosselin, M.D., O.P.** "O psychologii sv. Thomasě," in *Svaty Tomas.* (Symp.) 89-90.

2771. **Rolfes, E.** *Thomas v. Aq. Fünf Fragen über die intellectuelle Erkenntnis.* Leipzig (Meiner) 1924.

2772. **Romeyer, B., S.J.** "Notre science de l'esprit humain d'après S. Thomas d'Aq.," *Arch. de Philos.* I (1923) 32-55.

2773. **Romeyer, B., S.J.** "S. Thomas et notre connaissance de l'esprit humain," (2me éd. refondue) *Arch. de Philos.* VI, 2 (1932) 114 pp.

2774. **De Roton, P., O.S.B.** *Les Habitus. Leur caractère spirituel.* Paris (Labergerie) 1934, 168 pp.

2775. **Rousselot, P., S.J.** *L'intellectualisme de S. Thomas.* (See *supra* no. 2406; in English no. 2407.)

2776. **Rozwadowski, A., S.J.** "Distinctio potentiarum a substantia, secundum doctrinam S. Thomae," *Gregor.* XVI (1935) 272-281.

2777. **Rudloff, L. von** "St. Thomas über die Liebe," *D T F* XI (1933) 345-351.

2778. **Ryan, J.K.** "Aquinas and Hume on the Laws of Association," *New Schol.* XII (1938) 366-377.

2779. **Salman, D., O.P.** "A.C. Pegis: St. Thomas and the Problem of the Soul in the Thirteenth Century. (Etude critique)," *Bull. Thom.* IV (1935) 562-569. (Cf. no. 2759 *supra.*)

2780. **Sanchez, M., O.P.** "La distinctión entre el entendimiento agente y el posibile según S. Thomás," *Cien Tom.* XXXIX (1929) 207-214.

2781. **Schmid, K., O.S.B.** *Die menschliche Willensfreiheit in ihrem Verhältnis zu den Leidenschaften, nach der Lehre des hl. Thomas v. Aq.* Engelbert (Stiftsschule) 1925, viii-356 pp.

2782. **Sertillanges, A.D., O.P.** "Le libre arbitre chez S. Thomas et chez H. Bergson," *Vie Intell.* XLIX (1937) 252-269.

2783. **Sestili, I.** *Thomae Aq. cum Augustino de illuminatione concordia.* Ed. altera emendata et aucta. Torino (Marietti) 1929, 32 pp.

2784. **Siewerth, G.** "Die menschliche Seele und ihre geistigen und sinnlichen Erkenntnisvermögen. Eine allgemeine Einleitung zur Gewinnung der metaphysischen Voraussetzungen einer Metaphysik der Erkenntnis nach Thomas v. Aq.," *Philos. Jahrb.* XLV (1932) 440-467.

2785. **Simon, Y.** *Introduction à l'ontologie du connaître.* Paris (Desclée) 1934, viii-234 pp.

2786. **Simonin, H. D., O.P.** "Autour de la solution thomiste du problème de l'amour," *A H M A* VI (1931) 174-276.

2787. **Siwek, P., S.J.** "La conscience de la liberté," *Gregor.* XVI (1935) 53-73.

2788. **Siwek, P., S.J.** "De instinctus natura," in *Acta II Congr.* (Symp.) 350-358.

2789. **Siwek, P., S.J.** *Psychologia.* Romae (Univ. Gregor.) 1939, 543 pp.

2790. **Sleva, V.E.** *The Separated Soul in the Philosophy of St. Thomas Aq.* (Dissert.) Washington (Cath. Univ.) 1940, xiii-204 pp.

2791. **Smith, G., S.J.** "Intelligence and Liberty," *New Schol.* XV (1941) 1-17.

2792. **Soukup, E.L.** "Tomismus v. Nábozenské Psychologji," *Filosofická Rev.* V (1933) 9-12; 52-55; 99-102; 153-154.

2793. **Spiess, E.** *Die Philosophie des Gemütes. Eine philosophisch-anthropologische Studie nach der Philos. von I. Kant und Thomas v. Aq.* (Dissert. Freiburg) Freiburg (Missionsverlag St. Ottilien, Oberb.) c. 1932, xii-166 pp.

2794. **Stein, W.J.** "Die menschliche Seele zur Zeit des Thomas v. Aq.," *Die Drei* VI (1927) 738-744.

2795. **Stockums, W.** "Historisch-Kritisches über die Frage: 'Wann entsteht die geistige Seele?' " *Philos. Jahrb.* XXXVII (1924) 225-252.

2796. **Szduj, E.** "Genèse de l'amour d'après S. Thomas d'Aq. et S. Bonaventure," in *Magister Thomas* (Symp.) 309-332.

2797. **Talbot, E.F., O.M.I.** "Nihil est in intellectu," *R U O* IV (1934) 180*-199*.

2798. **Thibon, G.** "Caractérologie klagèsienne et psychologie thomiste," *Rev. Thom.* XV (1932) 563-598.

2799. **Thiel, M., O.S.B.** "Die thomistische Philosophie und die Erkennbarkeit des Einzelmenschen. Prinzipien zu einer philosophischen Charakterlehre," *D T F* VI (1928) 26-44; 177-195; 316-344; 404-430. Offprint: Freiburg i. B. (Herder) 1929, xiv-84 pp.

2800. **Thiry, L.** "Speculativum-practicum secundum S. Thomam. Quomodo se habeant in actu humano," *Studia Anselmiana* IX (1939)

2801. **De Tonquédec, J., S.J.** "Milieux et organes de la sensation," in *Etudes sur S. Thomas* (Symp.) 156-167.

2802. **Ude, J.** *Einführung in die Psychologie auf aristotelisch-thomistischer Grundlage mit Berücksichtigung der modernen Psychologie.* Zweite Aufl. Graz (Styria) 1924, xvi-178 pp.

2803. **Ušeničnik, A.** "'Das Unbewusste bei Thomas v. Aq., eine Skizze," in *Philos. Perennis* (Symp.) I, 179-193.

2804. **De la Vaissière, J., S.J.** "Le sens du mot 'Verbe mental' dans les écrits de S. Thomas," in *Etudes sur S. Thomas* (Symp.) 168-175.

2805. **De Valk, T., O.P.** "De verhending tusschen ziel en lichaam volgens St. Thomas en volgens zijn tijdgenooten," *Stud. Cath.* IX (1933) 257-275.

2806. **Walsh, F.A.** "Phantasm and Phantasy," *New Schol.* IX (1935) 116-133.

2807. **Warnach, V.** "Das äussere Sprechen und seine Funktionen nach der Lehre des hl. Thomas v. Aq.," *D T F* XVI (1938) 393-419.

2808. **Wébert, J., O.P.** "L'image dans l'oeuvre de S. Thomas, et spécialement dans l'exposé doctrinal sur l'intelligence humaine," *Rev. Thom.* IX (1926) 427-445.

2809. **Wébert, J., O.P.** "*Reflexio.* Etude sur les opérations réflexives dans la psychologie de S. Thomas," in *Mélanges Mand.* (Symp.) I, 285-325.

2810. **Well, J. von** *Ueber das Verhältnis des intellectus speculativus und des intellectus practicus zueinander bei Thomas v. Aq.* (Dissert.) Bonn (Univ.) 1933, 101 pp.

2811. **Wittmann, M.** "Die Lehre der Willensfreiheit bei Thomas v. Aq., historisch untersucht," *Philos. Jahrb.* XL (1927) 170-188; 285-305.

2812. **Woroniecki, H., O.P.** "Pour une bonne définition de la liberté humaine," *Angel.* XIV (1937) 146-153.

2813. **Xiberta, B.M., O.C.** "De constitutione actuum humanorum," *A P A R* II (1935) 153-161.

2814. **Xiberta, B.M., O.C.** "Momentum doctrinae S. Thomae circa structuram judicii," *A P A R* I (1934) 154-162.

2815. **Zachhi, A., O.P.** "La moderna metapsichica alla luce dei principi di S. Tommaso," *Angel.* IV (1927) 95-113; 271-288.

2816. **Zaragüeta, J.** *Los rasgos fundamentales de la psicologia tomista.* Madrid ('La Ensenanza') 1925, 39 pp.

J—EDUCATIONAL THEORY

2817. "Traité sommaire d'Education d'après la psychologie thomiste," *Ami du Clergé* LII (1935) 593-601.

2818. **Van Acker, L.** "S. Tomas de Aq. e a escola nova," *A Ordem* XII (1931) 138-145.

2819. **Allevi, L.** "I fondamenti della pedagogia nel 'De Magistro' di S. Agostino e S. Tommaso," *Scuola Catt.* LXV (1937) 545-561.

2820. **Barbey, L.** "Le point de départ de l'éducation chrétienne," *Nova et Vetera* IX (1934) 249-264.

2821. **Barthélemy, A.L., O.P.** "Thomisme et Education," *Femme Belge* (août 1924)

2822. **Barthélemy, A.L., O.P.** *L'éducation. Les bases d'une pédagogie thomiste.* (Etudes relig., 125) Bruxelles, 1925, 32 pp.

2823. **Boullay, P., O.P.** *Thomisme et Education.* Bruxelles, 1933, 35-26 pp.

2824. **Busnelli, G., S.J.** "Filosofia e pedagogia," *Civ. Catt.* LXXXII (1931) III, 413-422; IV, 30-40; 229-238; 309-325. As a book: *Filosofia e Pedagogia. Appunti a proposito di un libro.* 2a ed. Roma (Civ. Catt.) 1932, 56 pp.

2825. **Cardo, C.** "La missio docent de l'Eglesia i la pedagogia de S. Thomás," *Paraula Crist.* XL (1925)

2826. **Casotti, M.** "La neoscolastica e la pedagogia," *R F N S* Suppl. al vol. XXVI (1934) 241-247.

2827. **Casotti, M.** *La pedagogia di S. Tommaso d'Aq.* Brescia (Soc. Ed. La Scuola) 1931, 206 pp.

2828. **Chabrol, J.** "Habitus et éducation," *Cahiers du Cercle Sainte-Jehanne* (1932) 60-67.

2829. **Chevalier, J.** *L'habitude. Essai de métaphysique scientifique.* Paris (Boivin) 1929, xviii-256 pp.

2830. **Chiochetti, E.** "La pedagogia di S. Tommaso," in *S. Tommaso d'Aquino* (Symp.) 280-293.

2831. **Congar, M.J., O.P.** "Note sur la gnose ou l'enseignement religieux des savants et des simples selon S. Thomas," *Bull. Thom.* VIII (1931) Notes et Comm. 5*-7*.

2832. **Daley, C.M., OP.** "St. Thomas, Patron of Catholic Schools," *Dominicana* XV (1930) 25-31.

2833. **Devy, V.** "La pédagogie de S. Thomas d'Aq.," *R U O* II (1932) 139*-162*.

2834. **Een Dominikaan** (Pseudonym) *De opvoedingsleer volgens S. Thomas.* (Godsdienstige en sociale Trakten) Antwerpen (Geloofsverdediging) 1930, 62 pp.

2835. **Engert, J.** "Die Pädagogik des hl. Thomas v. Aq.," *Pharus* VI (1925) 321-331.

2836. **Golinski, Z.** *Cnota czystósci wedlug nauki Sw. Tomasza z Akw. z uwzglednieniem uspolczesnej pedagogiki plciowej.* Lublin, 1935, vi-178 pp.

2837. **Gorski, K.** *Wychovanie personalisticzne.* Poznan, 1936, 246 pp.

2838. **Guzzo, A.** *Tommaso dA'q. Il Maestro.* Trad. Introd. Commento. Firenze (Vallechi) 1928, 65 pp.

2839. **Herring, A.G.** "Teaching and St. Thomas," *Blackfriars* XIII (1932) 690-693.

2840. **Jablonkay, G., S.J.** "Aquinoi Sz. Tomas paedagogia elvei," *Magyar Közepiskola* (1923) 34-44.

2841. **Keller, L.** "Lehren und Lernen bei Thomas v. Aq.," *Angel.* XIII (1936) 210-227.

2842. **Kowalski, K.** "Nauczanie i nauczyciel podlug Sw. Augustyna i Sw. Tomasza t Akw.," in: St. Bros, *Sw. Augustyn.* Poznan, 1930, pp. 77-98.

2843. **Maritain, J.** *Catholic Layman: On Teaching.* (Pamphlet 1) Toronto (St. Michael's College) 1933.

2844. **Mayer, M.H.** *The Philosophy of Teaching of St. Thomas.* Introd. by E.A. Fitzpatrick. Milwaukee (Bruce) 1929, 164 pp.

2845. **Mayer, M.H.** *Filosofia da educaçáo de Sto. Tomas de Aq.* Adaptaçáo do Ingles por Maria I. de Moraes Cardin. Sto. Tomas 'De

Magistro' texto latino, trad. e anotado por L. Van Acker. São Paulo (Odeon) 1936, 133 pp.

2846. **McCormick, J.F., S.J.** *St. Thomas and the Life of Learning.* (Aquinas Lecture, 1927) Milwaukee (Marquette U. Press) 1937.

2847. **McLarney, J., O.P.** "A Catholic View of Collegiate Sports according to the Principles of St. Thomas Aq.," *Dominicana* XV (1930) 269-278.

2848. **Morando, D.** "Sul 'De magistro' di S. Tommaso," *Riv. Rosmin.* XXV (1931)

2849. **Muzio, G.** *S. Tommaso d'Aq. Il Maestro. Estratti della Somma Teologica e dalle Questioni 'De Veritate' con introd. e commento.* Torino (Soc. Ed. internaz.) 1930, 122 pp.

2850. **Navarro, B.** *Commentario filosofico-teologico a la carta de S. Tomas sobre el modo de estudiar fructuosamente.* Almagro (Dominicos de Andalucia) 1925, 64 pp.

2851. **Noble, H.D., O.P.** "Psychologiké zàklady vychovy dle moralky sv. Tomaše Aq., in *Svaty Tomaš* (Symp.) 72-76.

2852. **Rung, R.** "Studio sulla Quaestio disp. *De Magistro* di S. Tommaso d'Aq.," *R F N S* XIV (1922) 109-165.

2853. **Slavin, R.J., O.P.** "The Essential Features of the Philos. of Education of St. Thomas," *Proc. Amer. Cath. Philos. Assoc.* (1937) 22-38.

2854. **Slavin, R.J., O.P.** "The Thomistic Concept of Education," in *Essays in Thom.* (Symp.) 311-332; 417.

2855. **Standing, M.** "Montessori Practice and Thomist Principles," *Blackfriars* XVII (1936) 204-212.

2856. **Tauzin, S., O.P.** "Santo Tomaz e a Pedagogia moderna," *Rev. Brasileira de Pedagogia* XXXVIII-XXXIX (1937) 118-129.

2857. **Toischer, W.** "Die verbreitetste Pädagogik des Mittelalters," *Pharus* III (1922)

2858. **Woroniecki, J., O.P.** "Dlugomyslnosc jako cnota wiasciwa wychowawcy," *Szkola Christusowa* (1930) 178-195.

2859. **Woroniecki, J., O.P.** "Nova et vetera: W drodze do syntezy pedagogicznej," *Mies. Kat. Wych.* XX (1931) 7-16.

2860. **Woroniecki, J., O.P.** "Paedagogia perennis. Sw. Tomasz e pedagogika nowzytna," *Przeg. Teol.* V (1924) 141-160.

2861. **Woroniecki, J., O.P.** "S. Thomas et la pédagogie moderne," in *Xenia Thom.* (Symp.) I, 451-460.

2862. **Woroniecki, J., O.P.** "St. Thomas and Modern Pedagogy," *Cath. Educat. Rev.* (March, 1930)

K—METAPHYSICS

2863. "Les sensibles ont-ils une réalité en dehors du sens qui les perçoit?" *Ami du Clergé* XLVIII (1931) 242-250.

2864. **A'Aurigo, Z.** *Il problema del male secondo S. Tommaso.*

Discorso. Lavagna (Artigianelli nell' Ospizio Cordeviola) 1938, 13 pp.

2865. **Absil, T.** "Zur metaphysischen Weise," *Stud. Cath.* IX (1933) 39-47.

2866. **Adler, M.J.** *Problems for Thomists. The Problem of Species.* N.Y. (Sheed & Ward) 1940, xviii-303 pp.

2867. **Amerio, F.** "La formulazione del principio di causalità e la nozione di causa in S. Tomaso," *R F N S* XXIX (1937) 388-400.

2868. **Amerio, F.** "Il principio di causalità in S. Tomaso," *R F N S* XXX (1938) 44-61.

2869. **Appel, N.** *Der dynamische Zug in der Metaphysik des hl. Thomas v. Aq.* (Dissert. Bonn) Trier (Paulinus-Druckerei) 1930, 42 pp.

2870. **Arnou, R., S.J.** *Metaphysica Generalis.* Romae (Univ. Gregor.) 1939, 219 pp.

2871. **Assenmacher, J.** *Geschichte des Individuationsprinzips in der Scholastik.* (Forsch. z. Gesch. d. Philos. u. Päd., I, 2) Köln, 1926.

2872. **Bachiller, A.R.** "Una aplicación de la distinción real," *Contemporanéa* VII (1935) 251-264.

2873. **Balthasar, N.** "L'abstraction et l'analogie de l'être," in *Miscel. Tom.* (Symp.) 166-216.

2874. **Balthasar, N.** *L'abstraction métaphysique et l'analogie des êtres dans l'être.* Louvain (Warny) 1935, 116 pp.

2875. **Balthasar, N.** "A propos d'un passage controversé du 'De unitate intellectus' de S. Thomas d'Aq.," *R N P* XXIV (1922) 465 seqq. (On principle of individuation.)

2876. **Balthasar, N.** "La réalité de la relation finie d'après S. Thomas d'Aq.," *R N P* XXXI (1929) 397-414.

2877. **Barion, J.** "Ueber die Bedeutung der Analogie für die Metaphysik," *Philos. Jahrb.* XXXVI (1923) 30-48.

2878. **Baur, L.** *Metaphysik.* (Philos. Handbibliothek) 3 Aufl. München (Kösel u. Pustet) 1935, xii-430 pp.

2879. **Van Bentham, B.C.** *Aristoteles-Thomas. Inleidung op de Metaphysica.* 2 deelen. Roermond (Romen en Zonen) 1938-39, 58, 68 pp.

2880. **Bersani, S., C.M.** "De origine, vi et germana formula principii causalitatis," *D T P* I (1924) 134-161.

2881. **Berto, V.A.** "Sur la composition d'acte et de puissance dans les créatures d'après S. Thomas," *Rev. de Philos.* XXXIX (1939) 106-121.

2882. **Bilynkyj, J.J.** *De principiis metaphysicae.* (Fundamentales theses sanae philosophiae.) Stanislaopoli, 1937, 131 pp.

2883. **Bittremieux, J.** "De usu et applicatione doctrinae philos.

de reali distinctione inter essentiam et esse in theologia D. Thomae Aq.," *Ephem. Theol. Lovan.* I (1924) 321-339.

2884. **Blanche, F.A., O.P.** "L'analogie," *Rev. de Philos.* XXIII (1923) 248-271.

2885. **Blanche, F.A., O.P.** "La notion d'analogie dans la philosophie de S. Thomas," *R S P T* X (1921) 169-193.

2886. **Blanche, F.A., O.P.** "Les mots signifiant la relation dans la langue de S. Thomas d'Aq.," *Rev. de Philos.* XXV (1925) 363-388.

2887. **Blanche, F.A., O.P.** "Sur le sens de quelques locutions concernant l'analogie dans la langue de S. Thomas d'Aq.," *R S P T* X (1921) 52-59.

2888. **Blanche, F.A., O.P.** "Une théorie de l'analogie. Eclaircissements et développements," *Rev. de Philos.* XXXII (1932) 37-78.

2889. **Blanchin, F.** "Dieu à la base de la pensée humaine. Introduction à un essai sur la philosophie et la théologie de l'être," *R U O* IV (1934) 34*-66*.

2890. **Bordoy-Torrents, P.** "Subordinacions essencials i accidentals en les causes eficients," in *Miscel. Tom.* (Symp.) 59-80.

2891. **Bourke, V.J.** "Experience of Extra-Mental Reality as the Starting-Point of St. Thomas' Metaphysics," *Proc. Amer. Cath. Philos. Assoc.* XIV (1938) 135-141.

2892. **Bourke, V.J.** "The Role of Habitus in the Thomistic Metaphysics of Potency and Act," in *Essays in Thom.* (Symp.) 101-110; 370-373.

2893. **Boyer, C., S.J.** "Valde ruditer argumentantur. . . Num S. Thomas concedit actum per miraculum multiplicari posse sine potentia receptiva?" *A P A R* I (1935) 129-138.

2894. **Brémond, A., S.J.** "Une dialectique thomiste du retour à Dieu," *Nouv. Rev. Théol.* LXI (1934) 561-577.

2895. **Brémond, A., S.J.** "La synthèse thomiste de l'Acte et de l'Idée," *Gregor.* XII (1931) 267-283.

2896. **De Broglie, G., S.J.** "Sur la place du surnaturel dans la philosophie de S. Thomas. Lettre à M. l'abbé Blanche," *Rech. Sc. Relig.* XV (1925) 5-23.

2897. **Bruckberger, R., O.P.** "L'être, valeur révélatrice de Dieu," *Rev. Thom.* XLIII (1937) 201-226.

2898. **Cahill, Sister Mary Camilla, C.D.P.** *The Absolute and the Relative in St. Thomas and in Modern Philosophy* (Dissert.) Washington (Cath. Univ.) 1939.

2899. **Carpenter, H., O.P.** "The Ontological Roots of Thomism," in *Essays in Thom.* (Symp.) 81-100; 369.

2900. **Casey, J.T.** *The Primacy of Metaphysics.* Washington (Cath. Univ. Press) 1935.

2901. **Ceriani, G.** "Attorno ad alcuni problemi di metafisica e criteriologia," *Scuola Catt.* LIX (1931) 233-245.

2902. **Ceriani, G.** "Il concetto di immanenza nel realismo di S. Tommaso," *R F N S* XXVII (1935) Suppl. 31-39.

2903. **Chapman, E.** "To Be—That is the Answer," in *Maritain-Thomist* (Symp.) 137-152.

2904. **Chianale, J., S.J.** "Notae in quaestionem quem vocant 'de actione in distans'," *Gregor.* VII (1926) 44-72.

2905. **Cioffari, V.** *Fortune and Fate from Democritus to St. Thomas Aq.* (Colorado Univ. Dissert.) N.Y. (Private Publ.) 1935, 129 pp.

2906. **Coffey, P.** *Ontology.* N.Y. (Smith) reprint 1938, xiii-439 pp.

2907. **Copleston, F.C., S.J.** "De unicitate formae substantialis," *D T P* XXXVII (1934) 582-593.

2908. **Cordovani, M., O.P.** "Oggettività e trascendenza in S. Tommaso d'Aq.," *R F N S* XVI (1924) 241-247; also in *Atti del quinto Congr. intern. di Filos.* Napoli (Perrella) 1926, pp. 999-1007.

2909. **Darmet, A.** *Les notions de raison séminale et de puissance obédientielle chez S. Augustin et S. Thomas d'Aq.* Paris (Vrin) 1935, 166 pp.

2910. **Debaisieux, M.** *Analogie et Symbolisme.* Paris, 1921.

2911. **Dempf, A.** *Das Unendliche in der mittelalterlichen Metaphysik und in der kantischen Dialektik.* (Veroff. d. kath. Inst. f. Philos. zu Köln, Bd. II, 1) Münster (Aschendorff) 1926, viii-90 pp.

2912. **Dempf, A.** *Metaphysik des Mittelalters.* (Handbuch d. Philos. hrsg. v. A. Baeumler u. M. Schroeter. Liefer. 30) München (Oldenbourg) 1930. Teil II, sect. 5, pp. 79-119: "Thomas v. Aq. und die Metaphysik des 13 Jahrhunderts."

2913. **Denis-Boulet, N.M.** *L'être en puissance d'après Aristote et S. Thomas d'Aq.* Paris, 1922.

2914. **Descoqs, P., S.J.** *Institutiones metaphysicae generalis. Eléments d'ontologie.* Vol. I: Introductio et metaphysica de ente in communi. Paris (Beauchesne) 1925, 640 pp.

2915. **Descoqs, P., S.J.** "La distinction d'essence et d'existence," in: "Thomisme et Suarézisme," *Arch. de Philos.* IV (1926) 131-161.

2916. **Descoqs, P., S.J.** "Recension de: Dom Gredt, *La preuve de Dieu par la tendance à la béatitude,*" *Arch. de Philos.* VI (1929) 196-203.

2917. **Descoqs, P., S.J.** "Sur la division de l'être en acte et puissance d'après S. Thomas," *Rev. de Philos.* XXXVIII (1938) 410-429; XXXIX (1939) 233-252.

2918. **Descoqs, P., S.J.** "Thomisme et scolastique. A propos de M. Rougier," *Arch. de Philos.* V (1927) 176 pp. (Nos. 2914-2918 are included here as representative of an important critic of thomism, not as expositions of thomistic philosophy.)

2919. **Droege, P.** *Der analytische charakter des Kausalprinzips.* Bonn (Hofbauer-Verlag) 1930, 107 pp.

2920. **Ducharme, S., O.M.I.** "Note sur le transcendental *res* selon S. Thomas," *R U O* X (1940) 84*-99*.

2921. **Eggenspieler, A.** *Durée et Instant. Essai sur le caractère analogique de l'être.* Paris (Vrin) 1933, viii-146 pp.

2922. **Eslick, L.J.** "The Thomistic Doctrine of the Unity of Creation," *New Schol.* XIII (1939) 49-70.

2923. **Etcheverry, A.** "La notion de substance," *Rev. de Philos.* XXX (1930) 176-186. (Critique of Jolivet, no. 2976 *infra.*)

2924. **Fabbricotti, C.** *Commenti tomistici. Memoria sul questio d'individuazione.* (Opusculi Fiorentini, XVIII) Firenze (Pratesi) 1929, xxii-274 pp.

2925. **Fatta, M.** "L'atto e la potenza nella filosofia tomista," *Logos* IX (1926) 383-393.

2926. **Fabro, C.** "Circa la divisione dell' essere in atto e potenza secondo S. Tommaso," *D T P* XLII (1939) 529-552.

2927. **Fabro, C.** "La difesa critica del principio di causa," *R F N S* XXVIII (1936) 102-141.

2928. **Fabro, C.** "Intorno alla nozione 'tomista' di contingenza," *R F N S* XXX (1938) 132-149.

2929. **Fabro., C.** "Un itinéraire de S. Thomas. L'établissement de la distinction réelle entre essence et existence," *Rev. de Philos.* XXXIX (1939) 285-310.

2930. **Fabro, C.** *La nozione metafisica di participazione secondo S. Tommaso d'Aq.* Milano (Soc. Ed. 'Vita e Pensiero') 1939, xii-382 pp.

2931. **Fabro, C.** "L'origine psicologica della nozione di causa," *R F N S* XXIX (1937) 207-244.

2932. **Fatta, M.** *Lineamenti di metafisica generale.* Milano (Vita e Pensiero) 1929, 459 pp.

2933. **Faust, A.** *Der Möglichkeitsgedanke.* Zweiter Teil: Christliche Philos. Heidelberg (Winter) 1932, v-356 pp.

2934. **Feckes, C.** *Die Harmonie des Seins. Ein Blick in das metaphysische Weltgebäude des Thomas v. Aq. mittels seiner Seinsstufen.* Paderborn (Schöningh) 1937, 192 pp.

2935. **Feuling, D., O.S.B.** *Hauptfragen der Metaphysik. Einführung in das philosophische Leben.* Salzburg-Leipzig (Pustet) 1936, xix-572 pp.

2936. **Fleischmann, H., O.S.B.** "Das Unendliche in der Auseinanderfolge," *D T F* III (1925) 385-398; V (1927) 145-154.

2937. **Fleischmann, H., O.S.B.** "De processu in infinitum in causis efficientibus," *Ephem. Theol. Lovan.* III (1926) 5-28.

2938. **Forest, A.** *Du consentement à l'être.* (Philos. de l'Esprit) Paris (Aubier) 1936, 158 pp.

2939. **Forest, A.** *La réalité concrète et la dialectique.* (Bibl. d'Histoire de la Philos.) Paris (Vrin) 1931, iii-131 pp.

2940. **Forest, A.** *La structure métaphysique du concret selon S. Thomas d'Aq.* (Etudes de Philos. Méd., XIV) Paris (Vrin) 1931, v-380 pp.

2941. **Forest, A.** "Thomisme et idéalisme," *R N P* XXXVII (1934) 317-336.

2942. **Franzelin, B.** "Zur Klärung des Kausalproblems," *D T F* XI (1933) 3-51.

2943. **Fuetscher, L., S.J.** *Akt und Potenz. Eine kritischsystematische Auseinandersetzung mit dem neuren Thomismus.* (Philos. u. Grenzwissensch. Bd. IV, 4-6) Innsbruck (Rauch) 1933, viii-347 pp.

2944. **Garcia, D., C.M.F.** "Caracteres distintivos de la concepción tomista del universo," *Illustr. del Clero* XXV (1931) 99-102; 147-150; 170-172; 198-204; 213-217; 245-251.

2945. **Garcia, D., C.M.F.** "De metaphysica multitudinis ordinatione et de tribus simpliciter diversis speciebus ejusdem secundum divi Thomae principia," *D T P* XXXI (1928) 83-109; 607-638; XXXII (1929) 43-56.

2946. **Garcia, D., C.M.F.** *De rebus metaphysice perfectis seu de natura et supposito secundum primum totius philosophiae principium.* Barcinone (Claret) 1930, viii-136 pp.

2947. **Garrigou-Lagrange, R., O.P.** "Actus specificantur ab objecto formali. De universalitate hujusce principii," *A P A R* I (1935) 139-153.

2948. **Garrigou-Lagrange, R., O.P.** "L'appétit naturel et la puissance obédientielle," *Rev. Thom.* XXXIII (1928) 474-478.

2949. **Garrigou-Lagrange, R., O.P.** "Applicationes tum physicae tum metaphysicae doctrinae de actu et potentiae secundum S. Thomam," in *Acta I Congr.* (Symp.) 33-52; discussion: 250-264.

2950. **Garrigou-Lagrange, R., O.P.** "La distinction réelle et la réfutation du panthéisme (Comment. de *S.T.* Ia, 3, 4)," *Rev. Thom.* n.s. XXI (1938) 699-711.

2951. **Garrigou-Lagrange, R., O.P.** "Fondement de la distinction de puissance et acte selon S. Thomas," *New Schol.* I (1927) 320-332.

2952. **Garrigou-Lagrange, R., O.P.** "Le primat de l'être sur le devenir," *Rev. Thom,* n.s. XIII (1930) 201-216.

2953. **Garrigou-Lagrange, R., O.P.** *Le réalisme du principe de finalité.* (Bibl. franç. de Philos. 2me. série) Paris (Desclée) 1932, 368 pp.

2954. **Garrigou-Lagrange, R., O.P.** *Le Sens Commun, la Philosophie de l'Etre, et les Formules Dogmatiques.* 3me éd. Paris (Beauchesne) 1922.

2955. **Geyser, J.** *Das Gesetz der Ursache. Untersuchung zur Begründung des allgemeinen Kausalgesetzes.* München (Reinhardt) 1933, 164 pp.

2956. **Gickler, D.M.** *Die Einheit im Weltbild des hl. Thomas v. Aq.* Vechta (Albertu-Magnus-Verlag) 1933, 352 pp.

2957. **Glorieux, P.** "Fieri est factum esse," (Exégèse de S. Thomas) *D T P* XLI (1938) 254-278.

2958. **Grabmann, M.** "Die Schrift 'De Ente et Essentia' und die Seinsmetaphysik des hl. Thomas v. Aq.," in *Mittel. Geistesleben* (München, 1926) pp. 314-321.

2959. **Grabmann, M.** "Doctrina S. Thomae de distinctione reali inter essentiam et esse ex documentis ineditis s. XIII illustratur," in *Acta Hebdom.* (Symp.) 131-190; also in *Mittel. Geistesleben* (München, 1926) 328-431.

2960. **Gredt, J., O.S.B.** "De entitate viali qua in schola thomistica explicatur causalitas instrumentalis," *D T P* XLI (1938) 413-424.

2961. **Gredt, J., O.S.B.** "Doctrina thomistica de potentia et actu contra recentes impugnationes vindicatur," *A P A R* I (1935) 33-49.

2962. **Gredt, J., O.S.B.** "Die Lehre von Akt und Potenz in der thomistischen Philosophie," *D T F* XI (1933) 262-287.

2963. **Guerrero, E.** "L'idée de l'être chez S. Thomas et dans la Scolastique postérieure, par A. Marc, S.J. Nota critica," *Est. Ecl.* XII (1933) 515-540.

2964. **Guinassi, E., O.P.** "L'idealismo di S. Tommaso," in *Problemi filosofici.* Noceto (Castelli) 1930, 192 pp. (Pp. 147-157.)

2965. **Guinassi, E., O.P.** "L'idealismo di San Tommaso," *D T P* XXVIII (1925) 720 seqq.

2966. **Haban, M.** "Potentia et actus," *Filosofická Rev.* V (1933) 49-52; 97-99.

2967. **Halpin, A.J.** "The Location of Qualitative Essence I: Aristotle and Aquinas," *New Schol.* X (1936) 145-166.

2968. **Hawkins, D.** *Causality and Implication.* N.Y. (Sheed & Ward) 1937, 122 pp.

2969. **Herget, O.** "Zur Begründung des Kausalprinzipes," *A P A R* III (1937) 275-278.

2970. **Hieronymus a Parisiis.** "De vera et propria ratione causae instrumentalis secundum doctrinam S. Thomae," *A P A R* II (1936) 176-192.

2971. **Hoenen, P., S.J.** *De origine formae materialis textus veteres et recentiores.* (Text. et Doc., Series philos., 2) Romae (Univ. Gregor.) 1932, 88 pp. (S. Thomae: pp. 40-52.)

2972. **Hoenen, P., S.J.** "De termino 'forma materiali'," *Gregor.* XVI (1935) 131-135.

2973. **Jansen, B., S.J.** "Die Bedeutung der Scholastik für die Metaphysik," *Philos. Monatshefte d. Kantstudien* II (1926) 94-108.

2974. **Jez, C., S.J.** "Pomeř Sv. Tomase Aq. k filosofi staré a nové v pojeti Absolutna," in *Svaty Tomas* (Symp.) 57-64.

2975. **Jolivet, R.** "L'intuition intellectuelle et le problème de la métaphysique," *Arch. de Philos.* XI (1934) 111 pp.

2976. **Jolivet, R.** *La notion de substance. Essai historique et critique sur le développement des doctrines d'Aristote à nos jours.* (Bibl. des Arch. de Philos.) Paris (Beauchesne) 1929, 335 pp.

2977. **Van Kol, A.** "De zijnsordering bij Spinoza en S. Thomas," *Studia Cathol.* XII (1936) 388-416.

2978. **Kowalski, K.** "Argumentatio apodictica ad demonstrandum distinctionem realem inter essentiam et esse in omnibus finitis," in *Nasza Mysl Teol.* (Symp.) II, 309-316.

2979. **Kowalski, K.** "Wspolczesne odrodzenie metafizyki a tomizm," *Aten. Kaplanskie* XXXI (1933) fasc. 3.

2980. **Kremer, R., C.SS.R.** "Over het zijnsbegrip als middenpunkt der thomistische gedachte," *Kultuurleven* V (1934) 604-617.

2981. **Kuiper, V.M., O.P.** "Ragione e perfezione dell' immanenza secondo S. Tommaso," *Angel.* XII (1935) 145-170.

2982. **Landry, B.** "L'analogie de proportion chez S. Thomas," *R N P* XXIV (1922) 257-280.

2983. **Landry, B.** "L'analogie de proportionalité chez S. Thomas," *R N P* XXIV (1922) 454-464.

2984. **Landry, B.** *La notion d'analogie chez S. Bonaventure et S. Thomas d'Aq.* Louvain, 1922.

2985. **De La Taille, M., S.J.** "Actus sive potentia quatenus suscipit numerum vel gradum," in *Acta I Congr.* (Symp.) 161-166.

2986. **Laurent, A., O.P.** "De natura actionis immanentis secundum S. Thomam," *D T P* XLI (1938) 233-253.

2987. **Van Leeuwen, A., S.J.** "L'analogie de l'être. Genèse et contenu du concept analogique," *R N P* XXXVIII (1936) 293-320.

2988. **Van Leeuwen, A., S.J.** "L'analogie de l'être. Précisions sur la nature de cette analogie," *R N P* XXXVIII (1936) 469-496.

2989. **Levi, A.W.** "Value in the Great Tradition," *New Schol.* IX (1935) 25-38.

2990. **Lottin, O., O.S.B.** "La pluralité des formes substantielles avant S. Thomas d'Aq.," *R N P* XXXIV (1932) 445-467.

2991. **Lovejoy, A.** *The Great Chain of Being.* Cambridge, Mass. (Harvard U. Press) 1936, 382 pp. (St. Thomas: pp. 73-80.)

2992. **De Luca, R.** "Filosofia y metafora," *Nosotros* LIX (1928) 5-32.

2993. **Manser, G.M., O.P.** "Die Absolutismus des Christentums und die aristotelische Lehre von Akt unt Potenz," *D T F* X (1932) 437-450.

2994. **Manser, G.M., O.P.** "Nochmals die Analogie des Franz Suarez. Antwort an P. Santeler, S.J.," *D T F* IX (1931) 223-231.

(See *infra.* nos. 3074-3075.)

2995. **Manser, G.M., O.P.** "Nochmals: die Realdistinctio bei Thomas v. Aq. (Interp. von lectio 2, IV *Metaphysicorum*)," *D T F* VIII (1930) 449-452.

2996. **Manser, G.M., O.P.** "Das thomistische Individuationsprinzip," *D T F* XII (1934) 221-237; 279-300.

2997. **Manser, G.M., O.P.** "Die Universalienlehre im Lichte von Akt und Potenz," *D T F* XII (1934) fasc. 4.

2998. **Manser, G.M., O.P.** "Das Wesen des Thomismus. Der tiefste Unterschied zwischen Gott und Geschöpf," *D T F* VIII (1930) 82-97; 117-144; 361-380.

2999. **Maquart, F.X.** "S. Thomas et l'action transitive," *Rev. de Philos.* XXV (1925) 130-163.

3000. **Marc, A., S.J.** "L'Idée de l'être chez S. Thomas et dans la scolastique postérieure," *Arch. de Philos.* X (1933) 144 pp.

3001. **Marc, A., S.J.** "L'Idée thomiste de l'être et les analogies d'attribution et de proportionalité," *R N P* XXXV (1933) 157-189.

3002. **Marc, A., S.J.** "La méthode d'opposition en ontologie thomiste," *R N P* XXXIII (1931) 149-169.

3003. **Marc, A., S.J.** "Principe et méthode de la Métaphysique," *Arch. de Philos.* XI (1934) 83-108.

3004. **Maréchal, J., S.J.** *Point de départ de la métaphysique.* (See *supra* no. 2330.)

3005. **Maritain, J.** "Connaissance de l'être," in *Antimoderne* Paris (Téqui) 1922, pp. 159-192.

3006. **Maritain, J.** "Philosophie et science expérimentale," (Conf. le 5 mars, 1926, dans le série: *Doctrine cath. d'après S. Thomas d'Aq.)* *Rev. de Philos.* XXVI (1926) 342-378.

3007. **Maritain, J.** "Réflexions sur la nécessité et la contingence," *Angel.* XIV (1937) 281-295.

3008. **Maritain, J.** "Reflections on Necessity and Contingency," in *Essays in Thom.* (Symp.) 25-38; 366-367.

3009. **Maritain, J.** "Science et philosophie d'après les principes du réalisme critique," *Rev. Thom.* XIV (1931) 1-46.

3010. **Maritain, J.** *St. Thomas and the Problem of Evil.* (Aquinas Lecture.) Milwaukee (Marquette U. Press) 1942, 46 pp.

3011. **Maritain, J.** *Science et Sagesse.* Paris (Labergerie) 1935. (In English: *Science and Wisdom.* N.Y. [Sheed & Ward] 1939.)

3012. **Maritain, J.** *Sept Leçons sur l'Etre, et les premiers principes de la raison spéculative.* Paris (Téqui) 1934, 166 pp.

3013. **Maritain, J.** *Preface to Metaphysics.* Transl. by E.I. Watkin. N.Y. (Sheed & Ward) 1939, 152 pp.

3014. **Maritain, J.** *Théonas ou les entretiens d'un sage et deux philosophes sur diverses matières inégalement actuelles.* Paris (Nouv. Nationale) 1921.

3015. **Maritain, J.** *Theonas' Conversations of a Sage.* Transl. by F.J. Sheed. N.Y. (Sheed & Ward) 1933, viii-200 pp.

3016. **Maritain, J.** "Le Thomisme et le sens du mystère," *R U O* IV (1934) 149*-161*.

3017. **Marxuach, F., S.J.** "Non videtur posse admitti S. Thomam demonstrare voluisse essentiam creaturarum a sua existentia realiter distingui," *Anal. Sacr. Tarrac.* VII (1931) 285-286.

3018. **Masnovo, A.** *Problemi di metafisica e di criteriologia.* Milano (Vita e Pensiero) 1930, vii-50 pp.

3019. **Mattiussi, G., S.J.** "De principiis entis, utrum legitime entis nomen donentur," in *Xenia Thom.* (Symp.) I, 331-362.

3020. **Mattiussi, G. S.J.** *Les points fondamentaux de la philos. thomiste.* (See *supra* no. 2132.)

3021. **Maurice-Denis, N.** *L'être en puissance d'après Aristote et S. Thomas d'Aq.* Paris, 1922, 235 pp.

3022. **McCall, R.J.** "St. Thomas on Ontological Truth," *New Schol.* XII (1938) 9-29.

3023. **McKeough, M.J.** *St. Thomas' Theory of 'Rationes Seminales'.* (Dissert.) Washington (Cath. Univ.) 1926.

3024. **McMahon, F.E.** "Thomistic Metaphysics: A Systematic Explanation of the Real," *New Schol.* VIII (1934) 240-259.

3025. **Meehan, F.X.** *Efficient Causality in Aristotle and in St. Thomas.* (Dissert.) Washington (Cath. Univ.) 1940.

3026. **Mercier, D. Card.** *Métaphysique Générale, ou Ontologie.* (Cours de Philos. II) 7me éd. Louvain-Paris (Inst. Sup.-Alcan) 1923.

3027. **Mercier, D. Card.** *Ontologia o Metafisica General.* Trad. de Gallach Palles. Madrid (Espasa-Calpa) 1936, 3 vol. (Also in English: *Manual of Modern Scholastic Philos.* London, [Kegan Paul] 1932.)

3028. **Michon, R.** "L'acte et la puissance dans la synthèse thomiste," *Rev. de Philos.* XXVIII (1928) 56-87.

3029. **Moretti-Costanzi, T.** *Sull' origine dell' idea di essere. Rosmini. S. Tommaso.* Roma (Arti Grafiche) 1930, 10 pp.

3030. **Morsch, G.** "Een oud wijsgeerig probleem: Essentie en Existentie," *Stud. Cath.* II (1926) 459-471; III (1926) 52-61.

3031. **De Munnynck, M., O.P.** "L'analogie métaphysique," *R N P* XXV (1923) 129-155.

3032. **Obering, W.F.** "Aquinas, Master of Permanence and Change," *Thought* XI (1936) 438-458.

3033. **O'Brien, Sister Mary Consilia, O.P.** *The Antecedents of Being. An Analysis of the Concept 'De Nihilo' in St. Thomas' Philos.* (Dissert.) Washington (Cath. Univ.) 1939.

3034. **Ollion, H.** "La notion de substance," (Compte-rendu de Jolivet) *Rev. Apol.* XLIV (1929) 585-591. (See *supra* no. 2976.)

3035. **Osgniach, A.** *Analysis of Objects.* N.Y. (Wagner) 1938, xvii-302 pp.

3036. **Pace, E.A.** "The Concept of Order in the Philosophy of St. Thomas," *New Schol.* II (1928) 51-72.

3037. **Pace, E.A.** "The Teleology of St. Thomas," *New Schol.* I (1927) 213-231. (Exposition of *C.G.* III, 2-3: "omne agens agit propter finem.")

3038. **Peghaire, J., C.S.Sp.** "L'axiome 'bonum est diffusivum sui' dans le néo-platonisme et le thomisme," *R U O* II (1932) 5*-32*.

3039. **Pegis, A.C.** "The Dilemma of Being and Unity," in *Essays in Thom.* (Symp.) 149-184; 379-382.

3040. **Pegis, A.C.** "Necessity and Liberty: An Historical Note on St. Thomas Aq.," *Proc. Amer. Cath. Philos. Assoc.* XVI (1940) 1-27.

3041. **Penido, M.T.L.** "Préliminaires philosophiques," chap. 1, pp. 11-78 of: *Le rôle de l'analogie en théologie dogmatique.* (Bibl. Thom. XV, sect. théol. II) Paris (Vrin) 1931.

3042. **Petrone, R., C.M.** "Atto e potenza nel 'De processione creaturarum a Deo'," *D T P* I (1924) 107-133.

3043. **Phelan, G.B.** *Saint Thomas and Analogy.* (Aquinas Lecture, 1941) Milwaukee (Marquette U. Press) 1941, iv-58 pp.

3044. **Phelan, G.B.** "Verum sequitur esse rerum," *Mediaeval Studies* I (1939) 11-22.

3045. **Philippe, T., O.P.** "Contemplation métaphysique et mystère de la création," *R S P T* XIII (1934) 345-358.

3046. **Pieper, J.** *Die Wirklichkeit und das Gute nach Thomas v. Aq.* Münster (Aschendorff) 1934, 78 pp.

3047. **Pirotta, A., O.P.** "De dualismo transcendentali in philosophia S. Thomae," *D T P* II (1925) 517-535; III (1926) 210-258; IV (1927) 484-513; V (1928) 449-479.

3048. **Pirotta, A., O.P.** *Summa philosophiae aristotelico-thomisticae.* (*Supra* no. 2142.)

3049. **Pirotta, A., O.P.** "De metaphysicae defensivae natura secundum doctrinam aristotelico-thomisticam," *Angel.* IV (1927) 252-270; 436-453.

3050. **Preto, E.** "Lineamenti di metafisica," *R F N S* XXII (1930) 281-288. (Crit. review of Fatta, *supra* no. 2932.)

3051. **Przywara, E., S.J.** *Analogia Entis. Metaphysik,* I: *Prinzip.* München (Kösel u. Pustet) 1932, 154 pp. (In German.)

3052. **De Raeymaeker, L.** *Metaphysica Generalis.* Louvain (Warny) 1931, vol. I: Doctrinae expositio, xvi-232 pp; vol. II: Notae historicae, viii-452 pp. Ed. altera penitus recognita, 1935, 2 vol. xxii-530 pp. (cont. pagination.)

3053. **De Raeymaeker, L.** *Ontologie. Algemeene Metaphysica.* Bruxelles (Standard) 1933, 297 pp.

3054. **De Raeymaeker, L.** "La structure métaphysique de l'être fini," *R N P* XXXIV (1932) 187-217.

3055. **De Raeymaeker, L.** "De Theorie van potentie en akt," *Thom. Tijdschr.* IV (1933) 642-651.

3056. **Ramirez, J., O.P.** "De analogia secundum doctrinam aristotelico-thomisticam," *Cien. Tom.* XIII (1921) 20-40; 195-214; 337-357; XIV (1922) 17-38. As a book: Madrid, 1922.

3057. **Ramirez, J., O.P.** "Doctrina S. Thomae Aq. de distinctione inter habitum et dispositionem," in *Stud. Anselm.* fasc. 7-8 (1938) 121-142.

3058. **Ramirez, J., O.P.** "Doctrina S. Thomae Aq. de distinctione inter habitum et dispositionem," in *Miscel. Philos.* (Symp.) 121-142.

3059. **Reinermann, W.** *Zur Problematik des Wahrheitsbegriffes in der Hochscholastik. Die Auseinandersetzung des Aquinaten mit dem Wahrheitsbegriff Anselms v. Canterbury.* (Dissert.) Bonn (Univ.) c. 1928, 35 pp.

3060. **Remer, V., S.J.** *Ontologia* (*Summa Philos. Scholasticae,* III) ed. 6a cura P. Geny, S.J. Romae (Univ. Gregor.) 1928.

3061. **Revilla, A., O.S.A.** "Lo sobrenatural en la filosofia de S. Tomás," *Ciud. Dios* CXL (1925) 526-536.

3062. **De Rivera, M.C., O.P.** "Sobre la distinción real entre la esencia y la existencia," *Cien. Tom.* XXXVIII (1928) 360-365.

3063. **Robilliard, J.A., O.P.** "Sur la notion de condition *(status)* en S. Thomas," *R S P T* XXV (1936) 104-107.

3064. **Rodríguez-Bachiller, A.** "Situación y estudio de la metafisica en la filosofia de S. Tomás," *Contemporànea* VIII (1935) 92-102; 377-383; IX (1935) 107-120; 286-300.

3065. **Le Rohellec, J., C.S.Sp.** "De fundamento metaphysico analogiae," *D T P* III (1926) 79-101; 669-691; IV (1927) 298-319.

3066. **Rohner, A.** "Das Grundproblem der Metaphysik," in *Philos. Perennis* (Symp.) II, 1075-1088.

3067. **Roland-Gosselin, M.D., O.P.** *Le 'De ente et essentia' de S. Thomas d'Aq.* (Bibl. Thom. VIII) Le Saulchoir-Paris (Vrin) 1927, xxx-220 pp. (See *Introd.* of 30 pp.)

3068. **Rozwadowski, A.** "Distinctio potentiarum a substantia secundum doctrinam S. Thomae," *Gregor.* XVI (1935) 272-281.

3069. **Rozwadowski, A.** "De optimismo universali secundum S. Thomam," *Gregor.* XVII (1936) 254-264.

3070. **Rozwadowski, A.** "De perceptione substantiae et de ejus habitudine ad accidentia," *Gregor.* VII (1926) 73-96.

3071. **Rozwadowski, A.** "De principio causalitatis secundum doctrinam S. Thomae," *A P A R* III (1937) 136-152.

3072. **Sachs, J.** *Grundzüge der Metaphysik im Geist des hl. Thomas v. Aq.* Vermehrte Aufl. hrsg. v. Dr. H. Ostler. Paderborn (Schöningh) 1924, xi-250 pp.

3073. **Santeler, J., S.J.** "Ist das Kausalprinzip ein blosses Postulat?" *Zeitschr. f. kath. Theol.* LX (1936) 555-576.

3074. **Santeler, J., S.J.** "Die Lehre von der Analogie des Seins," *Zeitschr. f. kath. Theol.* LV (1931) 1-43.

3075. **Santeler, J., S.J.** "Nochmals zur Lehre von der Analogie des Seins," *Zeitschr. f. kath. Theol.* LVI (1932) 83-91. (A Suarezian reply to Manser *supra* no. 2994.)

3076. **Schiltz, E.** "Individuum vagum. La notion thomiste de la personnalité humaine. Essai de synthèse," *D T P* XXXVI (1933) 567-589; XXXVII (1934) 46-59.

3077. **Schiltz, E.** "La notion de personne d'après S. Thomas," *Ephem. Theol. Lovan.* X (1933) 409-426.

3078. **Schiltz, E.** "La place du 'quod est' et du 'quo est' dans la métaphysique thomiste," *D T P* XL (1937) 22-55.

3079. **Schulemann, G.** *Die Lehre von den Transcendentalien in der scholastischen Philosophie.* Leipzig (Meiner) 1929, vi-82 pp. (Hl. Thomas: pp. 36-46.)

3080. **Sedlmayr, P.** "Die Lehre des hl. Thomas von den accidentia sine subjecto remanentia—untersucht auf ihrem Einklang mit der aristotelischen Philosophie," *D T F* XII (1934) 315-326.

3081. **Sestili, J.** "De objectiva ratione potentiae et actus in ordine ad unum ens per se constituendum," in *Acta I Congr.* (Symp.) 169-174.

3082. **Siewerth, G.** *Der Thomismus als Identitätssystem.* (Dissert.) Frankfort, 1939.

3083. **Silva Tarouca, A. de,** "L'idée d'ordre dans la philosophie de S. Thomas," *R N P* XL (1937) 341-384.

3084. **Silva Tarouca, A. de,** *Totale Philosophie und Wirklichkeit.* Freiburg i. B. (Herder) c. 1936, x-208 pp.

3085. **Simonin, H.D.** "La primauté de l'amour dans la doctrine de S. Thomas," *Vie Spirit.* XXXVI (1937) 129-143.

3086. **Siwek, P., S.J.** "Problema valoris in philosophia S. Thomae et Cartesii," *Gregor.* XVIII (1937) 518-533.

3087. **Sladeczek, F.M., S.J.** "Die verschiedenen Bedeutungen des Seins nach dem hl. Thomas v. Aq.," *Scholast.* V (1930) 192-209; 523-550.

3088. **Slavin, R.J., O.P.** *The Philosophical Basis for Individual Difference according to St. Thomas Aq.* (Dissert.) Washington (Cath. Univ.) 1936, xi-166 pp.

3089. **Soehngen, G.** *Sein und Gegenstand. Das scholastische Axiom 'Ens et verum convertuntur' als Fundament metaphysischer und theologischer Spekulation.* Münster (Aschendorff) 1930, xix-334 pp.

3090. **Sparks, T.M., O.P.** *De Divisione Causae Exemplaris apud S. Thomam.* Somerset, Ohio (Rosary Press) 1936, 63 pp.

3091. **Van Steenberghen, F.** "La composition constitutive de l'être fini," *R N P* XL (1938) 489-518.

3092. **Sullivan, J.B.** *An Examination of First Principles in Thought and Being in the Light of Aristotle and Aquinas.* (Dissert.) Washington (Cath. Univ.) 1939, x-150 pp.

3093. **Thiel, M., O.S.B.** "Der einheitliche Urgrund der Individuation in den geschaffenen einfachen wie in den körperlichen Substanzen nach der Jugendschrift des hl. Thomas v. Aq: 'De ente et essentia'," *D T F* XVII (1939) 61-74.

3094. **Tusquets i Terrats, J.** "Metafisica de la generació, segons S. Tomás, Albert el Gran i Averrois," in *Miscel. Tom.* (Symp.) 326-360.

3095. **Valensin, A.** *A travers la Métaphysique.* Paris (Beauchesne) 1925, 252 pp.

3096. **Valensin, A.** "Une théorie de l'analogie," *Rev. Apolog.* XXXIII (1921) 321-342.

3097. **Van Roo, W., S.J.** "Act and Potency," *Mod. Schoolman* XVII (1940) 1-5.

3098. **Wébert, J., O.P.** *Essai de métaphysique thomiste.* (La pensée thomiste, I) Paris (Rev. des Jeunes) 1927, 400 pp.

3099. **Wébert, J., O.P.** "Le rôle de l'opposition en métaphysique," *R S P T* XIV (1925) 303-312.

3100. **Winandy, J.** "Le Quodlibet II, art. 4, de S. Thomas et la notion de suppôt," *Ephem. Theol. Lovan.* XI (1934) 5-29.

3101. **Zaragüeta, B.J.** "La finalidad en la filosofia de S. Tomás," in *Xenia Thom.* (Symp.) I, 159-191.

L—THEODICY

3102. "Le constitutif formel de l'Etre divin," *Ami du Clergé* XLVI (1929) 790-792.

3103. "Una nota tomista del prof. N. Petruzellis," *Criterion* VI (1938) 119-122.

3104. "La preuve de l'existence de Dieu par le désir de la béatitude," *Ami du Clergé* XLIX (1932) 608.

3105. **Adler, M.J.** "The Demonstration of God's Existence," in *Maritain-Thomist* (Symp.) 188-218.

3106. **Albrecht, A.** "Das Ursachgesetz und die erste Ursache bei Thomas v. Aq.," *Philos. Jahrb.* XXXIII (1920) 173-182.

3107. **Arnou, R., S.J.** *De Quinque Viis S. Thomae ad Demonstrandum Dei Existentiam apud Antiquos Graecos et Arabes et Judaeos praeformatis vel adumbratis.* (Text et Doc. series philos. IV) Romae (Univ. Gregor.) 1932, 104 pp.

3108. **Balthasar, N.** "Le problème de Dieu d'après M. Ed. Le Roy," *R N P* XXXIII (1931) 340-350.

3109. **Bandas, R.G.** "The Theistic Arguments and Contemporary Thought," *New Schol.* IV (1930) 378-392.

3110. **Bersani, S., C.M.** "Principium causalitatis et existentia Dei," *D T P* II (1925) 7-25.

3111. **Bersani, S., C.M.** "De voluntate Dei. Commentarium in cc. LXXII-LXXXVIII, lib. *I Summae contra Gentiles,*" *D T P* XXXII (1929) 5-14.

3112. **Bielmeier, A.** "Die angeborene Gottesidee im Lichtes Vatikanums und des thomistischen Systems," *Theol. u. Glaube* XX (1928) 320-332.

3113. **Billicsich, F.** *Das Problem der Theodizee im philosophischen Denken des Abendlandes.* Bd. I: Von Platon bis Thomas v. Aq. Innsbruck (Tyrolia) 1935, 264 pp.

3114. **Bittremieux, J.** "De demonstrabilitate existentiae Dei juxta juramentum anti-modernisticum," *Ephem. Theol. Lovan.* XIV (1937) 477-486.

3115. **Bittremieux, J.** "Deus est suum esse, creatura non est suum esse," *D T P* XXXII (1929) 383-426; XXXIII (1930) 271-304.

3116. **Bochenski, J.M., O.P.** *De cognitione existentiae Dei per viam causalitatis relate ad fidem catholicam.* (Studia Gnesnensia, XIV) Poznan, 1936, xvi-244 pp.

3117. **Böhm, O.** "Der Gottesbeweis aus dem Glückseligkeitstreben beim hl. Thomas," *D T F* IV (1926) 319-326.

3118. **Bonamartini, H.** "De quarta via S. Thomae ad existentiam Dei demonstrandam," *A P A R* IV (1938) 108-124; discussion 125-132.

3119. **Bonamartini, H.** "La 'quarta via' di S. Tommaso d'Aq.," *Scuola Catt.* LX (1932) 17-24.

3120. **Bordoy-Torrents, M.** "Breu explanació de la 'segona via' de S. Tomás," *Criterion* IX (1933) 187-199.

3121. **Bordoy-Torrents, M.** "De 'secunda via' divi Thomae," *Cien. Tom.* XXXV (1927) 183-207.

3122. **Bordoy-Torrents, M.** "La demonstració de l'existencia de Déu pel moviment i l'Escola tomista catalana," *Anuari de la Soc. Catal. de Filos.* I (1923) 71-144.

3123. **Boulanger, A.B., O.P.** "Le 'semi-agnosticisme' du P. Sertillanges et le thomisme du R.P. Romeyer," *Rev. Thom.* XIII (1930) 158-189.

3124. **Bouyges, M., S.J.** "L'exégèse de la 'Tertia via' de S. Thomas d'Aq.," *Rev. de Philos.* XXXII (1932) 113-146.

3125. **Box, H.S.** *The World and God. The Scholastic Approach to Theism.* London (S.P.C.K.) 1934, xii-208 pp. (By an Anglican scholar.)

3126. **Brémond, A., S.J.** "L'argument du Premier Moteur dans le 'Contra Gentes'," pp. 142-154 of: *Le dilemme aristotélicien* (*Arch. de Philos.* X, 2) Paris (Beauchesne) 1933.

3127. **Breuer, A.** "Der Gottesbeweis bei Thomas und Suarez," *D T F* X (1932) 105-108. (Reply to Santeler, S.J.)

3128. **Breuer, A.** *Der Gottesbeweis bei Thomas und Suarez. Der wissenschaftliche Gottesbeweis auf der Grundlage von Potenz und Aktverhältnis oder Abhängigkeitsverhältnis.* Freiburg, Schw. (Paulusdruckerei) 1929, viii-88 pp.

3129. **Broch, P., O.P.** "Examen de las objeciones contra las cinco pruebas de la existencia de Dios," *Cien. Tom.* XLIX (1934) 45-58; 195-208.

3130. **Broch, P., O.P.** "Las pruebas tradicionales de la existencia de Dios," *Cien. Tom.* XLVIII (1933) 145-162; 330-343.

3131. **De Broglie, G., S.J.** "De la place du Surnaturel dans la philosophie de S. Thomas," *Rech. Sc. Relig.* XIV (1924) 193-246; 481-496.

3132. **De Broglie, G., S.J.** "Sur la place du surnaturel dans la philos. de S. Thomas," *Rech. Sc. Relig.* XV (1925) 5-53.

3133. **Brosnan, W.J., S.J.** *God Infinite and Reason. Concerning the Attributes of God.* N.Y. (America Press) 1928, 236 pp.

3134. **Buonaiuti, E.** "Lo sviluppo della dimostrazione di Dio in S. Tommaso," *Atti del quinto congresso internaz. di filos.* Napoli (Perrella) 1926, pp. 989-999.

3135. **Calcagno, F.X., S.J.** *Philosophia Scolastica, II.* Napoli (D'Auria) 1937, 567 pp.

3136. **Capone-Braga, G.** "Il valore dell' argomento ontologico," *Logos* XIX (1936) 167-179. (Defends it vs. St. Thomas.)

3137. **Carpenter, H., O.P.** "The Historical Aspect of the Quinque Viae," in *God-Cambridge-1931* (Symp.)

3138. **Carpenter, H., O.P.** "The Philosophical Approach to God in Thomism," *Thomist* I (1939).

3139. **Chambat, L., O.S.B.** "La 'tertia via' dans S. Thomas et Aristote," *Rev. Thom.* X (1927) 334-338.

3140. **Chambat, L., O.S.B.** "La 'quarta via' de S. Thomas," *Rev. Thom.* XI (1928) 412-422.

3141. **Collel, A., O.P.** "La demonstració de l'existencia de Déu," *Paraula Crist.* XLII (1927) 146-150; 428-432.

3142. **Collel, A., O.P.** "Tot llegint la Summa Teologica de S. Tomas," *Paraula Crist.* XLIII (1928) 31-37. (On Divine Infinity.)

3143. **Cordovani, M., O.P.** "Fede e miracoli nel pensiero di S. Tommaso d'Aq.," *Scuola Catt.* LII (1924) 87-107.

3144. **Cuervo, M., O.P.** "El argumento de 'las verdades eternas' según S. Tomás," *Cien. Tom.* XXXVII (1928) 18-34.

3145. **Delvigne, T., O.P.** "L'inspiration propre du traité de Dieu dans le *Commentaire des Sentences* de S. Thomas" *Bull. Thom.* (Notes et Comm.) VIII (1932) 119*-122*.

3146. **Denis-Boulet, N.M.** "L'existence de Dieu," *Rev. de Philos.* XXV (1925) 473-496.

3147. **Descoqs, P., S.J.** *Praelectiones Theologiae naturales.* (Cours de Théodicée.) Paris (Beauchesne) tome I, 1932, vi-725 pp; tome II, 1935, 926 pp. (Critique of thomism.)

3148. **Dondeyne, A.** "De prima via S. Thomae," *Collat. Brug.* XXX (1930) 169-175.

3149. **Dondeyne, A.** "De tertia via S. Thomae," *Collat. Brug.* XXX (1930) 194-198.

3150. **Dondeyne, A.** "De quinta via S. Thomae," *Collat. Brug.* XXX (1930) 257-262.

3151. **Dulac, R.** "Essai de synthèse des cinq preuves thomistes de l'existence de Dieu autour des premiers principes de l'être," *Rev de Philos.* XXV (1925) 497-530.

3152. **Evans, V.B.** "The Aquinate Proof of the Existence of God," *Philosophy* VII (1932) 299-310. (A criticism.)

3153. **Faragó, J.** *De demonstratione metaphysica Dei existentiae.* Timisoara (Landbote) 1927, xii-126 pp.

3154. **Fatta, M.** "Le virtualità e la trascendenza dell' atto puro nel pensiero tomista," *R F N S* XXIX (1937) 245-257.

3155. **Feckes, K.** "Die Analogie in unserem Gotterkennen, ihre metaphysische und religiöse Bedeutung," in *Probleme d. Gottes.* (Symp.) 132-184.

3156. **Fei, R., O.P.** "Gentile e le cinque prove o 'vie' di S. Tommaso," *Mem. Domen.* XLV (1928) 58-79.

3157. **Filocalo, A.** "L'esistenza di Dio e la possibilità della serie infinita in S. Tommaso," *Palestra del Clero* XIV (1935) 567-572.

3158. **Garrigou-Lagrange, R., O.P.** *Dieu, son existence et sa nature. Solution thomiste des antinomies agnostiques.* Paris (Beauchesne) 3me éd., 1920; 4me éd., 1924; 5me éd., 1928, 895 pp.

3159. **Garrigou-Lagrange, R., O.P.** *God: His Existence and His Nature.* Transl. by B. Rose, O.S.B. St. Louis (Herder) Vol. I: The Existence of God, 1934, 392 pp; vol. II: The Nature of God and His Attributes, 1936, 576 pp.

3160. **Garrigou-Lagrange, R., O.P.** "Le désir naturel du bonheur prouve-t-il l'existence de Dieu?" *Angel.* VIII (1931) 129-148.

3161. **Garrigou-Lagrange, R., O.P.** "De eminentia Deitatis," *A P A R* II (1935) 162-175.

3162. **Garrigou-Lagrange, R., O.P.** *La Providence et la confiance en Dieu.* Paris (Desclée) 1932, 410 pp.

3163. **Gény, P., S.J.** "A propos des preuves thomistes de l'existence de Dieu," *Rev. de Philos.* XXIV (1924) 575-601.

3164. **Gilson, E.** *L'Esprit de la philosophie médiévale.* (Gifford Lectures) Paris (Vrin) 1932, viii-329 pp. and 297 pp. In English:

The Spirit of Mediaeval Philosophy. N.Y. (Scribners) 1940.

3165. **Gouhier, H.** "Introduction à la théorie thomiste de la connaissance," II: La critique de l'évidence de Dieu, *Rev. des Cours et Conf.* XXXIII (1932) I, 648-653; III: La signification critique des preuves thomistes de l'existence de Dieu, *ibid.* 707-713; IV: La critique de l'anthropomorphisme, *ibid.* (1932, II) 20-32.

3166. **Gredt, J., O.S.B.** "Der Gottesbeweis aus dem Glückseligkeitsstreben," in *Probleme d. Gottes.* (Symp.) 116-131.

3167. **Gredt, J., O.S.B.** "Die göttliche Mitwirkung im Lichte der thomistischen Lehre von Wirklichkeit und Möglichkeit," *D T F* XIV (1936).

3168. **Habbel, J.** *Die Analogie zwischen Gott und Welt nach Thomas v. Aq.* Regensburg (Habbel) 1928, xii-116 pp.

3169. **Héris, C.V., O.P.** "La preuve de l'existence de Dieu par les vérités éternelles," *Rev. Thom.* IX (1926) 330-341.

3170. **Van Hove, A.** "Over Anthropomorphismen in Godgeleerdheid en Wijsbegeerte," *Kultuurleven* VI (1935) 292-310.

3171. **Joyce, G., S.J.** *Principles of Natural Theology.* London (Longmans) 1923, 612 pp.

3172. **Kälin, B., O.S.B.** "Alte und neue Wege zum Gotteserkenntnis," *D T F* IV (1926) 157-171.

3173. **Krebs, E.** (ed.) *Thomas v. Aq., Texte zum Gottesbeweis, ausgewählt und chronologisch geordnet.* Bonn (Marcus u. Weber) 1921, 62 pp.

3174. **Kuiper, V.M.** "Ragione e perfezione dell' immanenza secondo S. Tommaso d'Aq.," *Angel.* XII (1935).

3175. **Lang, H.** "Verstand und Glaubensakt nach Thomas v. Aq.," *Theol. Quartalschr.* CV (1924) 192-225.

3176. **Laumen, L.** "Das Gottesargument aus den Stufen der Vollkomenheit in den beiden Summen des hl. Thomas v. Aq.," *Philos. Jahrb.* L (1937) 152-175; 273-305.

3177. **Laurent, E.** "Le désir naturel de la béatitude et l'existence de Dieu," *Rev. de Philos.* XXX (1930) 270-282.

3178. **Lemaître, C., S.J.** "La preuve de l'existence de Dieu par les degrés des êtres," *Nouv. Rev. Théol.* LIV (1927) 321-339; 436-468.

3179. **Lortal, R., P.S.S.** *La certitude sur l'existence de Dieu.* Avignon (Aubanel) 1930, 61 pp.

3180. **Manser, G.M., O.P.** "Der Aufstieg zu Gott," *D T F* V (1927) 178-200.

3181. **Manser, G.M., O.P.** "Das Wesen des Thomismus. Das Streben nach Glückseligkeit als Beweis für das Dasein Gottes," *D T F* V (1927) 449-473.

3182. **Manser, G.M., O.P.** "Das Wesen des Thomismus. Die

analoge Erkenntnis Gottes." *D T F* VI (1928) 385-403; VII (1929) 3-29; 322-346; 373-398.

3183. **Maréchal, J., S.J.** "Le problème de Dieu d'après M. Ed. Le Roy," *Nouv. Rev. Théol.* LVIII (1931) 193-216; 289-316. Offprint: Tournai, 52 pp.

3184. **Maritain, J.** "De la connaissance métaphysique et des Noms divins," *Vigile* I (1931) 149-197.

3185. **Marxuach, F., S.J.** *La fundamental diferencia entre Dios y los demàs seres según S. Tomás.* Madrid (Est. Ecles.) 1928, 15 pp.

3186. **Mazzantini, C.** "Le Basi della Teologia naturale nella filosofia tomistica," *Convivium* III (1931) 105-124; 417-429; 743-757; IV (1932) 93-115; 364-378; 431-445.

3187. **M. F.** "La preuve de l'existence de Dieu par la contingence dans la Somme Théologique," *Rev. de Philos.* XXV (1925) 319-330.

3188. **Michel, A.** "Noms Divins," *D T C* XI, col. 1784-1794.

3189. **Mindorff, C., O.F.M.** "De argumento ideologico existentiae Dei," *Antonianum* III (1928) 267-298; 407-450.

3190. **Moré-Pontgibaud, C.** "Sur l'analogie des Noms Divins," *Rech. Sc. Relig.* XIX (1929) 481-512; XX (1930) 193-223.

3191. **Motte, A.R., O. P.** "A propos des 'cinq voies'," *R S P T* XXVII (1938) 577-582.

3192. **Motte, A.R., O.P.** "Théodicée et Théologie chez S. Thomas d'Aq.," *R S P T* XXVI (1937) 5-26.

3193. **O'Connor, W.R.** "The Natural Desire for God in St. Thomas," *New Schol.* XIV (1940) 213-267.

3194. **Olgiati, F.** "La filosofia di Ed. Le Roy. A proposito di una discussione intorno alla esistenza di Dio," *R F N S* XXIII (1931) 195-230.

3195. **Oliviero, A.** "La prova dell' esistenza di Dio e la critica di G. Gentile," in *A S. Tommaso* (Symp.)

3196. **O'Mahoney, J.E.** *The Desire of God in the Philosophy of St. Thomas Aq.* Cork (Univ. Press); London (Longmans) 1929, 263 pp.

3197. **Parente, P.** "Quid re valeat humana de Deo cognitio secundum S. Thomam," *A P A R* II (1936) 7-31.

3198. **Pastuszka, J.** "Augustynski dowód istnienia Boga," *Collect. Theol.* XI (1930) 465-474.

3199. **Patterson, R.L.** "The Argument from Motion in Aristotle and Aquinas," *New Schol.* X (1936) 245-254.

3200. **Patterson, R.L.** *The Conception of God in the Philosophy of Aquinas.* London (Allen & Unwin) 508 pp.

3201. **Paulus, J.** "Le caractère métaphysique des preuves thomistes de l'existence de Dieu," *A H M A* IX (1934) 143-153.

3202. **Pirotta, A., O.P.** "De transcendentalitate. *Summa theol.* I, q. 2, a. 3," *Ephem. Theol. Lovan.* V (1928) 5-31.

3203. **Post, L.M.** *Die katholische Wahrheit nach der Summa des hl. Thomas. v. Aq.* I Teil: Gott, Schöpfung, Weltregierung. [Berlin?] 1926.

3204. **Rabeau, G.** "De la matière à Dieu. L'itinéraire de M. Ed. Le Roy," *Vie Intell.* XXVIII (1931) 180-212.

3205. **Radelet, C.** *Etudes philosophiques de Théodicée selon S. Thomas.* III: Opérations divines. Bruxelles (Wellens) 1933, 294 pp.

3206. **Remer, V., S.J.** *Theologia Naturalis.* Romae (Univ. Gregor.) 1935, 237 pp.

3207. **Rickaby, J., S.J.** *Studies on God and His Creatures.* London (Longmans) 1924, viii-205 pp.

3208. **Von Rintelen, F.** *Wege zu Gott. Eine kritische Abhandlung über das Problem des Gotterfassens in der deutschen protestantischen Theologie der Nachkriegszeit.* Würzburg (Becker) 1934, xv-160 pp. (Thomistic references.)

3209. **Rolfes, E.** "Die Gottesbeweise bei Thomas v. Aq.," *Philos. Jahrb.* XXXVII (1924) 329-338.

3210. **Rolfes, E.** *Die Gottesbeweise bei Thomas v. Aq. und Aristoteles.* Zweite, verbess. Aufl. Limburg (Steffen) 1927, 191 pp.

3211. **Di Rosa, L.** *L'originalità di S. Tomaso nella dimostrazione dell' esistenza di Dio.* Trapani (Estr. da *Parva Lucerna*) 1933, 17 pp.

3212. **Rossi, A., C.M.** "Similitudo Dei in creaturis," *D T P* V (1928) 417-448.

3213. **Le Roy, E.** *Le probléme de Dieu.* Paris (Artisans du Livre) 1930, 351 pp. (Critical of thomistic theodicy.)

3214. **Rozwadowski, A.** "De argumento ontologico secundum doctrinam thomisticam," *A P A R* IV (1938) 133-146.

3215. **De Rubi, B., O.M.Cap.** "La quarta via de S. Tomàs en ordre a provar l'existència de Déu: la seva indole augustiniana," *Estud. Franciscans* XXIV (1930) 341-356.

3216. **Salamucha, J.** "Dowód 'ex motu' na istnienie Boga, analiza logiczna argumentacji sw. Tomasza z Ak.," *Collect. Theol.* XV (1934) 53-92.

3217. **Scherhag, P.** "Der Gottesbeweis aus der Seinsabstufung in den beiden Summen des Thomas v. Aq.," *Philos. Jahrb.* LII (1939) 265-300.

3218. **Schumacher, M., C.S.C.** "The Knowableness of God: its Relation to the Theory of Knowledge in St. Thomas," in *Aspects-New Schol.* (Symp.) 146-173.

3219. **Sertillanges, A.D., O.P.** "A propos des preuves de Dieu. La troisième 'voie' thomiste," *Rev. de Philos.* XXV (1925) 24-37.

3220. **Sertillanges, A.D., O.P.** "Le P. Descoqs et la 'tertia via'," *Rev. Thom.* IX (1926) 490-502. (Cf. *supra* no. 3147.)

3221. **Sertillanges, A.D., O.P.** "Sur la démonstrabilité de Dieu. Comment on prouve Dieu," *Rev. Apolog.* XLVI (1928) 385-395; 515-521.

3222. **Sestili, G.** "Il B. Alberto Magno e S. Tommaso d'Aq. nei loro diversi attegiamenti psicologici riguardanti la dottrina della teodicea anselmiana," *Mem. Domen.* XLVIII (1931) 400-407.

3223. **Sheen, F.J.** *God and Intelligence in Modern Philosophy. A Critical Study in the Light of the Philosophy of St. Thomas Aq.* (Dissert. Louvain) London (Longmans) 1925, viii-288 pp.

3224. **Shepston, H.** "A French Critique of Ed. Le Roy's *Problème de Dieu,*" *New Schol.* VI (1932) 283-314; VII (1933) 1-25. (Discusses: Jolivet, R. "A la recherche de Dieu—Notes critiques sur la Théodicée de M. Ed. Le Roy," *Arch. de Philos.* VIII, 2, Paris [Beauchesne] 1931, 87 pp.)

3225. **Simonds, I.D.** "Einstein and the Prima Via," *Australasian Cath. Record* XI (1934) 1.

3226. **Stegmueller, F.** *Die Lehre vom allgemeinem Heilswillen in der Scholastik bis Thomas v. Aq.* (Dissert.) Rome (Cuggiani) 1929, 61 pp.

3227. **Thomas, J.** "L'omniprésence divine. A propos d'une question du catéchisme," *Collat. Tornac.* XXXIII (1938) 69-79.

3228. **Verhamme, A.** "Quarta via S. Thomae ad demonstrandum existentiam Dei," *Collat. Brug.* XXXIV (1934) 419-424.

3229. **Dal Verme, B.E.** "L'importanza del divenire nella dimostrazione dell' esistenza di Dio," *R F N S* XXVIII (1936) 518-524.

3230. **Verriele, A.** "La doctrine de S. Thomas sur Dieu," *Rev. Apolog.* XLVIII (1929) 412-432.

3231. **Wirtgen, A.** "Die Einzigkeit Gottes nach M. Scheler und Thomas v. Aq.," *Jahrb. v. St. Gabriel* II (1925) 27-46.

3232. **Xiberta, B.F.M.** "Nota a un text de la Suma," *Estud. Franciscans* XXXII (1924) 166-171.

3233. **Zigon, F.** *D. Thomas arbiter controversiae de concursu divino.* Goritiae, 1923.

M—ETHICS*

3234. **Alonso, V.M.** "Explicación del Derecho de Defensa segun Sto Tomas de Aq.," *Sociol. y Filos. Social* I (1938) 213-246.

3235. **Barth, F.** "La morale néo-thomiste de bonheur contre la morale kantienne de l'impératif catégorique," in *Le Christianisme social* (1930) 146-155.

3236. **Baudin, E.** "Le panhédonisme psychologique de Pascal

---

*Consult also many related items under: IV *Theological Doctrines,* sect. I, Moral Theol., Virtues, Vice and Sin, nos. 4531-4792.

(En face de la morale de S. Thomas)," *Revue des Sc. Relig.* V (1925) 439-470.

3237. **De la Brière, Y., S.J.** *La conception du droit international chez les théologiens cath.* Paris, 1930.

3238. **De la Brière, Y., S.J.** *Le Droit de juste guerre. Tradition théologique. Adaptations contemporaines.* (Bibl. internat. de Philos. du Droit, V) Paris (Pédone) 1938, 207 pp.

3239. **De la Brière, Y., S.J.** "Les trois conditions thomistes de la juste guerre et le Droit des Gens d'aujourd'hui," *Rev. Thom.* XLIII (1937) 276-300.

3240. **Broch, P., O.P.** "Un sofisma trascendental," *Cien. Tom.* LI (1935) 301-324. (On true and false liberty.)

3241. **De Broglie, G., S.J.** "Autour de la notion thomiste de la béatitude," in *Etudes sur S. Thomas* (Symp.) 55-96.

3242. **Brucculeri, A.** "La Giustizia Sociale," *Civ. Catt.* LXXXVII (1936) I, 356-364; II, 111-123.

3243. **De Bruyne, E.** *Ethica.* Vol. I: De structuur van het zedelijk phenomeen; vol. II: De ontwikkeling van het zedelijk bewustzijn. Antwerpen (Standaard) 1935, 526, 608 pp.

3244. **Buys, L.** "Christelijke Moraalphilosophie," in *Verslag I* (Symp.) sect. 3.

3245. **Carpenter, H., O.P.** "The Natural Virtues," in *Moral Princ.-Cambridge-1932* (Symp.)

3246. **Carton de Wiart, E.** "La doctrine morale d'aujourd'hui à la lumière de S. Thomas d'Aq.," *Collect. Mechlin.* VI (1932) off-print, 30 pp.

3247. **Cathrein, V., S.J.** *De bonitate et malitia actuum humanorum doctrina S. Thomae Aq.* Louvain (Museum Lessianum) 1926, 148 pp.

3248. **Cathrein, V., S.J.** "Quo sensu secundum S. Thomam ratio sit regula actuum humanorum?" *Gregor.* V (1924) 584-594.

3249. **Cathrein, V., S.J.** "Quo sensu secundum S. Thomam ratio sit regula bonitatis voluntatis?" *Gregor.* XII (1931) 447-465.

3250. **Cathrein, V., S.J.** "Was ist im Sinne des hl. Thomas die *ratio* als *regula proxima moralitatis?*" *Scholast.* I (1926) 413-422.

3251. **Cesaitis, I.** *Fortitudo praecipua characteris virtus.* (Dissert. Freiburg) Mariampoli, Lithuania (Sesupa) 1925, 132 pp.

3252. **Chapman, E.** "The Relation between Ethics and Politics according to Aristotle and St. Thomas," *Proc. Amer. Cath. Philos. Assoc.* XV (1939) 176-180.

3253. **Cordovani, M., O.P.** "L'etica dell' idealismo e la critica di S. Tommaso," *R F N S* XVI (1924) 11-22.

3254. **Cordovani, M., O.P.** "Finalismo etico in S. Tommaso," in *Cattol. e Ideal.* (Symp.) 135-163.

3255. **Cronin, M.** "The Moral, Social and Political Philosophy of St. Thomas," in *St. Thomas-Cambridge-1924* (Symp.) 132-203.

3256. **Cronin, M.** *Science of Ethics.* 2nd ed. London-N.Y. (Benziger) 1930, 2 vol.

3257. **Deman, T., O.P.** "Sur l'organization du savoir moral," *R S P T* XXIII (1934) 258-280.

3258. **Deman, T., O.P.** "Questions disputées de science morale," *R S P T* XXVI (1937) 278-306.

3259. **Dempf, A.** *Die Ethik des Mittelalters.* (Handbuch der Philos. hrsg. v. A. Baeumler u. M. Schroeter, II, 3, C) München (Oldenbourg) 1927, 111 pp.

3260. **Deploige, S.** *Le conflit de la morale et de la sociologie.* 3me éd. Paris (Alcan) 1925.

3261. **Dhanis, E., S.J.** "De natura religiosa obligationis moralis," *A P A R* III (1936) 16 pp.

3262. **Dittrich, O.** *Geschichte der Ethik. Die Systeme der Moral Altertum bis zur Gegenwart.* Bd. III: Mittelalter bis zur Kirchenreformation. Leipzig (Meiner) 1926, viii-510 pp. (Thomas v. Aq. pp. 112-150.)

3263. **Doms, H.** "Amorces d'une conception personnaliste du mariage d'après S. Thomas," *Rev. Thom.* XLV (1939) 754-763.

3264. **Earl, Bender, A.** *The Relation between Moral Qualities and Intelligence according to St. Thomas Aq.* (Dissert.) Washington (Cath. Univ.) 1924, 100 pp.

3265. **Elter, E., S.J.** "Norma honestatis ad mentem divi Thomae," *Gregor.* VIII (1927) 337-357. (See nos. 3313-3316.)

3266. **Farrell, A., O.P.** "Lawlessness, Law; and Sanction," *Blackfriars* XIX (1938) 349-355.

3267. **Farrell, W., O.P.** *A Companion to the Summa.* Vols. II-IV, N.Y. (Sheed & Ward) 1939-42, viii-459; viii-530; 464 pp.

3268. **Farrell, W., O.P.** *The Natural Moral Law according to St. Thomas and Suarez.* (Dissert. Fribourg) Ditchling (St. Dominic's Press); Boston (B. Humphries) 1930, x-162 pp.

3269. **Ferenc, E.** *Uj utak erkölcstanitásunk rendszerében. Kritikai tanulmany.* Kalocsa, 1926, 68 pp. (Chap. 2-3 outline *S.T.* IIa IIae.)

3270. **Garrido, A.** "Licitud de la guerra según S. Tomás," *Ciud. Dios* CXL (1925) 482-491.

3271. **Garrigou-Lagrange, R., O.P.** "L'instabilité dans l'état de péché mortel des vertus morales acquises," *Rev. Thom.* XLIII (1937) 255-262.

3272. **Garrigou-Lagrange, R., O.P.** "La prudence. Sa place dans l'organisme des vertus," *Rev. Thom.* IX (1926) 411-426.

3273. **Garrigou-Lagrange, R., O.P.** "Science et Sagesse," *Rev. Thom.* XLI (1936) 630-634.

3274. **Gemmel, J.** "Die Justitia in der Lehre des hl. Thomas," *Scholast.* XII (1937) 204-228.

3275. **Gemmel, J.** "Zum Probabilismus des hl. Thomas (*Quodl.* 8, a. 13)," *Scholast.* XI (1936) 543-548.

3276. **Gemmel, J.** "Rechtserneuerung und Rechtspflege des hl. Thomas v. Aq.," *Scholast.* XIII (1938) 544-558.

3277. **Gény, F.** "La laïcité du droit naturel," *Arch. de Philos. du Droit* III (1933) 7-27.

3278. **Gerlaud, M.J., O.P.** "Note sur les fins du mariage d'après S. Thomas," *Rev. Thom.* XLV (1939) 764-773.

3279. **Gillet, M.S., O.P.** *La morale et les morales.* 3me éd. Paris (Rev. des Jeunes) 1925.

3280. **Gillet, M.S., O.P.** *La morale e le morali.* Trad. T. Regattieri, Torino (Marietti) 1935, xx-234 pp.

3281. **Gillet, M.S., O.P.** *La valeur éducative de la morale catholique.* 6me éd. Paris (Gabalda) c. 1927.

3282. **Gilson, E.** *S. Thomas d'Aquin. (Les moralistes chrétiens.)* Paris (Gabalda) 1924: 4me éd. 1925, 380 pp; 5me éd. revue et corrigée, 1930, 380 pp.

3283. **Gilson, E.** *Moral Values and the Moral Life.* Transl. by L. Ward, C.S.C. St. Louis-London (Herder) 1931, 338 pp. (Transl. of no. 3282; also in Spanish: *Santo Tomas de Aquino.* Vers. de N. Gonzalez Ruiz, Madrid [Aguilar] 1930, 364 pp.)

3284. **Glanz, J.** *Die Einheit des menschlichen Handelns bei Thomas v. Aq.* (Dissert.) Bonn (Univ.) 1932.

3285. **Glenn, P.** *Ethics.* St. Louis (Herder) 1933, 302 pp.

3286. **Grabmann, M.** "Das Naturrecht der Scholastik von Gratian bis Thomas v. Aq.," *Arch. f. Rechts- und Wirtschafts-Philos.* XVI (1922-23) 12-53; also in *Mittel. Geistesleben,* 65-103.

3287. **De Guibert, J.** *Les Doublets de S. Thomas.* (See *supra* no. 2189; uses moral problems as illustrations of method.)

3288. **Haban, M.. O.P.** "Fundamentalis idea ethicae apud S. Thomam," *Zivot* (1925) 201-240.

3289. **Haban, M., O.P.** "Lex naturalis in homine," *Zivot* (1925) 324 seqq.

3290. **Hamel, L.N.** "Controversia Lehu-Elter-Lottin circa regulam moralitatis secundum S. Thomam," *Antonianum* VII (1932) 377-384.

3291. **Henry, J.** "L'imputabilité de l'erreur d'après S. Thomas d'Aq.," *R N P* XXVIII (1926) 225-243.

3292. **Henry, R., O.P.** *La loi scoute. Commentaire d'aprés S. Thomas d'Aq.* Paris (Ed. Spes) 1924.

3293. **Hering, H.M.** "De genuina notione justitiae generalis seu legalis juxta S. Thomam," *Angel.* XIV (1937) 464-515.

3294. **Hering, H.M.** "De jure subjective sumpto apud S. Thomam," *Angel.* XVI (1939) 295-297.

3295. **Hériș, C.V., O.P.** "L'amour naturel de Dieu," in *Mélanges Thom.* (Symp.) 289-310.

3296 **Hessen, J.** *Die Weltanschauung des Thomas v. Aq.* Stuttgart, 1926.

3297. **Hugo, J.** "Intelligence and Character: A Thomistic View," *New Schol.* XI (1937) 58-68.

3298. **Ibrangi, F.** *Ethica secundum S. Thomam et Kant.* Romae (Colleg. Angel.) 1931, 225 pp. (On norm of morality.)

3299. **Janssens, E.** *Cours de morale générale.* Louvain (Inst. Sup.); Liège (Vaillant-Carmanne) 1926, 2 vol. x-300 et x-264 pp.

3300. **Jaroszewicz, A.L.A.** *Senecae philosophi et S. Thomae Aq. 'De moralitate atque educatione affectuum' doctrina exposita et critice comparata.* Poznan, 1931, x-130 pp; Vilna, 1932, 153 pp.

3301. **Kachnik, I.** [Moral virtues in St. Thomas Aq.-in Polish] *Casopis kat. Duchoventsva* LXX (1929) nn. 5-6.

3302. **Kecskes, P.** "Az erény erkölcsbölcseleti fogalma Aquinoi Sz. Tomas szerint," *Religio* (Hungarian) LXXXIII (1924) 139-149; LXXXIV (1925) 24-30. (On philos. and theol. notions of virtue.)

3303. **Kleinhappel, J.** "Die Lehre des hl. Thomas v. Aq. über den valor commutationis in der lectio IX seines Kommentar zur Nikomachischen Ethik," *Zeitschr. f. kath. Theol.* LXII (1938) 537-544.

3304. **Klosak, K.** "Maritainowa analisa stosunku filozofii moralnej do teologii," *Collect. Theol.* XIX (1938) 177-220.

3305. **Kolski, H.** *Ueber die Prudentia in der Ethik des hl. Thomas v. Aq.* (Dissert.) Würzburg (Univ.) 1934, 33 pp.

3306. **Kowalski, K.** "Les fondements de la méthode de philosophie morale," *Collect. Theol.* XVIII (1937) 53-62.

3307. **Kramer, H.G.** *The Indirect Voluntary or Voluntarium in Causa.* (Dissert.) Washington (Cath. Univ.) 1935, 89 pp.

3308. **Kremer, R., C.SS.R.** "Ethique matérielle ou formelle," *Studia Gnesnensia* XII (1935) 53-74.

3309. **Laarakkers, A., O.S.Cr.** *Quaedam moralia quae ex doctrina divi Thomae Aq. selegit P.A.L.* Cujk (v. Lindert) 1928, 77 pp.

3310. **Lachance, L., O.P.** *Le concept de droit selon Aristote et S. Thomas.* Montréal (Levesque); Paris (Sirey) 1933, 453 pp.

3311. **La Pira, G.** "Il diritto naturale nella concezione di S. Tommaso d'Aq.," *R F N S* XXVI (1934) Suppl. 193-205.

3312. **Lavaud, B.** "Le mariage en droit naturel selon Thomas d'Aq.," *Studia Gnesnensia* XII (1935) 353-383.

3313. **Lehu, L., O.P.** "A propos de la règle de la moralité. Commentaire de S. Thomas I-II, q. 18, a. 5," *R S P T* XVIII (1929) 449-466.

3314. **Lehu, L., O.P.** "A quel point précis de la *Somme Théol.* commence le Traité de la Moralité?" *Rev. Thom.* XI (1928) 521-532.

3315. **Lehu, L., O.P.** *La raison règle de la moralité d'après S. Thomas.* Paris (Gabalda) 1930, 264 pp.

3316. **Lehu, L., O.P.** "La 'recta ratio' de S. Thomas signifie-t-elle la conscience?" *Rev. Thom.* n.s. VIII (1925) 159-166.

3317. **Leibell, Sister Jane Francis,** *Readings in Ethics.* Chicago (Loyola U. Press) 1926, xv-1090 pp. (An anthology; includes some thomistic studies.)

3318. **Lenz, J.** "Die Personwürde des Menschen bei Thomas v. Aq.," *Philos. Jahrb.* XLIX (1936) 138-166.

3319. **Van Lieshout, L.** *La théorie Plotinienne de la vertu. Essai sur la genèse d'un article de la Somme théol. de S. Thomas.* Fribourg, Suisse, 1926.

3320. **Linhardt, R.** *Die Sozialprinzipien des hl. Thomas v. Aq.* Freiburg i. B. (Herder) 1932.

3321. **Lottin, O., O.S.B.** "La connexion des vertus morales acquises chez S. Thomas d'Aq. et ses contemporains," *Ephem. Theol. Lovan.* XIV (1937) 585-599.

3322. **Lottin, O.** "Le créateur du traité de la syndérèse," *R N P* XXIX (1927) 197-222.

3323. **Lottin, O.** "La définition classique de la loi," *R N P* XXVII (1925) 129-145; 243-273.

3324. **Lottin, O.** "La doctrine morale des mouvements premiers de l'appetit sensitif aux XIIe et XIIIe siècles," *A H M A* IV (1931) 49 seqq.

3325. **Lottin, O.** "Le droit naturel chez S. Thomas et ses prédécesseurs," *Ephem. Theol. Lovan.* I (1924) 369-388; II (1925) 32-52; 345-366; III (1926) 155-176.

3326. **Lottin, O.** *Le Droit Naturel chez S. Thomas d'Aq. et ses Prédécesseurs.* Bruges (Beyaert) 1932, 132 pp.

3327. **Lottin, O.** "Les éléments de la moralité des actes chez S. Thomas d'Aq. (Comment. de la Ia IIae, qq. 18-21)," *R N P* XXIV (1922) 281-seqq.; XXV (1923) 56 seqq. Offprint: Louvain, 1923, 56 pp.

3328. **Lottin, O.** "L'indifférence des actes humaines chez S. Thomas d'Aq. et ses prédécesseurs," in *Miscel. Vermeersch* (Symp.) I, 17-35.

3329. **Lottin, O.** "L'intellectualisme de la morale thomiste," in *Xenia Thom.* (Symp.) I, 411-427.

3330. **Lottin, O.** "L'ordre morale e l'ordre logique d'après S Thomas d'Aq.," *Annales de l'Inst. Sup. de Philos.* V (1924) 303-399.

3331. **Lottin, O.** "Pour un commentaire historique de la morale de S. Thomas d'Aq.," *R T A M* XI (1939) 270-285.

3332. **Lottin, O.** "Les premières définitions et classifications des vertus au moyen âge," *R S P T* XVIII (1929) 369-407.

3333. **Lottin, O.** "Les premiers linéaments du traité de la syndérèse au moyen âge," *R N P* XXVIII (1926) 422-454.

3334. **Lottin, O.** "Le problème de l'*Ignorantia juris* de Gratian à Thomas d'Aq.," *R T A M* V (1933) 345-368.

3335. **Lottin, O.** "Le problème de la moralité intrinsèque d'Abélard à S. Thomas," *Rev. Thom.* XVIII (1934) 477-515.

3336. **Lottin, O.** "La syndérèse chez Albert le Grand et S. Thomas d'Aq.," *R N P* XXX (1928) 18 seqq.

3337. **Lottin, O.** "Le tutiorisme du XIIIe siècle," *R T A M* V (1933) 292-301.

3338. **Lottin, O.** "La valeur normative de la conscience morale," *Ephem. Theol. Lovan.* IX (1932) 409-431.

3339. **Lotz, J.B.** "Sein und Wert. Das Grundproblem der Wertphilosophie," *Zeitschr. f. kath. Theol.* LVII (1933) 557-613.

3340. **Loughran, H.B.** "Scholasticism versus Realism in Ethics," *Australasian Journal of Psych. and Philos.* (1933) 141-153.

3341. **Luckey, H.** *Die Bestimmung von 'Gut' und 'Böse' bei Thomas v. Aq.* Kassel (Oncken) n.d. 62 pp.

3342. **Luckey, H.** *Die ethische Bedeutung der Glückseligkeit bei Thomas v. Aq.* (Dissert. Königsberg) Leipzig (Fock) 1925, 90 pp.

3343. **Lustosa, E.M.** "Justitia Socialis. Problemas terminologicos alrededor de un concepto nuevo," *Estudios* LV (1936) 124-138.

3344. **MacGillivray, G.J.** (ed.) *Moral Principles and Practice.* (See no. 2059 *supra.*)

3345. **Manser, G.M., O.P.** "Das Naturrecht in seinem Wesen und seinen Hauptstufen," *D T F* XI (1933) 369-396.

3346. **Mansion, A.** "L'eudémonisme aritotélicien et la morale thomiste," in *Xenia Thom.* (Symp.) I, 429-449.

3347. **Mansion, A.** "Het eudaemonisme von Aristoteles en de thomistische Zedenleer," in *S. Thomas-Bijdragen* (Symp.) 53-73.

3348. **Marchal, H.** "Moralité de l'acte humain," *D T C* X, col. 2459-2472.

3349. **Marcos del Rio, F.** "La moralidad de los actos humanos según S. Thomas," *Ciud. Dios.* CXLVIII (1927) 322-336; 401-412; CXLIX (1927) 5-16.

3350. **Maritain, J.** "Eclaircissement sur la philosophie morale," in *Science et Sagesse.* Paris (Labergerie) 1935. (In the Eng. version, N.Y. 1940, pp. 137-241.)

3351. **Maritain, J.** *Humanisme intégral.* Paris (Aubier) 1936, 334 pp.

3352. **Maritain, J.** "De la philosophie morale adéquatement prise," *R U O* II (1933) 105-134.

3353. **Maritain, J.** *Questions de conscience. Essais et allocutions.* (Questions Disputées.) Paris (Desclée) 1938, 279 pp.

3354. **Maritain, J.** "Sur l'Ethique naturelle," Annexe II, *De la Philos. Chrétienne.* Paris-Bruges (Desclée) 1933, 166 pp.

3355. **Martin, R., O.P.** "De ratione et valore scientifico doctrinae moralis S. Thomae Aq.," *Ephem. Theol. Lovan.* I (1924) 340-354.

3356. **Martineau, C.** "L'obligation morale peut-elle exister sans la connaissance de Dieu?" *Rev. Apolog.* LXI (1935, II) 257-276; 401-425; LXIII (1936, II) 129-148; 257-279.

3357. **Mausbach, J.** *Thomas v. Aquin als Meister christliche Sittenlehre.* Münster, 1925.

3358. **McFadden, C.** *Philosophy of Communism.* N.Y. (Benziger) 1939, xx-345 pp.

3359. **Meersemann, G., O.P.** "Le droit naturel chez S. Thomas d'Aq. et ses prédécesseurs," *Angel.* IX (1932) 63-76.

3360. **Mennessier, I., O.P.** "Sur le devoir d'imprévoyance," *Rev. des Jeunes* XXV (1934) II, 104-109.

3361. **Mennessier, I., O.P.** "Notes de théologie spirituelle," *Vie Spirit.* XLIV (1935) Suppl. 56-64.

3362. **Mennessier, I., O.P.** "L'organisation du savoir pratique," *Vie Spirit.* XLIX (1936) 57-64.

3363. **Mensing, C.F.** *An Activity Analysis of the Four Cardinal Virtues, suggested by the Writings of St. Thomas.* (Dissert.) Washington (Cath. Univ.) 1929, 143 pp.

3364. **Merkelbach, B., O.P.** "Le traité des actions humaines dans la morale thomiste," *R S P T* XV (1926) 185-207.

3365. **Michel, S.** *La notion thomiste du bien commun.* Paris, 1932.

3366. **Miron, C.H.** *The Problem of Altruism in the Philosophy of St. Thomas.* (Dissert.) Washington (Cath. Univ.) 1939, vii-130 pp.

3367. **Moore, T.V., O.S.B.** *Principles of Ethics.* N.Y. (Lippincott) 1935, x-381 pp.

3368. **Mouroux, J.** "Sur la genèse de la certitude morale," *Rev. Apolog.* LIX (1934) 689-792.

3369. **Müller, M.** *Ethik und Recht in der Lehre von der Verantwortlichkeit.* Regensburg (Habbel) 1932, 256 pp.

3370. **Muñoz, H.** "El problema moral de la guerra. S. Tomás y la Escuela clásica española," *Contemporanea* V (1934) 145-157; 542-547.

3371. **Muñoz, H.** "Etica de la guerra defensiva," *Contemporanea* VI (1934) 267-272.

3372. **Muñoz, H.** "Caracteristicas morales de la guerra de agresión," *Contemporanea* VI (1934) 531-544.

3373. **Muñoz, H.** "Causa legitima de la guerra justa," *Contemporanea* VIII (1935) 368-376; IX (1935) 126-134.

3374. **Muñoz, H.** "Condiciones de la guerra justa," *Contemporanea* IX (1935) 301-307.

3375. **Murphy, D.** *The Aristotelian Concept of Happiness.* Fribourg (Society of St. Paul) 1920.

3376. **Murray, T.B.** "Reason and Morality according to St.

Thomas," *Month* CLI (1928) 417-423.

3377. **Nicolas, M.J.** "Remarques sur le sens et la fin du mariage d'après S. Thomas," *Rev. Thom.* XLV (1939) 774-793.

3378. **Nink, C., S.J.** "Sein, Wert und Ziel," *Philos. Jahrb.* XLIX (1936) 466-486.

3379. **Noble, H.D., O.P.** "Comment la volonté excite ou réfrène la passion?" *R S P T* XVII (1928) 383-404.

3380. **Noble, H.D.** "La moralité de la passion," *R S P T* XX (1931) 259-275.

3381. **Noble, H.D.** "La passion au service de la conscience morale," *D T P* XXXIV (1931) 23-38.

3382. **Noble, H.D.** "Le péché de passion," *Rev. Thom.* XIII (1930) 329-353.

3383. **Noble, H.D.** "Psychopathie et résponsabilité," *Rev. Thom.* XIV (1931) 47-93.

3384. **Noble, H.D.** "La résponsabilité passionelle," *R S P T* XVIII (1929) 432-448.

3385. **Noble, H.D.** "S. Thomas. Synthèse de sa doctrine morale," *Vie Spirit.* VIII (1923) 376-416.

3386. **Noble, H.D.** "Le tempérament passionel d'après S. Thomas," *Rev. Thom.* XIII (1930) 97-127.

3387. **Noble, H.D.** *La vie morale d'après S. Thomas d'Aq. La conscience morale.* Paris (Lethielleux) 1923.

3388. **Noble, H.D.** *La vie morale d'après S. Thomas d'Aq.* (2me série.) *Les passions dans la vie morale.* Paris (Lethielleux) 1932, 2 vol. 300 et 328 pp.

3389. **Noble, H.D.** *La vie morale* etc. (4me série) *Le discernement de la conscience.* Paris (Lethielleux) 1934, 418 pp.

3390. **Noble, H.D.** *La vie morale* etc. (5me série) *La vie pécheresse.* Paris (Lethielleux) 1937, 426 pp.

3391. **O'Neil, C.J.** "Prudence the Incommunicable Wisdom," in *Essays in Thom.* (Symp.) 185-204; 382-387.

3392. **Orzechowski, P.** "Sulla legge morale naturale secondo S. Tommaso d'Aq.," *Gregor.* III (1922) 557-571.

3393. **Palacio, J.M., O.P.** "Naturaleza del derecho de propriedad," *Cien. Tom.* LIII (1935) 328-359.

3394. **Passerin d'Entrèves, A.** "Diritto naturale e distinzione fra morale e diritto nel pensiero di S. Tommaso d'Aq.," *R F N S* XXIX (1937) 473-503.

3395. **Pegis, A.C.** "Matter, Beatitude and Liberty," in *Maritain-Thomist* (Symp.) 265-280.

3396. **Pelaez, A.G., O.P.** "La sanción penal en la moral tomista," *Cien. Tom.* XXXIV (1926) 297-319; XXXV (1927) 52-83.

3397. **Pelaez, A.G., O.P.** "Teoria del honor en la moral tomista," *Cien. Tom.* XXXI (1925) 5-25.

3398. **Pelland, L.** "S. Thomas d'Aq. et la guerre," *Documentation Cath.* XXXIV (1935) 643-660. (Conférence à Ottawa, 6 juin, 1935.)

3399. **Pelzer, A.** "Le cours inédit d'Albert le Grand sur la Morale à Nicomaque recueilli et rédigé par S. Thomas d'Aq.," *R N P* XXIII (1922)

3400. **Pena, L.** "Essai critique sur les notions de loi éternelle et de loi naturelle," *Arch. de Philos. de Droit et de Sociol. juridique* VI (1936) 92-131.

3401. **Phelan, G.B.** "Justice and Friendship," in *Maritain-Thomist* (Symp.) 153-170.

3402. **Philippe, P., O.P.**. *Le rôle de l'amitié dans la vie chrétienne selon S. Thomas d'Aq.* Rome (Angel.) 1938, 207 pp.

3403. **Pieper, J.** *Die ontische Grundlage des Sittlichen nach Thomas v. Aq.* (Univ.-Arch. Eine Sammlung Wissensch. Unters. u. Abhandl., 14) Münster i. W. (Helios-Verlag) 1929, 65 pp.

3404. **Pieper, J.** "Sachlichkeit und Klugheit. Ueber das Verhältnis von moderner Charakterologie und thomistischer Ethik," *Kath. Gedanke* V (1932) 68-81.

3405. **Pieper, J.** *Traktat über die Klugkeit.* Leipzig (Hebner) 1937, 98 pp.

3406. **Pieper, J.** *Die Wirklichkeit und das Gute nach Thomas v. Aq.* (Univ.-Arch. Philos. Abt. Bd. 2) Münster (Helios-Verlag) 1931, 78 pp; 3 Aufl. Münster (Aschendorff) 1934, 78 pp.

3407. **Pierrot, M.** "Un article de S. Thomas sur la vertu," *Bull. J. Lotte* VI (1935) 406-414. (On *S.T.* I-II, 55, 1.)

3408. **Platenburg, T.** *Wijsgeerige grondslag der Zedenleer volgens de beginselen van den H. Thomas v. Aq.* Antwerpen (Geloofsverdediging) 1927, 172 pp.

3409. **Ramirez, J.M., O.P.** "De philosophia morali christiana. Responsio quaedam responsionibus 'completis et adequatis' Domini Jacobi Maritain," *D T F* XIV (1936) 87-122.

3410. **Ramirez, J.M., O.P.** "De philosophia morali christiana. 'Postilla' quaedam ad calcem 'glossae ordinariae' R.D. Caroli Journet," *D T F* XIV (1936) 181-204.

3411. **Ramirez, J.M., O.P.** "Sur l'organisation du savoir moral," *Bull. Thom.* XII (1935)

3412. **Rheinhold, G.** *Grundfragen der Sittlichkeit nach Thomas v. Aq.* Wien (Volksbundverlag) 1923, 119 pp.

3413. **Richard, P., O.F.M.** "Les fondements de la morale chrétienne," *Cahiers du cercle thomiste* (1926) 26-36; 115-125; 170-179; 254-258.

3414. **Von Rintelen, F.** "Die Bedeutung des philosophischen Wertproblems," in *Philos. Perennis* (Symp.) offprint: 43 pp.

3415. **Von Rintelen, F.** *Das philosophische Wertproblem.* München (Salesianer-Verlag) 1929, xi-315 pp.

3416. **Von Rintelen, F.** *Der Wertgedanke in der europäischen Geistesentwicklung.* Teil I: Altertum und Mittelalters. Halle (Niemeyer) 1932, xx-304 pp.

3417. **Van Roey, E.** "S. Thomas. Prins der Zedenker," *Ons Geloof* X (1924) 97-107.

3418. **Rogers, A.K.** *Morals in Review.* N.Y. (Macmillan) 1927, xii-456 pp. (One chap. on the Ethics of St. Thomas.)

3419. **Rohner, A.** "Natur und Person in der Ethik," *D T F* IX (1933) 52-62.

3420. **Roland-Gosselin, M.D., O.P.** "Béatitude et désir naturel d'après S. Thomas d'Aq.," *R S P T* XVIII (1929) 193-222.

3421. **Rolland, E.** *Morale et métaphysique.* Paris (Vanelsche) 1932, 99 pp.

3422. **Ross, A.** *Die Kritik der sogenannten praktischen Erkenntnis.* Kopenhagen-Leipzig (Meiner) 1933, 456 pp. (Crit. of thomistic ethics, pp. 218-231.)

3423. **Rozwadowski, A.** "De optimismo universali secundum S. Thomam," *Gregor.* XVII (1936) 254-264.

3424. **Ryan, J.K.** *Modern War and Basic Ethics.* Milwaukee (Bruce) 1940, ix-142 pp.

3425. **Sanders, N., O.F.M.** "De oorspronkelijke gerechtigheid en de erfzonde volgens S. Thomas," *De Katholiek* (1923) 400-410.

3426. **Sassen, F.** "Moeielijkheden bij de tomistische definitie van de deugd," *Studia Cathol.* XIII (1937) 395-405.

3427. **Schilling, O.** "Die Tugend als richtige Mitte," *Zeitschr. f. Asz. u. Myst.* V (1930) 46-54.

3428. **Schmid, K., O.S.B.** *Die menschliche Willensfreiheit in ihrem Verhältnis zu den Leidenschaften nach der Lehre des hl. Thomas v. Aq.* Engelberg (Verlag der Stiftsschule) 1925, viii-356 pp.

3429. **Schmieder, K.** "Die Synderesis und die ethischen Werte," *Philos. Jahrb.* XLVII (1934) 145-159; 297-307.

3430. **Schöllgen, W.** "Die Lehre von der Tugend bei Thomas v. Aq. und die Kritik Nietzsches an der Christlichen Ethik," *Catholica* VI (1937) 62-80.

3431. **Schöllgen, W.** "Das Verhältnis der modernen Wertethik zur Ethik des Aristoteles und des hl. Thomas," *Catholica* III (1934) 1-9.

3432. **Schönenberger, A.** *Das Gewissen nach der hl. Thomas v. Aq.* (Dissert.) Weida i. Thüringen (Thomas u. Hubert) 1924.

3433. **Schorer, E.** *Die Zweckethik des hl. Thomas v. Aq. als Ausgleich der formalistischen Ethik Kants und der materialen Wertethik Schelers.* Vechta (Albertus-Magnus-Verlag) 1937, xv-84 pp.

3434. **Schrattenholzer, A.** *Soziale Gerechtigkeit.* Graz (Moser) 1934, 205 pp.

3435. **Schuster, J.B.** "Von den ethischen Prinzipien (Comment. I-II, q. 94, 2)," *Zeitschr. f. kath. Theol.* LVII (1933) 44-65.

3436. **Sertillanges, A.D., O.P.** "L'activité morale d'après S. Thomas d'Aq.," *Rev. Thom.* XI (1928) 497-520.

3437. **Sertillanges, A.D., O.P.** *La philosophie morale de S. Thomas d'Aq.* 2me éd. Paris (Alcan) 1922.

3438. **Sertillanges, A.D., O.P.** "The Moral Sanction," *New Schol.* I (1927) 49-64.

3439. **Sheen, F.J.** *Freedom under God.* Milwaukee (Bruce) 1940, vii-265 pp.

3440. **Sheen, F.J.** *The Moral Universe.* Milwaukee (Bruce) 1936, vii-190 pp.

3441. **Sheen, F.J.** *Whence Come Wars.* N.Y. (Sheed & Ward) 1940, 119 pp.

3442. **Siemer, L.** "Das aktive und das kontemplative Leben nach der Lehre des hl. Thomas," *D T F* III (1925) 171-184.

3443. **Simon, Y.** *Critique de la connaissance morale.* (Questions Disputées) Paris (Desclée) 1934, 166 pp.

3444. **Simonin, H.D., O.P.** "Autour de la solution thomiste du problème de l'amour," *A H M A* VI (1931) 174-276.

3445. **Slater, T.** "The Moral Teaching of St. Thomas," *Month* CXLIV (1924)

3446. **Steng, A.** "S. Thomas et le droit naturel," *Bull. Inst. Cath. de Paris* XV (1924) 100-105.

3447. **Trancho, A.** "Los fundamentos tomistas de la moralidad," *Cien. Tom.* XXXVIII (1928) 20-34.

3448. **Ude, J.** "Die Soziale Gerechtigkeit im Sinne der Lehre des hl. Thomas v. Aq.," *Das Neue Volk* XXX (1935) 186-189.

3449. **Urban, J.** "Metafysickè zaklady mravniho a socialniho radu," in *Sbornik Mezin. Thomist.* (Symp.) 205-215.

3450. **Utz, F.M., O.P.** *De connexione virtutum moralium inter se secundum doctrinam S. Thomae Aq.* Vechta (Albertus-Magnus-Verlag) 1937, 135 pp.

3451. **Utz, F.M., O.P.** "De connexionis virtutum moralium ratione," *Angel.* XIV (1937) 560-574.

3452. **Vann, G., O.P.** *Morals Makyth Man.* London-N.Y. (Longmans) 1938, xii-239 pp.

3453. **Vega, A.C.** "Valor caracteristico de la moral de S. Tomas," *Ciud. Dios.* CXL (1925) 444-456.

3454. **Wagner, F.** "Zum Problem der Sittennorm," in *Aus Ethik u. Leben* (Symp.) 113-127.

3455. **Wagner, F.** *Der Sittlichkeitsbegriff in der christlichen Ethik des Mittelalters.* (Münsterische Beitr. z. Theol., XXI) Münster (Aschendorff) 1936, 380.

3456. **Ward, L.R.** *Philosophy of Value. An Essay in Constructive Criticism.* N.Y. (Macmillan) 1930, x-263 pp.

3457. **Ward, L.R.** *St. Thomas' Theory of Moral Values.* (Dissert.) Washington (Cath. Univ.) 1929.

3458. **Ward, L.R.** *Values and Reality.* N.Y. (Sheed & Ward) 1935, 331 pp.

3459. **Wébert, J., O.P.** "De l'éminente dignité de l'obligation en morale," *Rev. de Philos.* XXIX (1929) 431-445.

3460. **Wilms, H.** "De scintilla animae," *Angel.* XIV (1937) 194-211. (On synderesis.)

3461. **Wittmann, M.** *Die Ethik des hl. Thomas v. Aq.* (in ihrem systematischen Aufbau dargestelt und in ihren geschichtlichen, besonders in den antiken Quellen erforscht.) München (Max Hueber) 1933, xv-392 pp. (A good, standard work.)

3462. **Wittmann, M.** "Neuplatonisches in der Tugendlehre des hl. Thomas v. Aq.," in *Philos. Perennis* (Symp.) I, 167-177.

3463. **Wittmann, M.** "Stellung und Bedeutung des Voluntarium in d. Ethik des hl. Thomas v. Aq.," *B G P M* Suppl. II (1923) 183-195.

3464. **Wittmann, M.** "Thomas v. Aq. als Ethiker. Sammelbericht zur neuesten Literatur," *Literarische Berichte aus dem Gebiete der Philos.* XXV (1931) 36-49.

3465. **Wittmann, M.** "Thomas v. Aq. und Bonaventura in ihrer Glückseligkeitslehre miteinander verglichen," in *Aus d. Geisteswelt* (Symp.) 749-758.

3466. **Würth, C.E.** *Die psychologischen Grundlagen der Gewissensbildung nach der Lehre des hl. Thomas v. Aq.* Olten, Schw. (Walter) 1930, viii-180 pp.

3467. **Zamboni, G.** "La psicologia del volere e il fondamento della morale. Ricerche storiocritiche. Art. II: Analisi dell' etica di S. Tommaso," *R F N S* XVII (1925) 178-293.

3468. **Zammit, P.N., O.P.** "The Concept of Rights according to Aristotle and St. Thomas," *Angel.* XVI (1939) 245-266.

3469. **Zammit, P.N., O.P.** *Philosophia moralis thomistica.* I: De beatitudine. (Ad usum privatum) Romae (Angel.) 1934, 164 pp.

N—SOCIAL AND ECONOMIC PHILOSOPHY

3470. "Quel est l'enseignement de S. Thomas sur le droit de propriété?" *Ami du Clergé* XLV (1928) 721-730.

3471. "Le droit de propriété privée est-il fondé sur le droit naturel? S. Thomas et Léon XIII sont-ils en opposition sur ce point?" *Ami du Clergé* XLVIII (1931) 657-663.

3472. **Aoki, I.** "Thomas Aquinas no Syakwai oyobi Kokka Siso,"

Tetsugaku VI (1929) [The social and political thought of Thomas Aq.]

3473. **Arias, G.** *La filosofia tomistica e l'economia politica.* Milano (Vita e Pensiero) 1934, 72 pp.

3474. **D'Athayde, T.** *Fragments de sociologie chrétiens.* (Questions Disputées) Paris (Desclée) 1934, xii-172 pp.

3475. **B. B.** "Au centre de l'économie moderne: le problème morale du profit capitaliste," *Dossiers de l'Action Populaire* n. 335 (10 fév. 1935) 257-266; n. 336 (25 fév. 1935) 409-434.

3476. **Bésiade, T.** "La justice générale," in *Mélanges Thom.* (Symp.) 327-340.

3477. **Bésiade, T.** "L'ordre social," *R S P T* XIII (1924) 5-19.

3478. **Biederlack, J., S.J.** "Zu P. Horvaths Buch: *Eigentumsrecht nach hl. Thomas. v. Aq.*," *Theol.-prakt. Quartalschr.* LXXXIII (1930) 524-535. (See *infra* no. 3524.)

3479. **Borne, E.** et **Henry, F.** *Le travail et l'homme.* Paris (Desclée) 1937, 250 pp.

3480. **Bouvier, L., S.J.** *Le précepte de l'aumône chez S. Thomas d'Aq.* (Stud. Coll. Max. Immaculatae Concept., XVII) Montréal, 1935, 199 pp; Paris (Desclée) 1939, 199 pp.

3481. **Boyer, C., S.J.** *Il concetto di storia nell' idealismo e nel Tomismo.* Roma (Studium) 1935, 82 pp.

3482. **Brennan, R.E., O.P.** "The Thomistic Concept of Culture," in *Maritain-Thomist* (Symp.) 111-136.

3483. **Brouillard, R., S.J.** "La doctrine catholique de l'aumône," *Nouv. Rev. Théol.* LIV (1927) 5-36. (S. Thomas: pp. 16-23.)

3484. **Brucculeri, A., S.J.** "Il carattere etico dell' economia politica," *Civ. Catt.* LXXXIV (1933) 462-475.

3485. **Brucculeri, A., S.J.** "La funzione sociale della proprietà," *Civ. Catt.* LXXXVII (1936) 112-126.

3486. **Brugeilles, R.** *Introduction à une sociologie thomiste.* (Coll. Perspectives) Paris (Malfère) 1934, 287 pp.

3487. **Brunet, R., S.J.** "La propriété privée chez S. Thomas," *Nouv. Rev. Théol.* LXVI (1934) 914-927; 1022-1041.

3488. **Cavallera, F., S.J.** "Sur quelques textes de S. Thomas concernant la propriété individuelle," *Bull. Litt. Ecclés.* XXXII (1931) 37-48.

3489. **Chombranski, E.** "Le retour aux idées fondamentales de l'éthique thomiste, salut dans la crise sociale actuelle," in *Magister Thomas* (Symp.) 385-404.

3490. **Coquelle, G.** "S. Thomas d'Aq. et l'ordre social," *Rev. Fédéraliste* VI (1923) 361-371.

3491. **Cordovani, M., O.P.** "Diritti e doveri sociali secondo S. Tommaso," *A P A R* V (1939) 50-77.

3492. **Cordovani, M., O.P.** "Il diritto di proprietà in S. Tommaso d'Aq.," *Economia* XV (1937) 117-119.

3493. **Daniels, D.** *Die Gemeinschaft bei M. Scheler und Thomas v. Aq.* München (Severing u. Güldner) 1926, 166 pp.

3494. **Defourny, M.** "Les théories monétaires de S. Thomas," *Annales de Droit et de Sc. Polit.* (1937) 5-32.

3495. **Delos, J.T., O.P.** "Bien commun," *Dict. de Sociologie* Paris (Letouzey) 1936, III, 831-855.

3496. **Delos, J.T., O.P.** "La Sociologie. Son introduction dans les programmes du 18 août 1920," *Document. Cathol.* XXI (1929) 1454-1472.

3497. **Deploige, S.** "S. Thomas et la famille," *Rev. des Jeunes* XIII (1923) 345-381; also in *Annales de l'Inst. Sup.* (Louvain) V (1924) 699-738; also in *Acta Hebdom.* (Symp.) 107-130.

3498. **Deploige, S.** "S. Thomas en het Gezin," in *S. Thomas-Bijdragen* (Symp.) 77-99.

3499. **Descoqs, P., S.J.** "Individu et Personne. Etudes critiques," *Arch. de Philos.* XIV, 2 (1936) 1-58.

3500. **Dyroff, A.** "Ueber den Kulturbegriff d. Quaest. Disp. de Veritate des hl. Thomas," *Philos. Jahrb.* XXXVI (1923) 83-92.

3501. **Egan, J.M., O.P.** "Notes on the Relations of Reason and Culture in the Philosophy of St. Thomas," *Angel.* XV (1938) 110-120.

3502. **Eschmann, I.T., O.P.** "De societate in genere. Quaestio philosophica scholastica," *Angel.* XI (1934) 56-77; 214-227.

3503. **Fanfani, A.** *Le origini dello spirito capitalistico in Italia.* Milano (Vita e Pensiero) 1933, 180 pp.

3504. **Fanfani, A.** "Le soluzioni tomistiche e l'atteggiamento degli uomini dei secoli XIII e XIV di fronte ai problemi della ricchezza," *Riv. Intern. di Sc. Sociali* XXXIX (1931) 553-581.

3505. **Fischer-Colbrie, A.** "Quid S. Thomas de cultura doceat," in *Xenia Thom.* (Symp.) I, 533-551.

3506. **Friel, G.Q.** *Punishment in the Philosophy of St. Thomas Aq. and among Some Primitive Peoples.* (Dissert.) Washington (Cath. Univ.) 1939, xi-302 pp.

3507. **Frodl, F.** *Gesellschaftslehre.* Wien, 1936, 450 pp. (Thomas v. Aq. pp. 110-120.)

3508. **Gallegos Rocafull, J.M.** *El orden social, según la doctrina de S. Tomás de Aq.* Madrid (Fax) 1935.

3509. **Gavin, F.** "The Catholic Doctrine of Work and Play," *Theology* XXI (1930) 14-40.

3510. **Gemaehling, P.** *Les Grands Economistes. Textes et commentaires.* 2me éd. Paris (Sirey) 1933, 372 pp. (On St. Thomas, 10 pages.)

3511. **Gillet, M.S., O.P.** *Conscience chrétienne et justice sociale.* Paris, 1922.

3512. **Gillet, M.S., O.P.** *Coscienza cristiana e giustizia sociale.* Trad. di L.T. Regattieri, pref. di Mons. D. Minoretti. Torino (Marietti) 1927, xvi-356 pp.

3513. **Gillet, M.S., O.P.** "Le moral et le social," in *Mélanges Thom.* (Symp.) 311-326.

3514. **Goñi, B.** "El movimiento obrerista a la luz del Angelico," *Cien. Tom.* XXXVII (1928) 179-194.

3515. **Goreux, P., S.J.** "L'aumône et le régime des biens. I: La doctrine de S. Thomas d'Aq. II: L'interprétation de S. Thomas d'Aq. dans la tradition," *Nouv. Rev. Théol.* LIX (1932) 117-131; 240-254.

3516. **Gorski, L.** "La doctrine thomiste de la propriété," in *Magister Thomas* (Symp.) 405-427.

3517. **Grabmann, M.** *Die Kulturphilosophie des hl. Thomas v. Aq.* Augsburg (Filser) 1925.

3518. **Grabmann, M.** *La filosofia della cultura secondo Tommaso d'Aq.* Trad. di P. I. Marego, O.P. Noceto (A. Castelli) 1931, 202 pp.

3519. **Haessle, J.** *Das Arbeitsethos der Kirche nach Thomas v. Aq. und Leo XIII.* Freiburg i. B. (Herder) 1923, ix-277 pp.

3520. **Hagenauer, S.** *Das 'justum pretium' bei Thomas v. Aq. Ein Beitrag zur Geschichte der objektiven Werttheorie.* Stuttgart (Kohlhammer) 1931, x-115 pp.

3521. **Heinen, W.** "Die justitia socialis. Ein Beitrag zur Klärung des Begriffs," in *Scientia Sacra* (Symp.) 298-327.

3522. **Henry, J.** "Thomisme et propriété privée," *Collect. Mechlin.* XVIII (1929) 541-554.

3523. **Hoban, J.H.** *The Thomistic Concept of Person and Some of its Social Implications.* (Dissert.) Washington (Cath. Univ.) 1939, iv-97 pp.

3524. **Horvath, A., O.P.** *Eigentumsrecht nach dem hl. Thomas v. Aq.* Graz (Moser) 1929, 240 pp.

3525. **Horvath, A.** "Von der Soziologie des hl. Thomas v. Aq.," *Schönere Zukunft* IV (1928-29) 175-177. (Start of a series.)

3526. **Horvath, A.** "Thomas v. Aq. über die Würde des Menschen in der Volkwirtschaft," *Ibid.* 221-232.

3527. **Horvath, A.** "Besitz und Arbeit nach Thomas v. Aq.," *Ibid.* 239-242.

3528. **Horvath, A.** "Thomas v. Aq. über die Grenzen des Eigentumsrechts," *Ibid.* 265-266.

3529. **Horvath, A.** "Thomas v. Aq. über des Sondereigentum und seine soziale Belastung," *Ibid.* 310-311.

3530. **Horvath, A.** "Thomas v. Aq. über Ueberfluss und Besitzverteilung," *Ibid.* 331-332.

3531. **Horvath, A.** "Bestimmung des rechten Lebensstandards nach dem hl. Thomas v. Aq.," *Ibid.* 372-374; 392-394.

3532. **Horvath, A.** "Zum Ringen um den rechten Eigentumsbegriff," *Ibid.* V (1929-30) 56-58.

3533. **Horvath, A.** "Was ist nach Thomas v. Aq. abzugebender Ueberfluss?" *Ibid.* 83-84.

3534. **Horvath, A.** "Ist die Abgabe des Ueberflusses nur Liebes- oder auch Naturrechtspflicht?" *Ibid.* 110-113.

3535. **Horvath, A.** "Verwaltung des Eigentums und Staat," *Ibid.* 163-165.

3536. **Horvath, A.** *Aquinoi sz. Tomas vilagnezete.* (See *supra* no. 2012.)

3537. **Hürth, F., S.J.** "Um das Wesen von Darlehen und Zins," *Scholast.* I (1926) 422-433.

3538. **Jansen, B., S.J.** "Der Geist des Aquinaten und die Kulturaufgaben der Jetztzeit," *Jahrb. d. Verbandes d. Vereine kath. Akademiker* (1924) 4-17.

3539. **Janssen, A.** "Doctrina S. Thomae de obligatione laborandi," *Ephem. Theol. Lovan.* I (1924) 355-368.

3540. **Janssen, A.** *De leer von S. Thomas over den arbeidsplicht.* (Godsdienstige en sociale trakten, X) Antwerpen (Geloofsverdediging) 1924, 40 pp.

3541. **Jarrett, B., O.P.** *Mediaeval Socialism.* London (Burns Oates) 1935.

3542. **Jarrett, B., O.P.** *Social Theories of the Middle Ages, 1200-1500.* London (Benn) 1926, x-280 pp. (Reprinted: Westminster, Maryland [Newman Book Shop] 1942, x-280 pp.)

3543. **Kehl, P.** *Die Steuer in der Lehre der Theologen des Mittelalters.* Berlin. (Ebering) 1927, xi-403 pp.

3544. **Killeen, S.M.** *The Philosophy of Labor according to St. Thomas Aq.* (Dissert.) Washington (Cath. Univ.) 1939.

3545. **Kleinhappl, J., S.J.** "Der Begriff der justitia socialis und das Rundschreiben 'Quadragesimo Anno'," Zeitschr. f. kath. Theol. LVIII (1934) 364-390.

3546. **Kowalski, K.** "La sociologie de S. Thomas d'Aq. et les problèmes de races actuels des Missions," in *Magister Thomas* (Symp.) 259-290.

3547. **Kurz, E., O.F.M.** *Individuum und Gemeinschaft beim hl. Thomas v. Aq.* München (Kösel u. Pustet) 1932, 164 pp.

3548. **De Lagarde, G.** "Individualisme en Corporatisme in de Middeleeuven," *Kultuurleven* IX (1938) 142-210.

3549. **De Lagarde, G.** "Individualisme et corporatisme au moyen âge," in *L'organisation corporative du moyen âge à la fin de l'ancien régime.* Louvain (Bibl. de l'Univ.) 1937, pp. 1-58.

3550. **Lemonnyer, A., O.P., Tonneau, J., O.P.** et **Troude, R.** *Précis de Sociologie.* Introd. du R.P. Delos, O.P. Marseille (Ed. Publiroc) 1934, 503 pp.

3551. **Lenz, J.** "Die Personwürde des Menschen bei Thomas v. Aq.," *Philos. Jahrb.* XLIX (1936) 138-166.

3552. **De Liedekerke.** "S. Thomas d'Aq. et les problèmes économique d'aujourd'hui," *Rev. Générale* (1935) 385-395; 560-583.

3553. **Linhardt, R.** *Die Sozial-Prinzipien des hl. Thomas v. Aq.* Versuch einter Grundlegung der speziellen Soziallehren des Aquinaten, aus den Quellen erarbeitet. Freiburg i. B. (Herder) 1932, xiv-240 pp.

3554. **Lorenz, J.** "Die Stellung Thomas v. Aq. zur Frage der internationalen Wirtschaftsbeziehungen. Kleiner Wirtschaftskommentar zu 'De Regimine Principum' " *D T F* XV (1937) 129-144.

3555. **Lorenz, J.** "Soziale Aktivierung des Thomismus," *D T F* IX (1931) 52-68.

3556. **Malone, J.D., O.P.** "Is the Rich Man Obliged to Feed the Poor?" *Dominicana* XVII (1932) 119-123.

3557. **Manser, G.M., O.P.** "Thomas v. Aq. und der Hexenwahn," *D T F* IX (1922) 17-49.

3558. **Maritain, J.** *Culture and Religion.* (Pamphet 2) Toronto (St. Michael's Coll.) 1933.

3559. **Maritain, J.** *Humanisme intégral: Problèmes temporels et spirituels d'une nouvelle chrétienté.* (Six leçons prononcées en août 1934 à l'Univ. d'été de Santander.) Paris (Aubier) 1936.

3560. **Maritain, J.** *True Humanism.* Transl. by M. Adamson. London (Bles); N.Y. (Scribner's) 1938.

3561. **Maritain, J.** "Integral Humanism and the Crisis of Modern Times," *Rev. of Politics* I (1939) 1-17.

3562. **Maritain, J.** "Réflexions sur la personne humaine," *Cahiers Laënnec* I (1935) 25-42.

3563. **Maritain, J.** "Le Thomisme et la civilisation," (Conf. à l'Inst. Cath. de Paris, le 23 mars 1928.) *Rev. de Philos.* XXVIII (1928) 109-140.

3564. **Maritain, J.** "Il tomismo e la civiltà," *R F NS* XXI (1929) 12-33.

3565. **Maritain, J.** *Der Thomismus und der Mensch in der Zeit.* Uebers. v. K. Holzamer. Köln (Gilde-Verlag) 1931, 44 pp.

3566. **Maritain, J.** "Personality, Property and Communism," *Univ. of Toronto Quarterly* III (1934) 167-184.

3567. **Maritain, J.** *Religion et Culture.* (Questions Disputées) Paris (Desclée) 1930, 116 pp.

3568. **Maritain, J.** *Religion and Culture.* Translated by J.F. Scanlan (Essays in Order, I) London (Sheed & Ward) 1931, 67 pp.

3569. **Maritain, J.** "S. Thomas et l'unité de la culture chrétienne," *Vie Intell.* XXV (1928) 46-74.

3570. **Maritain, J.** "Thomas v. Aq. und die Einheit des Abendlandes," *Kathol. Gedanke* II (1929) 11-30.

3571. **Maritain, J.** *Some Reflections on Culture and Liberty.* Chicago (Univ. Press) 1933.

3572. **McDonald, W.J.** *The Social Value of Property according to St. Thomas Aq.* (Dissert.) Washington (Cath. Univ.) 1939, viii-200 pp.

3573. **McLaughlin, J.B., O.S.B.** "De usura et interesse," *Ephem. Theol. Lovan.* II (1925) 229-236.

3574. **Michel, S.** *La notion thomiste du Bien Commun. Quelques-unes de ses applications jurisdiques.* Préf. de G. Renard. Paris (Vrin) 1932, xxii-246 pp.

3575. **Michel, V., O.S.B.** *St. Thomas and Today. Comments on the Economic Views of Aquinas.* St. Paul, Minn. (Wanderer Press) 1935, 64 pp.

3576. **Mignosi, P.** "Filosofia della cultura," *Tradizione* IV (1931).

3577. **Missiaen, B., O.M.Cap.** "De economische gedachte naar S. Thomas, en het moderne kapitalisme," in *S. Thomas-Bijdragen* (Symp.) 109-113.

3578. **Mitterer, A.** "Der Dienst des Menschen an der Natur nach dem Weltbild des hl. Thomas und dem der Gegenwart. Ein Beitrag zur Natur- und Kulturphilosophie," *Zeitschr. f. kath. Theol.* LVI (1932) 1-45.

3579. **Mitterer, A.** "Methoden des Thomaserklärung," *Das Neue Reich* XII (1929-30) 622-624.

3580. **Mitterer, A.** "Was lehrt St. Thomas, was lehrt P. Horvath über das Eigentumsrecht," *Das Neue Reich* XII (1929-30) 379-381.

3581. **Mounier, E.** "De la propriété capitaliste à la propriété humaine," *Esprit* XIX (1934) 5-70.

3582. **Murphy, E.F.** "The Economics of Aquinas," *Eccl. Rev.* XLIX (1923) 64-79.

3583. **Nègre, P.** *Essai sur les conceptions économiques de S. Thomas d'Aq.* (Dissert.) Aix (Impr. Universitaire de Provence) 1927.

3584. **Nicherson-Hoffman.** "La morale économique de S. Thomas et l'industrie moderne," *Rev. Cath. des Idées et des Faits* V 1925) 3-6.

3585. **Niekel, J.H.** *Rationeele Maatschappij- en Staatsleer.* Hilversum (Brand) 1931, 264 pp.

3586. **Notter, A.** "Aquinoi Sz. Tomas es a tarsadalom erkölcsi vilaza," *Religio* LXXXVII (1928) 111-123.

3587. **Notter, A.** "A tarsaldami kerdès alapelvei Aquinoi sz. Tomas szerint," *Religio* LXXXVII (1928) 188-194.

3588. **Nussbaumer, A.** "Der hl. Thomas und die rechtliche Stellung der Frau," *D T F* XI (1933) 63-75; 138-156.

3589. **O'Rahilly, A.** "St. Thomas on Credit," *Irish Eccl. Record* LXIV (1928) 159-168.

3590. **Osbourn, J.C., O.P.** "The Theological Ingredients of

Peace," in *Maritain-Thomist* (Symp.) 23-54.

3591. **Ostheimer, A.L.** *The Family. A Thomistic Study in Social Philosophy.* (Dissert.) Washington (Cath. Univ.) 1939.

3592. **Paletta, G., O.S.B.** "Die soziale Bedeutung der evangelische Räte für Gottesreich nach den Grundsätzen des hl. Thomas v. Aq.," *Bened. Monatschr.* XIV (1932) 176-196.

3593. **Pérez Garcia, J., O.P.** *De principiis functionis socialis proprietatis privatae apud D. Thomam Aq.* (Dissert.) Fribourg, Suisse) Abulae (Sig. Diaz) 1924, xiii-184 pp.

3594. **Perrier, A.** "L'ordre social d'après S. Thomas," *Rev. Domin.* XXXIII (1927) 143-149; 194-203.

3595. **Petit, C.** "Les enseignements juridiques et sociaux de S. Thomas," *Chron. Soc. de France* XXXIII (1924) 339-355; 426-444.

3596. **Pieper, J.** *Die Neuordnung der menschlichen Gesellschaft. Systematische Einführung in die Enzyklika 'Quadragesimo Anno.'* 2 Aufl. Frankfurt a. M., 1933, 107 pp.

3597. **Prims, F.** *Geld en Zedeleer bij St. Thomas en St. Antoninus.* Antwerpen, 1924, 22 pp.

3598. **Renard, R.G.** "La pensée chrétienne sur la propriété et les inégalités sociales qui s'ensuivent," *Vie Intell.* VIII (1930) 242-270.

3599. **Renard, R.G.** et **Trotabas, L.** *La fonction sociale de la propriété privée.* Paris (Sirey) 1930, vi-63 pp.

3600. **Renard, R.G.** *Propriété privée et propriété humaine.* Paris (Aube Nouvelle) 1926, 24 pp.

3601. **Renard, R.G.** "Thomisme et droit social. A propos de l'idée du droit social de M. Gurvitch," *R S P T* XXIII (1934) 40-81; also separate: Paris (Sirey) 1934, 42 pp.

3602. **Renz, O.** "Das Dienstverhältnis. Ein Beitrag zum Familienrecht und zur Arbeiterfrage," in *Xenia Thom.* (Symp.) I, 475-506.

3603. **Rheinhold, G.** "Die Grundlagen der Kulturphilosophie des hl. Thomas v. Aq.," *Schönere Zukunft* IV (1929) 736-737; 759-760.

3604. **Richey, Sister Francis Augustine.** *Character Control of Wealth according to St. Thomas Aq.* (Dissert.) Washington (Cath. Univ.) 1940, xiii-122 pp.

3605. **Riedl, C.C.** "The Social Theory of St. Thomas Aq.," *Proc. Amer. Cath. Philos. Assoc.* X(1934) 11-34.

3606. **Rocha, M.** *Les origines de 'Quadragesimo anno'. Travail de salaire à travers la scolastique.* Paris (Desclée) 1933, xii-205 pp.

3607. **Rodriquez-Bachiller, A.** "La cultura, según S. Tomás de Aq.: el elemento supraracional," *Contemporanea* IX (1935) 135-137.

3608. **Rohner, A., O.P.** "Das Eigentumsrecht nach dem hl. Thomas v. Aq.," D T F VIII (1930) 60-81.

3609. **Rohner, A., O.P.** "P. Horvaths Buch: *Eigentumsrecht nach dem hl. Thomas v. Aq.,*" *Schönere Zukunft* V (1929-30) 540-

542; 568-569. (On no. 3524, *supra.*)

3610. **Rohner, A., O.P.** "Thomas v. Aq. oder Max Scheler. Individuum und Gemeinschaft," *D T F* II (1924) 129-144; 282-298.

3611. **De Rooy, E., O.P.** "La nature de la société selon S. Thomas," *Angel.* VI (1929) 483-496.

3612. **De Rooy, E., O.P.** "Les origines de l'économie actuelle," in *Magister Thomas* (Symp.) 33-52.

3613. **Ryan, J.A.** "The Economic Philosophy of Aquinas," in *Essays in Thom.* (Symp.) 237-260; 410-411.

3614. **Salvioli, J.** "Las doctrinas economicas en la escolastica del siglo xiii," *Anuario de hist. del derecho español* III (1926) 31-68.

3615. **Schilling, O.** "Das Almosen als Rechtsflicht," in *Aus Ethik u. Leben* (Symp.) 161-169.

3616. **Schilling, O.** *Die christlichen Soziallehren.* (Der kath. Gedanke XVI) München (Oratoriums-Verlag) 1926, 200 pp.

3617. **Schilling, O.** "Die Eigentumslehre des hl. Thomas v. Aq. und Leos XIII," in *Xenia Thom.* (Symp.) I, 461-474.

3618. **Schilling, O.** "Die soziale Gerechtigkeit," *Theol. Quartalschr.* CXIV (1933) 269-277.

3619. **Schilling, O.** *Die Staats- und Soziallehre des hl. Thomas v. Aq.* München (Hueber) 1930; 2 Aufl. 1933, viii-360 pp. (See particularly, Part III, for social philos.)

3620. **Schilling, O.** "Thomas von Aquin," in *Staatslexicon.* Freiburg (Herder) 1932, Bd. V. 343-360.

3621. **Schilling, O.** "Thomistische Wirtschafts- und Soziallehre," *Soz. Rev.* V (1930) 193-199.

3622. **Schmitt, A., S.J.** "Der hl. Thomas und die Sterilisierung Minderwertiger," *Zeitschr. f. kath. Theol.* LI (1927) 273-280.

3623. **Schmitt, A., S.J.** "Soziale Gerechtigkeit in der Enzyklika 'Quadragesimo Anno'," *Das Neue Reich* XIV (1931-32) 563.

3624. **Schulte, K.** *Gemeinschaft und Wirtschaft im Denken des Thomas v. Aq.* Paderborn (Schöningh) c. 1925, 56 pp.

3625. **Schultes, R.M., O.P.** "Die Kulturbedeutung des hl. Thomas v. Aq. für die Gegenwart," *Das Neue Reich* X (1928) 636 seqq.

3626. **Schwer, W.** *Stand und Ständeordnung im Weltbild des Mittelalters.* Paderborn (Schöningh) 1934, 85 pp.

3627. **Serra, T., O.P.** "El tomismo viu," *Paraula Crist.* XLIV (1929) 232-235.

3628. **Slavin, R.J., O.P.** "St. Thomas and His Teaching on the Family," *Dominicana* XVIII (1933) 135-141.

3629. **Smith, I., O.P.** "Scholastic Philosophy and Sociology," *Proc. Amer. Cath. Philos. Assoc.* XI (1935) 101-107.

3630. **Spicq, C., O.P.** "Comment construire un traité thomiste de la propriété?" *Bull Thom.* VIII (1931) 62*-68*.

3631. **Spicq, C., O.P.** "L'aumône: obligation de justice ou de charité? S. Thomas, *S.T.* II-II, q. 32, a. 5," in *Mélanges Mand.* (Symp.) I, 245-264.

3632. **Spicq, C., O.P.** "La notion analogique de *Dominium* et le droit de propriété," *R S P T* XX (1931) 52-75.

3633. **Spicq, C., O.P.** "Note de lexicographie philosophique médiévale (*potestas procurandi et dispensandi,* S. Thomas, *S.T.* II-II, q. 66, a. 2)," *R S P T* XXIII (1934) 82-93.

3634. **Spicq., C., O.P.** "Notes de lexicographie philosophique médiévale. *Dominium, possessio, proprietas* chez S. Thomas et chez les Juristes Romains," *R S P T* XVIII (1929) 269-281.

3635. **Steuer, G.** *Studien über die theoretischen Grundlagen der Zinslehre bei Thomas v. Aq.* Stuttgart (Kohlhammer) 1936, 128 pp.

3636. **Tiberghien, P.** "L'autorité dans le régime du Salariat," *Chron. Sociale de France* XLVII (1938) 131-138. (Transl. et comment. de: *S.T.* I, 96, a. 4.)

3637. **Tonneau, J., O.P.** "Le double problème du profit," *Vie Intell.* XXVI (1935) 60-71.

3638. **Tonneau, J., O.P.** "Propriété,"*D T C* XIII, col. 757-846.

3639. **Troeltsch, E.** *Die Soziallehren d. christlichen Kirchen und Gruppen.* 3 Aufl. Tübingen, 1923. (Thomas v. Aq. pp. 252-285.)

3640. **Turgeon, C.** "La morale économique de la scolastique," *Trav. jurid. et écon. de l'Univ. de Rennes* XIV (1935) 36-78; XV (1936) 5-51.

3641. **Ude, J.** *Soziologie. Leitfaden der natürlichvernünftigen Gesellschafts- und Wirtschaftslehre, im Sinne der Lehre des hl. Thomas v. Aq.* Schaan, Licht. (Alpenland-Verlag) 1931, xxxii-396 pp.

3642. **Warnez, J., O.P.** "De sociale dienstbaarheid van het eigendom," *Kultuurleven* VI (1935) 634-649; 772-781.

3643. **Weber, H.** und **Tischleder, P.** *Handbuch der Sozialethik.* I: Wirtschaftsethik. Essen (Baedeker) 1931, xxxvi-556 pp.

3644. **Welty, E., O.P.** *Gemeinschaft und Einzelmensch, Bearbeitet nach den Grundsätzen des hl. Thomas v. Aq.* Salzburg-Leipzig (Pustet) 1935.

3645. **Welty, E., O.P.** "Ideologie und Idee im sozialen Leben," *D T F* XI (1933) 183-202.

3646. **Welty, E., O.P.** "Naturgesetzte Gemeinschaftsordnung," *Catholica* VI (1936) 33-40.

3647. **Welty, E., O.P.** "Over het Wezen en de Opbouw der menschelijke Gemeenschap," *Kultuurleven* XIII (1937) 588-608.

3648. **Weve, F.A.,** O.P. *De maatschappijleer van het Universalisme en S. Thomas.* Tilburg (Berghmans) 1931, 30 pp.

3649. **Wolfe, Sister Joan of Arc, O.S.F.** *The Problem of Solidarism in St. Thomas.* Washington (Cath. Univ.) 1938, 184 pp.

O—POLITICAL AND LEGAL PHILOSOPHY

3650. **Adler, M.J.** "A Question about Law," in *Essays in Thom.* (Symp.) 205-236; 388-410.

3651. **Aveling, F.** "St. Thomas Aq. and the Papal Monarchy," Lecture 4 in: Hearnshaw, F.J.C. *The Social and Political Ideas of Some Great Medieval Thinkers.* London (Harrap) 1924, 224 pp.

3652. **Basler, X.** "Thomas v. Aq. und die Begründung der Todesstrafe," *D T F* IX (1931) 69-90; 173-202.

3653. **Beaufort, D., O.F.M.** *La guerre comme instrument de secours ou de punition.* La Haye (Nijhoff) 1933, xi-185 pp.

3654. **Bernareggi, A.** "La filosofia del diritto internazionale in S. Tommaso," in *S. Tommaso d'Aquino* (Symp.) 192-227.

3655. **Bertomeu, A.** "La concepcio tomista de la lley," *Critérion* I (1925) 279-285.

3656. **Bo, G.** "Il pensiero di S. Tommaso d'Aq. sull' origine della sovranità," *Scuola Catt.* XVI (1930) 260-278; 321-335; 401-419. As a book: Rome (Soc. Ed. Studium) 1931, 60 pp.

3657. **Bouillon, V.** *La politique de S. Thomas.* Paris (Letouzey) 1927, 176 pp.

3658. **Bride, A.** "Promulgation de la Loi," *D T C* XIII, col. 683-692.

3659. **De Broglie, G., S.J.** "Science politique et doctrine chrétienne," *Rech. Sc. Relig.* XVIII (1928) 553-593; XIX (1929) 1-42.

3660. **Brucculeri, A., S.J.** "Corporativismo e tomismo," *Civ. Catt.* LXXXV (1934) 574-585.

3661. **Bruni, G.** "La politica e la morale," *R F N S* XXIV (1932) 469-476.

3662. **Brys, J.** "De legis possibilitate," *Collat. Brug.* XXIX (1929) 205-207. (On *S.T.* I-II, 96, a. 2-3.)

3663. **Buoncore, G.** *Lo Stato, il diritto, la legge in S. Tommaso.* Salerno (Di Giacomo) 1936, 37 pp.

3664. **Burgos y Mazo, M. de,** *El problema social y la democracia cristiana.* Gili, 1933, iv-638 pp.

3665. **Carlyle, R.W.** and **A.J.** *A History of Mediaeval Political Theory in the West.* Vol. V: The Political Theory of the Thirteenth Century. Edinburgh (Blackwood) 1928, xv-494 pp. Vol. VI: From 1300-1600. *Ibid.* 1936, xxvii-551 pp.

3666. **Carreras y Araño, J.** *Filosofia de la ley según S. Tomás de Aq.* Granada, 1926, xiv-189 pp.

3667. **Carro, V.D., O.P.** "El concepto de ley según S. Tomás y las modernas dictaturas y democracias," in *Domingo de Soto y el derecho de gentes.* Madrid (Bruno del Amo) 1930, 115-189 pp.

3668. **Clemens, R.** *Personnalité morale et personnalité juridique.*

Paris (Sirey) 1935, xvii-272 pp.

3669. **Cordovani, M., O.P.** "Il diritto naturale secondo l'idealismo e secondo S. Tommaso," in *Cattol. e Ideal.* (Symp.) pp. 165-185.

3670. **Cordovani, M., O.P.** "Lineamenti tomistici di una filosofia di Diritto," *Mem. Domen.* LI (1934) 69-79.

3671. **Czyrnek, B., O.P.** "Optima regiminis forma juxta S. Thomam Aq.," in *Magister Thomas* (Symp.) 471-479.

3672. **Delos, J.T., O.P.** "Le probléme des rapports du droit et de la morale," *Arch. de Philos, du Droi* III (1933) 84-111.

3673. **Delos, J.T., O.P.** "La société internationale au regard du droit naturel," *R S P T* XV (1926) 145-160.

3674. **Delos, J.T., O.P.** *La société internationale et les principes du droit public.* Préf. de Louis Le Fur. Paris (Pédone) 1929, xx-344 pp. (Excellent work.)

3675. **Demongeot, M.** *Le meilleur régime politique selon S. Thomas d'Aq.* Paris (Blot) 1928, 215 pp.

3676. **Demongeot, M.** *La théorie du régime mixte chez S. Thomas d'Aq.* (Dissert.) [Paris, c. 1927?] 134 pp.

3677. **Dempf, A.** *Sacrum Imperium, Geschichts- und Staatsphilosophie des Mittelalters und der politischen Renaissance.* München (Oldenbourg) 1929, xv-574 pp. (Part II, sect. 10: Bonaventura und Thomas v. Aq.)

3678. **Desquerat, A.** *L'institution, le droit objectif et la technique positive. Essai historique et doctrinal.* Paris (Sirey) 1933, xix-400 pp. (Critical of thomism.)

3679. **Detroz, E.** *La politique de S. Thomas. A propos de quelques ouvrages récents.* Liège (Quai Mativa, 38); Paris (Giraudon) 1929, 22 pp.

3680. **Dotres, F.J.** *S. Tomás d'Aq. y las leyes. Ensayo de filosofiia del Derecho.* Madrid (Typ. de Archivos) 1932, 281 pp.

3681. **Duynstee, W.J.A.J., C.SS.R.** *De leer der straf van den h. Thomas v. Aq.* Redevoering, Nijmegen (Dekker en Van De Vegt) 1928, 20 pp.

3682. **Eschmann, I.T.** "Der Begriff der 'Civitas' bei Thomas v. Aq.," *Catholica* III (1934) 83-103.

3683. **Farrell, W., O.P.** "The Fate of Representative Government," in *Essays in Thom.* (Symp.) 287-310; 414-416.

3684. **Farrell, W., O.P.** "Natural Foundations of the Political Philosophy of St. Thomas," *Proc. Amer. Cath. Philos. Assoc.* VII (1931) 75-85.

3685. **Fettarappa Sandri, C.** "Il 'dottore Angelico' e l'Impero," *Popolo d'Italia* 29 Jan. (1937)

3686. **Finke, H.** "Das Problem des gerechten Krieges in der mittelalterlichen theologischen Literatur," in *Aus d. Geisteswelt* (Symp.) 1426-1434.

3687. **Flori, E.** "Il trattato 'De Regimine principum' e le dottrine politiche di S. Tommaso," *Scuola Catt.* LII (1924) 134-169.

3688. **Gaudrault, P.M., O.P.** "S. Thomas et le premier contrat social," *S. Thomas-Etudes-Ottawa* (Symp.) 133-152.

3689. **Gebauer, W.** "Die Aufnahme der Politik des Aristoteles und die naturrechtliche Begründung des Staates durch Thomas v. Aq.," (Dissert. Basle) *Vierteljahrschr. f. Sozial u. Wirtschaftsgesch.* XXIX (1936) 137-160; offprint: Stuttgart (Kohlhammer) 1936, 34 pp.

3690. **Gemmel, J.** "Rechtserneuerung und Rechtspflege des hl. Thomas v. Aq.," *Scholast.* XIII (1938) 544-559.

3691. **Getino, L.** (ed.) *Regimiento de principes de S. Tomás de Aq. seguido de la Gobernación de los Judios por el mismo santo.* Ed., (See *supra* no. 1379.)

3692. **Gillet, M.S., O.P.** "S. Thomas et la paix," *Angel.* XVI (1939) 129-135.

3693. **Gmür, H.** *Thomas v. Aq. und der Krieg.* Leipzig-Berlin (Teubner) 1933, viii-78 pp.

3694. **Goñi, B.** "El 'Pacto Kellogg' a la luz del Angelico," *Cien. Tom.* XXXVIII (1928) 187-207.

3695. **Grandclaude, M.** "Les particularités du 'De regimine principum' de S. Thomas," *Rev. Hist. de Droit franç. et étranger* (1929) 665-666.

3696. **Gurian, W.** "On Maritain's Political Philosophy," in *Maritain-Thomist* (Symp.) 7-22.

3697. **Gurvitch, G.** *L'idée du droit social. Notion et système du droit social. Histoire doctrinale depuis le XVIIe siècle jusqu'à la fin du XIXe siècle.* Paris (Sirey) 1932, x-714 pp. (Critical of influence of thomism.)

3698. **Hering, H.M.** "De genuina notione justitia generalis seu legalis juxta S. Thomam," *Angel.* XIV (1937) 464-487.

3699. **Hugueny, E., O.P.** "L'état et l'individu," in *Mélanges Thom.* (Symp.) 341-360.

3700. **Ives, J.M.** "St. Thomas Aq. and the Constitution," *Thought* XII (1937) 567-586.

3701. **Jaccard, P.** "La restauration du droit et de la politique de S. Thomas d'Aq.," *Rev. Théol. et Philos.* XVI (1928) 42-68. (Criticism by a Non-Catholic scholar.)

3702. **Janssens, E.** "La coutume, source formelle de droit, d'après S. Thomas d'Aq. et Suarez," *Rev. Thom.* XIV (1931) 681-726.

3703. **Jennaton, E.** *Etudes philos., historiques, théologiques et sociales.* Essai de Thomisme vivant. I: Le régime électif. II: La meilleure forme de pouvoir. Marseille (Publiroc) c. 1934, 3 vol. 84-101-137 pp.

3704. **Joad, C.E.M.** *Guide to the Philosophy of Morals and Politics.* London (Gollancz) 1938, 816 pp. (St. Thomas: pp. 128-131; 136.)

3705. **Journet, C.** *Préface* à la nouvelle édition de: *Du gouvernement royal,* trad. du *De Regno* de S. Thomas d'Aq. par C. Roguet. Paris (Dauphin) 1931, pp. xii-xxxviii.

3706. **Kreilkamp, K.** *The Metaphysical Foundations of Thomistic Jurisprudence.* (Dissert.) Washington (Cath. Univ.) 1939, 183 pp.

3707. **Kühle, H.** *Staat und Todesstrafe.* Münster (Aschendorff) 1934, xvi-127 pp.

3708. **De la Brière, Y., S.J.** "La conception du droit international chez les théologiens catholiques," *Rev. de Philos.* XXIX (1929) 365-388.

3709. **Lachance, L., O.P.** *Le concept de Droit selon Aristote et S. Thomas.* Paris (Sirey) 1933, 456 pp.

3710. **Lachance, L.** *L'humanisme politique de S. Thomas: Individu et Etat.* Ottawa (Editions du Levrier); Paris (Sirey) 1939, 2 vol. 746 pp.

3711. **De Lagarde, G.** *La naissance de l'esprit laïque au moyen âge.* I: Bilan du XIIIe siècle. Saint-Paul-Trois-Châteaux (Ed. Béatrice) 1935, 269 pp.

3712. **De Lagarde, G.** *Recherches sur l'esprit politique de la Réforme.* Introd: "Politique du moyen âge," pp. 9-87. Paris (Picard) 1926, 485 pp.

3713. **Lallement, D.** "La doctrine politique de S. Thomas d'Aq.," *Rev. de Philos.* XXVII (1927) 353-379; 465-488.

3714. **Lallement, D.** "La doctrine politique de S. Thomas. III: La question du meilleur régime," *Rev. de Philos.* XXIX (1929) 71-86.

3715. **Landry, B.** *L'idée de chrétienté chez les scolastiques du XIIIe siècle.* Paris (Alcan) 1929, 214 pp.

3716. **De Languen-Wendels, P.** "La paix selon la conception chrétienne," *Rev. Thom.* XXII (1938) 40-86.

3717. **La Pira, G.** "Il concetto di legge secondo S. Tommaso," *R F N S* XXII (1930) 208-217.

3718. **La Pira, G.** "Il diritto naturale nella concezione di S. Tommaso d'Aq.," in *Indirizzi e Conquiste* (Symp.) 193-205.

3719. **Laversin, M.J., O.P.** "Droit naturel et droit positif d'après S. Thomas," *Rev. Thom.* XVI (1933) 3-49; 177-216.

3720. **Lecler, J.** "Les théories démocratiques au moyen âge," *Etudes* CCXXV (1935) 5-26; 168-192.

3721. **Leclercq, J.** *Leçons de droit naturel.* I: Le fondement du droit et de la société. Bruxelles (Dewit); Paris (Giraudon) 1927, 271 pp.

3722. **Leclercq, J.** "Note sur la justice," *R N P* XXVIII (1926) 269-283.

3723. **Leduc, A., O.P.** "En lisant S. Thomas. Loi et Droit," *Rev. Domin.* XXXI (1925) 680-686; XXXII (1926) 3-8.

3724. **Le Fur, L.** et **Chklaver, G.** *Recueil de textes de Droit international Public.* Paris (Dalloz) 1928, x-769 pp. (On St. Thomas, see especially: pp. 1-84.)

3725. **Lottin, O., O.S.B.** "La définition classique de la loi (Comment. de la Ia IIae, 90)," *R N P* XXVI (1925) 129-145; 244-273.

3726. **Lottin, O.** *Le droit naturel chez S. Thomas d'Aq. et ses prédécesseurs.* 2me éd. Bruges (Beyaert) 1931, 132 pp.

3727. **Lottin, O.** "Les premiers exposés scolastiques sur la loi éternelle," *Ephem. Theol. Lovan.* XIV (1937) 287-301.

3728. **MacLean, D.A.** "St. Thomas and Political Tyranny," *Homil. and Pastoral Rev.* XXVII (1927) 631-636.

3729. **Mailloux, B., O.P.** "Droit et morale," *Rev. Domin.* XXXIX (1933) 463-472; 521-533.

3730. **Mariani, U., O.S.A.** "Il 'De regimine principum' e le teorie politiche di Egidio Romano," *Giorn. Dantesco* XXIX (1926) 1-11.

3731. **Maritain, J.** "L'idéal historique d'une nouvelle chrétienté," in *Magister Thomas* (Symp.) 75-115.

3732. **Maritain, J.** "L'idée thomiste de la liberté," *Rev. Thom.* XLV (1939) 440-459. (Engl. transl. in: *Scholasticism and Politics*, transl. by M.J. Adler. N.Y. [Macmillan] 1940, pp. 118-143.)

3733. **Maritain, J.** "Maximes et voies d'une action politique," *Nova et Vetera* IX (1924) 1-12.

3734. **Maritain, J.** *La Primauté du Spirituel.* Paris (Plon et Nourrit) 1927.

3735. **Maritain, J.** *The Things that are not Caesar's.* Transl. by J.F. Scanlon. London (Sheed & Ward); N.Y. (Scribners) 1930. (Transl. of no. 3734.)

3736. **Maritain, J.** *Du régime temporel et de la liberté.* Paris (Desclée) 1933.

3737. **Maritain, J.** *Freedom in the Modern World.* London (Sheed & Ward) 1935. (Transl. of no. 3736.)

3738. **Maritain, J.** *Scholasticism and Politics.* Transl. edited by M.J. Adler. N.Y. (Macmillan) 1940.

3739. **Maritain, J.** "Une philosophie de la liberté," *Nova et Vetera* VIII (1933) 249-295.

3740. **Martyniak C.** "La définition thomiste de la loi," *Rev. de Philos.* XXX (1930) 231-250.

3741. **Martyniak, C.** *Le fondement objectif du droit d'après S. Thomas d'Aq.* Paris (P. Bossuet) 1931, 210 pp.

3742. **McIlwain, C.H.** *The Growth of Political Thought in the*

West, from the Greeks to the End of the Mediaeval Age. London (Macmillan) 1932.

3743. **McMahon, F.E.** "A Thomistic Analysis of Peace," *Thomist* I, 2 (1939)

3744. **McMahon, F.E.** "The Virtue of Social Justice and International Life," in *Maritain-Thomist* (Symp.) 55-60.

3745. **Meda, F.** "Il concetto della sovranità nel pensiero di S. Tommaso," *Avvenire d'Italia* 7 feb. (1931)

3746. **Meersemann, G., O.P.** "Le droit naturel chez S. Thomas et ses prédécesseurs," *Angel.* IX (1932) 63-76.

3747. **Mercier, C.** "Républîque ou monarchie. Etude comparée de la pensée d'Aristote et de S. Thomas," *Rev. Thom.* VIII (1925) 101-123.

3748. **Michel, S.** *La notion thomiste du Bien Commun.* (See no. 3574, *supra.*)

3749. **Millar, M.F.X., S.J.** "Scholastic Philosophy and American Political Theory," *Thought* I (1926) 112-136.

3750. **Müller, W.** *Das Verhältnis zur sittlichen Ordnung. Untersucht auf Grund der Lehre des hl. Thomas v. Aq.* Bonn (Univ. Dissert.) n.d., 43 pp.

3751. **Müller, W.** "Thomas v. Aq. und die gemässigte Volkssouveränitätslehre," *Bonner Zeitschr. f. Theol. u. Seelsorge* VII (1930) 321-345.

3752. **Murphy, E.A.** *St. Thomas' Political Doctrine and Democracy.* (Dissert.) Washington (Cath. Univ.) 1920.

3753. **Mycielski, A.** "Que nous dit le bon sens au sujet de l'idée du droit?" in *Magister Thomas* (Symp.) 333-350.

3754. **Niekel, J.H.** "Een thomistische Staatsopvatting?" *Thom. Tijdschr.* IV (1933) 459-469.

3755. **Olgiati, F.** "Problemi giuridici e problemi filosofici," *R F N S* XXIV (1932) 24-56; 248-264.

3756. **O'Rahilly, A.** "The Democracy of St. Thomas," *Studies* IX (1930) 10 seqq. (See also nos. 1603, 1605, 1606 and 1607 *supra.*)

3757. **Otazo, R.** *Sentido democrático de la doctrina politica de Sto Tomás.* (Estudios politicos, sociales y economicos, II) Madrid (Pueyo) 1930, 222 pp.

3758. **Palacio, J.M., O.P.** "La pena de muerte ante el derecho natural," *Cien. Tom.* XLII (1930) 309-326.

3759. **Palacio, J.M., O.P.** "Las formas de gobierno según la doctrina tomista," *Cien. Tom.* XLIII (1931) 310-322.

3760. **Passerin d'Entrèves, A.** *Appunti di storia delle dottrine politiche. La filosofia politica medioevale.* Torino (Giappichelli) 1934, 238 pp. (S. Tommaso: pp. 99-144.)

3761. **Passerin d'Entrèves, A.** "Diritto naturale e distinzione fra morale e diritto nel pensiero di S. Tommaso d'Aq.," *R F N S* XXIX (1937) 473-503.

3762. **Passerin d'Entrèves, A.** *The Medieval Contribution to Political Thought; Thomas Aquinas, Marsilius of Padua, Richard Hooker.* Oxford, 1939.

3763. **Passerin d'Entrèves, A.** "S. Tommaso d'Aq. e la costituzione inglese nell' opera di Sir John Fortescue," *Atti della Real. Acc. di Scienze di Torino* LXII (1927) 261-285.

3764. **Pelaez, A.G., O.P.** "Doctrina tomista sobre la tirania politica," *Cien. Tom.* XXX (1924) 313-331.

3765. **Pelaez, A.G., O.P.** "El patriotismo y la moral según S. Tomás," *Cien. Tom.* IV (1923) 171-185.

3766. **Pelaez, A.G., O.P.** "La paz social según S. Tomás," *Cien. Tom.* XXXI (1925) 189-210; XXXII (1925) 72-90.

3767. **Pelland, L.** "S. Thomas d'Aq. et la guerre," *Rev. de Droit* (Québec) sept. (1935); reprod. dans *Document. Cath.* XXXIV (1935) 643-660.

3768. **Perez, B.A.** *En pos de la paz. Normas ético-juridicas que, según S. Tomás de Aq. y sus principales commentadores, deben regular la duración, ejercicio y terminación de la guerra.* Lima (T. Schenck) 1928, 144 pp.

3769. **Petit, C.** "Les enseignements juridiques et sociaux de S. Thomas," *Chron. Soc. de France* XXXIII (1924) 339-355; 426-444.

3770. **Piot, A.** *Droit naturel et réalisme. Essai critique sur quelques doctrines françaises contemporaines.* Préf. de M.G. Ripert. Paris (Lib. Générale de Droit et de Jurisprudence) 1930, viii-232 pp.

3771. **Pirenne, H.** "La duchesse Aleyde de Brabant et le 'De regimine Judaeorum' de S. Thomas d'Aq.," *R N P* XXX (1928) 193-205.

3772. **Platenburg, T.** *Een moderne staatsleer volgens de grondbeginselen van St. Thomas v. Aq.* Brugge (Uitgave Excelsior) 1929, 110 pp.

3773. **Réglade, M.** "Essai sur le fondement du droit," *Arch. de Philos. du Droit* III (1933) 160-196.

3774. **Regout, R., S.J.** *La doctrine de la guerre juste de S. Augustin à nos jours.* Préf. du R.P. Y. de la Brière. Paris (Pédone) 1935, 342 pp.

3775. **Renard, R.G.** "Les bases philosophiques de droit international et la doctrine du 'Bien commun'," *Arch. de Philos. du Droit* I (1931) 465-480.

3776. **Renard, R.G.** "La conception analogique du droit," *Vie Intell.* VI (1934) 268-279.

3777. **Renard, R.G.** *Le Droit, la Justice et la Volonté. Conférences d'introduction philosophique à l'étude du droit.* Paris (Tenin) 1924, xii-344 pp.

3778. **Renard, R.G.** *Le Droit, la Logique et le bon sens. Conf. d'introd. philos. à l'étude du droit.* Paris (Tenin) 1925, xii-408 pp.

3779. **Renard, R.G.** *Le Droit, l'Ordre et la Raison. Conf. d'introd. à l'étude du droit.* Paris (Tenin) 1927, xxiii-438 pp.

3780. **Renard, R.G.** "Les fondements philosophiques de droit international," *Document. Cath.* XXVI (1931) 597-600.

3781. **Renard, R.G.** "De l'institution à la conception analogique du droit," *Arch. de Philos. du Droit* V (1935) 81-145.

3782. **Renard, R.G.** *L'institution, fondement d'une rénovation de l'ordre social.* Paris (Flammarion) 1933, 221 pp.

3783. **Renard, R.G.** *La théorie de l'Institution. Essai d'ontologie juridique.* Vol. I: partie juridique. Paris (Sirey) 1930, xxxvi-640 pp.

3784. **Renard, R.G.** *Thomisme et droit social.* Paris (Sirey) 1934, 42 pp. (Extr. de la *R S P T* XXIII [1934] 40-81.)

3785. **Rivière, J.** "Sur la notion chrétienne de la politique," *Rev. Sc. Relig.* XII (1932) 56-69.

3786. **Rocca, G. della,** *La politica in S. Tommaso.* Con prefaz. di P. Orano. Napoli (Ed. Rispoli Anonima) 1934, 206 pp.

3787. **Roemer, W.F.** "St. Thomas and the Ethical Basis of International Law," *Proc. Amer. Cath. Philos. Assoc.* III (1928) 102-112.

3788. **Rohner, A., O.P.** "Naturrecht und positives Recht," *D T F* XII (1934) 59-83.

3789. **Roland-Gosselin, B.** *La doctrine politique de S. Thomas d'Aq.* Paris (Rivière) 1928, 200 pp.

3790. **Rooney, M.T.** *Lawlessness, Law and Sanction.* Washington (Cath. Univ.) 1937, 176 pp.

3791. **Ryan, J.K.** "The Thomistic Concept of Peace," and "The Thomistic Doctrine of War," chap. II-III in: *Modern War and Basic Ethics.* Milwaukee (Bruce) 1940, pp. 5-22.

3792. **Schilling, O.** *Die Staats- und Soziallehre des hl. Thomas v. Aq.* Paderborn (Schöningh) 1923, x-285 pp.

3793. **Schilling, O.** *Die Staats- und Soziallehre des hl. Thomas v. Aq.* Zweite Aufl. München (Hueber) 1930, viii-360 pp. (Part I: Thom. Theory of Natural Law; Part II: Political Doct. of St. Thomas.)

3794. **Schilling, O.** *Die Staats- und Soziallehre des Papstes Leo XIII.* Köln (Bachem) 1925, 188 pp.

3795. **Schreyvogel, F.** *Thomas v. Aq. Ausgewählte Schriften zur Staats- und Wirtschaftslehre des Thomas v. Aq.* (Die Herdflamme, III) Jena (Fischer) 1923, 148 pp.

3796. **Schulte, K.** *Staat und Gesellschaft im denken des Thomas v. Aq.* (Schöninghs Sammlung philos. Lesestoffe, 8) Paderborn (Schöningh) 1926, 80 pp.

3797. **Schwalm, M.B.** *La société et l'état.* Ed. J.H. Coquelle.

Paris (Flammarion) 1937, 286 pp.

3798. **Senn, F.** *De la justice et du droit.* Explication de la définition traditionelle de la justice, suivie d'une étude sur la distinction du *jus naturale* et du *jus gentium.* Paris (Sirey) 1927, 96 pp.

3799. **Seydl, E.** "Thomas v. Aq. über die Todesstrafe," *Schönere Zukunft* XII (1936-37) 1363-1365; 1391.

3800. **Simon, Y.R.** "Beyond the Crisis of Liberalism," in *Essays in Thom.* (Symp.) 261-286; 411-414.

3801. **Simon, Y.R.** *Nature and Functions of Authority.* (Aquinas Lecture, 1940) Milwaukee (Marquette U. Press) 1940.

3802. **Sommer, F.** *Studien zur Geschichte der Rechtswissenschaft.* Paderborn (Schöningh) 1934, viii-230 pp.

3803. **Staeglich, H.** *Darstellung der Staatstheorie des Thomas v. Aq.* Leipzig (Staeglich) 1933, 9 pp.

3804. **Stang, A.** *La notion de loi dans S. Thomas d'Aq.* Paris (P. Bossuet) 1927, 136 pp.

3805. **Stepa, J.** "Le caractère total de l'Etat d'après S. Thomas d'Aq.," in *Magister Thomas* (Symp.) 429-441. (*Not* on totalitarianism.)

3806. **Tesser, S.** "De oorsprong von Staatsgezag," *Thom. Tijdschr.* III (1932) 82-99.

3807. **Tischleder, P.** "Der Grundcharakter der thomistischen Staatslehre," in *Kathol. Almanach* (Symp.) 35-50.

3808. **Tischleder, P.** *Der Staat.* (Staatsburger-Bibliot., 153) München-Gladbach (Volksvereinverlag) 1926, 46 pp.

3809. **Tischleder, P.** *Die Staatslehre Leos XIII.* München-Gladbach (Volksvereinverlag) 1925, xvi-538 pp.

3810. **Tischleder, P.** *Ursprung und Träger des Staatsgewalt nach der Lehre des hl. Thomas und seiner Schule.* München-Gladbach (Volksvereinverlag) 1923, 264 pp.

3811. **Tonneau, J., O.P.** "Une démission de la morale," *Rev. Thom.* XVI (1933) 84-108.

3812. **Torres Lopez, M.** "La doctrina de S. Tomás sobre la guerra justa y sus influencias en la de Franc. de Vitoria," *Anales de la Facul. de Filos y Letras, Univ. de Granada* (1929) 7-28.

3813. **Toso, A.** "De conceptu legis juxta Aquinatis doctrinam," *Jus Pont. Ephem.* IV (1924) 31-36.

3814. **Toso, A.** *Thomas de Aquino. Il luogo di nascità e il pensiero giuridico del santo dottore.* Sora (Uberti-Pisani) 1936, 95 pp.

3815. **Triebels, L.** *De Staatsidee volgens Leo XIII.* Groningen (Wolters) 1925, 144 pp.

3816. **Vann, G., O.P.** "Introduction to Thomist Politics," *Blackfriars* XVIII (1938) 323-337.

3817. **Vialatoux, J.** *Morale et Politique.* (Questions Disputées, dir. Journet et Maritain) Paris (Desclée) 1931, 138 pp.

3818. **Vialatoux, J.** "De quelques équivoques à propos de morale et de politique," *Chron. Sociale de France* XLII (1933) 755-768.

3819. **Van Welie, B.** *Thomas v. Aq. en Joannes Bodinus. Een vergelijkende studie over het subject van de souvereiniteit.* 'S-Hertogenbosch (Teulings) 1936, v-323 pp.

3820. **Wiegand, H.** "Die Staatslehre des Thomas v. Aq. und ihre Bedeutung für die Gegenwart," in *Rechtsidee und Staatsgedanke,* herausg. v. K. Lorenz. Berlin (Junker u. Dünnhaupt) 1930, pp. 207-222.

3821. **Wittmann, M.** "Der Begriff des Naturgesetzes bei Thomas v. Aq.," in *Aus Ethik u. Leben* (Symp.) 66-80.

3822. **De Wulf, M.** "Les théories politiques du moyen âge," *R N P* XXVI (1924) 249-266.

P—ESTHETICS

3823. **Adler, M.J.** *Art and Prudence.* N.Y. (Longmans) 1937, 686 pp.

3824. **Andrian, L.** *Die Ständeordnung des Alls. Rationales Weltbild eines katholischen Dichters.* München (Kösel u. Pustet) 1930, 264 pp.

3825. **Bielmeier, A.** "Sinn und Wert des liturgischen Gesanges in der Feier des Officium divinum, nach Thomas v. Aq.," *Theol. u. Glaube* XIX (1927) 226-230.

3826. **Bizzari, R., O.M.C.** "Abbozzo di un Estetica secondo i principii della scolastica," *Riv. Rosmin.* (1935) 183-196.

3827. **Bizzari, R., O.M.C.** "Le idee filosofiche ed estetiche di Pietro Mignosi," *R F N S* XXVI (1934) 423-433. ("Riposta di Pietro Mignosi," *ibid.* 433-439.)

3828. **Bizzari, R., O.M.C.** "San Tommaso e l'arte," *R F N S* XXVI (1934) 88-98.

3829. **Bosković, H., O.P.** "Relatio artis ad moralitatem," in *Magister Thomas* (Symp.) 243-257.

3830. **De Bruyne, E.** *Kunstphilosophie.* Bruxelles (Standaard-Boekhandel) 1929.

3831. **De Bruyne, E.** *Esquisse d'une philosophie de l'art.* Bruxelles, 1930.

3832. **Busnelli, G., S.J.** "Dalla filosofia all religione e alla realtà nell' arte secondo il Prof. Carlini," *Civ. Catt.* LXXXVI (1935) 479-497.

3833. **Busnelli, G., S.J.** *Indipendenza e novità dell' arte e l'idealismo moderno.* Sec. ediz. Roma (La Civilta Cattolica) 1933.

3834. **Busnelli, G., S.J.** "La poetica d'Aristotele e il concetto dell' arte," *Civ. Catt.* LXXXIV (1933) II, 149-160.

3835. **Callahan, J.L.** *A Theory of Esthetic according to the Prin-*

ciples of St. Thomas Aq. (Dissert.) Washington (Cath. Univ.) 1927, 132 pp.

3836. **Capedevila, J.M.** "L'artiste en face de son oeuvre," in *Xenia Thom.* (Symp.) I, 379-388.

3837. **Capedevila, J.M.** "Bellesa i Veritat. Notes d'estetica tomista," in *Miscel. Tomista* (Symp.) 240-248.

3838. **Capedevila, J.M.** "El concepte de creació en l'obre artistica. Notes d'estetica tomista," in *Anuari de la Soc. Catal. de Filos.* I (1923) 305-314.

3839. **Ceriani, G.** "La gnoseologia e l'intuizione artistica," *R F N S* XXVI (1934) 285-300.

3840. **Chapman, E.** "The Perennial Theme of Beauty," in *Essays in Thom.* (Symp.) 333-346; 417-419.

3841. **Clément, M.** "Notions d'Esthétique," in *Initiation-Peillaube* (Symp.)

3842. **Coomaraswamy, A.K.** "Mediaeval Aesthetic. II: St. Thomas Aq. on Dionysius and a Note on the Relation of Beauty to Truth," *Art Bulletin* XX (1938) 66-77.

3843. **De Corte, M.** "Anthropologie platonicienne et aristotélicienne," *Etudes Carmélit.* (1938) 54-98. (On poetic knowledge: pp. 81-98.)

3844. **De Corte, M.** "Connexions et oppositions de la Poésie et de la Magie," *Hermès* (1936) 53-59.

3845. **De Corte, M.** "Ontologie de la Poésie, I et II," *Rev. Thom.* XLIII (1937) 361-392; XLIV (1938) 99-125.

3846. **De Corte, M.** "Poésie et Métaphysique," *Rev. de Philos.* XXVI (1936) 193-206.

3847. **Donnelly, F.P.** "Where and Why of Beauty's Pleasure," *Thought* V (1930) 261-271.

3848. **Dyroff, A.** "Ueber die Entwicklung und den Wert der Aesthetik des Thomas v. Aq.," *Arch. f. Syst. Philos. u. Soz.* XXXIII (1929) 157-215.

3849. **Dyroff, A.** "Zur allgemeinen Kunstlehre des hl. Thomas," *B G P M* (Münster, 1923)

3850. **Ghéon, H.** "Le Thomisme et l'art littéraire," *Rev. Fédéraliste* VI (1923) 348-360.

3851. **Gilby, T.** *Poetic Experience: an Introduction to Thomist Aesthetic.* N.Y. (Sheed & Ward) 1934, 114 pp.

3852. **Grabmann, M.** "Des Ulrich Engelberti von Strassburg, O.P. (d. 1277) Abhandlung *De pulchro*," *Sitz. d. Bayer. Akad d. Wissensch.* XIV (1926) Introd. pp. 8-22.

3853. **Van Groenewoud, A.** "De Schoonheidsleer van den H. Thomas v. Aq.," *Bijdragen Philos. en Theol. Facult. der Nederland. Jezuieten* (1938) 273-311.

3854. **Hruban, J.** "Estheticky rád v pojeti scholastickém a současnem," in *Sbornik Mezin. Thomist.* (Symp.) 189-204.

3855. **Improta, G.** *Contributo dell' angelico dottore S. Tommaso d'Aq. alla dottrina ed all' evoluzione del bello e dell' arte estetica.* Studio storico-critico. Napoli ('Siem') 1933, 143 pp.

3856. **Janssens, P., O.P.** "Bestaat er een Kunstphilosophie?" *De Pelgrim* Feb. (1931)

3857. **Janssens, P., O.P.** "De esthetiek van S. Thomas," *Thom. Tijdschr.* IV (1933) 297-307.

3858. **Janssens, P., O.P.** "Over den wijsgeerigen grondslag der Kunstphilosophie," *Thom. Tijdschr.* I (1930) 140-170.

3859. **Journet, C.** "Contre un 'art thomiste'," *Nova et Vetera* III (1928) 485 seqq.

3860. **Journet, C.** "Faut-il parler d'un 'art thomiste'?" *Nova et Vetera* V (1930) 454-460.

3861. **Kelly, B.** "Passage through Beauty," *Blackfriars* XVI (1935) 647-657.

3862. **Koch, J.** "Zur Aesthetik des Thomas v. Aq.," *Zeitschr. f. Aesth. u. allgem. Kunstwissenschaft* XXV (1931) 266-271.

3863. **Kowalski, C.** "De artis transcendentalitate, secundum quosdam textus Divi Thomae," *Angel.* XIV (1937) 345-354.

3864. **Kowalski, K.** *Zagadnienie piekna.* Lwów (Studia Gnesnensia, III) 1932, 97 pp.

*3865. **Levi, A.W.** "Scholasticism and the Kantian Esthetic," *New Schol.* VIII (1934) 199-222.

3866. **Little, A.** "Jacques Maritain and His Aesthetic," *Studies* XIX (1930) 467-480.

3867. **Loubers, L.** "Le culture scolastique," *Rev. de Philos.* XXVII (1927) 417-439.

3868. **Loubers, L.** "La théorie du Beau," *Rev. de Philos.* XXVIII (1928) 552-584.

3869. **Maritain, J.** *Art et Scolastique.* Paris, 1920; 2me éd. Paris (Rouart) 1927, 352 pp; 3me éd. Paris (Rouart) 1935, 312 pp.

3870. **Maritain, J.** *The Philosophy of Art.* Transl. by J. O'Connor. Ditchling, 1923; London (Humphries) 1923. (Transl. of no. 3869.)

3871. **Maritain, J.** *Art and Scholasticism, with other Essays.* Transl. by J.F. Scanlan. London (Sheed & Ward) 1930, xii-232 pp. (Another transl. of no. 3869)

3872. **Maritain, J.** "De la connaissance poétique," *Rev. Thom.* XLIV (1938) 87-98.

3873. **Maritain, J.** *Frontières de la poésie et autres Essais.* Paris (Rouart) 1935, 230 pp.

3874. **Maritain, J.** "Scholastikové a teorie umění," *Filosofická Rev.* III (1931) 26-33; 58-63; 109-113; 153-161; IV (1932) 22-24; 62-67; series continued. (Czechoslovakian transl. of no. 3869.)

3875. **Maritain, J.** *Umění a Scholastika.* v. úpravě ing. arch. Bretislava Storma (Prelozil V. Renč) c. 1934. (No. 3874 in book form.)

3876. **Maritain, J.** et **R.** *Situation de la Poésie.* Courrier des Iles (Desclée) 1938, 159 pp.

3877. **Mazzantini, C.** *Linee fondamentali de un Estetica tomista.* Roma (Studium) 1930.

3878. **De Munnynck, M., O.P.** "L'Esthétique de S. Thomas d'Aq.," in *S. Tommaso d'Aquino* (Symp.) 228-246.

3879. **Nahm, M.C.** *The Aesthetic Response. An Antinomy and its Resolution.* (Dissert.) Philadelphia (Univ. of Pennsylvania) 56 pp.

3880. **Olgiati, F.** "L'arte e la tecnica nella filosofia di S. Tommaso," *R F N S* XXVI (1934) 156-165.

3881. **Olgiati, F.** "L'arte, l'universale e il giudizio," *R F N S* XXVII (1935) 290-300.

3882. **Olgiati, F.** "S. Tommaso e l'arte," *R F N S* XXVI (1934) 90-98.

3883. **Olgiati, F.** "S. Tommaso e l'autonomia dell' arte," *R F N S* XXV (1933) 450-456.

3884. **Olgiati, F.** "La 'simplex apprehensio' e l'intuizione artistica," *R F N S* XXV (1933) 516-529.

3885. **O'Neil, C.J.** "The Notion of Beauty in the Ethics of St. Thomas," *New Schol.* XIV (1940) 346-378.

3886. **Pancotti, V.** *S. Tommaso e l'arte.* Torino (Soc. Ed. internaz.) 1924, vi-40 pp.

3887. **Phelan, G.B.** "The Concept of Beauty in St. Thomas," in *Aspects-New Schol.* (Symp.) 121-145.

3888. **Plé, R.** "Ontologie de la forme," *Rev. de Philos.* XXXVI (1936) 329-342.

3889. **Pujman, I.F.** "Svaty Tomáš a moderni umění," *Filosofická Rev.* V (1933) 166-176; VI (1934) 24-27; 160-165.

3890. **Sella, N.** *Estetica musicale in S. Tommaso d'Aq.* Torino (Erma) 1930, 69 pp.

3891. **Serafini, A.** "L'Abbazia di Fossanova e le origini dell' architettura gotica nel Lazio," in *Miscel. Stor.-Art.* (Symp.) 223-292.

3892. **Sertillanges, A.D., O.P.** "Prière et musique," *Vie Intell.* VII (1930) 130-164.

3893. **Sturzo, M.** "Il bello secondo S. Tommaso e B. Croce," *Rassegne Nazionale* XC (Luglio 1924)

3894. **Sunyol, G., O.S.B.** "El Cant sagrat segons S. Tomas," *Vida Crist.* XII (1924) 55-59.

3895. **Tichy, O.** "Sv. Tomas Aq. a hudba," in *Svaty Tomas* (Symp.) 135-137. (On music, a note on *S.T.* II-II, 91, 2.)

IV—THEOLOGICAL DOCTRINES

A—ECCLESIASTICAL APPROBATION: AUTHORITY

4001. *Le cinquantenaire de l'encyclique 'Aeterni Patris.'* (Sous les auspices de l'Ecole Supérieure de Philosophie.) Québec (Université Laval) 1929.

4002. **Amann, E.** "Pie X," *D T C* XII, col. 1716-1740. (*Doctoris Angelici,* 24 June, 1914; the 24 Thomistic Theses approved by the Sacred Congregation of Studies, 21 July, 1914.)

4003. **Congar, Y.** "Pourquoi la philosophie de S. Thomas est-elle la philosophie officielle de l'Eglise?" *Bull. Inst. Cath.* (25 mars, 1924) 91-100.

4004. **Contri, S.** *Il tomismo e il pensiero moderno secondo le recenti parole del Pontefice.* Bologna (Coop. Tip. Azzoguidi) 1928, 36 pp.

4005. **Cordovani, M., O.P.** "L'intimo significato dell' Enciclica sul centenario di S. Tommaso," *Avvenire d'Italia* 14 Lugl. (1923)

4006. **Cordovani, M., O.P.** *La legge universitaria della Chiesa e il primato di S. Tommaso d'Aq.* Roma (Pustet) 1932.

4007. **Cordovani, M., O.P.** *Leone XIII 'Aeterni Patris'. Enciclica sulla filosofia cristiana.* (Coll. *La Cattedra,* I) Roma (Ed. Studium) 1927, xxviii-71 pp.

4008. **Cordovani, M., O.P.** "Pio XI e S. Tommaso d'Aq.," *Vita e Pensiero* IX (1923) 449-452.

4009. **Cordovani, M., O.P.** "S. Tommaso nella parola di SS. Pio XI," *Angel.* VI (1929) 1-12.

4010. **Descoqs, P., S.J.** "Thomisme et magistère écclésiastique," *Arch. de Philos.* IV (1926) 184-192.

4011. **Dieckman, H., S.J.** "De auctoritate theologica S. Thomae Aq.," *Scholast.* I (1926) 567-572.

4012. **Dittl, T., O.P.** "Sv. Tomas Aq. v. bulach rimskych papezu," in *Svaty Tomas* (Symp.) 32-36.

4013. **Elia, R.** "La perenne vitalità dell' opera di S. Thomaso d'Aq.," *Mem. Domen.* XLV (1928) 3-18.

4014. **Hedde, R., O.P.** "De l'autorité de S. Thomas dans l'enseignement catholique de la philosophie," *Rev. Apolog.* XXXVIII (1924) 513-526.

4015. **Hedde, R., O.P.** et **Jean de Dieu, O.F.M.** "S. Thomas et les directions pontificales," *Etudes Francisc.* XXXVII (1925) 71-85.

4016. **Huppi, A.** "Gedanken zur neuthomistischen Bewegung," *Monat-Rosen* LXXII (1928) 226-229; 278-282.

4017. **Jean de Dieu. O.F.M.** "S. Thomas et les directions pontificales," *Etudes Francisc.* XXXVI (1924) 451-477.

4018. **Jeličic, V., O.F.M.** "[On the teaching of philosophy and theology according to canon 1366, par. 2, of the Code of Canon Law: in Jugoslavian]" *Franjevacki Vijesnik* (1935) 289-313.

4019. **Jolivet, R.** "Critique et défense du thomisme," *Rev. Apolog.* XLVI (1928) 295-308.

4020. **König, W.** *Zurück zu Thomas v. Aq. Zur Renaissance der philos. Bildung. Gedanken zu den Reformvorschlägen der letzten Päpste.* Einsiedeln-Köln, 1924, 54 pp.

4021. **Larumbe y Lander, T.** *La Enciclica di Pio XI sobre S. Tomás de Aq. y los tres grandes hechos historicotomistas.* Buenos-Aires, 1926.

4022. **Lavaud, L.** *S. Thomas 'Guide des études'. Notes et commentaires sur l'Encyclique 'Studiorum ducem' de SS. Pie XI.* Paris (Téqui) 1925, viii-278 pp.

4023. **Magistri Ordinis Praedicatorum,** "Litterae circulares ob commemorationem sexcentenariam canonizationis S. Thomae Aq. a universalis laetitiae. . ." *Anal. Ord. Praed.* XXXI (1923) 53-59.

4024. **Maritain, J.** *Le Docteur Angélique. Etude sur S. Thomas d'Aq.* (See *supra* no. 1050.)

4025. **Moenius, G.** "J. Maritain über Thomas v. Aq. als 'Apostel unserer Zeit'," *Schönere Zukunft* IV (1928) 837 seq.

4026. **Mourret, F.** "La Papauté contemporaine et le travail intellectuel," in *Tu es Petrus. Encyclopédie populaire sur la Papauté.* Paris (Bloud) 1934, 916-931.

4027. **Noël, L.** "Le cinquantième anniversaire de l'encyclique 'Aeterni Patris'," *R N P* XXXI (1929) 372-378.

4028. **Pègues, T.M., O.P.** *L'autorité pontificale et la philosophie de S. Thomas.* Toulouse (Privat) 1930, 29 pp.

4029. **Pègues, T.M., O.P.** "De l'enseignement de la Somme Théologique dans les grands séminaires," *Rev. Thom.* VII (1924) 391-403.

4030. **Pius XI, Pope**, "Il Papa e il tomismo," *Mem. Domen.* XLIV (1927) 64.

4031. **Pius XI, Pope,** "Litterae encyclicae saeculo exeunte a sanctorum caelitum honoribus Thomae Aq. decretis 'Studiorum ducem...' Die 29 Junii, 1923," *Acta Apost. Sedis* 5 Julii (1923) 309-326.

4032. **Przywara, E., S.J.** "Die Problematik der Neuscholastik," *Kantstud.* XXXIII (1928) 73-98.

4033. **Raus, J.B., C.SS.R.** "L'enseignement de la doctrine de S. Thomas, considéré dans ses rapports avec le Code et les écoles théologiques," *Nouv. Rev. Théol.* LII (1925) 269-291; 358-380.

4034. **Richard, T., O.P.** "Pour S. Thomas. (Résponse à M. Sartiaux)," *Rev. Thom.* XII (1929) 146-165. (Cf. *infra.* no. 4038.)

4035. **Riquet, M.** "Thomas et les 'Auctoritates' en philosophie," in *Etudes sur S. Thomas* (Symp.) 117-155.

4036. **Rosenstoch, E.** "Augustin und Thomas in ihrer Bedeutung für das Denken unserer Zeit," *Una Sancta* III (1927) 14-22.

4037. **Sagot du Vauroux, P.** "Pour comprendre la mission providentielle de S. Thomas," *Lumen* VI (1925) mars.

4038. **Sartiaux, F.** "Le thomisme est-il une philosophie rationelle?" in *La Renaissance réligieuse.* Paris (Alcan) 1928, pp. 183-210. (Cf. *supra* no. 4034.)

4039. **Schultes, R., O.P.** "De auctoritate theologica S. Thomae," in *De Ecclesia Catholica.* Paris (Lethielleux) 1926, sect. 73, pp. 693-704.

4040. **Sertillanges, A.D., O.P.** "Die Zukunft des Thomismus," *Beilage z. Köln. Volkszeit* LXIX (1928) n. 621.

4041. **De Solages, B.** "Une bataille pour la Scolastique," *New Schol.* III (1929) 169-184.

4042. **Stejskal, F.** "Nove predpisy sv. Stolice o filosofi sv. Tomase Aq.," *Casopis Kat. Duchov.* LXV (1924) 537-539.

4043. **Stufler, J.** "J. Ude, *Die Autorität des hl. Thomas . . .*" *Zeitschr. kath. Theol.* LVIII (1934) 255-258. (Critical review of no. 4045, *infra.*)

4044. **De Tonquédec, J., S.J.** "Faut-il revenir au thomisme?" in *La Renaissance Réligieuse.* Paris (Alcan) 1928, pp. 145-163.

4045. **Ude, J.** *Die Autorität des hl. Thomas v. Aq. als Kirchenlehrer und seine Summa Theologica.* Salzburg (Pustet) 1932, 203 pp.

4046. **Villeneuve, R. Card.** "Le thomisme avant et après l'encyclique 'Aeterni Patris'," *Rev. Domin.* XXVI (1929) 273-282; 339-354; 478-496.

4047. **Zychlinski, A.** "O stosowaniu summy Sw. Tomasza przy nauczania Theologji dogmatycznej w seminarjach duchownych," in *Pamietnik czwartego zjazdu Zwiazku Zakladów Theologicznich w Polsce pod wezwaniem Sw. Jana Kantego.* Kielce, 1927, pp. 144-165.

4048. **Zychlinski, A.** "O studjum sw. Tomasza w zaktadach teologicznych," *Aten. Kapl.* XX (1927) 302-316.

4049. **Zychlinski, A.** "Pare uwag o dwudziestu czterech tezach tomist," *Aten. Kapl.* XX (1927) 383-389.

B—GENERAL EXPOSITIONS: DOGMATIC THEOLOGY

4050. **Alagona, P.** (ed.) *S. Thomae. Theologicae Summae Compendium.* Ed. quarta. Torino (Marietti) 1931, 563 pp.

4051. **D'Alès, A., S.J.** "Thomisme," *Dict. Apolog.* IV, col. 1667-1713.

4052. **Arts, J., O.P.** *Beschouwingen uit de Summa van S. Thomas.* Bruges ('Excelsior') 1932, 160 pp. (Resumé of first questions of Ia Pars.)

4053. **Bartmann, B.** *Précis de Théologie dogmatique.* Trad. de l'allemand par M. Gautier. I: Principes formels. Dieu. La Trinité. La création. La rédemption. II: La grâce. L'église. Les sacrements. L'eschatologie. Mulhouse (Ed. Salvator) 1935, 2 vol. 485 et 545 pp.

4054. **Bertetti, G.** *I tesori di S. Tommaso d'Aq.* Torino (Soc. Ed. internaz.) c. 1922, 723 pp.

4055. **Carretti, E.** *Lezioni di Sacra Teologia, tratte della Summa Theologica di S. Tommaso. Gli Angeli. L'Uomo. L'incarnazione.* Bologna ('Bononia') 1925, 381 pp.

4056. **Catellion, P., O.P.** *Beknopte Summaleer van S. Thomas.* Lier (Van In) 1931, 119 pp.

4057. **Cayré, F., A.A.** *Précis de Patrologie. Histoire et doctrine des Pères et Docteurs de l'Eglise.* Tome II, Paris-Tournai-Rome (Desclée) 1930, vi-922 pp. (S. Thomas: pp. 522-629.)

4058. **Diekamp, F.** *Katholische Dogmatik nach den Grundsätzen des. hl. Thomas.* 6 verb. u. verm. Aufl. Münster (Aschendorff) 1930-32, 3 Bde. xiv-380; x-585; viii-491 pp.

4059. **Diekamp, F.** *Idem.* 7 Aufl. 3 Bde. I: 1934, xii-359 pp; II: 1936, x-574 pp; III: 1937, viii-493 pp.

4060. **Diekamp, F.** *Theologiae dogmaticae manuale.* Juxta ed. sextam versionem latinam curavit A.M. Hoffmann, O.P. Paris (Desclée) Vol. I: Introd. in theol. dogm. De Deo uno. De Deo trino. 1933, xiv-412 pp; II: De Deo creatore. De redemptione. 1933, viii-454 pp; III: De Ecclesia et de gratia divina. 1935, vi-196 pp; IV: De sacramentis. 1934, viii-568 pp. (A standard manual.)

4061. **Ferland, A., P.S.S.** *Commentarius in Summam D. Thomae. De Verbo Incarnato et Redemptore.* Montréal (Grand Séminaire) 1936, xviii-318 pp.

4062. **Ferland, A., P.S.S.** *De Gratia. De Sacramentis in communi.* Montréal (Grand Séminaire) 1938, xxi-509 pp.

4063. **Feuling, D., O.S.B.** *Katholische Glaubenslehre. Einführung in das theologisch Leben für weitere Kreise.* Salzburg-Innsbruck-Leipzig (Müller) 1937, xxvii-964 pp.

4064. **Gardeil, A., O.P.** *Présentation du 'Vitrail thomiste' du Père Henri Lamasse.* Paris (Labergerie) 1931, 11 pp. (See *infra* no. 4079.)

4065. **Garrigou-Lagrange, R., O.P.** "L'existence de l'ordre surnaturel ou de la vie intime de Dieu," *Rev. Thom.* XVI (1933) 71-83. (Reprinted as ch. 1, Part II, of no. 4066.)

4066. **Garrigou-Lagrange, R., O.P.** *Le sens du mystère et le clair-obscur intellectuel. Nature et surnaturel.* (Bibl. franç. de Philos.) Paris (Desclée) 1934, 343 pp.

4067. **Garrigou-Lagrange, R., O.P.** "Le sens du mystère chez S. Thomas," in *Magister Thomas* (Symp.) 291-307. (Ch. 4 of Part I, of no. 4066.)

4068. **Garrigou-Lagrange, R., O.P.** *Der Sinn für das Geheimnis und das Hell-Dunkel des Geistes.* Paderborn (Schöningh) 1937, 340 pp. (Transl. of no. 4066.)

4069. **Garrigou-Lagrange, R., O.P.** *Theologia fundamentalis secundum S. Thomae doctrinam.* Pars apologetica. De Revelatione per Ecclesiam Catholicam proposita. 3a ed. emendata operis integri. Romae (Ferrari) 1931, 2 vol. xvi-564; 490 pp.

4070. **Goupil, A.A., S.J.** *Dieu.* Paris (Paillard) I: Unité et Trinité, 1932, 163 pp; II: Création, élévation et péché originel, 1933, 160 pp; III: Incarnation et rédemption, 1934, 166 pp.

4071. **Grabmann, M.** *Die Idee des Lebens in der Theologie des hl. Thomas v. Aq.* Paderborn (Schöningh) 1922.

4072. **Grabmann, M.** *Geschichte der katholischen Theologie.* Freiburg i. B. (Herder) 1933.

4073. **Hervé, J.M.** *Manuale theologiae dogmaticae.* Ed. 12a. Paris (Berche et Pagis) 1935, 3 vol. II: xiv-680 pp; III: v-636 pp.

4074. **Hugon, E., O.P.** *Tractatus Dogmatici ad modum commentarii in praecipuas quaestiones dogmaticas Summae theologicae D. Thomae.* Paris (Lethielleux) ed. quarta, 1926; ed. quinta, 1927, 3 vol. de 800 pp. per vol. Ed. sexta, vol. III: De sacramentis, 1931, 938 pp; ed. undecima, 1933, vol. I, xiv-847 pp.

4075. **Joannis a Sancto Thoma, O.P.** *Cursus Theologicus.* Opere et studio monachorum quorumdam Solesmensium, O.S.B. editus. Paris-Roma-Tournai (Desclée) vol. I: 1931, cviii-560 pp; II: 1934, viii-646 pp; III: 1937, vi-688 pp.

4076. **Lahitton, J.** *Theologiae dogmaticae Theses juxta sinceram D. Thomae doctrinam ad usum Seminariorum et divini Verbi praeconum.* Paris (Beauchesne) 1932, 4 vol. xvi-476; 504; 517; et 629 pp. (Not recommended.)

4077. **Lallement, D.** "Commentaire de S. Thomas d'Aq. La doctrine sacrée," *Lumen* IV (1923) 30-43; 98-115; 163-173.

4078. **Lallement, D.** "Commentaire de S. Thomas d'Aq. Dieu, son éxistence," *Lumen* IV (1923) 235-251; 325-341; 395-415; 720-736.

4079. **Lamasse, H., des Missions Etr. de Paris** Le *Vitrail thomiste. Trois panneaux et deux tableaux suppléments.* Hong-Kong (Impr. de Nazareth); Paris (Labergerie) s.d., c. 1930. (See no. 4064 *supra.*)

4080. **Lemonnyer, A., O.P.** "Le théocentrisme de S. Thomas d'Aq.," *Rev. des Jeunes* XIV (1924) 532-541.

4081. **Lépicier, A.H.M. Card.** *Institutiones Theologiae speculativae ad textum S. Thomae concinnatae. Cursus brevior.* Turin-Rome (Marietti) 1931-32, 3 vol. lxvii-511; lvi-421; lxx-453 pp.

4082. **Lilley, A.L.** *Religion and Revelation. A Study of Some Moments in the Effort of Christian Theology to Define their Relations.* London (S.P.C.K.) 1932, 146 pp. (About half of this book is devoted to a sympathetic exposition of thomism by a Non-Catholic scholar.)

4083. **Lottini, J., O.P.** *D. Thomae Aq. Summa theologica in breviorem formam redacta, usui Seminariorum aptata.* Turin (Marietti) 3 vol. I: 1925, 608 pp; II: 1927, 590 pp; III: 1927, 636 pp.

4084. **Lourenço, G., O.P.** A dignidade da teologia segundo S. Tomás de Aq.," *Estudios* (Coïmbra) (1924) 642-653.

4085. **Van der Meersch, J.** "De notione entis supernaturalis," *Ephem. Theol. Lovan.* VII (1930) 227-263.

4086. **Nasalli-Rocca, G.B. Card.** "Lectura S. Thomae ex *Summa c. Gentiles* I, c. 7," *D T P* III (1926) 178-192.

4087. **Pace, E.A.** "The Theology of St. Thomas," *New Schol.* I (1927) 212-231.

4088. **Paris, G.M., O.P.** *Divisio schematica Summae Theologiae S. Thomae Aq. ac ad Tertiam Partem Supplementi ad usum professorum atque studentium.* Torino (Marietti) 1931, 73 pp. et 34 tabl.

4089. **Pastuszka, J.** "[The Philosophy of Religion: in Polish]" in *Zarys Filosofje. Praca Zbiorowa.* Lublin, 1929, II, 288 pp.

4090. **Pègues, T., O.P.** *Catechism of the Summa Theologica of St. Thomas.* N.Y. (Benziger) n.d.

4091. **Pègues, T., O.P.** *Propaedeutica thomistica ad sacram Theologiam.* Augustae Taurinorum (Lib. del S. Cuore) 1931, xxxvii-489 pp.

4092. **Petrone, R., C.M.** "Exegesis theologica circa quemdam textum S. Thomae," *D T P* II (1925) 296-303.

4093. **Piérard, Abbé,** "S. Thomas devant les mystères de la foi," *Bull. Inst. Cath. de Paris* XV (1924) 110-116.

4094. **Post, L.M., O.P.** *Die katholische Wahrheit nach der Summa des hl. Thomas v. Aq.* Teil I: Gott, Schöpfung, Weltregierung. Münster (Aschendorff) 1926, viii-224 pp.

4095. **Post, L.M., O.P.** *Idem.* 2 Aufl. 1928, 289 pp.

4096. **Roland-Gosselin, M.D.** "Le sermon sur la montagne et la théologie thomiste," *R S P T* XVII (1928) 201-234.

4097. **Schilling, J.** *Die Auffassungen Kants und des hl. Thomas von der Religion.* (Abhandl. z. Philos. u. Psych. der Religion, 27-28) Würzburg (Becker) 1932, xii-240 pp.

4098. **Schultes, R.M., O.P.** "La dottrina di S. Tommaso d'Aq. sull' evoluzione della revelazione e sull' evoluzione dei dommi," in *S. Tommaso d'Aquino* (Symp.) 122-146.

4099. **Sestili, J.** "De natura Deo subjecta in ordine ad supernaturalia quid Augustinus, concinente Thoma, senserit," *D T P* IV (1927) 57-93.

4100. **Sheen, F.J.** *Religion without God.* London (Longmans) 1928, xiv-368 pp.

4101. **Tredici, G.** "La Teologia di S. Tommaso," *Scuola Catt.* LII (1924) 5-21.

4102. **Whitacre, A.E., O.P.** *Veritas: The Theology of St. Thomas.* Oxford (Blackwell) 1924, 32 pp.

4103. **Woroniecki, J., O.P.** *Katolickose Tomizmu.* Lublin (Bibl. Uniw. Lubelskiego) 1924, 96 pp.

4104. **Zubizarreta, V., O.Carm.E.** *Theologia dogmatico-scholastica ad mentem S. Thomae Aq.* Ed. altera ab auctore correcta. Bilbao (Tip. Eléxpuru Hermanos) 1928, 4 vol. 588; 637; 624; 530 pp.

4105. **Zubizarreta, V.** *Idem.* Ed. tertia, 1937.

C—METHODOLOGY OF THEOLOGY

4106. **Baudoux, B., O.F.M.** "Philosophia 'Ancilla theologiae'," *Antonianum* XII (1937) 293-326.

4107. **Bonnefoy, J.F., O.F.M.** *La nature de la théologie selon S. Thomas d'Aq.* Paris (Vrin) 1939, 88 pp. (Previously printed as: "La théologie comme science et l'éxplication de la foi selon S. Thomas d'Aq.," *Ephem. Theol. Lovan.* XIV [1937] 421-446; 600-631; XV [1938] 491-516.)

4108. **Brinktrine, J.** "Der dogmatische Beweis aus der Liturgie," in *Scientia Sacra* (Symp.) 231-251.

4109. **De Broglie, G., S.J.** "De la place du surnaturel dans la philosophie de S. Thomas," *Rech. Sc. Relig.* XIV (1924) 193-245.

4110. **Charlier, L., O.P.** *Essai sur le Problème théologique.* Thuillies Ramgall (Bibl. Orientations, Sec. Scient. 1) 1938, 189 pp.

4111. **Chenu, M.D., O.P.** "*Authentica* et *Magistralia.* Deux lieux théologiques aux XIIe et XXIIIe siècles," *D T P* II (1925) 257-285.

4112. **Chenu, M.D., O.P.** "Grammaire et théologie aux XIIe et XIIIe siecles," *A H M A* X (1935-36) 5-28.

4113. **Chenu, M.D., O.P.** "Position de la théologie," *R S P T* XXIV (1935) 232-267.

4114. **Chenu, M.D., O.P.** "La raison psychologique du développement du dogme d'après S. Thomas," *R S P T* XIII (1924) 44-51.

4115. **Chenu, M.D., O.P.** "La théologie comme science au XIIIe siècle. Genèse de la doctrine de S. Thomas, *Summa theol.* Ia, q. 1, art. 2-8," *A H M A* II (1927) 31-71.

4116. **Claverie, F.** "Théologie et conscience individuelle," *Rev. Thom.* XVIII (1935) 422-445.

4117. **Cremin, E.** "St. Thomas and the Accord of Reason and Faith," *Eccl. Review* LXX (1924) 356-360.

4118. **De Eloriagga, A.M., S.J.** "No cabe fe divina en ningún virtual inclusivo antes de su explicación infalible dada por la Iglesia?" *Est. Ecles.* VI (1927) 113-133; 377-399; VII (1928) 485-496.

4119. **De Eloriagga, A.M., S.J.** "Punto de partida y germen de la evolución del dogma católico," *Est. Ecles.* VIII (1929) 42-60; 487-514.

4120. **Engert, J.** *Studien zu theologischen Erkenntnislehre.* Regensburg (Manz) 1926, xii-620 pp.

4121. **Eschweiler, K.** *Die zwei Wege der neueren Theologie.* Augsburg (Filser) 1926, 327 pp. (On Thomism and Molinism.)

4122. **Fehr, J.** "Die Offenbarung als 'Wort Gottes' bei Karl Barth und Thomas v. Aq.," *D T F* XV (1937) 55-64.

4123. **Fehr, J.** "Offenbarung und Analogie. Ihr Verhältnis in dialektischer und thomistischer Theologie," *D T F* XV (1937) 291-307.

4124. **Fehr, J.** "Offenbarung und Glaube. Ihr Verhältnis in dialektischer und thomistischer Theologie," *D T F* XVI (1938) 15-32.

4125. **Fehr, J.** "Offenbarung. Heilige Schrift und Kirche. Ihr Verhältnis in dialektischer und thomistischer Theologie," *D T F* XVI (1938) 309-330.

4126. **Flanagan, V., O.P.** "Faith and Reason in the Theology of St. Thomas," *Dominicana* XV (1930) 12-18.

4127. **Gagnebet, R.** "La nature de la théologie spéculative; II: La théologie de S. Thomas," *Rev. Thom.* XXII (1938) 1-39; 213-255; 645-674.

4128. **Gardeil, A., O.P.** *Le donné révélé et la théologie.* 2me. éd. Préf. par M.D. Chenu, O.P. Juvisy (Ed. du Cerf) 1932, xxxvi-372 pp.

4129. **Garrigou-Lagrange, R., O.P.** "De spiritu supernaturali theologiae D. Thomae," in *Miscel. Stor.-Art.* (Symp.) 141-150.

4130. **Garrigou-Lagrange, R., O.P.** "Du caractère métaphysique de la théologie morale de S. Thomas, en particulier dans ses rapports avec la prudence et la conscience," *Rev. Thom.* VIII (1925) 341-355.

4131. **Garrigou-Lagrange, R., O.P.** "La théologie et la vie de la foi," *Rev. Thom.* XVIII (1935) 492-514.

4132. **Geyer, B.** "Der Begriff der scholastischen Theologie," in

Synthesen-Dyroff (Symp.) 112-125.

4133. **Gorce, M.M., O.P.** "La méthode historique du Maître de la théologie," *Rev. Thom.* XVIII (1935) 557-567.

4134. **Grabmann, M.** "De quaestione 'Utrum theologia sit scientia speculativa an practica' a B. Alberto et S. Thoma Aq. pertracta," in *Alberto Magno. Atti della settimana Albertina.* (9-14 nov. 1931) Romae (Pustet) 1931, pp. 107-126.

4135. **Grabmann, M.** "De theologia ut scientia argumentativa secundum S. Albertum Magnum et S. Thomam Aq.," *Angel.* XIV (1937) 39-60.

4136. **Grabmann, M.** "Der Wissenschaftsbegriff des hl. Thomas v. Aq. und das Verhältnis von Glaube und Theologie zur Philosophie und weltlichen Wissenschaft," in *Die Goerresgesellschaft und der Wissenschaftsbegriff.* Köln, 1934, pp. 7-44.

4137. **Grabmann, M.** "Il concetto di scienza secondo S. Tommaso d'Aq. e le relazioni della fede e della teologia con la filosofia e le scienze profane," *R F N S* XXVI (1934) 127-155.

4138. **Grosche, R.** "La notion d'analogie et le problème théologique d'aujourd'hui," *Rev. de Philos.* XXXV (1935) 302-312.

4139. **Herranz, C.L.** "El progreso dogmático," *Rev. Ecles.* IV (1932) 395-430.

4140. **Humilis de Genova, O.F.M.** "De sacrae theologiae scientifica natura," *Est. Francisc.* XLII (1930) 165-180.

4141. **Jean de Saint-Thomas, O.P.** *Introduction à la théologie de S. Thomas. Explication de l'ordre et de l'enchaînement des traités et questions de la Somme théologique.* Trad. et notes de M.B. Lavaud, O.P. Paris (Blot) 1928, viii-475 pp.

4142. **Konečny, I.** "Pomer viry a rozumu ve filosofi sv. Tomase Aq.," *Casopis Kat. Duch.* LXV (1924) 519-524.

4143. **Lemonnyer, A., O.P.** "La théologie spirituelle comme science particulière," *Vie Spirit.* XXXIII (1932) Suppl. 158-166.

4144. **Lisowski, F.** "Sw. Tomasz z Akw. o rozwoju dogmatow," *Przegl. Teol.* V (1924) 161-174.

4145. **Lozano, S., O.P.** *Unidad de la ciencia sagrada y de la vida santa.* Salamanca (Tip. de la Calatrava) 1932, 154 pp.

4146. **Lozano, S., O.P.** "Naturaleza de la sagrada teologia. Su aspecto afectivo-practico, según S. Tomás," *Cien. Tom.* XXIX (1924) 204-221.

4147. **Lozano, S., O.P.** "Naturaleza de la teologia. Su lado afectivo-practico, según S. Tomás," *Cien. Tom.* XXXI (1925) 26-53.

4148. **De M., F.S.** "L'analogie de l'esser i el dogma cristia," *Critérion* VIII (1932) 91-99.

4149. **Manthey, F.** *Der Sprachphilosophie des hl. Thomas v. Aq. und ihrer Anwendung auf Probleme der Theologie.* Paderborn (Schöningh) 1937, 268 pp.

4150. **Merkelbach, B.H., O.P.** "Le traité des actions humaines dans la morale thomiste," *R S P T* XV (1926) 185-207.

4151. **Messaut, J.** "Le rôle intellectuel de la théologie dans l'apostolat," *Rev. Thom.* XVIII (1935) 330-386.

4152. **Mersch, E., S.J.** "L'objet de la théologie et le 'Christus totus'," *Rech. Sc. Relig.* XXVI (1936) 129-157.

4153. **Meyer, H.** "Die Wissenschaftslehre des Thomas v. Aq. B. Die Glauberswissenschaft (sacra doctrina)," *Philos. Jahrb.* XLVIII (1935) 12-40.

4154. **Muench, A.J.** "Characteristics of the Theology of St. Thomas," *Cath. Educ. Assoc. Bull.* XXI (1924) 626-641.

4155. **Parent, J.M., O.P.** "La notion de dogme au XIIIe siècle," *Etudes d'hist. litt. et doctr. du XIIIe s.* (Première série) Ottawa-Paris (Vrin) 1932, 141-163.

4156. **Penido, M.T.L.** "Cajétan et notre connaissance analogique de Dieu," *Rev. Thom.* XVII (1934) 150-153: "Réflexions méthodologiques."

4157. **Penido, M.T.L.** *Le rôle de l'analogie en théologie dogmatique.* (Bibl. Thom. XV) Paris (Vrin) 1931, 478 pp.

4158. **Philippon, M.M.** "La théologie, science suprême de la vie humaine," *Rev. Thom.* XVIII (1935) 387-421.

4159. **Pierrot, M., O.S.B.** "Un exemple de la méthode théologique de S. Thomas: le Traité de la Sainte Trinité," *Bull. J. Lotte* VI (1935) 458-465.

4160. **Pirotta, A.M., O.P.** "De methodologia Theologiae scholasticae," *Ephem. Theol. Lovan.* VI (1929) 405-438.

4161. **Prohaszka, O.** "Aquinói Sz. Tomas theologiaja," *Religio* LXXXIV (1925) 98-113.

4162. **Püntener, G.** *Der Glaubenzweifel. Eine grundsätzliche Untersuchung der Glaubenspflicht in Anlehnung an den hl. Thomas v. Aq.* Freiburg, Schw. (Paulus-Druckerei) 1930, 67 pp.

4163. **Püntener, G.** "Der Zweifel als wissenschaftliche Methode in der Theologie, insbesondere in Apologetik," *D T F* VII (1929) 77-105.

4164. **Rabeau, G.** *Introduction à l'étude de la théologie.* Paris (Bloud) 1926, xii-414 pp.

4165. **Rémy d'Alost, P., O.M.C.** "L'existence de Dieu. Une question de méthode en théologie dogmatique," *Etudes Francisc.* XLVI (1934) 519-540.

4166. **Richard, T., O.P.** *Théologie et piété d'après S. Thomas.* Première série: Paris (Lethielleux) 1936, 380 pp. Deuxième série: *ibid.* 1937, vi-281 pp.

4167. **Rüsche, F.** "Aristotelisch-thomistische Philosophie und christliche Theologie," *Theol. u. Glaube* XXX (1938) 194-209.

4168. **Saul, D.** "Die Schriftgelehrsamkeit des hl. Thomas v. Aq.,"

Theol. u. Glaube XIX (1927) 258-264.

4169. **Simonin, H.D., O.P.** "*Implicite* et *explicite* dans le développement du dogme," *Angel.* XIV (1937) 126-145.

4170. **Söhngen, G.** "Analogia fidei: Die Einheit in der Glaubenswissenschaft," *Catholica* III (1934) 176-208.

4171. **Söhngen, G.** "Analogia fidei: Gottähnlichkeit allein aus Glauben," *Catholica* III (1934) 113-136.

4172. **Soukup, E., O.P.** "Tomismus v nábozenské filosofii jako vychodisko pro moderni mysl," in *Sbornik Mezin. Thomist.* (Symp.) 219-223.

4173. **Stolz, A., O.S.B.** "Positive und spekulative Theologie," *D T F* XII (1934) 327-343.

4174. **Synave, P., O.P.** "La révélation des vérités divines naturelles d'après S. Thomas d'Aq.," in *Mélanges Mand.* (Symp.) I, 327-370.

4175. **Valette, F.** "Théologie et action codifiée," *Rev. Thom.* XVIII (1935) 446-491.

4176. **Wyser, P., O.P.** *Theologie als Wissenschaft. Ein Beitrag zur theologischen Erkenntnislehre.* Salzburg-Leipzig (Pustet) 1938, 218 pp.

4177. **Zychlinski, A.** *Teologja, jej istota, przymioty i rozvoj, wedluj zasad sw. Tomasza z Ak.* Poznan (Naklad Ksiegarni sw. Wojciecha) 1924, xv-118 pp.

D—APOLOGETICS

4178. **Autore, M.** "L'intelletto fideistico nella concezione di S. Tommaso," in *Atti V Congr. internaz. di Filos.* Napoli (Perella) 1926, pp. 1038-1041.

4179. **Betzendörfer, W.** *Glauben und Wissen bei den grossen Denkern des Mittelalters.* Gotha, 1931.

4180. **Betzendörfer, W.** "Glauben und Wissen bei Thomas v. Aq.," *Theol. Blätter* V (1926) 84-93.

4181. **Broch, P., O.P.** "Preparación intelectual para la fe," *Cien. Tom.* XLVII (1933) 40-69; XLVIII (1933) 24-40.

4182. **Broch, P., O.P.** "Preparación intelectual para la fe. El Pragmatismo," *Cien. Tom.* LII (1935) 309-327.

4183. **Congar, M.J., O.P.** "La crédibilité des révélations privées," *Vie Spirit.* LIII (1937) Suppl. 29-48.

4184. **Cuervo, M., O.P.** "El deseo naturel de ver a Dios y los fundamentos de la Apologetica immanentista," *Cien. Tom.* XXXVIII (1928) 310-330; 332-348; XXXIX (1929) 5-36; XLV (1932) 289-317.

4185. **Cueto, P., O.P.** "La religión y la historia de las religiones," *Cien. Tom.* XLIX (1934) 175-194; 289-309.

4186. **Falcon, J., S.M.** *La crédibilité du dogme catholique. Apologétique scientifigue.* Préf. du R.P. Garrigou-Lagrange, O.P. Paris-Lyon (E. Vitte) 1933, 507 pp.

4187. **Fermi, A.** *Quaestiones proemiales Apologeticae et Lectiones selectae ex Summa c. Gentiles D. Thomae.* Piacenza (Merlini) c. 1930, 106 pp.

4188. **Gardeil, A., O.P.** *La crédibilité et l'apologétique.* Nouv. éd. Paris (Gabalda) 1928, vii-316 pp.

4189. **Garrigou-Lagrange, R., O.P.** "De demonstrabilitate possibilitatis mysteriorum supernaturalium," *Angel.* XII (1935) 217-222.

4190. **Garrigou-Lagrange, R., O.P.** *De Revelatione per Ecclesiam Catholicam proposita.* Roma (Ferrari) ; Paris (Gabalda) 1925, 659 pp.

4191. **Garrigou-Lagrange, R.** and **Walshe, J.** *The Principles of Catholic Apologetics.* A Study of Modernism based chiefly on the Lectures of Père G-L, "De Revel. per Eccles. Cath. proposita." Adapted and rearranged by J. Walshe. London (Sand) ; St. Louis (Herder) 1926, xx-392 pp.

4192. **Van Hove, A.** *La doctrine du miracle chez S. Thomas et son accord avec les principes de la recherche scientifique.* (Dissert. Louvain) Wetteren (De Meester) ; Bruges (Beyaert) ; Paris (Gabalda) 1927, xxxvi-390 pp.

4193. **Van Hove, A.** "De leer van den H. Thomas over het begrip van het mirakel," *Coll. Mechlin.* XX (1931) 64-67.

4194. **Van Hove, A.** *Het Mirakel. Algemeene leer.* (Leerboeken) der dogmatica en der apologetica, 11) Bruxelles (Standaard-Boekhandel) 1932, viii-198 pp.

4195. **Van Hove, A.** "De modo procedendi et indole argumenti quo probatur miraculi possibilitas animadversiones," *D T P* XXXII (1929) 113-127.

4196. **Huby, J., S.J.** "De la finalité du miracle. A propos de deux textes de S. Thomas," *Rech. Sc. Relig.* XIX (1929) 298-305.

4197. **Inauen, A.** "Glauben und Wissen bei Thomas v. Aq.," *Neue Reich* V (1923) 605-607; 625-627.

4198. **Jarrett, P., O.P.** "St. Thomas and the Reunion of Christendom," in *St. Thomas-Cambridge-1924* (Symp.) 227-246.

4199. **Lépicier, A.M. Card.** *Del Miracolo, sua natura, sue leggi, sue relazioni con l'ordine soppranaturale.* Tratt. filosofico-teologico. Vicenza (Soc. anon. tip.) 1932, 614 pp.

4200. **Lépicier, A.M., Card.** *Le Miracle. Sa nature, ses lois, ses rapports avec l'ordre surnaturel.* Trad. C. Grolleau. Paris (Desclée) 1936, xv-574 pp.

4201. **Little, A.** "Note on the Thomistic Proof of the Discernibility of Miracles," *Studies* XX (1931) 115-116.

4202. **Malmberg, F., S.J.** "*Apologetica* als theologische wetenschap," *Bijdragen Nederl. Jezuieten* I (1938) 104-145.

4203. **Manser, G.M., O.P.** "Das Wesen des Thomismus. I: Die aristotelische Lehre von Akt und Potenz als Grundlage der thomistischen Fassung von Glaube und Wissen," *D T F* II (1924) 196-221.

4204. **Masure, E.** "L'apologétique du signe," *Rev. Apolog.* LVIII (1934) I, 5-24; 408-429; 641-656; LIX (1934) II, 513-519.

4205. **McNabb, V., O.P.** *Frontiers of Faith and Reason.* London (Sheed & Ward) 1937, xii-288 pp. (One essay on St. Thomas.)

4206. **Michel, A.** "Miracle," *D T C* X, 2, col. 1798-1859.

4207. **Monahan, W.B.** *The Psychology of St. Thomas Aq. and the Divine Revelation.* Worcester (Private: St. Swithin's Rectory) c. 1936, 304 pp.

4208. **Mouroux, J.** "Discernement et discernibilité du miracle," *Rev. Apolog.* LX (1935) I, 538-562.

4209. **Nied, E.** *Glauben und Wissen nach Thomas v. Aq.* Freiburg (Waibel) 1928, 43 pp.

4210. **Oddone, A., S.J.** *La luce della ragione nei Problemi teologici.* Como (Cavalleri) 1938, 147 pp.

4211. **Proulx, G., O.P.** "S. Thomas. Le défenseur de la Foi," *Etudes d'hist. litt. et doct. du XIIIe s.* II (1933) 13-28.

4212. **Rateni, M.** "L'Apologetica dell' Aquinate nella Summa c. Gentiles," in *A. S. Tommaso* (Symp.)

4213. **Rodriquez-Bachiller, A., O.P.** *Discurso sobre el milagro.* Manila (Univ. S. Tomás) 1931, 18 pp.

4214. **Skydsgaard, K.E.** *Metafysik og Tro. En dogmatisk studie i nyere Thomisme.* Copenhagen (Nyt Nordisk Forlag, A. Busck) 1927, 316 pp. (By a Lutheran scholar.)

4215. **De Tonquédec, J., S.J.** "Apparitions," *Dict. de Spiritualité* III, col. 801-809.

E—THE TRINITY

4216. "L'existence en Dieu d'un ordre de vérités strictement surnaturelles," *Ami du Clergé* XLVIII (1931) 410-412; 857-858.

4217. "Présence en Dieu," *Ami du Clergé* LII (1935) 602-606.

4218. **D'Alès, A., S.J.** *De Deo Trino.* (Prima lineamenta tractatus dogmatici.) Paris (Beauchesne) 1934, xx-316 pp.

4219. **D'Alès, A., S.J.** "Dieu déterminant ou déterminé," *Rev. de Philos.* XXVII (1927) 554-564.

4220. **Bañez, D.** *Scholastica commentaria in Primam Partem Summae Theologicae S. Thomae Aq.* Intod. general y edición preparada en cuatro tomos por el P. Luis Urbano. (Bibl. de. Tom. españoles, VIII) I: De deo uno. Madrid-Valencia (F.E.D.A.) 1934, xxii*-xiii-xxiii-571 pp.

4221. **Benes, J.** "Valor 'possibilium' apud S. Thomam, Henricum Gandavensem, B. Jacobum de Viterbo," *D T F* IV (1926) 612-634; V (1927) 94-117; 333-355.

4222. **Bergeron, M., O.P.** "La structure du concept latin de personne. Comment, chez les Latins, 'persona' en est venu à signifier 'relatio.' Commentaire historique de Ia Pars, q. 29, a. 4," *Etudes d'hist. litt. et doct. du XIIIe s.* II (1933) 121-161.

4223. **Bersani, S., C.M.** "De voluntate Dei. Commentarium in cc. LXXII-LXXXVIII, lib. I, Summae c. Gentiles," *D T P* III (1926) 193-209; 381-393; 589-599; IV (1927) 5-16; 229-241; 634-652; V (1928) 185-194.

4224. **Bittremieux, J.** "Ideae divinae de possibilibus," *Ephem. Theol. Lovan.* III (1926) 57-62. (On *De Verit.* q. III, a. 6.)

4225. **Bittremieux, J.** "Utrum unio cum Spiritu Sancto sit causa formalis filiationis adoptione justi," *Ephem. Theol. Lovan.* X (1933) 427-440.

4226. **Blanche, F.A., O.P.** "La liberté divine," *Rev. de Philos.* XXVII (1927) 237-258.

4227. **Böhm, O.** "Der Gottesbeweis aus dem Glückseligkeitsstreben beim hl. Thomas," *D T F* IV (1926) 319-326.

4228. **Brinktrine, J.** "De nexibus inter mysterium spirationis divinae et creationem," *D T P* XLI (1938) 130-142.

4229. **Brusotti, P., O.P.** "L'analogia di attribuzione e la conoscenza della natura di Dio," *R F N S* (1935) 31-66.

4230. **Buonpensiere, H., O.P.** *Commentaria in I Partem Summae Theol. S. Thomae Aq. A q. XXVII ad q. XLIII (De Deo Trino.)* Vergarae (Ed. Santissimo Rosario) 1930, viii-608 pp.

4231. **Carretti, E.** *Lezioni di Sacra Teologia, tratte della Summa Theologica di S. Tommaso: Dio Uno. Dio Trino.* Bologna ('Bononia') 1924, 311 pp.

4232. **Collel, A., O.P.** "El constitutivo metafisic de l'essencia divina," *Paraula Crist.* XLII (1927)

4233. **Corvez, M.** "Est-il possible de démontrer l'existence en Dieu d'un ordre de mystères strictement surnaturels?" *Rev. Thom.* XV (1932) 660-667.

4234. **Dockx, I.** "Note sur la procession de terme dans la volonté," *Angel.* XV (1938) 419-428.

4235. **Dondaine, A., O.P.** "S. Thomas et la dispute des attributs divins (I Sent., 2, 3.) Authenticité et origine," *Arch. Frat. Praed.* VIII (1938) 253-262.

4236. **Froget, B., O.P.** *L'Abitazione dello Spirito Santo nelle anime juste secondo la dottrina di S. Tommaso d'Aq.* Trad. sulla viii ediz. a cura del P. G.S. Nivoli, O.P. Torino (Marietti) c. 1935, xv-496 pp.

4237. **Galtier, P., S.J.** *De SS. Trinitate in Se et in Nobis.* Paris (Beauchesne) 1923, viii-350 pp.

4238. **Gardeil, A., O.P.** "Examen de conscience: III. L'habitation de la Sainte Trinité," *Rev. Thom.* XII (1929) 270-287; 381-395.

4239. **Gardeil, A., O.P.** "L'expérience mystique pure dans le cadre des 'Missions divines'," *Vie Spirit.* XXXI (1932) 129-146; XXXII (1932) 1-21; 65-76; XXXIII (1932) 1-28. (Suppl.)

4240. **Garrigou-Lagrange, R., O.P.** *De Deo Uno. Commentarium in Primam Partem S. Thomae.* (Bibl. de la *Rev. Thom.*) Paris (Desclée) 1938, 582 pp.

4241. **Garrigou-Lagrange, R., O.P.** "L'existence de l'ordre surnaturel ou de la vie intime de Dieu," *Rev. Thom.* XVI (1933) 71-83.

4242. **Geyer, B.** (ed.) *S. Thomae Aq. Quaestiones de Trinitate divina Summae de theol. I, q. XXVII-XXXII, ad fidem codicum ms. recensuit, notis et prolegomenis instruxit.* Bonn (Hanstein) 1934, 61 pp.

4243. **Gillon, L.B.** "La notion de conséquence de l'union hypostatique dans le cadre de IIIa, qq. 2-26," *Angel.* XV (1938) 17-34.

4244. **Graf, E.** "The Mercy of God," *Homil. and Pastoral Rev.* XXIX (1929) 491-497.

4245. **Groblicki, J.** *De Scientia futurorum contingentium secundum S. Thomam ejusque primos sequaces.* Krakow (Facult. Theol. Univ. Cracov.) 1938, 146 pp.

4246. **Grumel, V.** "S. Thomas et la doctrine des Grecs sur la procession du Saint-Esprit," *Echos d'Orient* XXV (1926) 257-282.

4247. **Van Hove, A.** "De divisione voluntatis Dei in antecedentem et consequentem, ac in voluntatem beneplaciti et signi," *Coll. Mechlin.* X (1936) 524-529.

4248. **De Klerk, C., C.SS.R.** "Over de inwoning van den H. Geest," *Ned. Kath. Stemm.* XXXI (1931) 141-149.

4249. **Kreling, P., O.P.** "De vita Dei in doctrina S. Thomae," *Angel.* V (1928) 368-379.

4250. **Kuiper, V.M., O.P.** "Utrum Deus, intelligendo se, ponat se in esse," *Angel.* IV (1927) 289-299; 454-475.

4251. **Leen, E., C.S.Sp.** *The Holy Ghost.* London (Sheed & Ward) 1937, vii-341 pp.

4252. **Maltha, A.H., O.P.** "De divisione relationum consideratio in ordine ad quaestionem de relationibus divinis," *Angel.* XIV (1937) 61-86.

4253. **Maltha, A., O.P.** "De processione Spiritus Sancti," *Angel.* XII (1935) 171-191.

4254. **Maltha, A., O.P.** "De processione Verbi divini," *Angel.* X (1933) 437-468; XI (1934) 23-55.

4255. **Martínez, G.** "Relación entre la inhabitación del Espiritu Santo y los creados de la justificación," *Est. Ecles.* XIV (1935) 20-50.

4256. **Mausbach, J.** *Dasein und Wesen Gottes.* Bd. I: Die Möglichkeit der Gottesbeweise. Der kosmologische Gottesbeweise. Bd.

II: Der teleologische Gottesbeweise. Münster (Aschendorff) 1930 u. 1929, xvi-254; x-291 pp.

4257. **Mazzone, J., C.M.** "De medio objectivo in-quo scientiae divinae circa futuribile," *D T P* V (1928) 231-248.

4258. **Mennessier, J., O.P.** "Trinité et missions divines," *Vie Spirit.* XLIII (1935) Suppl. 176-183.

4259. **Michel, A.** "Notion," *D T C* XI, col. 802-805. (Discusses: *S.T.* I, 32, a. 2-4; et q. 41.)

4260. **Michel, A.** "Père," *D T C* XII, col. 1188-1192.

4261. **Michel, A.** "Processions Divines," *D T C* XIII, col. 645-662.

4262. **Michel, A.** "Relations Divines," *D T C* XIII, col. 2135-2156.

4263. **Mulders, A.** *Van den eenen God. Bovennaturlijke Godsleer.* (Leerboeken dogmatica, IV) ed. 2. Antwerpen (Standaard-Boekhandel) 1931, xvi-198 pp.

4264. **Parente, P.** *De Deo Uno, tractatus dogmaticus.* Romae (Anon. lib. cattol. italiana) 1938, xix-344 pp.

4265. **Penido, M.T.L.** "A propos de la procession d'amour en Dieu," *Ephem. Theol. Lovan.* XV (1938) 338-344.

4266. **Penido, M.T.L.** "Cur non Spiritus Sanctus a Patre Deo genitus! S. Augustin et S. Thomas," *Rev. Thom.* XIII (1930) 508-527.

4267. **Penido, M.T.L.** "Gloses sur la procession d'amour dans la Trinité," *Ephem. Theol. Lovan.* XIV (1937) 33-68.

4268. **Penido, M.T.L.** *Le rôle de l'analogie en théologie dogmatique.* (*supra* no. 4157) See: Prem. partie, ch. 2: "Connaissance de la Nature de Dieu," pp. 79-193.

4269. **Penido, M.T.L.** "Quelques applications théologiques de l'analogie, La Trinité" in *Le rôle* etc. (*supra* no. 4157) 2me partie, ch. 1, pp. 257-345.

4270. **Penido, M.T.L.** "La valeur de la théorie psychologique de la Trinité," *Ephem. Theol. Lovan.* VIII (1931) 5-16.

4271. **Petrone, R., C.M.** "I futuribili e la Rivelazione," *D T P* V (1928) 195-212.

4272. **Rabeneck, J.** (ed.) *S. Thomae de Aq. De generatione Verbi et processione Spiritus Sancti, ex libro IV Summae c. Gentiles.* (Opusc. et Text.) Münster (Aschendorff) 1937, 71 pp.

4273. **Retailleau, M.** *La Sainte Trinité dans les âmes justes.* (Dissert.) Angers (Univ. Cath.) 1932, 293 pp.

4274. **Robles Dégano, F.** "La Relación y la Santissima Trinidad," (sect. 4: Las contradicciones de S. Tomás) *España y America* (enero 1923) 31-47; 114-121.

4275. **Von Rudloff, L., O.S.B.** "Des hl. Thomas v. Aq. Lehre von der Formalursache der Einwohnung Gottes in der Seele der Gerechten," *D T F* VIII (1930) 175-191.

4276. **Slipyj, J.** "De amore mutuo et reflexo in processione Spiritus Sancti explicanda," *Bohoslovia* I (1923) 3-16; 97-113.

4277. **Slipyj, J.** "Num Spiritus Sanctus a Filio distingueretur si ab eo non procederet?" *Bohoslovia* V (1927) 2-19; VI (1928) 1-17.

4278. **Slipyj, J.** *De principio spirationis in SS. Trinitate. Disquisitio historico-dogmatica.* Lwów (Bohoslovia) 1926, 120 pp.

4279. **Stomkowski, A.** "Nauka sw. Tomasza z Akw. o niewidzialnych postlannictwach osób boskich," *Collect. Theol.* XVII (1936) 94-142. (De invisib. missionibus divinis.)

F—CREATION: DIVINE PROVIDENCE

4280. "Le monde actuel réalise-t-il l'idéal que peut concevoir l'intelligence infinie de Dieu?" *Ami du Clergé* XLVI (1929) 330-331. (On: *S.T.* I, 25, a. 6.)

4281. **D'Alès, A., S.J.** "Détermination ou motion?" *Rev. de Philos.* XXVI (1926) 642-659.

4282. **D'Alès, A., S.J.** "L'opération de Dieu dans la créateur," *Ephem. Theol. Lovan.* II (1925) 543-550. Also: *Rech. Sc. Relig.* XVI (1926) 74-75.

4283. **D'Alès, A., S.J.** "Prédétermination nécessitante. Note sur le sens du mot 'determinare' chez S. Thomas," *Rev. de Philos.* XXVI (1926) 399-422.

4284. **D'Alès, A., S.J.** "Prédéterminisme physique," *Rech. Sc. Relig.* XV (1925) 267-299.

4285. **D'Alès, A., S.J.** *Providence et libre arbitre.* Paris (Beauchesne) 1927, vii-320 pp.

4286. **D'Alès, A., S.J.** "Questions de mots et question de principes," *Rev. de Philos.* XXVII (1927) 203-233.

4287. **D'Alès, A., S.J.** "S. Thomas d'Aq. et la prédétermination non nécessitante," *Rev. Thom.* X (1927) 231-239.

4288. **Benz, M.** "Das göttliche Vorherwissen der freien Willensakte der Geschöpfe bei Thomas v. Aq. in I *Sent.* d. 38, q. 1, a. 5," *D T F* XIV (1936) 255-273. (Refutation of Stufler, see *infra* nos. 4371-4380.)

4289. **Benz, M.** "Nochmals: Das göttliche Vorherwissen der freien Willensakte der Geschöpfe bei Thomas v. Aq. in I *Sent.* d. 38, 38, q. 1, a. 5," *D T F* XV (1937) 415-432.

4290. **Bogdanowicz, A.** "S. Thomae articulus I *de Caritate* et praemotio physica," *Przegl. Teol.* V (1924) 175-178.

4291. **Boyer, C., S.J.** "Providence et liberté dans un texte de S. Thomas (*in Perihermeneias,* I, 9, lect. 13-14)," *Gregor.* XIX (1938) 194-209.

4292. **Boyer, C., S.J.** *Tractatus de Deo creante et elevante.* Ed. altera emendata et aucta. Romae (Univ. Gregor.) 1933, 550 pp.

4293. **Brisbois, E., S.J.** "Transformisme et philosophie. A propos d'un livre récent," *Nouv. Rev. Théol.* LIX (1932) 577-595. (On Messenger, *infra* no. 4350.)

4294. **Browne, M., O.P.** "De modo intrinseco libertatis manentis in voluntate humana physice premota," *Angel.* IX (1932) 481-490.

4295. **Chifflot, T.G.** "L'*Avoir.* Condition de la créature." *R S P T* XXVIII (1939) 40-57.

4296. **Chrysostomus a Pampilona, P., O.M.Cap.** "Novum contra physicam praemotionem argumentum," *Estudis Francisc.* XLVIII (1936) 208-217.

4297. **Ciappi, A.M., O.P.** *De misericordia Dei tanquam causa omnium operum Dei.* Romae (Angel.) 1935, 226 pp.

4298. **Collell, A., O.P.** "El problema de la possibilitat de la creació ab aeterno," *Critérion* III (1927) 419-437.

4299. **Congar, M.J., O.P.** "Praedeterminare et Praedeterminatio chez S. Thomas," *R S P T* XXIII (1934) 363-371.

4300. **Curiosus Tiro** (pseudonym) *Essai sur la 'Détermination exemplaire' des futurs libres.* Paris (Mignard) 1937, 142 pp.

4301. **Dander, F., S.J.** "Gottes Bild und Gleichnis in der Schöpfung nach der Lehre des hl. Thomas v. Aq.," *Zeitschr. f. kath. Theol.* LIII (1929) 1-40; 203-246

4302. **Dörholt, B.** "Der hl. Thomas und P. Stufler," *D T F* VI (1928) 45-73; 211-238. (Stufler, *infra* nos. 4371-4380.)

4303. **Doran, G.R.** *De corporis Adami origine doctrina Alex. Halensis, S. Alberti Mag., S. Bonaventurae, S. Thomae.* Mundelein, Illinois (St. Mary of the Lake Seminary) 1936, ii-73 pp. (Versus evolutionism.)

4304. **Eslick, L.J.** "The Thomistic Doctrine of the Unity of Creation," *New Schol.* XIII (1939) 49-70.

4305. **Faragó, J.** *A Teremtett vildg idöbeli kezdetének metafizikai hérdése.* Budapest (Stephaneum) 1926, 37 pp. (Extr. from *Religio* [1926] nn. 1-3.) (On creation of world.)

4306. **Faragó, J.** *Az isteni Gondviselés Aquinoi sz. Tamás szerint.* Timisoara (Seminarium) 1927, 54 pp. (On Divine Providence.)

4307. **Forest, A.** "La causalité immédiate de Dieu," in *La structure métaph. du concret* (*supra* no. 2940) pp. 46-71.

4308. **Frenaud, G.** "S. Thomas et le concours divin. Notes sur un essai récent d'exégèse thomiste," *Rev. Thom.* XLV (1939) 392-410. (On Stufler: *infra* no. 4374.)

4309. **Friethoff, C., O.P.** *De goddelijke Predestinatie naar de leer van Thomas Aq. en Calvijn.* (Waarheid en Leven.) Hilversum (Brand) 1936, 82 pp.

4310. **Friethoff, C., O.P.** *De Predestinatie-leer van Thomas en Calvijn.* Met goud bekroond door de Rijks-Universiteit te Utrecht. Zwolle (Waanders) 1925, 83 pp.

4311. **Friethoff, C., O.P.** *Die Prädestinationslehre bei Thomas v. Aq. und Calvin.* Freiburg, Schw. (Paulus-Druckerei) 1926, 78 pp.

4312. **Friethoff, C., O.P.** "Die Prädestinationslehre bei Thomas v. Aq. und Kalvin," *D T F* III (1925) 71-91; 195-206; IV (1926) 280-302; 445-467.

4313. **Garrigou-Lagrange, R., O.P.** "Détermination et motion intrinsèquement éfficace," *Rev. de Philos.* XXVI (1926) 659-670.

4314. **Garrigou-Lagrange, R., O.P.** "*Deus* non ex necessitate *movet voluntatem hominis,*" *Rev. de Philos.* XXVI (1926) 423-433.

4315. **Garrigou-Lagrange, R., O.P.** "Dieu déterminant ou déterminé, pas de milieu," *Rev. de Philos.* XXVII (1927) 303-324.

4316. **Garrigou-Lagrange, R., O.P.** "Le dilemme: Dieu déterminant ou déterminé," *Rev. Thom.* XI (1928) 193-210.

4317. **Garrigou-Lagrange, R., O.P.** "Un nouvel examen de la prédétermination physique. Peut-on trouver chez S. Thomas le germe du Molinisme?" *Rev. Thom.* VII (1924) 495-518.

4318. **Garrigou-Lagrange, R., O.P.** "Prédestination," *D T C* XII (V: La prédestination d'après les docteurs du moyen âge, col. 2935-2959.)

4319. **Garrigou-Lagrange, R., O.P.** *La Prédestination des Saints et la Grâce.* Doctrine de S. Thomas comparée aux autres systèmes théologiques. Paris (Desclée) 1936, 434 pp.

4320. **Garrigou-Lagrange, R., O.P.** "Prédétermination non nécessitante," *Rev. de Philos.* XXVI (1926) 379-398.

4321. **Garrigou-Lagrange, R., O.P.** "Prémotion physique," *D T C* XIII, col. 31-77.

4322. **Garrigou-Lagrange, R., O.P.** *Principia thomismi cum novissimo congruismo comparata seu thomismi renovatio an eversio?* Romae (Colleg. Angel.) 1926, 59 pp. et append. 4 pp.

4323. **Garrigou-Lagrange, R., O.P.** "Le Thomisme vidé de son contenu métaphysique," *Rev. Thom.* XLIV (1938) 630-638. (Reply to Curiosus Tiro, *supra* no. 4300.)

4324. **Geyer, B.** "Zur Lehre des hl. Thomas v. Aq. über die Mitwirkung Gottes zur Tätigkeit der Geschöpfe," *Philos. Jahrb.* XXXVII (1924) 338-359.

4325. **Gilson, E.** "Les êtres et leur contingence," chap. 4 de: *L'Esprit de la philosophie médiévale,* Prem. Série, (*supra* no. 3164) pp. 67-86.

4326. **Gredt, J., O.S.B.** "Die göttliche Mitwirkung im Lichte der thomistischen Lehre von Wirklichkeit und Möglichkeit," *D T F* XIV (1936) 237-242.

4327. **Groblicki, J.** *De Scientia Dei futurorum contingentium* *sec. S. Thomam . . .* (*supra* no. 4245.)

4328. **Gross, J.** "Le problème des origines dans la théologie récente," *Revue Sc. Relig.* XII (1933) 38-65. (On Messenger *et al.*)

4329. **De Holtum, G., O.S.B.** "S. Thomae doctrina de cognitione Dei quoad actus liberos in sua causalitate et aeternitate," in *Xenia Thom.* (Symp.) II, 65-96.

4330. **Hourcade, R.** "Préscience et causalité divines," *Bull. de Litt. Eccl.* XXXIX (1938) 181-203. (On Curiosus Tiro: *supra* no. 4300.)

4331. **Van Hove, A.** "Het begrip van het Scheppingsdogma," *Thom. Tijdschr.* III (1932) 419-436.

4332. **Van Hove, A.** "De motione divina in ordine cum naturali tum supernaturali animadversiones," *D T P* XXXVI (1933) 248-264.

4333. **Huarte, G., S.J.** "Divi Thomae Aq. doctrina de Deo operante," *Gregor.* VI (1925) 81-114.

4334. **Hübscher, I., O.S.B.** *De Imagine Dei in Homine Viatore secundum doctrinam S. Thomae Aq.* Lovanii (F. Ceuterick) 1932, ix-115 pp.

4335. **Hugon, E.** *De Deo creatore et gubernatore.* Paris (Lethielleux) 1925.

4336. **Lange, H., S.J.** "Marin-Sola, Bañez und Molina," *Scholast.* I (1926) 533-565.

4337. **Lennerz, H., S.J.** "De applicatione principii: 'Omnis ordinate volens prius vult finem quam ea quae sunt ad finem,' ad probandam gratuitatem praedestinationis ad gloriam," *Gregor.* X (1929) 238-266.

4338. **Lombardi, A.** "S. Tommaso e il problema del divenire universale," in *A S. Tommaso d'Aquino* (Symp.)

4339. **Lottin, O., O.S.B.** "Liberté humaine et motion divine. De S. Thomas d'Aq. à la condamnation de 1277," *R T A M* VII (1935) 52-69; 156-173.

4340. **Manser, G.M., O.P.** "Der tiefste Unterscheid zwischen Gott und Geschöpf," *D T F* VIII (1930) 82-97; 117-144; 361-380.

4341. **Manser, G.M., O.P.** "Die Weltschöpfung," *D T F* IX (1931) 3-27.

4342. **Marín-Sola, F., O.P.** "Nuevas observaciones acerca del sistema tomista sobre la moción divina," *Cien. Tom.* XXXIII (1926) 321-397.

4343. **Marín-Sola, F., O.P.** "Respuesta a algunas objeciones acerca del sistema tomista sobre la moción divina," *Cien. Tom.* XXXIII (1926) 5-74. Offprint: 1926, with 5 append.

4344. **Marín-Sola, F., O.P.** "El sistema tomista sobre la moción divina," *Cien. Tom.* XXXII (1925) 5-54.

4345. **Martin, R.M., O.P.** "Pour S. Thomas et les thomistes contre le R.P. Stufler," *Rev. Thom.* VII (1924) 579-595; VIII (1925)

167-186; 567-578; IX (1926) 73-85. Offprint: St-Maximin, 1926. (For Stufler's works see *infra* nos. 4371-4380.

4346. **Martin, R.M., O.P.** "Pro tutela doctrinae S. Thomae Aq. de influxu Causae primae in causas secundas," *D T F* I (1923) 276 seqq; II (1924) 356-372.

4347. **Martin, R.M., O.P.** "Un dernier mot pour S. Thomas et les thomistes et contre le R.P. Stufler, S.J.," *Rev. Thom.* XI (1928) 267-270.

4348. **Marxuach, F., S.J.** "Doctrina S. Thomae circa concursum Dei cum causis secundis," *Estudis Eccl.* VI (1927) 208-213.

4349. **Marxuach, F., S.J.** "Es contrari a la ment de S. Tomàs el concurs simultani de Déu amb les causes segones?" *Critérion* II (1926) 152-159.

4350. **Messenger, E.C.** *Evolution and Theology. The Problem of Man's Origin.* London (Burns, Oates & Washbourne) 1931, xxiv-313 pp.

4351. **Matthijs, M., O.P.** "De ratione certitudinis divinae scientiae circa futura contingentia," *Angel.* XIII (1936) 493-497.

4352. **Minguijón, S.** "La creación segun S. Tomás," *Universidad* II (1927) 233-241.

4353. **Mitterer, A.** "Weltanfang, Glaube und Wissen bei Thomas," *Neue Reich* XIII (1930-31) 231-232.

4354. **De Munnynck, M., O.P.** "Doctrina S. Thomae Aq. circa causalitatem physicam," in *Xenia Thom.* (Symp.) I, 257-266.

4355. **Neveut, E., C.M.** "Controvèrses récentes sur le concours divin et la prémotion divine," *D T P* IV (1927) 123-126.

4356. **Neveut, E., C.M.** "Une distinction opportune et une méprise regrettable," *Rev. Apolog.* LVII (1933) 143-159; 272-287. (On *motio divina.*)

4357. **Penido, M.T.L.** "L'Idée de création," in *Le rôle de l'analogie . . .* (*supra* no. 4157) 2me partie, ch. 2, pp. 346-377.

4358. **Périer, P.M.** "La création et les créations successives," *Rev. Apolog.* LX (1935) 143-155.

4359. **Périer, P.M.** "Préscience, concours et liberté," *Rev. Apolog.* LIX (1934) 5-25.

4360. **Petrone, R., C.M.** "Atto e potenza nella processione della creature da Dio secondo l'essere soprannaturale," *D T P* III (1926) 413-431; 600-611.

4361. **Petrone, R.** "Responsio Doctori Zigon," *D T P* II (1925) 797-808.

4362. **Polman, A.D.R.** *De Praedestinatieleer van Augustinus, Thomas v. Aq. en Calvijn.* Franeker (T. Wever) 1936, 392 pp. (By a Calvinist scholar.)

4363. **Raus, J.B., C.SS.R.** "Un échange de vues récent sur la prémotion divine," Appendice II à: *La doctrine de S. Alphonse sur* *la vocation et la grâce au regard de l'enseignement de S. Thomas.* Lyon (Vitte) 1926, pp. 122-129.

4364. **Schneuwly, J.** "La prédestination d'après S. Thomas et Calvin," *Nova et Vetera* VI (1931) 84-93.

4365. **Schultes, R., O.P.** "Die Entwicklung der Stufler-Kontroverse," *D T F* III (1925) 360-369; 464-482; IV (1926) 214.

4366. **Schultes, R., O.P.** "Johannes von Neapel, Thomas v. Aq. und P. Stufler über die praemotio physica," *D T F* I (1923) 123-145.

4367. **Schultes, R., O.P.** "Die Lehre des hl. Thomas über die Einwirkung Gottes auf die Geschöpfe," *D T F* II (1924) 176-195; 277-307.

4368. **Sertillanges, A.D., O.P.** "La création," *Rev. Thom.* XI (1928) 97-115.

4369. **Sertillanges, A.D., O.P.** "La notion de création. A propos d'un article récent," *Rev. Thom.* XIII (1930) 48-57. (On Thyrion, *infra* no. 4384.)

4370. **Sestili, J.** "Utrum Deus moveat immediate intellectum creatum, (Ia Pars, q. 105, a. 3)," in *Xenia Thom.* (Symp.) II, 155-185.

4371. **Stufler, J., S.J.** *Divi Thomae Aq. doctrina de Deo operante in omni operatione naturae creatae praesertim.* Oeniponte (Tyrolia) 1923, xx-423 pp.

4372. **Stufler, J., S.J.** "Ergebnis der Kontroverse über die thomistische Konkurslehre," *Zeitschr. f. kath. Theol.* LI (1927) 329-369.

4373. **Stufler, J., S.J.** "Der erste Artikel der *Quaestio disp. de Caritate* des hl. Thomas," *Zeitschr. f. kath. Theol.* XLVIII (1924) 407-422.

4374. **Stufler, J., S.J.** *Gott, der erste Beweger aller Dinge. Ein neuer Beitrag zum Verständnis der Konkurslehre des hl. Thomas v. Aq.* (Philos. u. Grenzwissenschaften, VI, 3-4) Innsbruck (Rauch) 1936, 183 pp.

4375. **Stufler, J., S.J.** "Die Lehre des hl. Thomas von göttlichen Vorherwissen der freien Willensakte der Geschöpfe," *Zeitschr. f. kath. Theol.* LXI (1937) 323-340.

4376. **Stufler, J., S.J.** "Nochmals die Lehre des hl. Thomas von göttlichen Vorherwissen der freien Willensakte der Geschöpfe," *Zeitschr. f. kath. Theol.* LXII (1938) 232-240.

4377. **Stufler, J., S.J.** "P. R. Martin, O.P., und seine Verteidigung des hl. Thomas und der Thomisten," *Zeitschr. f. kath. Theol.* L (1926) 253-272.

4378. **Stufler, J., S.J.** "Quaestiones controversae circa doctrinam S. Thomae de operatione Dei in creaturis," *Ephem. Theol. Lovan.* III (1926) 200-210. (Reply to D'Alès, *supra* nos. 4281-4287.)

4379. **Stufler, J., S.J.** *Why God created the World, or the Purpose of the Creator and of Creatures. A Study in the Teaching of St.*

Thomas Aq. Transl. by E. Sutcliffe, S.J. Stanbrook (Abbey Press) 1937, iv-72 pp.

4380. **Stufler, J., S.J.** "Das Wirken Gottes in den Geschöpfen nach den hl. Thomas," *Zeitschr. f. kath. Theol.* XLIX (1925) 62-86; 186-218.

4381. **Synave, P., O.P.** "Prédétermination non nécessitante et prédétermination nécessitante," *Rev. Thom.* X (1927) 72-79.

4382. **Synave, P., O.P.** "S. Thomas d'Aq. et la prédétermination non nécessitante," *Rev. Thom.* X (1927) 240-249.

4383. **Teixidor, L., S.J.** "Del concurso immediato de Dios en todos las acciones y efectos de sus creaturas," *Estudis Ecles.* VII (1928) 5-23; 146-160; VIII (1929) 332-362; IX (1930) 321-350; XI (1932) 190-227; 289-322.

4384. **Thyrion, J.** "La notion de la création passive dans le thomisme," *Rev. Thom.* XII (1929) 303-319. (See *supra* no. 4369.)

4385. **Whitacre, A.E., O.P.** "The Divine Concurrence and Free Will," *Blackfriars* IV (1924) 1328-1341; 1388-1398.

4386. **Winandy, J., O.S.B.** "La prédétermination restreinte," *Ephem. Theol. Lovan.* XIII (1936) 443-456.

4387. **Woods, H., S.J.** *The Creator Operating in the Creature.* San Francisco (Gilmartin) 1928, 218 pp.

4388. **Zigon, F.** "De motione divina animadversiones," *D T P* II (1925) 779-797.

4389. **Zigon, F.** *D. Thomas arbiter controversiae de concursu divino.* Goritiae (Typis Narodna Tiskarna) 1923, 232 pp.

4390. **Zigon, F.** "Marin-Sola, O.P. De motione divina," *Ephem. Theol. Lovan.* VIII (1931) 17-46; 225-237.

4391. **Zigon, F.** "Providentia divina et peccatum," *Ephem. Theol. Lovan.* X (1933) 597-617; XII (1935) 51-72.

G—ANGELOLOGY

4392. "Le péché de l'ange (selon S. Thomas)," *Ami du Clergé* XLII (1925) 437-444.

4393. **Gardeil, A., O.P.** "Examen de conscience. II: Du verbe dans la connaissance que l'ange a de soi-même," *Rev. Thom.* XII (1929) 70-84.

4394. **Peghaire, J., C.S.Sp.** "L'intellection du singulier matériel chez les anges et chez l'homme," *Rev. Domin.* XXXIX (1933) 135-144.

4395. **Peghaire, J., C.S.Sp.** "Notion Formelle de l'intellect Pur. Chap. 1: Mode de l'operation de l'intellectus pur; chap. 2: Perfection de la connaissance dans l'intellectus pur," in *Intellectus et Ratio selon S. Thomas.* Ottawa-Paris (Vrin) 1936, pp. 29-71.

4396. **Riedl, J.O.** "The Nature of the Angels," in *Essays in*

Thom. (Symp.) 111-148; 374-378.

4397. **Van Rooy, H., O.F.M.** "De middeleeuwen over materia en forma bij de engelen," *Stud. Cathol.* V (1928-29) 108-127.

4398. **Simonin, H.D., O.P.** "De la connaissance angélique de l'être créé," *Angel.* IX (1932) 387-421.

4399. **Simonin, H.D., O.P.** "La connaissance de l'ange par lui-même," *Angel.* IX (1932) 43-62.

4400. **Zammit, P., O.P.** "De existentia substantiarum intellectualium," *Angel.* X (1933) 513-523.

H—GRACE, GIFTS AND ORIGINAL SIN

4401. "A propos de l'état de nature pure," *Ami du Clergé* XLVI (1929) 533-537. (Comment on *S.T.* I-II, 85, a. 3.)

4402. "Il carattere divino della grazia presso gli scolastici," *Scuola Catt.* LXII (1934) 496-503.

4403. "La grâce participation de la nature divine," *Ami du Clergé* XLVII (1930) 42-44.

4404. "L'homme dans l'hypothèse de la nature déchue non réparée," *Ami du Clergé* XLVI (1929) 58-59.

4405. "Quel serait l'état actuel des hommes si Adam n'avait pas péché?" *Ami du Clergé* XLVII (1930) 801-803.

4406. "Qu'est-ce que la grâce sacramentelle?" *Ami du Clergé* XLVI (1929) 323-326.

4407. "Réponse à la consultation: qu'entend-on par répondre ou résister à la grâce?" *Ami du Clergé* LV (1938) 488-495.

4408. "Sur l'hypothèse d'un péché originel secondaire," *Ami du Clergé* XLVIII (1931) 119-120.

4409. "Tout acte naturellement bon, accompli en état de grâce, est-il méritoire par le fait même?" *Ami du Clergé* XLIV (1927) 545-548.

4410. **Absil, T.** "Die Gaben des hl. Geistes in des Mystik des Johannes Tauler," *Zeitschr. Asz. u. Myst.* II (1927) 254-264.

4411. **Backes, I.** (ed.) *S. Thomae de Aq. Quaestio de Gratia Capitis.* (Flor. Patrist. XL) Bonn (Hanstein) 1935, 31 pp.

4412. **Bernard, R., O.P.** "Considérations sur le péché originel," *Vie Spirit.* XXII (1930) 113-130; 209-237.

4413. **Biard, J.** *Les dons du Saint-Esprit (Dons, Charismes, Fruits, Béatitudes) d'après S. Thomas d'Aq. et les Epitres de S. Paul.* Avignon (Aubanel Fils aîné) 1930, 206 pp.

4414. **Bittremieux, J.** "De materiali peccati originalis juxta S. Thomam," *D T P* XXXI (1928) 573-606.

4415. **Bittremieux, J.** "De pulchritudine Effectu Gratiae Sanctificantis," *Ephem. Theol. Lovan.* V (1928) 426-436.

4416. **Bliguet, M.J., O.P.** "Le point d'insertion de la grâce dans l'homme d'après S. Thomas," *R S P T* XII (1923) 47-56.

4417. **Blondiau, L.** "Doctrina thomistarum et augustinorum de indole gratiae efficacis et hujus discrimine a gratia sufficiente.—Molinistarum et congruistarum doctrina de efficacia gratiae efficacis cum libertatis conciliatione," *Coll. Namurc.* XX (1925-26) 139-151; 246-255.

4418. **Boeckl, K.** *Die sieben Gaben des hl. Geistes in ihrer Bedeutung für die Mystik nach der Theologie des 13 und 14 Jahrhunderts.* Freiburg i. B. (Herder) 1931, xv-182 pp.

4419. **Boyer, C., S.J.** *Tractatus de Gratia divina.* Romae (Univ. Gregor.) 1938, 434 pp.

4420. **De Broglie, G., S.J.** "Du caractère mystérieux de notre élévation surnaturelle," *Nouv. Rev. Théol.* LXIV (1937) 337-376.

4421. **De Broglie, G., S.J.** "Le mystère de notre élévation surnaturelle. Réponse au R.P. Descoqs," *Nouv. Rev. Théol.* LXV (1938) 1153-1176. (See *infra* no. 4430.)

4422. **Carton de Wiart, E.** "De augmento virtutum supernaturalium infusarum," *Coll. Mechlin.* XXIII (1934) 653-657.

4423. **Chenu, M.D., O.P.** "Une opinion inconnue de l'école de Gilbert de la Porrée," *Rev. d'Hist. Eccl.* XXVI (1930) 347-352. (On the "quidam" of: *In II Sent.* d. 29, q. 1, a. 2; and *S.T.* I, 95, 1.)

4424. **Congar, M.J., O.P.** "A. Stolz. Glaubensgnade und Glaubenslicht nach Thomas v. Aq. Etude critique," *Bull. Thom.* IV (1935) 343-346. (See *infra* no. 4515.)

4425. **Conrad-Martius, H.** "Natur und Gnade nach 'Des hl. Thomas v. Aq. Untersuchungen die Wahrheit'," *Catholica* (Paderborn) III (1924) 49-82. (By a Non-Catholic scholar.)

4426. **Van Crombrugghe, C.** "De relatione quae existit inter justitiam originalem et gratiam sanctificantem," *Coll. Gandav.* XIII (1926) 110-114.

4427. **Dalmau, J., S.J.** "Voluntariedad del pecado original y explicaciones de ella da S. Tomás," *Est. Ecles.* IX (1930) 188-212.

4428. **Darmet, A.** *Les notions de raison séminale et de puissance obédientielle chez S. Augustin et S. Thomas d'Aq.* (Dissert. Lyon) Lyon (Vitte) 1934, 166 pp.

4429. **Deman, T., O.P.** "Le *Liber de bona fortuna* dans la théologie de S. Thomas," *R S P T* XVII (1928) 38-58. (On Gifts of H.G.)

4430. **Descoqs, P., S.J.** *Le mystère de notre élévation surnaturelle.* Paris (Beauchesne) 1938, 135 pp.

4431. **Dumont, P.** "Le caractère divin de la grâce d'après la théologie scolastique," *Rev. Sc. Relig.* XXIII (1933) 517-552; XIV (1934) 62-95.

4432. **Ferland, A., P.S.S.** *Commentarius in Summam D. Thomae.*

De gratia. De sacramentis in communi. Montréal (Grand Séminaire) 1938, xxi-509 pp.

4433. **Fernandez, A., O.P.** "Justitia originalis et gratia sanctificans juxta D. Thomam et Cajetanum," *D T P* XXXIV (1931) 129-146; 241-260.

4434. **Gabriel de Sainte-Marie-Madeleine, O. Carm.** "Le 'double mode' des dons du Saint-Esprit," *Etudes Carmélitaines* XIX (1934) 2, 215-232.

4435. **Gardeil, A., O.P.** "Le Saint-Esprit dans la vie chrétienne," *Vie Spirit.* XXXIII (1932) 113-124. (Start of a series.)

4436. **Gardeil, A.** "Le don de crainte et la béatitude de la pauvreté," *Ibid.* 225-244.

4437. **Gardeil, A.** "Le don de force et la faim de la justice," *Ibid.* XXXIV (1933) 204-226.

4438. **Gardeil, A.** "Le don de piété et la béatitude de la douceur," *Ibid.* XXXV (1934) 19-39.

4439. **Gardeil, A.** "Le don de conseil," *Ibid.* XXXVII, 238-248.

4440. **Gardeil, A.** "La béatitude des miséricordieux," *Ibid.* XXXVIII, 20-32.

4441. **Gardeil, A.** "Le don de science," *Ibid.* XXXIX, 22-33.

4442. **Gardeil, A.** "La béatitude des larmes," *Ibid.* 129-136.

4443. **Gardeil, A.** "Le don d'intelligence et la béatitude des coeurs purs," *Ibid.* 235-258.

4444. **Gardeil, A.** "Le don de sagesse," *Ibid.* XL, 12-23.

4445. **Gardeil, A.** "La béatitude des pacifiques," *Ibid.* 126-132.

4446. **Gardeil, A.** "Le progrès spirituel," *Ibid.* XLI, 24-36.

4447. **Gardeil, A.** *Le Saint-Esprit dans la vie chrétienne.* Juvisy (Ed. du Cerf) 1934, 182 pp.

4448. **Garrigou-Lagrange, R., O.P.** "Les dons ont-ils un mode humain?" *Vie Spirit.* XXXIII (1932) Suppl. 65-83.

4449. **Garrigou-Lagrange, R., O.P.** "Le fondement suprême de la distinction des deux grâces, suffisante et efficace," *Rev. Thom.* XLIII (1937) 1-17.

4450. **Garrigou-Lagrange, R., O.P.** "La grâce efficace est-elle nécessaire pour les actes salutaires faciles?" *Rev. Thom.* VIII (1925) 558-566.

4451. **Garrigou-Lagrange, R., O.P.** "La grâce infailliblement efficace et les actes salutaires faciles," *Rev. Thom.* IX (1926) 160-173.

4452. **Garrigou-Lagrange, R., O.P.** "La possibilité de la grâce est-elle rigoureusement démontrable?" *Rev. Thom.* XIX (1936) 194-218.

4453. **Garrigou-Lagrange, R.** et **Crisógono de Jesus Sacramentado.** "A propos du mode supra-humain des dons du Saint-Esprit," *Vie Spirit.* XXXVII (1933) Suppl. 33-49.

4454. **Gaudel, A.** "Péché originel," *D T C* XII, 1, col. 275-606.

4455. **Geoffroy, M.B.** "Qué es la gracia?" *Contemporanea* IV (1934) 361-369.

4456. **Glorieux, P.** "Endurcissement final et grâces dernières, *Nouv. Rev. Théol.* LIX (1932) 865-892.

4457. **Graf, T.** *De subjecto psychico gratiae et virtutum secundum doctrinam scholasticorum usque ad medium saeculum XIV.* Pars Ia: De subjecto virtutum cardinalium (Studia Anselm. II) Romae (Herder) 1934, xxiii-261 pp. Pars IIa: (Stud. Anselm. III-IV) 1935, viii-272-159* pp.

4458. **De Guibert, J., S.J.** "Dons du Saint-Esprit et mode d'agir ultra-humain d'après S. Thomas," *Rev. Asc. Myst.* III (1922) 394-411.

4459. **Herbert, A.G.** *Grace and Nature.* London (Church Lit. Assoc.) c. 1937. (By an Anglican Neo-Thomist.)

4460. **Hofmann, R.** *Die heroische Tugend. Geschichte und Inhalt eines theologischen Begriffes.* (Münchener Stud. z. hist. Theol. XII) München (Kösel u. Pustet) 1933, xvi-220 pp. (On St. Thomas: pp. 58-65.)

4461. **Van Holtum, G., O.S.B.** "Die Gaben des Hl. Geistes im einzelnen betrachtet," *Theol. u. Glaube* XIX (1927) 297-306.

4462. **Van Hove, A.** *De Erfzonde.* (Leerb. der dogmatica en der apologetica.) Antwerpen (Standaard) 1936, xi-293 pp.

4463. **Van Hove, A.** "De voluntareitate peccati originalis," *Coll. Mechlin.* XXV (1936) 380-383.

4464. **Hugon, E., O.P.** "De gratia primi hominis," *Angel.* IV (1927) 361-381.

4465. **Hugon, E., O.P.** "Utrum primus homo habuerit scientiam omnium, *D T P* IV (1927) 445-453.

4466. **Jaroszewicz, J.** *De dono perseverantiae finalis secundum doctrinam S. Thomae Aq.* Kielciis, 1932, 118 pp.

4467. **De Jonge, J.** "Nature des dons du Saint-Esprit," *Coll. Mechlin.* II (1928) 50-56.

4468. **Joret, F.D., O.P.** "Notre élévation surnaturelle," *Vie Spirit.* XXIV (1930) 161-175.

4469. **Kolipinski, S.** *Le Don de l'Esprit-Saint. Don incréé et Don créé, selon la doctrine de S. Thomas d'Aq.* Fribourg, Suisse, 1924, viii-156 pp.

4470. **Kors, J.B., O.P.** *La justice primitive et le péché originel d'après S. Thomas. Les sources. La doctrine.* (Bibl. Thom. II) Le Saulchoir, Kain, 1922, xii-176 pp.

4471. **Lange, H., S.J.** *De gratia tractatus dogmaticus.* Freiburg i. B. (Herder) xvi-611 pp.

4472. **Laporta, G., O.S.B.** "Natuur en Genade," *Ons Geloof* XII (1926) 433-452.

4473. **L'Helganac'h, J.** "Le don de force," *R U O* VIII (1938) juil-sept.

4474. **Lithard, V., C.S.Sp.** "Les dons du Saint-Esprit et les grâces de la vie mystique. Simples réflexions," *Rev. Asc. Myst.* XVII (1936) 169-180.

4475. **Lithard, V., C.S.Sp.** "Les dons du Saint-Esprit. Nature et mode spécial d'opérer. Leur place dans la vie chrétienne," *Rev. Apolog.* LXV (1937) 5-22; 146-166.

4476. **Lottin, O., O.S.B.** "Les classifications des dons du Saint-Esprit au XIIe et XIIIe siècle," *Rev. Asc. Myst.* XI (1930) 269-285.

4477. **Lottin, O., O.S.B.** "Les dons du Saint-Esprit chez les théologiens depuis P. Lombard jusqu'à S. Thomas," *R T A M* I (1929) 41-97.

4478. **Martin, R.M., O.P.** "De potentia passiva hominis ad gratiam et de potentia obedientiali," *Ephem. Theol. Lovan.* I (1924) 352-354.

4479. **Maritain, J.** "Science et Sagesse," *Nova et Vetera* IX (1934) 389-407.

4480. **Masson, Y.E.** "Nature (Etats de)," *D T C* XI, 1, col. 36-44.

4481. **Matthijs, M., O.P.** "Quomodo anima humana sit 'naturaliter capax gratiae' secundum doctrinam S. Thomae," *Angel.* XIV (1937) 175-193.

4482. **Van der Meersch, J.** "De notione entis supernaturalis. IV. De gratia actuali," *Ephem. Theol. Lovan.* VII (1930) 251-263.

4483. **Mennessier, I., O.P.** "Psychologie du don de force," *Vie Spirit.* XXXVIII (1934) Suppl. 81-95.

4484. **Mersch, E., S.J.** "La grâce et les vertus théologales," *Nouv. Rev. Théol.* LXIV (1937) 802-817.

4485. **Michel, A.** "Justice originelle," *D T C* VIII, col. 2020-2042. (S. Thomas: 2031-2042.)

4486. **Michel, A.** "Persévérance," *D T C* XII, col. 1256-1304.

4487. **Michel a Neukirsch, O.M.C.** "Harmonia ac concordia quinque systematum de concursu gratiae actualis cum libero arbitrio," *Estudis Francisc.* XXI (1927) 201-210; XXII (1928) 192-237.

4488. **Neefjes, G.** *De genadeleer volgens S. Thomas en Calvijn.* (Dissert.) S'Gravenhage (Bezuiden-Houtscheweg) 1937, 135 pp.

4489. **Neveut, E., C.M.** "Etudes sur la grâce sanctifiante," *D T P* III (1926) 394-412; IV (1927) 17-34; 264-297; 653-675; V (1928) 213-230; 362-385. (Start of a series.)

4490. **Neveut, E.** "De la nature de la grâce actuelle. De diverses sortes de grâce actuelle," *D T P* XXXII (1929) 15-42.

4491. **Neveut, E.** "La pratique de la vertu. Des secours nécessaires au juste pour persévérer dans le bien et pour faire des actes de vertu," *D T P* XXXII (1929) 241-266.

4492. **Neveut, E.** "Des actes entitativement surnaturels," *D T P* XXXII (1929) 357-382; 537-562.

4493. **Neveut, E.** "La Grâce sacramentelle," *D T P* XXXIII (1930) 249-285.

4494. **Neveut, E.** "Des actes méritoires," *D T P* XXXIII (1930) 386-408.

4495. **Neveut, E.** "De la grâce actuelle élévante," *D T P* XXXIII (1930) 588-599.

4496. **Neveut, E.** "Des conditions de la plus grande valeur de nos actes méritoires," *D T P* XXXIV (1931) 353-375.

4497. **Neveut, E.** "Du mérite de convenance," *D T P* XXXV (1932) 3-29.

4498. **Neveut, E.** "Du mérite de convenance chez le juste," *D T P* XXXVI (1933) 337-359.

4499. **Neveut, E.** "Peut-on avoir la certitude d'être en état de grâce?" *D T P* XXXVII (1934) 321-349.

4500. **Neveut, E.** "De la justification," *Rev. Apolog.* XV (1932) 25-48.

4501. **Noble, H.D., O.P.** "La conscience morale sans l'état de grâce," *Vie Spirit.* XXXVIII (1934) 135-145.

4502. **Noble, H.D., O.P.** "La conscience morale dans l'état de grâce," *Vie Spirit.* XXXVIII (1934) 238-249.

4503. **Onings, I.** "Adam," *Dict. de Spiritualité* I (1932) col. 187-195.

4504. **Paluscsak, P., O.P.** "Isten képmasa az emberben sz. Tamásnál," *Religio* LXXXIII (1924) 1-8; 112-129.

4505. **Paluscsak, P., O.P.** "Imago Dei in homine," in *Xenia Thom.* (Symp.) II, 119-154. (A transl. of no. 4504.)

4506. **Paris, G.M., O.P.** *Ad mentem S. Thomae Aq. de Donis Spiritus Sancti in genere.* Turin (Marietti) 1930, 114 pp.

4507. **Paris, G.M., O.P.** "De natura donorum Spiritus Sancti," *D T P* XXX (1927) 242-263; 676-683.

4508. **Pirotta, A., O.P.** "Disputatio de potentia obedientiali juxta thomisticam doctrinam," *D T P* XXXII (1929) 574-585; XXXIII (1930) 129-148; 360-385; 560-575.

4509. **Rivière, J.** "S. Thomas et le mérite 'de congruo'," *Rev. Sc. Relig.* VII (1927) 641-649.

4510. **Rohner, A., O.P.** "Die Acht Seligkeiten," *D T F* XIII (1935) 436-445.

4511. **Rozwadowski, A., S.J.** "De supernaturali cognitione Dei qua primus homo juxta S. Thomam praeditus erat," *Gregor.* VI (1925) 19-40.

4512. **Schultes, R.M., O.P.** "Circa doctrinam S. Thomae de justificatione," *Angel.* III (1926) 166-175; 345-354.

4513. **Siemer, L., O.P.** *Die mystische Seelen-Entfaltung unter dem Einfluss der Gaben des hl. Geistes, nach der Lehre des hl. Thomas v. Aq. dargestellt.* (Domin. Geistesleben, IV) Vechta i. O. (Albertus-Magnus-Verlag) 1927, 169 pp.

4514. **Soukup, L., O.P.** "Gratia supponit naturam. Eine Paraphrase zu zwei Thomas-Stellen (Ia, 1, 8, ad 2m; et Ia, 2, 2, ad 1m)," *D T F* XV (1937) 25-32.

4515. **Stolz, A., O.S.B.** *Glaubensgnade und Glaubenslichte nach Thomas v. Aq.* (Studia Anselm. I) Rome (Herder) 1933, 118 pp.

4516. **Tascon, T., O.P.** "Foi et don d'intelligence d'après S. Thomas," *D T P* XXXIII (1930) 528-559.

4517. **Tascon, T., O.P.** "Note sur la place du don de sagesse dans la théologie morale thomiste," *Rev. Thom.* XIII (1930) 415-425.

4518. **Teixidor, L., S.J.** "Algo acerca del pecado original y de la concupiscencia según S. Tomás," *Estudis Ecles.* X. (1931) 364-384.

4519. **Teixidor, L., S.J.** "Una cuestión lexicografica. El uso de la palabra 'justicia original' en S. Tomás de Aq.," *Estudis Ecles.* VI (1927) 337-376.

4520. **Teixidor, L., S.J.** "El uso de la palabra 'justicia original' en S. Tomás," *Estudis Ecles.* VIII (1929) 23-41.

4521. **Thiel, M., O.S.B.** "Philosophische und nichtphilosophische Weisheit," *D T F* XIII (1935) 129-159.

4522. **Ude, J.** "De organismo septem donorum Spiritus Sancti secundum mentem S. Thomae Aq.," *Cien. Tom.* XXXVIII (1928) 289-299.

4523. **Verriele, A.** *Le surnaturel en nous et le péché originel.* (Bibl. Cath. des Sc. Relig.) Paris (Bloud et Gay) 1932, 242 pp.

4524. **De Vooght, P., O.S.B.** "A propos de la grâce actuelle dans la théologie de S. Thomas," *D T P* V (1928) 386-416.

4525. **Waffelaert, G.J.** "De distinctione reali inter justitiam et gratiam sanctificantem brevis adnotatio," *Ephem. Theol. Lovan.* VIII (1931) 615-617.

4526. **Weijenberg, J., M.S.F.** *Die Verdienslichkeit der menschlichen Handlung nach der Lehre des hl. Thomas v. Aq.* Freiburg i. B. (Herder) 1931, xiv-212 pp.

4527. **Wörle, J.** *Die Lehre des hl. Thomas v. Aq. vom Wachstum des übernaturlichen Gnadenlebens.* Linz (Kathol. Pressverein) 1931, vii-83 pp.

4528. **Zigon, F.** "Gratia operans et gratia cooperans juxta S. Thomam," *Ephem. Theol. Lovan.* V (1928) 614-629.

4529. **Zychlinski, A.** "O tak zwanej 'potentia obedientialis'," *Przegl. Teol.* VII (1927) 269-287; 378-393.

4530. **Zychlinski, A.** "[The teaching of St. Thomas on the nature of actual grace: in Polish]" *Przegl. Teol.* IX (1929) 347 seqq.

I—VIRTUES, ACTUAL SIN: GENERAL EXPOSITIONS OF MORAL THEOLOGY*

4531. "La causalité de Dieu dans le péché," *Ami du Clergé* XLV (1928) 771-779.

4532. "La différence entre 'spes' et 'fiducia'," *Ami du Clergé* XLVIII (1931) 75-77.

4533. "Est-ce un mal de préférer un moindre bien à un plus grand?" *Ami du Clergé* XLVI (1929) 209-210; 433-434; XLVII (1930) 641-644.

4534. "Peut-on dire que tous les péchés mortels se valent?" *Ami du Clergé* XLVI (1929) 6-8. (Exposition: I-II, 73, 2 c; and *De malo* II, 7-10.)

4535. "S. Thomas et le théâtre," *Ami du Clergé* XLVI (1929) 629-631.

4536. "Sur l'accroissement et la perte de la charité," *Ami du Clergé* XLIX (1932) 353-363.

4537. "Sur l'impossiblité pour l'adulte non-baptisé de rester avec le seul péché originel sans péché mortel actuel," *Ami du Clergé* XLIX (1932) 202-208.

4538. **Alberdi, A.** "El concepto de humilidad en S. Tomás," *Vida Sobrenat.* XXX (1935) 348-356; 422-433; XXXI (1936) 28-37.

4539. **Amann, E.** "Religion (Vertu de)," *D T C* XIII, col. 2306-2312.

4540. **Andrzejewski, L.** *De virtute misericordiae. Studium theologicum speculativo-practicum.* (Dissert.) Fribourg, Suisse (Sieradz) 1937, 95 pp.

4541. **D'Angelo, S.** "De aequitate in Codice juris canonici. Excursus ad can. 20," *Apollinaris* I (1928) 363-383.

4542. **De Baets, P., O.P.** *Oprechtigheid volgens de leer van den H. Thomas (Summa, q. 109, seq.)* (Geloofsonderricht, VII) Bruges (Groot Seminarie) 1934, 36 pp.

4543. **Bender, L., O.P.** "Consulere minus malum," *Ephem. Theol. Lovan.* VIII (1931) 592-614. (Cf. *infra* no. 4566.)

4544. **Bernard, R., O.P.** "La foi chez le prêtre," *Vie Spirit.* XLIII (1935) 113-137.

4545. **Bernard, R., O.P.** "Le Christ Jésus objet de la foi chez le prêtre," *Vie Spirit.* XLIII (1935) 237-250.

4546. **Bernard, R., O.P.** "Le Christ, lumière des âmes," *Vie Spirit.* XLV (1935) 29-44.

4547. **Bernard, R., O.P.** "La vertu acquise et la vertu infuse," *Vie Spirit.* XLV (1935) Suppl. 25-53.

---

*See also many items under *Ethics,* in *Philosophical Doctrines:* III, M. nos. 3234-3469.

4548. **Bernard, R., O.P.** "La vertu infuse et le don du Saint-Esprit," *Vie Spirit.* XLV (1935) Suppl. 65-90.

4549. **Bernard, R., O.P.** "La vertu théologale," *Vie Spirit.* XLIV (1934) Suppl. 146-167.

4550. **Bersani, S., C.M.** "De intrinsica mendacii deformitate," *D T P* XXXIX (1936) 3-14.

4551. **Berte, P., S.J.** "A propos des oeuvres serviles. La recherche du gain influe-t-elle sur leur détermination?" *Nouv. Rev. Théol.* LXIII (1936) 32-56.

4552. **Betzendörfer, W.** *Glaube und Wissen bei den grossen Denkern des Mittelalters.* Gotha (Klotz) 1931, vii-260 pp. (Thomas v. Aq: pp. 154-184.)

4553. **Beysens, J.T.** "De thomistische opvatting van de deugden-en zondenleer," in *S. Thomas-Bijdragen* (Symp.) 74-76.

4554. **Blaton, F.** "De peccato veniali. Doctrina S. Thomae," *Coll. Gandav.* XV (1928) 31-42.

4555. **De Blic, J.** "La théorie de l'option morale initiale," *Rev. Sc. Relig.* XIII (1933) 325-352.

4556. **Bolczyk, C., O.F.M.** "Periodische Enthaltung in der Ehe und christliche Moral," *Theol. u. Glaube* XXV (1933) 84-90.

4557. **Bouvier, L., S.J.** *Le Précepte de l'Aumône chez S. Thomas d'Aq.* (Studia Coll. Max. Immac. Concept. I) Montréal, 1935, xvii-199 pp.

4558. **Brisbois, E., S.J.** "Pour le probabilisme," *Ephem. Theol. Lovan.* XIII (1936) 74-97.

4559. **Broch, P., O.P.** "Preparación moral para la fe," *Cien. Tom.* XXXIX (1929) 188-206; XL (1929) 23-41; 145-172.

4560. **Broch, P., O.P.** "Preparación intelectual para la fe," *Cien. Tom.* XLI (1930) 36-49; 166-187; XLII (1930) 199-221; XLIII (1931) 51-67; 333-356; XLIV (1931) 411-446; XLV (1932) 50-65; 194-207; XLVI (1932) 24-46.

4561. **De Broglie, G., S.J.** "Malice intrinsèque du péché. Esquisse d'une théorie des valeurs morales," *Rech. Sc. Relig.* XXVI (1936) 46-79; 297-333; XXVII (1937) 275-307.

4562. **Brouillard, R., S.J.** "Pour l'histoire de l'imperfection morale," *Nouv. Rev. Théol.* LVIII (1931) 217-238.

4563. **Brouillard, R., S.J.** "La vertu de prudence et la vie religieuse," *Rev. des communautés relig.* XII (1936) 122-132; 153-166.

4564. **Brugger, M.** *Schuld und Strafe. Ein philosophischtheologischer Beitrag zum Strafproblem.* Paderborn (Schöningh) 1933, 160 pp.

4565. **Brunschvicq, L.** "De la vraie et de la fausse conversion," *Rev. Métaph. et Morale* XXXVIII (1930) 29-60. (Series by a Non-Catholic author; second part is on thomism.)

4566. **Cacciatore, J., C.SS.R.** "Consulere minus malum," *Ephem.*

Theol. Lovan. X (1933) 618-646. (Cf. *supra* no. 4543.)

4567. **Carton de Wiart, E.** *Theologia Mechliniensis. Tractatus de peccatis et vitiis in genere.* Ed. 5a in multis recognita. Mechliniae (H. Dessain) 1932, 172 pp.

4568. **Cathrein, V., S.J.** "Gottesliebe und Verdienst nach der Lehre des hl. Thomas v. Aq.," *Zeitschr. f. Asz. u. Mystik* VI (1931) 15-32.

4569. **Cathrein, V., S.J.** "Unvollkommenheit und lässliche Sünde," *Zeitschr. f. Asz. u. Mystik* III (1928) 115-138; 221-239.

4570. **Cathrein, V., S.J.** "Utrum in omni peccato occurrat error vel ignorantia," *Gregor.* XI (1930) 553-567.

4571. **Charland, T., O.P.** "Ni Bossuet, ni Fénelon, mais S. Thomas," *Rev. Domin.* XXXIX (1933) 257-274. (On charity.)

4572. **Charland, T., O.P.** "Philosophie de l'amitié," *Rev. Domin.* XXXIX (1933) 221-240.

4573. **Charles, P., S.J.** "Spes Christi. II: Esquisse de l'histoire d'une doctrine," *Nouv. Rev. Théol.* LXIV (1937) 1057-1075.

4574. **Chenu, M.D., O.P.** "Contribution à l'histoire du traité de la foi. Commentaire historique de IIa IIae," in *Mélanges Thom.* (Symp.) 123-140.

4575. **Chenu, M.D., O.P.** "Pro fidei supernaturalitate illustranda," in *Xenia Thom.* (Symp.) III, 297-307.

4576. **Chenu, M.D., O.P.** "La psychologie de la foi dans la théologie du XIIIe siècle. Genèse de la doctrine de S. Thomas, S.T. II-II, q. 2, a. 1," *Etudes d'Hist. litt. et doct. du XIIIe S.* II (1932) 163-191.

4577. **Chenu, M.D., O.P.** "La surnaturalisation des vertus," *Bull. Thom.* IX (1932) 93*-96*.

4578. **Chenu, M.D., O.P.** "L'unité de la foi. Réalisme et formalisme," *Vie Spirit.* LII (1937) Suppl. 1-8.

4579. **Chenu, M.D., O.P.** "The Unity of Faith. Its Realism and Formalism," *Blackfriars* XIX (1938) 487-494.

4580. **Chenu, M.D., O.P.** "Les yeux de la Foi," *Rev. Domin.* XXXVIII (1932) 653-660.

4581. **Combès, G.** *La doctrine politique de S. Augustin.* Paris (Plon) 1927. (St. Thomas on the punishment of heretics, using *S.T.* II-II, 10, 8, ad 4m, pp. 454-455.)

4582. **Congar, M.J., O.P.** "Une conclusion théologique à l'enquête sur les raisons actuelles de l'incroyance," *Vie Intell.* XXXVII (1935) 214-249.

4583. **Cordovani, M., O.P.** "Fede e miracoli nel pensiero di S. Tommaso d'Aq.," *Scuola Catt.* LII (1924) 87-107.

4584. **Curran, J.W., O.P.** "The Thomistic Concept of Devotion," *Thomist* II (1940)

4585. **Dander, F. X., S.J.** "Der Friede als Frucht der Liebe nach hl. Thomas v. Aq.," *Zeitschr. f. Asz u. Mystik* III (1928) 151-154 (Note on *S.T.* II-II, q. 29.)

4586. **Dander, F., S.J.** "Grundsätzliches Auffassung der Freundschaft nach der Lehre des hl. Thomas v. Aq.," *Zeitschr. f. Asz. u. Mystik* VI (1931) 132-145.

4587. **Dander, F., S.J.** "Die Klugheit, ihr Wesen und ihr Bedeutung für den Christlichen Charakter nach der Lehre des hl. Thomas v. Aq.," *Zeitschr. f. Asz. u. Mystik* VII (1932) 97-116.

4588. **Dander, F., S.J.** "Wahrhaftigkeit," *Zeitschr. f. Asz. u. Mystik* VIII (1933) 8-21.

4589. **Dappara, M.** "Fede e filosofia in S. Tommaso," *Studium* XXVIII (1931) 539-546.

4590. **Deman, T., O.P.** "L'accroissement de la charité. A propos d'un texte de S. Thomas," *R S P T* XIX (1930) 107-113.

4591. **Deman, T., O.P.** "Accroissement des vertus dans S. Thomas et dans l'école thomiste," *Dict. de Spiritualité* I, col. 138-156.

4592. **Deman, T., O.P.** "Eclaircissements sur *Quodlibet* VIII, a. 13," *D T P* XXXVIII (1935) 42-61. (On Probabilism.)

4593, **Deman, T., O.P.** "L'Humanisme en défaut," *Vie Intell.* XXXVI (1935) 181-202 (On charity.)

4594. **Deman, T., O.P.** "Orgueil," *D T C* XI (1932) col. 1410-1434.

4595. **Deman, T., O.P.** "Péché," *D T C* XII, col. 140-275.

4596. **Deman, T., O.P.** "Le péché de sensualité," in *Mélanges Mand.* (Symp.) I, 265-283.

4597. **Deman, T., O.P.** "Probabilis," *R S P T* XXIII (1933) 260-290.

4598. **Deman, T., O.P.** "Probabilisme," *D T C* XIII, col. 417-619.

4599. **Deman, T., O.P.** "Réflexions sur la Théologie du Péché," *R S P T* XXII (1933) 640-659.

4600. **Deman, T., O.P.** "La Théologie de l' ὑπομονή biblique," *D T P* XXXV (1932) 30-48.

4601. **Doncoeur, P., S.J.** "De la ferveur. III: La ferveur du chrétien d'après S. Thomas," *Etudes* CCXIX (1934) 35-48.

4602. **Dublanchy, E.** "Morale (théologie)" *D T C* X, col. 2396-2458.

4603. **Dugré, A., S.J.** "La tolérance du vice d'aprés S. Augustin et S. Thomas," *Gregor.* VI (1925) 442-446.

4604. **Dumas, J. B.** *Theologia moralis thomistica.* Vol. I: Theol. moralis generalis. Paris (Lethielleux) 1930, xviii-280 pp.

4605. **Egenter, R.** *Von christlicher Ehrenhaftigkeit.* München (Kösel u. Pustet) 1937, 172 pp.

4606. **Egenter, R.** *Gottesfreundschaft. Die Lehre der Gottesfreundschaft in der Scholastik und Mystik des 12 und 13 Jahrhun-*

derts. Augsburg (Filser) 1928, xv-339 pp.

4607. **Elter, E., S.J.** "Sitne in doctrina morali S. Thomae locus pro imperfectionibus positivis non peccaminosis?" *Gregor.* X (1929) 20-51.

4608. **Engelhardt, G.** *Die Entwicklung der dogmatischen Glaubenpsychologie in der Mittelalterlichen Scholastik.* (*B G P M* XXX, 4-6) Münster, 1933, xvi-503 pp.

4609. **Fahey, D.** *Mental Prayer according to the Teaching of St. Thomas Aq.* Dublin (Gill) 1927, xi-77 pp.

4610. **Farrell, A., O.P.** "The Basis of Self-Realization," *Blackfriars* XVII (1936) 263-268.

4611. **Fernandez, A., O.P.** Vota solemnia religionis eorumque dispensabilitas secundum S. Thomam," *Cien. Tom.* XXXVI (1927) 394-409.

4612. **Festugière, A. M., O.P.** "La notion du péché présentée par S. Thomas, I-II, 71, et sa relation avec la morale aristotélicienne," *New Scholast.* V (1931) 332-341.

4613. **Gabriel a S. Maria Magd., O.C.D.** "De unione animae cum Deo per charitatem perfectam secundum D. Thomam et S. Joannem a Cruce," *A P A R* II (1935) 120-139.

4614. **Garcia, E., O.S.A.** "Ideas de S. Tomás de Aq. acerca del delito y de la pena," *Ciud. Dios* CXL (1925) 457-468.

4615. **Gardeil, A., O.P.** "Quel rapport y a-t-il entre la vie des vertus et la santé de l'intelligence?" *Etudes Carmélit.* XVI (1931) II, 126-136.

4616. **Garrigou-Lagrange, R., O.P.** "L'augmentation de la charité et les actes imparfaits," *Vie Spirit.* XI (1925) 321-334.

4617. **Garrigou-Lagrange, R., O.P.** "L'augmentation de la charité et la diminution de sa ferveur par le péché véniel," *Vie Spirit.* XI (1925) 425-434.

4618. **Garrigou-Lagrange, R., O.P.** "La charité parfaite et les béatitudes," *Vie Spirit.* XLVI (1936) 5-20.

4619. **Garrigou-Lagrange, R., O.P.** "La carità perfetta e le beatitudini, "*Vita cristiana* X (1938) 11-27.

4620. **Garrigou-Lagrange, R., O.P.** "De la confiance en Dieu," *Vie Spirit.* XLIII (1935) 225-236.

4621. **Garrigou-Lagrange, R., O.P.** "L'esprit de foi et son progrès," *Vie Spirit.* XLIII (1935) 138-150.

4622. **Garrigou-Lagrange, R., O.P.** "Humility according to St. Thomas," *Thomist* I, 1 (1939)

4623. **Garrigou-Lagrange, R., O.P.** "Le moindre bien (imperfection) et le moindre mal," *Vie Spirit.* (1926-27) Suppl. 1-14.

4624. **Garrigou-Lagrange, R., O.P.** "La prudence et la vie intérieure," *Vie Spirit.* LI (1937) 24-41.

4625. **Garrigou-Lagrange, R., O.P.** "De speciali inspiratione Spiritus Sancti secundum caritatis augmentum," in *Xenia Thom.* (Symp.) II, 211-232.

4626. **Garrigou-Lagrange, R., O.P.** "La tendance à la perfection et les actes de charité imparfaits," *Rev. Thom.* XI (1928) 388-411.

4627. **Garrigou-Lagrange, R., O.P.** "Les vertus morales dans la vie intérieure," *Vie Spirit.* XLI (1934) 225-236.

4628. **Gatterer, M., S.J.** *Gottes Gedanken über des Kindes Werden.* Innsbruck-Leipzig (Rauch) 1938, 123 pp.

4629. **Gaudel, A.** "Sacrifice," *D T C* XIV, col. 662-692.

4630. **Gemmel, J.** "Zum Probabilismus des hl. Thomas (*Quodl.* 8, a. 13)," *Scholast.* XI (1936) 543-548. (Cf. Deman, *supra* no. 4592.)

4631. **Geoffroy, M.B., O.P.** "L'Abandon à la Providence et les vertus théologales," *Orientations* XI (1938) 345-359; 421-439.

4632. **Geoffroy, M.B., O.P.** *L'union de la foi et des dons du Saint-Esprit dans la contemplation mystique.* (Dissert.) Marseille (Orat. S. Léon) 1934, 73 pp.

4633. **Gillon, M.B., O.P.** *La théorie des oppositions et la théologie du péché au XIIIe siècle.* Paris (Vrin) 1937, xix-151 pp.

4634. **Gmurowski, A.M., O.P.** *Cnoty nabyte i cnoty wlane. Studjum porównawcze w mysl zasad sw. Tomasza z. Ak.* (Studia Gnesnensia, XIII) Gniezno (Ks. sw. Wojiecha) 1935, 169 pp.

4635. **Gmurowski, A.M., O.P.** *Milosc Boga jako przyjaźń z Bogiem.* (Odbitka z Ateneum Kaplanskiego) Wloclawek, 1928, 36 pp.

4636. **Goupil, A., S.J.** *Les vertus; vertus théologales.* Paris (Paillaud) 1935, 160 pp.

4637. **Grabmann, M.** "De quaestione: 'Utrum aliquid possit esse simul creditum et scitum' inter scholis Augustinismi et Aristotelico-Thomismi medii aevi agitata," in *Acta. Hebdom.* (Symp.) 110-139.

4638. **Habán, M., O.P.** "Die vitalen und geistigen Werte des Sexuallebens," in *Magister Thomas* (Symp.) 199-212.

4639. **Hocedez, E., S.J.** "Valeur religieuse de l'acte de foi," *Gregor.* XV (1934) 377-408.

4640. **Hosten, E.** "De devotione. Explicatur definitio S. Thomae (II-II, 82, 1) de devotione actuali et substantiali," *Coll. Brug.* XXV (1925) 24-33.

4641. **Van Hove, A.** "Circa quaestionem de Defensione occisiva contra injustum aggressorem," *Ephem. Theol. Lovan.* VI (1929) 655-664.

4642. **Hugon, E., O.P.** "De Epikeia seu Aequitate, (II-II, q. 120)," *Angel.* V. (1928) 359-367.

4643. **Hugon, E., O.P.** "La piété dans S. Thomas d'Aq.," *Vie Spirit.* XV (1927) 693-703.

4644. **Jansen, F., S.J.** "La psychologie de la foi dans la théologie du XIIIe siècle," *Nouv. Rev. Théol.* LXI (1934) 604-615.

4645. **Journet, C.** "La peine temporelle due au péché," *Rev. Thom.* X (1927) 20-39; 89-103.

4646. **Journet, C.** "La stérilisation des anormaux. Principes de théologie," *Nova et Vetera* VIII (1933) 415-421.

4647. **Jung, N.** "Sacrilège," *D T C* XIV, col. 692-703.

4648. **Keller, M.J., O.P.** "De virtute caritatis ut amicitia quaedam divina," in *Xenia Thom.* (Symp.) II, 233-276.

4649. **Keller, M.J., O.P.** et **Lavaud, M.B., O.P.** "La charité comme amitié d'après S. Thomas d'Aq.," *Rev. Thom.* XII (1929) 445-475.

4650. **Kirk, K.E.** *The Vision of God. The Christian Doctrine of the Summum Bonum.* (Bampton Lectures, 1928) London (Longmans) 1931, xxviii-583 pp. (A Non-Catholic work.)

4651. **Klein, D., O.F.M.** "De distinctione oblatorum secundum Aquinatem," *Antonianum* XII (1937) 105-124.

4652. **Labourdette, M.M., O.P.** "Le développement vital de la foi théologale," *Rev. Thom.* XLIII (1937) 101-115.

4653. **Landgraf, A.** "De necessaria relatione caritatis ad bonitatem moralem actuum humanorum. Disquisitio dogmatico-historica," *Bogosl. Vestnik* IV (1924) 35-50; 127-144.

4654. **Landgraf, A.** *Das Wesen der lässlichen Sünde in der Scholastik bis Thomas v. Aq. Eine dogmengeschichtliche Untersuchung nach den gedruckten und ungedruckten Quellen.* Bamberg (Goerresverlag) 1923, xx-338 pp.

4655. **Lang, H., O.S.B.** *Die Lehre des hl. Thomas v. Aq. von den Gewissheit des übernatürlichen Glaubens historisch untersucht und systematisch dargestellt.* Augsburg (Filser) 1929, vii-204 pp.

4656. **Lang, H., O.S.B.** "Verstand und Glaubensakt nach Thomas v. Aq.," *Theol. Quartalschr.* CV (1924) 192-225.

4657. **De Languen-Wendels, P.** "La paix selon la conception chrétienne," *Rev. Thom.* XLIV (1938) 40-86.

4658. **De La Taille, M., S.J.** "Le péché véniel dans la théologie de S. Thomas d'après un livre récent," *Gregor.* VII (1926) 28-43. (On Landgraf, *supra* no. 4654.)

4659. **Lavaud, M.B.** "La charité comme amitié d'après S. Thomas d'Aq.," *Rev. Thom.* XII (1929) 445-475.

4660. **Lefebvre, A., O.S.B.** *L'acte de foi d'après la doctrine de S. Thomas d'Aq.* 3me éd. Paris (Blot) 1924, xx-468 pp.

4661. **Lemonnyer, A., O.P.** "L'oraison et la liturgie (d'après S. Thomas)," *Vie Spirit.* XI (1924) 5-16.

4662. **Lemonnyer, A., O.P.** "La vertu de religion," *Vie Spirit.* XLVI (1936) 31-36.

4663. **Lenz, J.** "Frevel an der Wahrheit," *Pastor Bonus* XLVII (1936) 129-140. (Vs. neo-pagan morals.)

4664. **Lenz, J.** "Körperverstümmelung beim hl. Thomas," *Pastor Bonus* XLVI (1935) 281-282.

4665. **Van Liempt, P.C.** *De Blasphemia et vana assumptione SS. Nominis Dei a S. Thoma Aq. expositis in sua Summa theologica.* Hedel, Holland (Privatum) 1927, 4 pp.

4666. **Llaneza, M., O.P.** *Elementa Theologiae moralis ad mentem S. Thomae et ad Codicem Juris Canonici accomodata.* Barcelona, 1932, 428 pp.

4667. **Lopez, U.** *Thesis probabilismi ex sancto Thoma demonstrata.* Roma (Pont. Univ. Gregor.) 1937, 57 pp. Offprint from: *Periodica de re mor., can., liturg.* XXV et XXVI (1936-37.)

4668. **Lottin, O., O.S.B.** "La nature du péché d'ignorance. Enquête chez les thélogiens du XII et du XIII s." *Rev. Thom.* (1932) 634-652.

4669. **Lumbreras, P., O.P.** *De Justitia* (IIa IIae, qq. 57-122). *Praelectiones scholasticae in IIam partem S. Thomae.* Romae (Angelicum) 1938, xvi-456 pp.

4670. **Lumbreras, P., O.P.** *La Moral de S. Tomás.* Vol. I: *Moral general.* (Bibl. Tom. españoles, VI) Valencia (Fomento de la Ed. y del Arte) 1931, 254 pp.

4671. **Lumbreras, P., O.P.** "Proprius locus blasphemiae," *Angel.* XIV (1937) 154-174.

4672. **Lumbreras, P., O.P.** "De sensualitatis peccato. Comment. in I-II, 74, a. 3-4," *D T P* XXXII (1929) 225-240.

4673. **Lumbreras, P., O.P.** *Praelectiones Scholasticae in IIam partem D. Thomae. De vitiis et peccatis.* (I-II, qq. 71-89.) Romae (Angel.) 1935, xii-202 pp.

4674. **Lumbreras, P., O.P.** *Praelectiones Scholasticae. De Fide.* (II-II, qq. 1-16.) Romae (Angel.) 1937, xii-199 pp.

4675. **Lumbreras, P., O.P.** "El voto religioso solemne y su dispensa. Que queda de S. Tomás en los tomistas?" *Cien. Tom.* XXXV (1927) 359-383.

4676. **Mačkowiak, W.S., O.P.** *Die ethische Beurteilung der Notlüge in der altheidnischen, patristischen, scholastischen und neuren Zeit.* (Studia Gnesn., VI) Gniezno, 1933, 168 pp.

4677. **Massonnat, A.M.** "Foi théologale et dons intellectuels," *Vie Spirit.* LIV (1938) Suppl. 1-21.

4678. **Massonnat, A.M.** "Intuition mystique et foi théologale," *Vie Spirit.* LI (1937) Suppl. 141-164.

4679. **Mausbach, J.** *Katholische Moraltheologie.* 7 Aufl. Münster (Aschendorff) 1935-36. Bd. I: Die allgemeine Moral, xv-434 pp; Bd. II: Spezielle Moral, 1, xvi-312 pp; Bd. III: Spezielle Moral, 2, Der irdische Pflichtenhreis, viii-260 pp.

4680. **Mausbach, J.** *Thomas v. Aq. als Meister christlicher Sittenlehre, unter besonderer Berücksichtigung seiner Willenslehre.* (Kath. Gedanke, X) München (Theatiner Verlag) 1925, v-162 pp.

4681. **McCormick, J.F., S.J.** "The Burden of the Body. A Note on *Quaest. disp. de Virtut.* q. 2 (De caritate) a. 10," *New Schol.* XII (1938) 392-400.

4682. **McHugh, J.A.** and **Callan, C.J., O.P.** *Moral Theology. A Complete Course Based on St. Thomas Aq. and the Best Modern Authorities.* N.Y. (Wagner) 1929, 691 pp. in 2 vol.

4683. **McNabb, V., O.P.** "St. Thomas and Moral Theology," in *Xenia Thom.* (Symp.) II, 187-202.

4684. **Mennessier, I., O.P.** "L'idée du 'sacré' et le culte d'après S. Thomas," *R S P T* XIX (1930) 63-82.

4685. **Mennessier, I., O.P.** "Les réalités sacrées dans le culte chrétien d'après S. Thomas," *R S P T* XX (1931) 276-286; 453-471.

4686. **Mennessier, I., O.P.** "La religion dans notre organisme spirituel," *Vie Spirit.* XXX (1932) 26-42.

4687. **Mennessier, I., O.P.** "Religion et vie spirituelle," *Vie Spirit.* XXX (1932) 100-111.

4688. **Merkelbach, B.H., O.P.** "Moralis theologiae idonea methodus," in *Miscel. Vermeersch* (Symp.) I, 1-16.

4689. **Merkelbach, B.H., O.P.** *Summa Theologiae Moralis.* Paris (Desclée de Brouwer) Vol. I: De principiis, 1931, 756 pp; II: De virtutibus moralibus, 1932, 994 pp; III: De sacramentis, 1933, 955 pp. Ed. 2a: 3 vol. 786; 1029; 1024 pp., *ibid.,* 1935-36.

4690. **Michel, A.** "Sainteté," *D T C* XIV, col. 841-870.

4691. **Mollard, G.** "L'éfficacité de la prière," *Vie Spirit.* XXI (1927) Suppl. 15-29; 76-90; 122-143.

4692. **Mollard, G.** "Le problème de l'unité de l'espérance," *Rev. Thom.* XVIII (1935) 196-210.

4693. **Mulard, R., O.P.** "Les vertus théologales d'après S. Thomas d'Aq. I: La vertu de foi. II: La vertu d'espérance. III: La vertu de charité," *Lumen* XI (1930) 18-24; 121-129; 193-205.

4694. **Neveut, E., C.M.** "La foi chrétienne. Son caractère surnaturel," *Rev. Apolog.* LVI (1933) 187-208.

4695. **Neveut, E., C.M.** "La vertu de charité. Son caractère surnaturel," *D T P* XL (1937) 129-158.

4696. **Neveut, E., C.M.** "Les vertus surnaturelles," *Rev. Apolog.* LIX (1934) 395-406.

4697. **Neveut, J.** "De la nécessité de la foi," *Ephem. Theol. Lovan.* VII (1930) 29-45.

4698. **Noble, H.D., O.P.** *L'amitié avec Dieu. Essai sur la vie spirituelle d'après S. Thomas d'Aq.* Lille-Paris-Bruges (Desclée) 1927, vii-318 pp.

4699. **Noble, H.D., O.P.** *L'amitié avec Dieu. Essai sur la vie spirituelle d'après S. Thomas d'Aq.* Nouv. éd. Paris (Desclée) 1932, 538 pp.

4700. **Noble, H.D., O.P.** "L'amitié d'après S. Thomas d'Aq.," *L'Entr'aide Intellect.* II (1928) 35-47.

4701. **Noble, H.D., O.P.** "L'amitié de la charité," *Vie Spirit.* XII (1925) 5-16. (Start of a series.)

4702. **Noble, H.D.** "Ici-bas, aimer Dieu sans le voir," *Ibid.* 387-398.

4703. **Noble, H.D.** "S'unir à Dieu dans la charité," *Ibid.* XIII (1925) 129-141.

4704. **Noble, H.D.** "L'amour de Dieu et nos autres affections," *Ibid.* 613-621.

4705. **Noble, H.D.** "La plus excellentes des vertus théologales," *Ibid.* XIV (1926) 234-249.

4706. **Noble, H.D.** "L'expérience du divin," *Rev. des Jeunes* XVI (1926) 261-269.

4707. **Noble, H.D.** "L'extase de la charité," *Ibid.* 144-152.

4708. **Noble, H.D.** "De possibilitate peccati ex parte nostri," in *Xenia Thom.* (Symp.) II, 203-210.

4709. **Noble, H.D.** "Prudence," *D T C* XIII, 1, col. 1023-1076.

4710. **Noble, H.D.** "Le respect dû à nos supérieurs," *Vie Spirit.* XXV (1930) 239-246.

4711. **Noble, H.D.** *La vie pécheresse.* (*La vie morale d'après S. Thomas d'Aq. Cinquième Série.*) Paris (Lethielleux) 1937, 426 pp.

4712. **Oddone, A., S.J.** *Teoria degli atti umani.* (Pubbl. della Univ. Catt. del Sacro Cuore, VII, 5) Milano (Vita e Pensiero) 1933, viii-262 pp.

4713. **Pelletier, P., O.P.** "De la connaissance de soi, norme de nos rapports avec Dieu et le prochain," in *Magister Thomas* (Symp.) 231-242.

4714. **Philbin, W.J.** "The Scholastic Teaching on the Nature of Charity," *Irish Eccl. Rec.* LXIX (1933) 20-46.

4715. **Philippe, P., O.P.** *Le rôle de l'amitié dans la vie chrétienne selon S. Thomas d'Aq.* Rome (Angel.) 1938, xiv-208 pp.

4716. **Pieper, J.** *Vom Sinn der Tapferkeit.* Leipzig (Hegner) 1934, 87 pp.

4717. **Prümmer, D.M., O.P.** *Manuale theologiae moralis secundum principia S. Thomae Aq. in usum scholarum.* Edit. 4a et 5a. Freiburg i. B. (Herder) 1928, 3 vol. xxvii-452; x-550; xii-697 pp.

4718. **Prümmer, D.M., O.P.** *Manuale theologiae moralis secundum principia S. Thomae Aq.* Edit. 6a et 7a aucta et recognita. Freiburg i. B. (Herder) Vol. I: 1931, xxxvii-471 pp.

4719. **Raitz von Frentz, E., S.J.** "Analyse der Hoffnung," *Scholast.* IX (1934) 555-563.

4720. **Ranwez, E.** "Péché véniel et imperfection," *Ephem. Theol. Lovan.* III (1926) 177-200; V (1928) 32-49.

4721. **Ranwez, E.** "Péché véniel ou imperfection," *Nouv. Rev. Théol.* LVIII (1931) 114-135.

4722. **Ranwez, E.** et **Richard, T.** "A propos de perfectiorisme," *Rev. Thom.* XI (1928) 276-281.

4723. **Raus, J.B., C.SS.R.** *De sacrae obedientiae virtute et voto secundum doctrinam D. Thomae et S. Alphonsi. Tractatus canonico-moralis.* Lyon-Paris (Vitte) 1923, xx-308 pp.

4724. **Retel, J.** "La force. Les enseignements et les exemples de Notre-Seigneur sont-ils en opposition avec la doctrine thomiste de force?" *Cahiers du Cercle Ste-Jehanne* (1931) 107-112.

4725. **Richard, T., O.P.** "Autour de la probabilité unique," *Rev. Thom.* X (1927) 165-195.

4726. **Richard, T., O.P.** *Etudes de théologie morale.* I: Le plus parfait. Doctrine et pratique. II: De la probabilité à la certitude pratique. Paris (Desclée) 1933, 353 pp.

4727. **Richard, T., O.P.** "L'imperfection et la doctrine de S. Thomas," *Rev. Thom.* XIV (1931) 131-156.

4728. **Richard, T., O.P.** "Le perfectiorisme et S. Thomas," *Rev. Thom.* XI (1928) 1-26.

4729. **Richard, T., O.P.** "La probabilité et la raison pratique," *Rev. Thom.* IX (1926) 503-516; X (1927) 61-71.

4730. **Richard, T., O.P.** *Théologie et piété d' après S. Thomas.* Paris (Lethielleux) 1936, 385 pp.

4731. **Van Roey, J.E. Card.** "De relatione bonorum operum in Deum ad mentem S. Thomae et S. Alphonsi," *Coll. Mechlin.* I (1927) 5-17.

4732. **Van Roey, J.E. Card.** *De virtute charitatis quaestiones selectae.* Malines (Dessain) 1929, ii-368 pp.

4733. **Rolland, J.** "Le fondement psychologique du probabilisme," *Nouv. Rev. Théol.* LXIII (1936) 254-268; 337-354.

4734. **Rolland, E.** *La loi de réalisation humaine dans S. Thomas.* Paris (Vrin) 1935, 112 pp.

4735. **Rolland, E.** "Unité et morale," *Rev. Apolog.* LVI (1933) 25-41.

4736. **Rolland, E.** "L'unification par l'amour," *Ibid.* 385-403.

4737. **Ruch, C.** "Patrie (Piété envers la)," *D T C* XI, col. 2301-2326; reproduced in: *Le Piété envers la Patrie.* Paris (Letouzey) 1933, 72 pp.

4738. **Rupprecht, P., O.S.B.** "Die Tugend der Religion nach dem hl. Thomas," *D T F* IX (1931) 146-172.

4739. **Sassen, F.** "Moelijkheden bij de thomistische definitie van de deugd," *Studia Cathol.* XIII (1937) 395-405.

4740. **Schellinkx, A.** "Autour du problème de l'imperfection morale," *Ephem. Theol. Lovan.* IV (1927) 195-207.

4741. **Scherer, W.C.** *Der Gehorsam nach der Lehre hl. Thomas v. Aq. dargestellt.* Paderborn (Schöningh); Freiburg, Schw. (Imp. St.-Paul) 1926, xiii-250 pp.

4742. **Schilling, O.** "Die Ehre nach christlicher Auffassung," *Theol. Quartalschr.* CXIX (1938) 153-167.

4743. **Schilling, O.** *Lehrbuch der Moraltheologie.* München (Hueber) 1928.

4744. **Schilling, O.** *Theologia moralis fundamentalis.* Monachii (Hueber) 1937, vii-416 pp.

4745. **Schöllgen, W.** "Die Lehre von der Tugend bei Thomas v. Aq. und die Kritik Nietzsches an der christlichen Ethik," *Catholica* VI (1937) 62-80.

4746. **Schütz, B.** *Die Demut, ihr Wesen und ihre Stellung in der Moral nach dem hl. Thomas v. Aq.* (Dissert.) Freiburg, Schw. (Univ.) c. 1927, iv-38 pp.

4747. **Schultes, R.M., O.P.** "Utrum charitas sit prior spe," *D T P* III (1926) 573-588.

4748. **Seydl, E.** "Thomas v. Aq. über die Todestrafe," *Schönere Zukunft* XII (1936-37) 1363-1365; 1391.

4749. **Simonin, H.D., O.P.** "La théologie thomiste de la foi et le développement du dogme," *Rev. Thom.* XVIII (1935) 537-556.

4750. **Spicq, C., O.P.** "L'aumône: Obligation de justice et de charité?" in *Mélanges Mand.* (Symp.) I, 245-264.

4751. **Spicq, C., O.P.** "La malice propre du péché d'hérésie," *D T P* XXXII (1929) 143-159.

4752. **Spicq, C., O.P.** "Le péché de suicide," *Vie Intell.* XLVI (1936) 375-380.

4753. **Spruytte, O.** "De moderne heldenvereering en de deugd van grootmoedigheid," *Kultuurleven* X (1939) 4-19.

4754. **Van Steenberghe, E.** "Amitié" *Dict. de Spiritualité* **II,** col. 500-529.

4755. **Van Steenberghe, E.** "Paresse," *D T C* XI, col. 2023-2030. (On *pigritia* and *acedia.*)

4756. **Stufler, J., S.J.** "Petrus Lombardus und Thomas v. Aq. über die Natur der caritas," *Zeitschr. f. kath. Theol.* LI (1927) 399-408. (Reply to Zigon, *infra* no. 4789.)

4757. **Swirski, I.** "Czytosć zycia malzenskiego wedlug nauki sw. Tomasza," in *Magister Thomas* (Symp.) 213-229.

4758. **Szduj, E., O.F.M.** "Genèse de l'amour d'après S. Thomas d'Aq. et S. Bonaventure," in *Magister Thomas* (Symp.) 309-332.

4759. **Tarasievitch, J., M.S.** *Humility in the Light of St. Thomas.* (Dissert.) Fribourg, Suisse (Univ.) 1935, vi-310 pp.

4760. **Tascon, T., O.P.** "Caridad, amistad y beatitud según S. Tomás. Reflexiones sobre la doctrina expuesta," *Rev. Clero Leonés* IV (1929) 98-104; 195-199; 316-321.

4761. **Tascon, T., O.P.** "Las diversiones según la doctrina de S. Tomás," *Rev. Clero Leonés* VI (1931) 179-183; 367-373.

4762. **Taymans, F., S.J.** "L'*option* principe de connaissance chez M. Blondel," *Nouv Rev. Théol.* LIX (1932) 13-33.

4763. **Teixidor, A.L., S.J.** "De ratione formali amicitiae Dei in homine justo non ad habitum caritatis reducenda, sed per gratiam sanctificantem maxime explicanda," *Anal. Sacr. Tarrac.* V (1929) 3-30. (Vs. St. Thomas.)

4764. **Thamiry, E.** *Les vertus théologales. Leur culture par la Prière et la Vie liturgique.* Avignon (Aubanel) 1933, 248 pp.

4765. **Thisse, M.S.** "La force d'après S. Thomas," *Cahiers du Cercle Ste-Jehanne* (1931) 6-11; 27-29; 40-43; 70-73.

4766. **Tillmann, F.** *Die katholische Sittenlehre. Die Verwirklichung der Nachfolge Christi.* (Handb. d. kath. Sittenlehre, IV) Düsseldorf (Schwann) I: Die Pflichten gegen Gott, 1935, 316 ,pp; II: Die Pflichten gegen sich selbst und gegen den Nächsten, 1936, 496 pp.

4767. **Tillmann, F.** *Der Meister ruft. Eine Laienmoral für gläubige Christen.* Düsseldorf (Schwann) 1937, 403 pp.

4768. **Tischleder, P.** "Der Mensch in der Auffassung des hl. Thomas v. Aq.," in *Bild v. Menschen* (Symp.) 42-57.

4769. **Tonneau, J., O.P.** "Salaire," *D T C* XIV, col. 978-1016.

4770. **Tonneau, J., O.P.** "La vertu cardinale de justice," *R S P T* XXVIII (1939) 71-73.

4771. **Tuyaerts, M.M., O.P.** "Over de kracht der bovennatuurlijke Deugden," *Kultuurleven* V (1934) 154-178.

4772. **Urmanowicz, V.** *De formatione virtutum a caritate seu de caritate qua forma virtutum secundum doctrinam S. Thomae Aq.* (Dissert.) Freiburg, Schw. (Lib. S. Adalberti) 1931, 101 pp.

4773. **V. D. W.** "Kindersonden en St. Thomas," *Nederl. kath. Stemmen* XXXIV (1934) 79-82.

4774. **Vermeersch, A., S.J.** "De damnosa in materia castitatis praeteritione principii S. Thomae de delectatione," *Period. de re mor., can., liturg.* XXII (1933) 122-129.

4775. **Vitoria, Francisco de, O.P.** *Commentarios a la Secunda Secundae de S. Tomás.* Ed. Beltran de Heredia, O.P. (Bibl. Teol. Esp.) Salamanca (Conv. de S. Esteban) 1932, vol. I: De fide et spe (qq. 1-22), xlviii-380 pp; vol. II: De caritate et prudentia (qq. 23-56), 410 pp; vol. III: De justitia, 1934, xl-260 pp.

4776. **De Vooght, P., O.P.** "Y a-t-il des vertus morales infuses?" *Ephem. Theol. Lovan.* X (1933) 232-242. (No! vs. St. Thomas.)

4777. **Voyer, R.M., O.P.** "Psychologie des premiers movements," *Rev. Domin.* XXXVIII (1932) 193-200.

4778. **De Vries, J., S.J.** "Der Akt des Gotteslieb nach der Lehre des hl. Thomas," *Zeitschr. f. Asz. u. Mystik* V (1930) 17-34.

4779. **Waldmann, M.** *Das Mysterium der christlichen Tugend nach Thomas v. Aq.* (Festrede) Regensburg (Kösel) 1926, 39 pp.

4780. **Wieclaw, N.** "[The problem of supra-rationalism in the act of faith: in Polish]" in *Nasza Mysl. Teol.* (Symp.) 76-77.

4781. **Wilms, H., O.P.** *Die Gottesfreundschaft nach dem hl. Thomas.* Vechta i. 0. (Albertus-Magnus-Verlag) 1933, 214 pp.

4782. **Wittmann, M.** "Neuplatonisches in der Tugendlehre der hl. Thomas," in *Philos. Perennis* (Symp.) I, 155-178.

4783. **Wirtgen, A.** "Zur Begründung der Missionsliebe nach dem hl. Thomas v. Aq.," *D T F* X (1932) 509-513.

4784. **Wörle, J.** "Die Bedeutung des Gebetes für das Wachstum der heiligmachenden Gnade nach dem hl. Thomas v. Aq.," *Theol. Prakt. Quartalschr.* LXXXIV (1931) 473-486.

4785. **Woroniecki, J., O.P.** *Katolicka Etyka Wychowacza Czesc pierwsza analityczna.* Poznan (Ksieg. sw. Wojciecha) 1925, vii-232 pp.

4786. **Woroniecki, J., O.P.** "Lingua Eucharis. Na marginesie doktryny kaznodziejskiej sw. Tomasza A. Summ. Theol. II-II, q. 177," *Przegl. Homilitycznego* (1924) offprint: 16 pp.

4787. **Zeller, L.** "Der Mensch und seine Bildung nach der hl. Thomas v. Aq.," in *Kathol. Almanach* (Symp.) 1-10.

4788. **Ziermann, B., C.SS.R.** *De definitione peccati actualis secundum mentem divi Thomae Aq.* Bonn (Hofbauer) 1935, 59 pp.

4789. **Zigon, F.** "Der Begriff der Caritas beim Lombarden und dem hl. Thomas," *D T F* IV (1926) 404-425.

4790. **Zimara, C.** *Das Wesen der Hoffnung in Natur und Uebernatur.* Paderborn (Schöningh) 1933, 250 pp.

4791. **Zimmermann, F.** "Das Wesen der lässlichen Sünde," *D T F* XII (1934) 408-441.

4792. **Zychlinski, A.** "De caritatis influxu in actus meritorios juxta S. Thomam," *Ephem. Theol. Lovan.* XIV (1937) 651-656.

J—SPIRITUAL LIFE, ASCETICISM, MYSTICISM, PROPHECY

4793. "Sur la prééminence de la vie contemplative," *Ami du Clergé* XLVIII (1931) 586-587.

4794. "Thomas d'Aq. guide de la vie spirituelle," *Année Domin.* LXII (1926) 93-96.

4795. *De la vie d'oraison.* Paris (Art Catholique) 1925, 68 pp.

4796. **Barreira, T., S.J.** "La composición de lugar. Explicación de la misma según la doctrina de S. Tomás," *Manresa* XI (1935) 118-168.

4797. **Bissen, J.M.** "De la contuition," *Etudes Francisc.* XLVI (1934) 559-569.

4798. **Bonafede, G.** "L'ascesa a Dio in S. Tommaso," *Riv. Rosmin. di Filos.* XXIX (1935) 242-267.

4799. **Bonduelle, J.** "Essai d'étude comparée des états religieux laïcs," *Le Recrutement Sacérdotal* XXXVIII (1938) 497-519; offprint: Paris (Lib. G. Enault) 1939, 23 pp.

4800. **Bonduelle, J.** "Le sacerdoce et l'état religieux laïc," *Le Recrutement Sacérd.* XXXVIII (1938) 389-402.

4801. **Buelins, F.** "Le prêtre et le religieux d'après S. Thomas," *Vie Diocés.* XIII (1924) 401-415.

4802. **Butler, C., O.S.B.** *Ways of Christian Life.* London (Sheed & Ward) 1932, xii-256 pp. (One chap. on spiritual life according to St. Thomas.)

4803. **Chapman, J., O.S.B.** *The Spiritual Letters.* Ed. by R. Huddleston, O.S.B. London (Sheed & Ward) 1935, xiv-330 pp.

4804. **Charland, T., O.P.** "Praedicator gratiosus," *Rev. Domin.* XXXIX (1933) 88-96. (On *gratia sermonis* in II-II, 177, a. 1.)

4805. **Chevalier, P., O.S.B.** "Le Cantique spirituel interpolé. 7: S. Thomas et l'oeuvre apocryphe," *Vie Spirit.* XXVIII (1931) II, Suppl. 29-50.

4806. **Conrad-Martius, H.** "Thomistische Perspektiven," *Catholica* VI (1937) 33-40.

4807. **De Corte, M.** *La liberté de l'esprit dans l'expérience mystique.* Paris (Desclée) 1932, 55 pp.

4808. **Cotel, P., S.J.** *Les principes de la vie religieuse ou l'explication du catéchisme des voeux.* 5me éd. adaptée au Code de droit Canon par le P. E. Jombart, S.J. (Muséum Lessianum, Sect. ascét. 28) Louvain (Museum Lessianum) 1930, 286 pp.

4809. **Crisogono de Jesus Sacramentado, O. Carm.** *La perfection et la mystique selon les principes de S. Thomas.* Bruges (Beyaert) 1932, 83 pp.

4810. **Cuniliati, P., O.P.** *Retiro espiritual para religiosos según la doctrina de S. Tomás.* Escrito en italiano, siglo XVIII, y dispuesto en español para Ejercicios de ocho días por R. Castaño, O.P. Madrid (Del Amo) 1932.

4811. **Desnoyers, A., O.M.I.** "L'essence de la perfection chrétienne selon S. Thomas d'Aq.," *R U O* V (1935) 138*-155*; VI (1936) 5*-23*.

4812. **Dubruel, M., S.J.** *S. Thomas d'Aq. apologiste de l'état religieux.* Toulouse, 1924, 16 pp.

4813. **Dussault, E.** *Sept ans d'examen particulier à la suite de S. Thomas d'Aq.* Paris (Lethielleux) 1935, xii-190 pp.

4814. **Eijo y Garay, L.** "S. Tomás y la Mistica," in *Acta Hebdom.* (Symp.)

4815. **Errichetti, M., S.J.** "Una questione disputata dell' Angelico

(Q. XII de Verit., 'De Prophetia')," in *A S. Tommaso* (Symp.)

4816. **Fonck, A.** "Perfection chrétienne," *D T C* XII, col. 1219-1251.

4817. **Gardeil, A., O.P.** "Comment se réalise l'habitation de Dieu dans les âmes justes? II: La pensée de S. Thomas," *Rev. Thom.* VI (1923) 129-141.

4818. **Gardeil, A., O.P.** "La contemplation mystique," *Rev. Thom.* XIV (1931) 840-864; XV (1932) 226-250; 379-393.

4819. **Gardeil, A., O.P.** "Examen de conscience," *Rev. Thom.* XI (1928) 156-180.

4820. **Gardeil, A., O.P.** "L'habitation de Dieu en nous et la structure interne de l'âme," *Rev. Thom.* VI (1923) 238-260.

4821. **Gardeil, A., O.P.** "Questions de nomenclature en matière de contemplation," *Rev. Thom.* XIV (1931) 727-748.

4822. **Gardeil, A., O.P.** *La structure de l'âme et l'expérience mystique.* Paris (Gabalda) 1927, 2 vol. xxxiv-397; 370 pp.

4823. **Gardeil, A., O.P.** "La structure de la connaissance mystique," *Rev. Thom.* VII (1924) 109-126; 225-242; 340-369; 429-459.

4824. **Gardeil, A., O.P.** *La vraie vie chrétienne.* Paris (Desclée) 1935, ix-362 pp.

4825. **Garrigou-Lagrange, R., O.P.** *L'amour de Dieu et la croix de Jésus. Etude de théologie mystique sur le problème de l'amour et des purifications passives, d'après les principes de S. Thomas d'Aq. et la doctrine de S. Jean de la Croix.* Juvisy (Ed. du Cerf) 1930, 2 vol. in 918 pp.

4826. **Garrigou-Lagrange, R., O.P.** "L'axe de la vie spirituelle et son unité," *Rev. Thom.* XLIII (1937) 347-360.

4827. **Garrigou-Lagrange, R., O.P.** "L'habitation de la Sainte Trinité et l'expérience mystique," *Rev. Thom.* XI (1928) 449-474.

4828. **Garrigou-Lagrange, R., O.P.** "La mortification ou purification active," *Vie Spirit.* XI (1925) 521-536.

4829. **Garrigou-Lagrange, R.** "La mortification et les suites du péché originel," *Vie Spirit.* XII (1925) 17-31.

4830. **Garrigou-Lagrange, R.** "La mortification et nos péchés personnels," *Ibid.* 113-125.

4831. **Garrigou-Lagrange, R.** "La mortification et l'élévation de notre vie surnaturelle," *Ibid.* 369-385.

4832. **Garrigou-Lagrange, R.** "Mystik und Uebernatürlichkeit des Glaubens," in *Kathol. Almanach* (Symp.) 11-22.

4833. **Garrigou-Lagrange, R.** *Perfection chrétienne et contemplation selon S. Thomas d'Aq. et S. Jean de la Croix.* St-Maximin, 1923, 2 vol.

4834. **Garrigou-Lagrange, R.** *Christian Perfection and Contemplation, according to St. Thomas Aq. and St. John of the Cross.* Translated by Sr. M. Timothea Doyle. St. Louis and London (Herder) 1937, xviii-470 pp.

4835. **Garrigou-Lagrange, R.** *Mystik und christliche Vollendung.* Autorisierete Wiedergabe v. P. Obersiebrasse, O.P. Augsburg (Haas u. Grabherr) 1927, xx-554 pp. (Transl. of no. 4833.)

4836. **Garrigou-Lagrange, R.** *Perfezione Cristiana e Contemplazione secondo S. Tommaso d'Aq. e S. Giovanni della Croce.* Trad. da P. S.G. Nivoli. Roma (Marietti) 1933.

4837. **Garrigou-Lagrange, R.** "Le premier regard de l'intelligence et la contemplation," *Vie Spirit.* XLV (1935) 5-28.

4838. **Garrigou-Lagrange, R.** "Prémystique naturelle et mystique surnaturelle," *Etudes Carmélit.* XVIII (1933) II, 51-77.

4839. **Garrigou-Lagrange, R.** *Traité de théologie ascétique et mystique. Les trois âges de la vie intérieure, prélude de celle du ciel.* Paris (Ed. du Cerf) vol. I, 1938, xxxiv-638 pp.

4840. **Garrigou-Lagrange, R.** "La virginité consacrée à Dieu selon S. Thomas," *Vie Spirit.* X (1924) 533-550.

4841. **Geerts, J.W.J., M.S.C.** "Pius XI en St. Thomas," *Ons Geestelijk Leven* XVIII, 4-17. (On sacerdotal and religious life.)

4842. **Gmurowski, A.M., O.P.** *Doskonalość Chrześcijanska w mysl sw. Tomasza z Akwinu.* (Studia Gnes. VII) Gniezno (Ks. sw. Wojciecha) 1934, iii-224 pp.

4843. **Gonzales, A.** "Unidad de la vida espiritual segun S. Tomás," *Vida Sobrenat.* VIII (1924)

4844. **Grabmann, M.** "Gedanken des hl. Thomas v. Aq. über Jungfräulichkeit und beschauliches Leben," [in the Nine Hundredth Centenary Publication of the Benedictine Monastery of St. Walburg] 1938, pp. 100-107.

4845. **De Guibert, J., S.J.** "Ascétique (théologie ascétique)," *Dict. de Spiritualité* IV, col. 1010-1017.

4846. **De Guibert, J., S.J.** *Etudes the théologie mystique.* Toulouse (Ed. de la *Rev. d'Asc. et de Mystique*) 1930, viii-320 pp.

4847. **De Guibert, J., S.J.** *Séminaire ou noviciat? Prêtre dans un diocèse ou dans un Ordre religieux?* Paris (Spes) 1938, 187 pp.

4848. **De Guibert, J., S.J.** *Theologia spiritualis ascetica et mystica. Quaestiones selectae in praelectionem usum.* Romae (Univ. Gregor.) 1937, xiv-496 pp.

4849. **De Guibert, J., S.J.** "Vie sacerdotale, vie religieuse et perfection. Comment se pose la question," *Rev. Asc. Myst.* XVI (1935) 235-251; 381-297.

4850. **Harent, S., S.J.** "La mystique d'après S. Thomas," *Nouv. Rev. Théol.* LII (1925) 1-9.

4851. **Héris, C.V., O.P.** "Perfection épiscopale et perfection sacerdotale," *Vie Spirit.* XLV (1935) Suppl. 129-138.

4852. **Hughes, P.** (transl.) *Meditations for Lent from St.*

Thomas. Translated. N. Y. (Sheed & Ward) 1938, 141 pp.

4853. **Hugon, E., O.P.** *Le mérite dans la vie spirituelle.* Juvisy (Ed. du Cerf) 1935, 45 pp.

4854. **Hugon, E., O.P.** "La mystique de S. Thomas," *D T P* I (1924) 66-83.

4855. **Hugon, E., O.P.** "La mistica de S. Tomás de Aq.," *Vida Sobrenat.* IX (1925) 145 pp.

4856. **Hugueny, E., O.P.** "Circulaire, Rectiligne, Hélicoïdal. Les trois degrés de la contemplation," *R S P T* XIII (1924) 327-331. (On II-II, 180, a. 6.)

4857. **Hugueny, E., O.P.** "La contemplation surnaturelle acquise," *Vie Spirit.* XXXVII (1933) Suppl. 65-78.

4858. **Hugueny, E., O.P.** "La contemplation surnaturelle infuse," *Vie Spirit.* XXXVII (1933) Suppl. 129-146.

4859. **Hugueny, E., O.P.** "Le chemin de la contemplation," *Vie Spirit.* XXXVIII (1934) Suppl. 65-80; 129-141; XXXIX (1935) Suppl. 1-14.

4860. **Jarrett, B., O.P.** "The Holiness of Truth," *Blackfriars* XX (1939) 5-16. (Lecture to Aquinas Society, 1939.)

4861. **Jean de Dieu, P., O.M.Cap.** "L'essence de la perfection chrétienne d'après S. Bonaventure et S. Thomas d'Aq.," *Etudes Francisc.* XLIX (1937) 129-146.

4862. **Joret, F.D., O.P.** *La contemplation mystique d'après S. Thomas d'Aq.* Lille-Bruges (Desclée) 1924.

4863. **Joret, F.D., O.P.** *La contemplation mystique d'après S. Thomas d'Aq.* Ed. revue et augmentée. Paris (Desclée) 1927, xii-308 pp.

4864. **Karrer, O.** *Der mystische Strom. von Paulus bis Thomas v. Aq.* München (Ars Sacra) 1926, 452 pp. (Thomas v. Aq: pp. 389-402.)

4865. **Klinger, O., O.S.B.** *Der Stand der christlichen Vollkommenheit nach der Lehre des hl. Thomas v. Aq.* (Dissert, Freiburg) St. Ottilien (Missionsverlag) 1926, vii-152 pp.

4866. **Knowles, D.** "Contemplation in St. Thomas Aq.," *Clergy Review* VIII (1934) 1-20; 85-103.

4867. **Lambot, C., O.S.B.** "L'ordre et le texte des 'degrés d'humilité' dans S. Thomas," *Rev. Bénéd.* XXXIX (1927) 129-135.

4868. **Larivé, M., O.P.** "A propos des voeux solennels de religion. Résponse au R.P. Mercier et au R.P. Prümmer," *Rev. Thom.* VIII (1925) 474-487 (Cf. *infra* no. 4896.)

4869. **Lavaud, M.B., O.P.** "Moïse et S. Paul ont-ils eu la vision de Dieu dès ici-bas?" *Rev. Thom.* XIII (1930) 75-83.

4870. **Lavaud, M.B., O.P.** "La vision de Dieu ici-bas par Moïse et S. Paul," *Rev. Thom.* XIII (1930) 252-256.

4871. **Lemonnyer, A., O.P.** "L'existence des phénomènes mystiques est-elle concevable en dehors de l'Eglise?" *Vie Spirit.* XXXI (1932) Suppl. 65-79.

4872. **Lemonnyer, A., O.P.** *Notre vie divine.* Juvisy (Ed. du Cerf) 1936, xvii-446 pp.

4873. **Lemonnyer, A., O.P.** "S. Thomas maître de vie surnaturelle," *Année Domin.* LXVII (1931) 290-294.

4874. **Lemonnyer, A., O.P.** "Les trois sortes d'oraison (d'après S. Thomas)," *Rev. Apolog.* XXXVIII (1924) 129-144.

4875. **Lottin, O., O.S.B.** La doctrine de S. Thomas sur l'état religieux," *Vie Spirit.* VII (1923) 385-406.

4876. **Lozano, S., O.P.** "S. Tomas de Aq. y la Suma Teologica como medios de formación espiritual de Seminaristas," *Vida Sobrenat.* X (1926) 159-169.

4877. **Maes, P., O.P.** "Thomas v. Aq. de heilige kloosterling, verdediger van den kloosterstaat," *Ons Geloof* X (1924) 11-29; 49-66.

4878. **Mager, A., O.S.B.** *Mystik als Lehre und Leben.* Innsbruck-Wien-München (Tyrolia-Verlag) 1934, 491 pp.

4879. **Maggiolo, M., O.P.** "La vocazione religiosa secondo S. Tommaso," in *Xenia Thom.* II (1926) 277-309.

4880. **Maggiolo, M., O.P.** "La vocazione religiosa secondo S. Tommaso," in *Luce cattolica alle mente giovanile,* Torino (Libr. del Sacro Cuore) 1929, 44 pp.

4881. **Maquart, F.X.** "Le rêve et l'extase mystique. Etude philosophique et théologique," *Etudes Carmélit.* XVII (1932) 41-81.

4882. **Marchetti, O.** "La vita contemplativa secondo S. Thommaso," *Gregor.* VII (1926) 581-587.

4883. **Maréchal, J., S.J.** *Etudes sur la Psychologie des Mystiques.* Vol. I: Paris (Alcan); Bruges (Beyaert) 1924, viii-271 pp. Vol. II: Paris (Desclée) 1937, x-556 pp. (S. Thomas: II, Essai IX, pp. 193-254.)

4884. **Maritain, J.** "Expérience mystique et philosophie," *Rev. de Philos.* XXVI (1926) 571-618. (Conférence donnée le 5 mars, 1926, dans le série: *Doctrine catholique d'après S. Thomas d'Aq.*)

4885. **Masson, Y.E., O.P.** *Vie chrétienne et vie spirituelle. Introd. à l'étude de la théologie ascétique et mystique.* (Bibl. cath. des Sc. relig.) Paris (Bloud et Gay) 1929, 226 pp.

4886. **Masure, E.** *De l'éminente dignité du sacerdoce diocésain.* Paris (Bloud et Gay) 1938, 187 pp.

4887. **Mathew, G.** "Dominican Spirituality," *Blackfriars* XVII (1936) 650-657.

4888. **Matte, H., O.M.I.** "La présence de Dieu dans l'âme," *R U O* (1936) also in *Essais et bilans* Ottawa, 1935, pp. 29-55.

4889. **McEniry, E.C.,** *Meditations for Every Day; adapted from the Latin of Rev. P.D. Mézard, O.P.* by E.C. McEniry. New and rev. ed. Columbus, O., 1940, xiv-536 pp.

4890. **McNabb, V., O.P.** *The Mysticism of St. Thomas.* Oxford (Blackwell) 1924.

4891. **Mennessier, I., O.P.** "Donation à Dieux et voeux de religion," *Vie Spirit.* XLIX (1936) Suppl. 277-301.

4892. **Mennessier, I., O.P.** "L'état religieux et les deux vies," *Vie Spirit.* XLIX (1936) Suppl. 155-171.

4893. **Mennessier, I., O.P.** "Notes de théologie spirituelle," *Vie Spirit.* XLIV (1935) Suppl. 56-64.

4894. **Mennessier, I., O.P.** "Les réalités sacrées dans le culte chrétien d'après S. Thomas," *R S P T* XX (1931) 453-471.

4895. **Mennessier, I., O.P.** "Vie contemplative et vie active," *Vie Spirit.* XLIX (1936) Suppl. 65-85; 129-145.

4896. **Mercier, V., O.P.** "A propos des voeux solennels de religion," *Rev. Thom.* VIII (1925) 375-391.

4897. **Meynard, A.M., O.P.** *Traité de la vie intérieure ou Petite Somme de Théologie ascétique et mystique d'après l'esprit et les principes de S. Thomas d'Aq.* Ière Partie, Théol. ascétique. Nouv. éd. par R.P. Gérest, O.P. Paris (Lethielleux) 1924, xxii-548 pp.

4898. **Meynard, A.M., O.P.** *Trattato della vita interiore ossia Piccola Somma di Teologia ascetica e mistica.* Torino (Marietti) 1937, 2 vol. xx-540; xii-538 pp.

4899. **Michalski, K.** "La sublimation thomiste," *Angel.* XIV (1937) 212-222.

4900. **Noble, H.D., O.P.** *L'Amitié avec Dieu. Essai sur la vie spirituelle d'après S. Thomas d'Aq.* Nouv. éd. Paris (Desclée) 1932, 535 pp.

4901. **Noble, H.D., O.P.** "La spiritualité de S. Thomas," *Vie Spirit.* XXX (1932) 136-141.

4902. **Van den Oudenrijn, M., O.P.** "Limite del conocimiento profetico," *Cien. Tom.* XXXII (1925) 204-231.

4903. **Paulus, N.** "Der Berufsgedanke bei Thomas v. Aq.," *Zeitschr. f. kath. Theol.* L (1926) 445-454.

4904. **Paulus, N.** "Zur Geschichte des Worts Beruf," *Hist. Jahrb.* XLV (1925) 308-316. (Background of thomistic term, *vocatio,* in Peter of Tarentaise, Cornelius de Sneek, O.P. and John Nider.)

4905. **Pelletier, P. O.P.** *Kontemplacja i zycie czynne.* Lwów (Dominicans) 1935, 2 fasc. 8 and 8 pp. Offprints from *Szkola Chrystusowa* (1935) 9-14; 71-77.

4906. **Pflugbiel, H.J.** *Angel of Aquino: Meditations and Prayers in Honor of St. Thomas Aq.* Transl. by Sr. Mary Fulgence. Racine, Wis. (Dominican Sisters) 1924, vi-325 pp.

4907. **Philipon M.M., O.P.** *La doctrine spirituelle de Soeur Elisabeth de la Trinité.* Préf. du P. Garrigou-Lagrange. Avec nombreux documents inédits. Paris (Desclée) 1938, 354 pp.

4908. **Philippe, P., O.P.** *La rôle de l'amitié dans la vie chrétienne* *selon S. Thomas d'Aq.* Rome (Angel.) 1938, xiv-208 pp.

4909. **Portaluppi, A.** "La visione inspiratrice dell' ascetica di S. Tommaso," *Scuola Cattol.* LII (1924) 108-117.

4910. **Przywara, E., S.J.** "Mystik und Kreuz," *Zeitschr. f. Asz. u. Mystik* XIII (1938) 33-47.

4911. **Pourrat, P.** *La Spiritualité chrétienne.* II: Le moyen âge. Paris (Gabalda) 1928, xi-542 pp. (S. Thomas: chap. 5, pp. 197-228.)

4912. **Raus, J.B., C.SS.R.** "La vocation religieuse considerée dans S. Thomas et S. Alphonse de Liguori," *Nouv. Rev. Théol.* LI (1924) 14-32; 94-107.

4913. **Régamey, P., O.P.** "La componction du coeur," *Vie Spirit.* XLIV (1935) Suppl. 1-16; 65-84; XLV, 8-21; 86-99.

4914. **Régamey, P., O.P.** "Réflections sur la théologie spirituelle," *Vie Spirit.* LVII (1938) Suppl. 151-166; LVIII (1939) Suppl. 21-32.

4915. **Richard T., O.P.** *Théologie et piété d'après S. Thomas.* Paris (Lethielleux) 1935-37, 2 vol. 385; 287 pp.

4916. **Robilliard, J.A., O.P.** "Sur la notion de condition *(status)* en S. Thomas," *R S P T* XXV (1936) 104-107.

4917. **Rupprecht, P., O.S.B.** "Sacrificium Mediatoris. Die Opferanschauungen des Aquinaten," *D T F* IX (1931) 292-308.

4918. **Sandreau, A. et al.** "Pour fixer la terminologie mystique," [Enquête ouverte sur une liste de propositions, présentées par A. Saudreau.] *Vie Spirit.* XX (1929) 129-146 Suppl. Réponses de Jérôme de la Mère de Dieu, O.Carm., J. Schrijvers, C.SS.R. *Ibid.* 280-289; Mgr. L. Paulot, *Ibid.* XXI (1929) 30-37; D. Joret, O.P. *Ibid.* 91-101; Théotine de Saint-Just, O.M. Cap. and many others, in a series ending with vol. XXVII (1931). (This is an important discussion of the importance of St. Thomas in a previously little recognized rôle, that of the development of mystical terminology.)

4919. **Schrijvers, J., C.SS.R.** "Le double principe moteur de la vie spirituelle," *Bohoslovia* IX (1931) 177-200; 298-313.

4920. **Schultes, R., O.P.** "Die Eigenart des religiösen Auffassung des hl. Thomas v. Aq.," in *Kathol. Almanach* (Symp.) 30-34.

4921. **Sertillanges, A.D., O.P.** *Prières de S. Thomas d'Aq.* Paris, 1920.

4922. **Sharpe, A.B.** "The Ascetical and Mystical Teaching of St. Thomas," in *St. Thomas-Cambridge-1924* (Symp.) 204-226.

4923. **Siemer, L., O.P.** "Das aktive und das kontemplative Leben nach der Lehre des hl. Thomas v. Aq.," *D T F* III (1925) 171-184.

4924. **Stolte, H., S.V.D.** "Die erworbene Beschauung," *Zeitschr. f. Asz. u. Mystik* IV (1929) 333-343.

4925. **Stolte, H., S.V.D.** "Die mystik des hl. Thomas v. Aq.," *Theol. Prakt. Quartalschr.* LXXXIII (1930) 480-486.

4926. **Vallgornera, T.** *Mystica theologia D. Thomae, utriusque theologiae, scholasticae et mysticae, principis.* Ed. quarta rev. J.I.

Berthier. Turin (Marietti) 1924, 2 vol. in 1170 pp.

4927. **Vandenkoornuyse, F.** *Tractatus de vita spiritualis ad mentem S. Thomae Aq. et S. Patris Nostris Augustini.* Paris (Bonne Presse) 1932, viii-317 pp.

4928. **Vieban, A., S.S.** "The Teaching of St. Thomas concerning Priestly Perfection," *Cath. Educ. Assoc. Bull.* XXI (1924) 666-680.

4929. **Villeneuve, R. Card.** "S. Thomas mystique docteur," *Rev. Domin.* XXXIV (1927) 271-285.

4930. **Van Wely, J., O.P.** "St. Thomas en de Mystik," in *S. Thomas-Herdacht* (Symp.) 33-44.

4931. **Van Wely, J., O.P.** "St. Thomas en de Mystik," in *S. Thomas-Bijdragen* (Symp.) 100-108.

4932. **Wilms, H., O.P.** "Das Seelenfünklein in der deutschen Mystik (Albert, Thomas, Eckhart, Tauler)," *Zeitschr. f. Asz. u. Mystik* XII (1937) 157-166.

4933. **Zychlinski, A.** *Zycie wewnetrzne. Rozwazania Teologiczne.* Lwów, 1931, 364 pp.

K—CHRISTOLOGY

4934. **Absil, T.** "Aphorismen zur Lehre vom Gottmenschen," *Angel.* X (1933) 24-49. (Expos. 'more geometrico'.)

4935. **Albert, A.G., O.P.** "L'indispensable Réparateur," *Théologie* II (1937) 7-43.

4936. **D'Alès, A., S.J.** *Prima Lineamenta Tractatus Dogmatici de Verbo Incarnato.* Paris (Beauchesne) 1930, xv-489 pp.

4937. **Backes, I.** *Die Christologie des hl. Thomas v. Aq. und die griechischen Kirchenväter.* (Forsch. z. christ. Liturg. u. Dogm. XVII, 3-4) Paderborn (Schöningh) 1931, xiii-338 pp.

4938. **Bardy, G.** et **Tricot, A.** (Directeurs) *Le Christ. Encyclopédie populaire des connaissances christologiques. Paris* (Bloud et Gay) 1932, xvi-1264 pp.

4939. **De Basly, D., O.F.M.** "Inopérantes offensives contre l'*Assumptio Homo,*" *France Francisc.* XVII-XVIII (1934-35) Suppl.

4940. **De Brandt, J., C.SS.R.** "S. Thomas' Christusleer," *Ons Geloof* X (1924) 254-268.

4941. **Caron, A., O.M.I.** "Evolution de la doctrine de la science du Christ dans S. Augustin et S. Thomas," *R U O* I (1931) 84-107.

4942. **Caron, A., O.M.I.** "La science du Christ dans S. Augustin et S. Thomas," *Angel.* VII (1930) 487-514.

4943. **Chambat, L., O.S.B.** "La Passion du Christ d'après Thomas d'Aq. A propos d'un livre récent," *Le Christ-Roi* XLI (1932) 397-402.

4944. **Christmann, H.M., O.P.** "Das Christusbild beim hl Thomas v. Aq.," *Das Wort in der Zeit* XII (1934) 16-20.

4945. **Chrysostome, Fr. O.F.M.** "Cur Deus Homo?" *France Fran-*

cisc. IX (1926) 97-118. (Crit. of Lemonnyer, in *Xenia Thom.* II, 311-318.)

4946. **Chrysostome, Fr., O.F.M.** "La fête du Christ-Roi et le motif de l'Incarnation," *Etudes Francisc.* XL (1928) 459-480.

4947. **Congar, M.J., O.P.** "Sur l'inclusion de l'Humanité dans le Christ," *R S P T* XXV (1936) 489-495.

4948. **Cordovani M., O.P.** *Il Salvatore.* Roma (Studium) 1928, 515 pp.

4949. **Dalmau, J., S.J.** *De ratione suppositi et personae secundum S. Thomam. Oratio habita in Collegio maximo Sarrianensi S.J.* Barcinone (Casals) 1923, 48 pp.

4950. **Doublet, A.** *Gesu Cristo studiato riguardo alla predicazione in S. Tommaso d'Aq.* Ediz. 2a. Torino (Marietti) 1930, 3 vol. xii-317-415; 520 pp.

4951. **Dumoutet, E.** *Le Christ selon la chair et la vie liturgique au moyen âge.* Paris (Beauchesne) 1932.

4952. **Dumoutet, E.** "S. Thomas d'Aq. et la dévotion à l'Humanité de Notre-Seigneur," *Rev. Apolog.* LVII (1933) 288-291.

4953. **Fahey, D., C.S.Sp.** *The Kingship of Christ according to the Principles of St. Thomas Aq.* Dublin (Browne and Nolan) 1931, 200 pp.

4954. **Fanfani, P.** "Il mistero dell' Incarnazione studiato in S. Tommaso," *Palestra del Clero* XXVII (1937)

4955. **Fanfani, P.** *Gli ultimi avvenimenti della vita di N.S. Gesu Cristo studiati in S. Tommaso.* Roma (Ed. Caterinane) 1935, 146 pp.

4956. **Ferland, A., P.S.S.** *Commentarius in Summam D. Thomae. De Verbo Incarnato et Redemptore.* Montréal (Gr. Séminaire) 1936, 318 pp.

4957. **Ferretti, L. O.P.** "De Christo Deo et Homine pulchritudinis prototypo juxta doctrinam D. Thomae Aq.," in *Xenia Thom.* (Symp.) II, 319-333.

4958. **Galtier P., S.J.** "L'union hypostatique et l'entre-deux de S. Thomas," *Ephem. Theol. Lovan.* VIII (1930) 425-470.

4959. **Garcia, D., C.M.F.** *De rebus metaphysice perfectis seu de natura et supposito secundum primum totius philosophiae principium.* Barcinone (Claret) 1930, viii-136 pp.

4960. **Garcia, L.N., S.J.** "La existencia creada de la humanidad de Cristo según S. Tomás," *Estudios* LVI (1937) 381-398.

4961. **Garrigou-Lagrange, R., O.P.** "Causae ad invicem sunt causae," *Angel.* IX (1932) 21-42.

4962. **Garrigou-Lagrange, R., O.P.** "La contemplazione del Salvatore secondo la teologia," *Vida Cristiana* VI (1935) 10-18.

4963. **Garrigou-Lagrange, R.** "Motivum Incarnationis," *Angel.* VII (1930) 289-302.

4964. **Garrigou-Lagrange, R.** "La personnalité. Ce qu'elle est formellement," *Rev. Thom.* XVI (1933) 257-266.

4965. **Garrigou-Lagrange, R.** "Le sacerdoce du Christ," *Vie Spirit.* XXXVII (1933) 5-17.

4966. **Garrigou-Lagrange, R.** *Le Sauveur et son amour pour nous.* Juvisy (Ed. du Cerf) 1933, xii-472 pp.

4967. **Gaudel, A.** "La théologie de l'*Assumptus Homo.* Histoire et valeur doctrinale," *Rev. Sc. Relig.* XVII (1937) 64-90; 214-234; XVIII (1938) 45-71; 201-217.

4968. **Geiselman, J.** "Christus und die Kirche nach Thomas v. Aq.," *Theol. Quartal.* CVII (1926) 198-222; CVIII (1927) 233-256.

4969. **Gillon, L.B., O.P.** "La notion de conséquence de l'union hypostatique dans le cadre de IIIa Pars. qq. 2-26," *Angel.* XV (1938) 17-34.

4970. **Glorieux, P.** "Le mérite du Christ selon S. Thomas," *Rev. Sc. Relig.* X (1930) 622-649.

4971. **Hallefell, M.** "Züge zum Christusbilde beim hl. Thomas v. Aq.," *D T F* II (1924) 308-331; III (1925) 25-48; 327-347; IV (1926) 129-146; V (1927) 53-73; 385-400; VI (1928) 292-315; VII (1929) 257-278; VIII (1930) 279-304; IX (1931) 245-264; cont. series to XV (1937) 3-24.

4972. **Hardy, L.** *La doctrine de la Redemption chez S. Thomas.* (Dissert. Gregor. U) Paris (Desclée) 1936, 272 pp.

4973. **Héris, C.V., O.P.** *Le mystère du Christ.* (La Pènsée thomiste, II) Paris (Rev. des Jeunes, Desclée) 1928, 384 pp.

4974. **Héris, C.V., O.P.** *Il mistero di Cristo.* Trad. G. Montali. Brescia (Morcelliana) 1938, 282 pp.

4975. **Héris, C.V., O.P.** "La royauté du Christ," *R S P T* XV (1926) 297-324.

4976. **Hocedez, E., S.J.** "A propos d'un livre sur l'Incarnation," *Gregor.* XII (1931) 138-147. (Cf. D'Alès, *supra* no. 4936.)

4977. **Hocedez, E., S.J.** "Notre solidarité en Jesus-Christ et en Adam," *Gregor* XIII (1932) 373-403.

4978. **Van Hove, A.** "De quibusdam communicationis idiomatum applicationibus," *D T P* XL (1937) 510-516.

4979. **Hugon, E., O.P.** "Doctrina theologica de Christo Rege juxta encyclicam Pii PP. XI, *Quas primas,* et liturgiam novi festi," *Angel.* IV (1927) 1-18.

4980. **Hugon, E., O.P.** "La fête de Jesus-Christ Roi," *D T P* III (1926) 461-467.

4981. **Hugon, E., O.P.** "La fête de Jesus-Christ Roi et le motif de l'Incarnation," *Rev. Thom.* X (1927) 339-349.

4982. **Janssens, A. Miss. v. Scheut.** *Het Mysterie der Verlossing.* II: De heilswerking van de verheerlijkten Christus. (Leerb. d. Dogmat. Tiende Traktaat) België (Standaard-Boekhandel); Nederland (Dekker en Van de Vegt) 1932, x-267 pp.

4983. **Jedzink, P.** *Das Gesetz Christi nach der Lehre des hl. Thomas v. Aq.* Braunsberg (Ermländische Verlagsdruckerei) 1925, 32 pp.

4984. **Kaeppeli, T.M., O.P.** *Zur Lehre des hl. Thomas v. Aq. vom Corpus Christi mysticum. Mit einem kurzen Ueberblick über die wichtigsten Vertreter dieser Lehre vor Thomas v. Aq.* Freiburg, Schw. (Studia Friburgensia) 1931, x-135 pp.

4985. **Kerkhofs, L.** "Theoria thomistica et scotistica de unione hypostatica," *Rev. Eccles. de Liège* XV (1923-24) 163-167.

4986. **Kostecki R., O.P.** "[The Holiness of Christ: Commentary on IIIa Pars, q. 7, a. 1: in Polish] in *Nasza Mysl Teol.* (Symp.) 74-75.

4987. **Kreling, P., O.P.** "Het motief der menschwording," *Studia Cathol.* XV (1939) 89-101.

4988. **De La Taille M., S.J.** "Entretien amical d'Eudoxe et Palamède sur la grâce d'union," *Rev. Apolog.* XLVIII (1929) 5-26; 129-145.

4989. **Lavaud, M.B., O.P.** "La royauté temporelle de Jésus-Christ sur l'univers," *Vie Spirit.* XIII (1926) Suppl. 117-144.

4990. **Lavaud, M.B., O.P.** "S. Thomas et la causalité instrumentale de la sainte humanité et des Sacrements.—La thèse thomiste de la causalité physique de la sainte humanitè et des sacrements se heurte-t-elle à d'insurmontables difficultés?" *Rev. Thom.* X (1927) 292-316; 405-422.

4991. **Lavaud, M.B., O.P.** "Sur le rapport des notions de Chef de l'Eglise, Médiateur, Prêtre et Rédempteur, dans le traité, 'du Verbe incarné', de S. Thomas d'Aq.," *Rev. Thom.* XI (1928) 423-427.

4992. **Lebon, J.** "Une ancienne opinion sur la condition du corps du Christ dans la mort," *Rev. d'Hist. Eccl.* XXIII (1927) 6-43; 209-241.

4993. **Ledent, G.M., O.P.** *Les harmonies de l'Incarnation* (Etudes Relig. no. 311) Liège (La Pensée Cath.) 1933, 20 pp.

4994. **Levesque, L.** "Le théocentrisme de S. Thomas et les principes thomistes de la dévotion au Sacré-Coeur," *Rev. Apolog.* XLI (1926) 67-83.

4995. **Manyà, J. B.** "De ratione admirationis in Christo," *Anal. Sac. Tarrac.* II (1926) 431-459. (S. Thomae: pp. 438-447.)

4996. **Mazzoni, G.** *L'Uomo-Dio.* Milano (Vita e Pensiero) 1934, xi-429 pp.

4997. **Michel, A.** "Jésus-Christ (et la théologie)," *D T C* VIII, col. 1271-1361.

4998. **Modestus a S. Stanislao, C.P.** (ed.) *Summa passionis Domini Nostri Jesu Christi ex authenticis operibus D. Thomae Aq. ad unguem deprompta.* Romae (Ed. SS. Joannis et Pauli) 1932, vii-615 pp.

4999. **Mugnier, F.** *La Passion de Jésus-Christ d'après S. Thomas d'Aq.* (Collection du Christ-Roi, II) Paris (Téqui) 1932, xi-306 pp.

5000. **Van den Oudenrijn, M., O.P.** "Summae Theologicae de Christo propheta doctrina," in *Xenia Thom.* (Symp.) II, 335-347.

5001. **Pègues, T.M., O.P.** *Commentaire français littéral de la Somme théologique de S. Thomas d'Aq.* Tome XVI: La Rédemption. (IIIa, qq. 27-59.) Toulouse (Privat); Paris (Téqui) 1926, viii-718 pp.

5002. **Penido M.T.L.** *Le rôle de l'analogie en théologie dogmatique.* 2me Partie, ch. 3: L'union hypostatique. pp. 378-418 (*supra,* no. 4157.)

5003. **Pollet, V.M. O.P.** "La dévotion chrétienne et la Passion du Christ," *Vie Spirit.* XLIII (1935) Suppl. 1-14.

5004. **Reeves, J.B., O.P.** "The Speculative Development during the Scholastic Period," in *Atonement-Cambridge-1926* (Symp.) 134-197.

5005. **Richard, L., P.S.S.** *Le Dogme de la Rédemption.* (Bibl. cath. des Sc. relig.) Paris (Bloud et Gay) 1932, 230 pp.

5006. **Richard, L., P.S.S.** "Sens théologique du mot satisfaction," *Rev. Sc. Relig.* VII (1927) 86-93.

5007. **Rolland, J.** "La 'grâce capitale' du Christ," *Vie Spirit.* XIX (1929) Suppl. 281-306; XX (1929) Suppl. 48-69.

5008. **Rupprecht, P., O.S.B.** "Sacrificium Mediatoris. Zu den Opferanschauungen des Aquinaten," *D T F* XI (1933) 315-344; 411-426.

5009. **Rupprecht, P., O.S.B.** *Der Mittler und sein Heilswerk. Sacrificium Mediatoris. Eine Opferstudie auf Grund einer eingehenden Untersuchung der Äusserungen des hl. Thomas v. Aq.* Freiburg i. B. (Herder) 1934, 164 pp.

5010. **Scheller, E.J.** *Das Priestertum Christi, im Anschluss an den hl. Thomas v. Aq. Vom Mysterium des Mittlers in seinem Opfer und unserer Anteilnahme.* Paderborn (Schöningh) 1934, 448 pp.

5011. **Schiltz, E.** "La notion de personne d'après S. Thomas," *Ephem. Theol. Lovan.* X (1933) 409-426.

5012. **Schiltz, E.** "Le problème théologique du corps du Christ dans la mort," *D T P* XXXVIII (1935) 361-378; 481-501.

5013. **Seiller, L., O.F.M.** "La notion de personne selon Scot. Ses principales applications en christologie," *France Francisc.* XX (1937) 209-248. (Compared with St. Thomas.)

5014. **Szabó, S., O.P.** "De scientia beata Christi. Commentatio theologica," in *Xenia Thom.* (Symp.) II, 349-491.

5015. **De Vaux, R., O.P.** "Le Christ selon la chair," *Vie Spirit.* XXXVI (1933) Suppl. 45-50.

5016. **Vonier, A., O.S.B.** *Christ, the King of Glory. Tu Rex gloriae Christe.* London (Burnes, Oates) 1932, viii-151 pp.

5017. **Vonier, A., O.S.B.** *Die Persönlichkeit Christi.* Uebertragen von W. Ellerhorst, O.S.B. Freiburg i. B. (Herder) 1935, viii-208 pp.

5018. **Vosté, J.M., O.P.** *De Baptismo, Tentatione et Transfiguratione Jesu.* (Studia theol. biblicae Novi Test., 2) Romae (Angel.) 1934, 178 pp.

5019. **Vosté, J.M., O.P.** *Commentarius in Summam Theologicam S. Thomae. De Mysteriis Verbi Incarnati* (IIIa, qq. 27-59.) Romae (Angel.) 1934-35, 552 pp.

5020. **Vosté, J.M., O.P.** *De passione et morte Jesu Christi.* (Studia theol. biblicae Novi Test., 3) Romae (Angel.) 1937, viii-398 pp.

5021. **Walker, L., O.P.** "St. Thomas on the Incarnation," *Blackfriars* IX (1928) 731-739; X (1929) 799-811.

5022. **Xiberta, B., O.C.** "S. Thomae doctrina de unico esse in Christo," *A P A R* IV (1936-37) 94-107.

5023. **Xiberta, B., O.C.** "Natura et suppositum in tractatu de Verbo Incarnato," *A P A R* IV (1936-37) 9-25.

L—MARIOLOGY

5024. **Alastruey, G.** *Mariologia sive Tractatus de Beatissima Virgine Matre Dei.* Valladolid (Typ. "Cuesta") 1934, vol. I, x-652-x pp.

5025. **Bernard, R., O.P.** "La compassion de la très sainte Vierge expliquèe par la Passion du Sauveur," *D T P* XXXIV (1931) 492-515.

5026. **Bernard, R., O.P.** "La maternité spirituelle de Marie et la pensée de S. Thomas," in *Bulletin de la Soc. franç. d'Etudes mariales* (1935) offprint: Juvisy (Ed. du Cerf) 1936.

5027. **Bernard, R., O.P.** "Mater divinae gratiae," *R S P T* XVI (1927) 405-424.

5028. **Bernard, R.** "Marie, Mère de la divine grâce," *Vie Spirit.* XXIII (1930) 97-114. (Start of a series.)

5029. **Bernard, R.** "L'insondable richesse de la maternité de grâce," *Ibid.* 193-215.

5030. **Bernard, R.** "Pensées préliminaires sur les grands actes de la maternité de grâce," *Ibid.* XXV (1930) 97-108.

5031. **Bernard, R.** "Le mérite immense de Marie sur la terre," *Ibid.* 209-225.

5032. **Bernard, R.** "La compassion et la maternité spirituelle de Marie," *Ibid.* XXVII (1931) 20-31.

5033. **Bernard, R.** "Les mystères par lesquels Marie nous a mérité la grâce," *Ibid.* 137-151.

5034. **Bernard, R.** "L'Assomption et la Maternité de grâce," *Ibid.* XXVIII (1931) 28-51.

5035. **Bernard, R.** "Notre-Dame des Sept-Douleurs," *Ibid.* 125-138.

5036. **Bernard, R.** "L'Immaculée - Conception," *Ibid.* XXIX (1931) 238-255.

5037. **Bernard, R.** "Pensées sur l'Annonciation," *Ibid.* XXXI (1932) 18-36.

5038. **Bernard, R.** "Le couronnement de gloire de la T.S. Vierge Marie," *Ibid.* XXXII (1932) 113-135.

5039. **Bernard, R.** "Le patronage de la très sainte Vierge," *Ibid.* XXXIII (1932) 33-50.

5040. **Bernard, R., O.P.** *Le Mystére de Marie. Les origines et les grands actes de la maternité de grâce de la Sainte Vierge.* Paris (Desclée) 1933, 491 pp. (Collection of foregoing studies from *La Vie Spirituelle,* constituting a beautiful expression of contemporary thomistic thought on the Blessed Virgin.)

5041. **Bittremieux, J.** *De H. Maagd en Moeder Gods Maria.* Bruxelles (Standaard) 1937, xvii-366 pp.

5042. **Bittremieux, J.** *De mediatione universali B. Mariae Virginis quoad gratias.* Bruges (Beyaert) 1926, 319 pp.

5043. **Bittremieux, J.** "De principio supremo Mariologiae," *Ephem. Theol. Lovan.* VIII (1931) 249-251.

5044. **Bittremieux, J.** "Relationes Beatissimae Virginis ad personas SS. Trinitatis," *D T P* XXXVIII (1934) 549-568; XXXVIII (1935) 6-41.

5045. **De Blic, J., S.J.** "S. Thomas et l'Immaculée Conception," *Rev. Apolog.* LVII (1933) 25-36.

5046. **Bover, J.M., S.J.** *La mediación universal de la Virgen en S. Tomás de Aq.* Bilbao (Mensajero del Corazón de Jésus) 1924, x-70 pp.

5047. **Breton, V.M.** "L'exposition de l'*Ave Maria* attribuée au Docteur Angélique," *France Francisc.* XV (1932) 506-507.

5048. **Canice, Fr., O.M.C.** *Mary; A Study of the Mother of God.* Dublin (Gill & Son) 1937, 340 pp.

5049. **Dillenschneider, C., C.SS.R.** "Le problème du comérite médiateur de la Vierge dans l'économie divine," *Bull. de la Soc. fr. d'Etudes mariales* (1936) 125-202.

5050. **Druwé, E., S.J.** "Position et structure du traité marial," *Bull. de la Soc. fr. d'Etudes mariales* (1937) 9-46.

5051. **Feckes, C.** "Das Fundamentalprinzip der Mariologie. Ein Beitrag ihrem organischen Aufbau," in *Scientia Sacra* (Symp.) 252-276.

5052. **Fernandez, A., O.P.** "De mediatione B. Virginis secundum doctrinam D. Thomae," *Cien. Tom.* XXXVII (1928) 145-170.

5053. **Forest, A.** "Le Commentaire de S. Thomas sur l'*Ave Maria* et la doctrine de l'Immaculée Conception," *Bull Thom.* IX, 3-4, (1932)

5054. **Friethoff, C., O.P.** *De Alma Socia Christi Mediatoris.*

Romae (Angel.) 1936, viii-232 pp.

5055. **Friethoff, C., O.P.** "De duplici ratione ob quam B.V. Mediatrix nuncupatur," *Angel.* VI (1929) 207-216.

5056. **Friethoff, C., O.P.** *Katholieke Marialeer.* Hilversum (Brand) 1937, 116 pp.

5057. **Friethoff, C., O.P.** *Maria onze middelares naast Jesus onze Middelaar.* Hilversum (Brand) 1934, 119 pp.

5058. **Friethoff, C., O.P.** "Quomodo caro B.V.M. in originali concepta fuerit," *Angel.* X (1933) 321-334.

5059. **Friethoff, C., O.P.** "S. Thomas v. Aq. en het Middelaarschap van Maria," *Nederl. Kath. Stemmen* XXIII (1923) 332-345.

5060. **Friethoff, C., O.P.** "Utrum B.V.M. dicatur Mediatrix in sensu proprio," *Angel.* X (1933) 469-477.

5061. **Friethoff, C., O.P.** "Utrum B.V.M. meruerit portare Christum Dominum," *Angel.* X (1933) 181-194.

5062. **Gickler, D.M., O.P.** "Ist Maria nach der Lehre des hl. Thomas oder moralische Gnadenvermittlerin?" *Theol. Quartalschr.* CXI (1930) 234-252.

5063. **Goosens, W.** *De cooperatione immediata Matris Redemptoris ad Redemptionem objectivam.* Paris (Desclée) 1939, 163 pp.

5064. **De Gruyter, M.** *De Beata Maria Regina. Disquisitio positivo-speculativa.* Bois-le-Duc (Teuling) 1934, viii-176 pp.

5065. **Van Hove, A.** "Per quam meruimus Auctorem vitae suscipere," *D T P* XXXVIII (1935) 193-195.

5066. **Hugon, E., O.P.** "S. Thomae doctrina de B. Maria Virgine mediatrice omnium gratiarum," in *Xenia Thom.* (Symp.) II, 531-540.

5067. **Janotta, A.N.** *Theotocologia catholica seu scientia de Virgine Maria Deiparente juxta doctrinam D. Thomae Aq.* Isola del Liri (Macioce) 1925, vi-332 pp.

5068. **Janotta, A.N.** *Thesis de Assumptione B.V. Mariae Deiparentis in caelum assumptae, doctrina D. Thomae Aq. collata.* Romae (Tip. Agostiniana) 1923, 28 pp.

5069. **Janssens, A.** "St. Thomas over Maria's Hemelvaart," *Thom. Tijdschr.* II (1931) 239-242.

5070. **Lavaud, M.B., O.P.** "La causalité instrumentale de Marie Médiatrice," *Rev. Thom.* X (1927) 423-445.

5071. **Lavaud, M.B., O.P.** "Marie, médiatrice, d'après un livre récent," *Vie Spirit.* XVI (1927) Suppl. 345-361.

5072. **Le Bachelet, X.** "Immaculée Conception," *D T C* VII, col. 1050-1060.

5073. **Lumbreras, P., O.P.** "St. Thomas and the Immaculate Conception," *Homil. Pastoral Rev.* XXIV (1923) 253-263.

5074. **Mandonnet, P., O.P.** "Les 'Collationes' sur l'*Ave Maria* et la critique récente," *Bull Thom.* X (1933) 155*-179*.

5075. **Mellet, M., O.P.** *Essai sur la mariologie de S. Albert le Grand. La sainteté de la Mère de Dieu.* Lyon (Bosc et Rion) 1935, 142 pp. (Some information on St. Thomas.)

5076. **Merkelbach, B.H., O.P.** *Mariologia. Tractatus de B.V. Maria Matre Dei atque Deum inter et homines Mediatrice.* Paris (Desclée) 1939, 424 pp.

5077. **Merkelbach, B.H., O.P.** "Het middelaarschap van Maria in de leer van den hl. Thomas," *Stand v. Maria* VII (1927) 257-270; 289-297.

5078. **Merkelbach, B.H., O.P.** "Quid senserit S. Thomas de mediatione beatae Mariae Virginis," in *Xenia Thom.* (Symp.) II, 505-530.

5079. **Michel-Ange, Fr., O.M.C.** "S. Thomas et l'Immaculée Conception," *Orient* XI (1927) 300-307.

5080. **Minges, P., O.F.M.** "Der hl. Thomas über die Lehre von der unbeflechten Empfängnis der Mutter Gottes," *Franz. Studien* XII (1925) 297-311.

5081. **Müller, J., S.J.** *Der hl. Joseph. Die dogmatischen Grundlagen seiner besonderen Verehrung.* Innsbruck-Leipzig (Rauch) 1937, 264 pp.

5082. **Nicolas, M.J., O.P.** "L'appartenance de la Mère de Dieu à l'Ordre hypostatique," *Bull. de la Soc. fr. d'Etudes mariales* (1937) 145-181.

5083. **Nicolas, M.J., O.P.** "Le concept intégral de Maternité divine," *Rev. Thom.* XLII (1937) 58-93; 230-272.

5084. **Philipon, M.M., O.P.** "Le mérite 'de congruo' de notre Mère dans le Christ," *Bull. de la Soc. fr. d'Etudes mariales* (1936) 203-246.

5085. **Renaudin, P., O.S.B.** *Assumptio B. Mariae Virginis Matris Dei. Disquisitio theologica.* Turin-Rome (Marietti) 1933, viii-184 pp.

5086. **Renaudin, P., O.S.B.** "Le sentiment de S. Thomas sur l'Immaculée Conception," *Rev. Thom.* VI (1923) 205-210.

5087. **Rossi, J.F., C.M.** "An textus quidam D. Thomae quem 'maculistae' suum faciunt genuinus sit," *D T P* XXXVI (1933) 417-428.

5088. **Rossi, J.F., C.M.** "S. Thomae Aq. Expositio Salutationis Angelicae. Introd. et textus," *D T P* XXXIV (1931) 445-470. Offprint: Piacenza (Collegio Alberoni) 39 pp.

5089. **Simonin, H.D., O.P.** "Médiation mariale ou Maternité spirituelle de Marie," *Vie Spirit.* XXXVIII (1934) Suppl. 96-102.

5090. **Smith, D.** *Mary's Part in Our Redemption.* London (Burnes, Oates) 1937, 187 pp.

5091. **Smutz, S., O.S.B.** "War der hl. Thomas Gegner der Unbeflechten Empfängnis?" *Bened. Monatschr.* XI (1929) 523-527.

5092. **Storff, H.** *The Immaculate Conception. The Teaching of*

St. Thomas, St. Bonaventure and Bl. Duns Scotus on the Immaculate Conception of the Blessed Mary. A Reply on the article: "St. Thomas and the Immac. Conception," *Homil. Rev.* Dec. 24, 1923. San Francisco, 1925, 272 pp. (Cf. Lumbreras, *supra*, no. 5073.)

5093. **Tummers, F., S.J.** "Het 'mede-verdienen' van de H. Maagd in het verlossingswerk," *Bijdragen Nederl. Jezuiten* I (1938) 81-103.

5094. **Wasilkowski, L.** "Posdrednictwo N. Marji Panny w teoologji sw. Tomasza z Ak.," *Aten. Kaplanskie* XVIII (1926) 34 seqq.

5095. **De Wilde, P., O.P.** *Maria, Middelares van alle genaden.* (Godsdienstige en sociale trakten, 6-7) Antwerpen (Geloofsverdediging) 1927, 44 pp.

M—SACRAMENTS

5096. "Le caractère sacramental," *Ami du Clergé* LII (1935) 737-749.

5097. "Changement de la matière ou de la forme et efficacité des sacrements," *Ami du Clergé* L (1933) 145-146.

5098. "Dogmatische Physik," *Zeit im Querschnitt* V (1937) 121-122. (On the Eucharist and modern physics; not good.)

5099. "L'épiscopat est-il un ordre distinct du simple sacerdoce?" *Ami du Clergé* XLVIII (1931) 116-119.

5100. "A propos de l'hymne *Verbum Supernum*," *Ami du Clergé* XLVIII (1931) 703-704.

5101. "Quelle est la doctrine catholique sur la réviviscence des mérites? Explication de S. Thomas, de Suarez. Enseignement de Pie XI," *Ami du Clergé* L (1933) 247-252.

5102. "La rémission des péchés dans l'Ancien Testament," *Ami du Clergé* L (1933) 256.

5103. *De venerabili sacramento altaris, necnon de expositione missae ex operibus D. Thomae Aq. excerptum.* Turin (Marietti) 1931, 308 pp.

5104. **D'Alès, A., S.J.** *Prima Lineamenta Tractatus Dogmatici. De Baptismo et Confirmatione.* Paris (Beauchesne) 1927, xv-246 pp.

5105. **D'Alès, A., S.J.** *Prima Lineamenta Tractatus Dogmatici. De Sanctissima Eucharistia.* Paris (Beauchesne) 1927, xv-176 pp.

5106. **D'Alès, A., S.J.** *Prima Lineamenta Tractatus Dogmatici. De Sacramento Poenitentiae.* Paris (Beauchesne) 1927, xi-176 pp.

5107. **Amann, E.** "Pénitence-Repentir," *D T C* XII, sect. 4: "La Pénitence chez les Théologiens du moyen âge," col. 736-737.

5108. **Amedeus a Fredelghens, O.M.C.** "Doctrine de S. Thomas d'Aq. au sujet du sacrement de Pénitence et de la Confession aux laïques," in *Miscel. Tomista* (Symp.) 302-325.

5109. **Amelli, A., O.S.B.** *S. Tommaso d'Aq. poeta e musico eucaristico.* Sora (Camastro) 1924.

5110. **Arendt, G., S.J.** "De genuina ratione impedimenti impotentiae," *Ephem. Theol. Lovan.* IX (1932) 28-69; 442-450.

5111. **Arendt, G., S.J.** "De radice inviolabilitatis sigilli in sacramento poenitentiae juxta doctrinam S. Thomae." *Gregor.* V (1924) 79-93.

5112. **Arendt, G., S.J.** "Jus divinum arcet a connubio ineundo feminam recisam," *Ephem. Theol Lovan.* IX (1932) 432-441.

5113. **Augier, B., O.P.** "La transsubstantiation d'après S. Thomas d'Aq.," *R S P T* XVII (1928) 427-459.

5114. **Augier, B., O.P.** "L'offrande," *Rev. Thom.* XII (1929) 3-34. (Start of a series.)

5115. **Augier, B.** "L'offrande religieuse," *Ibid.* 117-131.

5116. **Augier, B.** "Le sacrifice," *Ibid.* 193-218.

5117. **Augier, B.** "Le sacrifice du pécheur," *Ibid.* 476-488.

5118. **Augier, B.** "Le sacrifice rédempteur," *Ibid.* XV (1932) 394-430.

5119. **Augier, B.** "Le sacrifice écclésiastique," *Ibid.* 739-757; XVI (1933) 50-70.

5120. **Augier, B.** "Le sacrifice écclésiastique," *Ibid.* XVII (1934) 201-222.

5121. **Baisi, C.** *Il ministro straordinario degli ordini sacramentali.* Roma (Anon. Libr. Catt. Italiana) 1935, 167 pp.

5122. **Baumgaertler, J.** *Die Erstkommunion der Kinder. Aus der Geschichte der kath. Kommunionpraxis von der urkirchlichen Zeit bis zum Ausgang des Mittelalters.* München (Kösel u. Pustet) 1929, 250 pp.

5123. **Baur, B., O.S.B.** "Non potest aliter corpus Christi incipere esse de novo in hoc sacramento (Eucharistiae) nisi per conversionem substantiae panis in ipsum (S. Thomae, P. III, q. 75)," *D T P* XXXVII (1934) 120-128.

5124. **De la Bellacasa, P., S.J.** *De transsubstantiatione secundum S. Thomam.* (Oratio habita in Colleg. Maximo Sarrianensi.) Barcelona (Casals) 1926, 31 pp.

5125. **Bittremeiux, J.** "De nota destructionis in sacrificio missae," *D T P* IV (1927) 35-56.

5126. **Bleienstein, H.** "Der heilige Priester. Wesensschau des Priesters und die aus dem unmittelbaren priestlichen Tun sich ergebenden Wege zu wesenhafter Heiligkeit," *Zeitschr. f. Asz. u. Mystik* VIII (1933) 193-211.

5127. **Boigelot, R.** "Du sens et de la fin du mariage," *Nouv. Rev. Théol.* LXVI (1939) 5-33. (Crit. of Doms, *infra* no. 5151.)

5128. **Botte, B., O.S.B.** "L'ange du sacrifice et l'épiclèse de la messe romaine au moyen âge," *R T A M* I (1929) 285-308.

5129. **Bouëssé, H.** "Théologie de la messe," *Vie Spirit.* LV (1938) Suppl. 65-104. (A chap. from no. 5131 *infra.*)

5130. **Bouëssé, H.** "Théologie de la messe; Note sur l'immolation mystique," *Vie Spirit.* LVII (1938) 167-173.

5131. **Bouëssé, H.** *Théologie et sacerdoce.* Préface du Card. Suhard. Chambéry. (Coll. théol. Domin.) 1938, 232 pp.

5132. **Brinktrine, J.** "De ministerio Confirmationis extraordinari," *D T P* XXXV (1932) 507-518.

5133. **Brinktrine, J.** *Das Opfer der Eucharistie.* Paderborn (Schöningh) 1938, 65 pp.

5134. **Brinktrine, J.** "Zum Wesen des Opfers und besonders des Messopfers," *Angel.* XIV (1937) 102-113.

5135. **Brosnan, J.B., S.J.** *The Sacrifice of the New Law.* London (Burns, Oates) 1926, vii-263 pp.

5136. **Brosnan, J.B., S.J.** "St. Thomas and the Sacrifice of the Mass," *Homil. Past. Rev.* XXVIII (1928) 1285-1290; XXIX (1928) 25-31.

5137. **Butler, J.** "Die Mysterienthese der Laacher Schule im Zusammenhang scholastischer Theologie," *Zeitschr. kath. Theol.* LIX (1935) 546-571. (Cf. Casel, *infra.* nos. 5142-5143.)

5138. **Cachia, V.M., O.P.** "Animadversiones in transsubstationis doctrinam," *Angel.* VIII (1931) 246-263.

5139. **Cachia, V.M., O.P.** *De natura transsubstationis juxta S. Thomam et Scotum.* Romae (Colleg. Angelico) 1929, 78 pp.

5140. **Cala, A., O.P.** *O Povaze svátostnych characteru.* Prague (Vytiska Cekoslowanská akuová siskarna) 1938, 119 pp.

5141. **Campuzano, G.** "Histoire de la pensée théologique. S. Thomas et la causalité des Sacrements. Comment S. Thomas est passé de l'idée de causalité dispositive à la causalité instrumentale pure et simple," *Bull. de l'Inst. cath. de Paris* XXVII (1936) 165-176.

5142. **Casel, O., O.S.B.** *Das christliche Kult-Mysterium.* Regensburg (Pustet) 1932, 176 pp. (Cf. *supra* no. 5137.)

5143. **Casel, O., O.S.B.** "Mysteriengegenwart," *Jahrb. Liturgiewiss.* VIII (1928) 145-224.

5144. **Cavallera, F., S.J.** "Le décret du concile de Trente sur la pénitence et l'extrême-onction," *Bull. Litt. Eccl.* XXXIII (1932) 114-140; 224-238.

5145. **Clesse, J.** *Le sacrifice de la messe. (Synthèse doctrinale.)* (Etudes religieuses, 433-434) Liège (La Pensée cath.) 1938, 51 pp.

5146. **Connell, J., C.SS.R.** *De Sacramentis Ecclesiae Tractatus Dogmatici.* I: De Sacramentis in communi. De Baptismo, de Confirmatione, de SS. Eucharistia. Bruges (Beyaert) 1934, xx-287-16 pp.

5147. **Connell, J., C.SS.R.** "The Sacrament of Divine Charity," *Angel.* XIV (1937) 87-101.

5148. **Cordovani, M., O.P.** "Animadversiones in sacrificium Missae," *Angel.* VIII (1931) 543-548.

5149. **Cuttaz, F.** *Pain vivant. Incorporation au Christ. Amour,* *action et vie.* Paris (Ed. du Cerf) 1937, 240 pp.

5150. **Dauvillier, J.** *Le mariage dans le droit classique de l'Eglise depuis le décret de Gratien (1140) jusqu'à la mort de Clément V (1314).* Paris (Sirey) 1933, 517 pp.

5151. **Doms, H.** *Du sens et de la fin du mariage. (Moralia.)* Trad. franç. revue et augmentée par l'auteur. Paris (Desclée) 1937, 241 pp. (Anti-thomistic.)

5152. **Doronzo, E., O.M.I.** "De charactere ut est 'res et sacramentum'," *R U O* VI (1936) 243*-261*.

5153. **Doronzo, E., O.M.I.** "Originis et evolutionis doctrinae de 're et sacramento' brevis delineatio," *R U O* IV (1934) 213*-228*.

5154. **Doronzo, E., O.M.I.** "Doctrina de 're et sacramento' in genere," *R U O* V (1935) 238*-260*.

5155. **Durst, B., O.S.B.** "De characteribus sacramentalibus," in *Xenia Thom.* (Symp.) II, 541-581.

5156. **Ernst, J.** "Um die Zeit der pflichtmässigen ersten heiligen Kommunion," *Arch. kath. Kirchenr.* CIX (1929) 594-598. (St. Thomas and time for First Communion: 10-11 years.)

5157. **Ferretti, L., O.P.** "De officio SS. Sacramenti exarato a S. Thoma Aq.," *Ephem. Liturg.* XXXVII (1923).

5158. **Friethoff, C., O.P.** "De voedingskracht der hl. Eucharistie —Het eucharistisch Wonder," *Alg. Nederl. Euch. Tijd.* V (1926) 27-32; 169-174.

5159. **Frutsaert, E., S.J.** "La définition du sacrement dans S. Thomas," *Nouv. Rev. Théol.* LV (1928) 401-409.

5160. **Frutsaert, E., S.J.** "S. Thomas et l'institution de la Confirmation," *Nouv. Rev. Théol.* LVI (1929) 23-34.

5161. **Galtier, P., S.J.** "Amour de Dieu et attrition. A propos d'un ouvrage récent," *Gregor.* IX (1928) 373-416. (Crit. of Périnelle, *infra* no. 5241.)

5162. **Galtier, P., S.J.** "Satisfaction," *D T C* XIV, col. 1129-1210.

5163. **Geenen, G.** "L'usage des 'auctoritates' dans la doctrine du baptême chez S. Thomas d'Aq.," *Ephem. Theol. Lovan.* XV (1938) 279-329.

5164. **Gerlaud, M.J., O.P.** "Le mariage. A propos d'un livre récent," *Rev. Apolog.* LXVII (1938) 193-212. (On Doms, *supra* no. 5151.)

5165. **Gerlaud, M.J., O.P.** "Le ministre extraordinaire du sacrement de l'Ordre," *Rev. Thom.* XIV (1931) 874-885.

5166. **Gierens, M., S.J.** "Eucharistie und corpus Christi mysticum," *Theol. prakt. Quartal.* LXXXVI (1933) 536-550; 769-781.

5167. **Gierens, M., S.J.** "Zur Lehre des hl. Thomas über die Kausalität der Sakramente," *Scholast.* IX (1934) 321-345.

5168. **Gomez, E., O.P.** "La causalidad de los sacramentos de la Ley Nueva según S. Tomás," *D T P* XL (1937) 56-68.

5169. **Gounin, P.** "Sur la grâce sacramentelle," *Rev. Apolog.* LIV (1932) 129-150; 257-277.

5170. **Graber, R.** *Christus in seinen heiligen Sakramentum.* München (Kösel u. Pustet) 1937, 182 pp.

5171. **Hanssens, J.M., S.J.** "Estne liturgia cultus mystericus?" *Period. de re mor., can., liturg.* XXIII (1934) 112*-132*; 137*-160*. (On Casel, *supra* nos. 5142-5143.)

5172. **Haynal, A., O.P.** "De reviviscentia sacramentorum fictione recedente," *Angel.* IV (1927) 51-81; 203-223; 382-406.

5173. **Henricus a S. Teresia, O.Carm.D.** *Notio sacrificii in communi in synthesi S. Thomae.* Romae (Coll. SS. Teresiae et Joannis a Cruce) 1934, 178 pp. (Extr. ex Period. *Teresianum.*)

5174. **Henry, H.** "St. Thomas, Poet-laureate of the Eucharist," *Eccles. Rev.* LXIX (1923) 40-47.

5175. **Hoegen, A.W.** *Over den zin van het Huwelijk. Een moraaltheologische studie.* Nijmegen (Berkhout) 1935, 328 pp.

5176. **Hoffmann, A.M., O.P.** "Der Begriff des Mysteriums bei Thomas v. Aq.," *D T F* XVII (1939) 30-60.

5177. **Hoffmann, A.M., O.P.** "Katholische und protestantische Sakramentstheologie," *Catholica* V (1936) 172-190.

5178. **Hoffmann, A.M., O.P.** "Passionis repraesentatio," *Theol. Quartalschr.* CXVII (1936) 405-431.

5179. **Hoffmann, A.M., O.P.** "De sacrificio missae juxta S. Thomam," *Angel.* XV (1938) 262-285.

5180. **Hoffmann, A.M., O.P.** "Die Stufen der sanctificatio sacramentalis," *D T F* XIV (1938) 129-160.

5181. **Hoffmann, A.M., O.P.** "Zur Lehre vom weihe-priesterlichen Opferakt," *Theol. u. Glaube* XXX (1938) 280-298.

5182. **Hoste, G., O.Praem.** "Over het wezen van het hl. sacrificie der Mis," *Alg. Nederl. Euch. Tijd.* VI (1927) 201-205.

5183. **Van Hove, A.** *Tractatus de Sanctissima Eucharistia.* Malines (Dessain) 1933, 376 pp.

5184. **Hugon, E., O.P.** *Les sacrements dans la vie spirituelle.* Paris (Ed. du Cerf) 1935, 96 pp.

5185. **Hugueny, E., O.P.** "L'amour de bienveillance dans l'attrition," *Rev. Thom.* XIII (1930) 128-143.

5186. **Hugueny, E., O.P.** "La reviviscence des mérites dans le pécheur converti," *Vie Spirit.* XXV (1930) Suppl. 1-15.

5187. **Hürth, F., S.J.** *Der Wille zum Kind. Zur Frage nach der sittlich zulässigen Ausnützung der tempora agenneseos.* Paderborn (Schöningh) 1932, 32 pp.

5188. **Janssens, A., C.I.C.M.** "De Bedienaars van de H. Eucharistie in de Theologie van S. Thomas," *Alg. Nederl. Euch. Tijd.* XII (1933) 227-237.

5189. **Janssens, A., C.I.C.M.** *De heilige Wijdingen.* I: Bisschoppen en priesters. II: Diaconaat, subdiaconaat en mindere Orden. (Leerb. d. dogmatica, 12) Brussel (Standaard-Boekhandel) 1933-35, 2 vol. ix-347; xiii-237 pp.

5190. **Journet, C.** "Questions détachées sur la sacramentalité," *Vie Spirit.* XIX (1928-29) Suppl. 121-150.

5191. **Joyce, G.H., S.J.** *Christian Marriage. A Doctrinal and Historical Study.* (Heythrop theol. series, I) London (Sheed & Ward) 1933, xii-632 pp.

5192. **Klein, D., O.F.M.** "De dono Deo in sacrificio offerendo," *Antonian.* XI (1936) 117-134.

5193. **Klein, D., O.F.M.** "De fine sacrificii," *Antonian.* XIII (1938) 3-18.

5194. **Lagae, A.** "Het Sacrificie volgens St. Thomas," *Alg. Nederl. Euch. Tijd.* X (1931) 93 seqq.

5195. **Lahitton, J.** *La vocation sacerdotale. Traité théorique et pratique.* 5me éd. Paris (Beauchesne) 1932, xvi-527 pp.

5196. **Lambert, A.** *O res mirabilis! Méditations sacerdotales sur la divine Eucharistie d'après S. Thomas d'Aq.* Paris (27 rue Championnet) 1926, xxiv-362 pp.

5197. **Landsberg, P.L.** "Notes pour une philosophie du mariage," *Esprit* (1929) 48-57.

5198. **Laurent, H.M., O.P.** "La causalité sacramentaire d'après le Commentaire de Cajétan sur les Sentences," *R S P T* XX (1931) 77-82.

5199. **Lavaud, B., O.P.** "L'idée divine du mariage. (Ses reflets en Israël et en Chrétienté.)" *Etudes Carmélit.* XXIII (1938) 165-203.

5200. **Lavaud, B., O.P.** "Manzelsvi v prirozeném právu," *Filosofická Rev.* VII (1935) 97-102; 155-158.

5201. **Lavaud, B., O.P.** "Le mariage en droit naturel selon S. Thomas d'Aq.," in *Magister Thomas* (Symp.) 353-383.

5202. **Lavaud, B., O.P.** *Le monde moderne et le mariage chrétien.* Paris (Desclée) 1935, 437 pp.

5203. **Lavaud, B., O.P.** "Sens et fin du mariage. La thèse de Doms et la critique," *Rev. Thom.* XLIV (1938) 737-765. (Cf. *supra* no. 5151.)

5204. **Lavaud, B., O.P.** "Vers une nouvelle synthèse de la doctrine du mariage," *Vie Intell.* LX (1938) 24-31.

5205. **Lemaître, G.** *Sacerdoce, perfection et voeux.* Paris (Desclée) 1932, 104 pp.

5206. **Lemonnyer, A., O.P.** "Mémoire théologique sur l'épiscopat," *Vie Spirit.* XXII (1936) Suppl. 148-165; XXIII (1936) Suppl. 33-48.

5207. **Lepin, M.** *L'idée du sacrifice de la messe d'après les thé-*

ologiens, depuis l'origine jusqu'à nos jours. Paris (Beauchesne) 1926, x-817 pp.

5208. **Lilley, A.L.** *Sacraments. A Study of Some Moments in the Attempt to Define their Meaning for Christian Worship.* London (Student Christian Movement) 1928, 159 pp. (Chaps. 4-5, of this work by an Anglican scholar, are devoted to the views of St. Thomas.)

5209. **Lutz, O.** "Ist die heilige Eucharistie Wirkursache aller Gnaden? (Schlusswort einer Kontroverse.)," *Zeitschr. f. kath. Theol.* LVI (1932) 309-310.

5210. **Maltha, A., O.P.** "De causalitate intentionali sacramentorum animadversiones quaedam," *Angel.* XV (1938) 337-366.

5211. **Maquart, F.X.** "De la causalité du signe. Réflexions sur la valeur philosophique d'une explication théologique," *Rev. Thom.* X (1927) 40-60.

5212. **Marino, B., S.J.** "La reviviscenza dei meriti secondo la dottrina dell dottore Angelico," *Gregor.* XIII (1932) 75-108.

5213. **Marin-Sola, F., O.P.** "Proponitur nova solutio ad conciliandum causalitatem physicam sacramentorum cum eorum reviviscentia," *D T F* III (1925) 49-63.

5214. **Masure, E.** "Aux origines du dogme chrétien: le sacrifice de Eucharistie," *Rev. Apolog.* XLV (1927) 129-152; 257-270; 385-401; 527-537; 623-678.

5215. **Masure, E.** "Le sacrifice de la Messe après les controvèrses récentes," *Rev. d. Sc. Relig.* X (1930) 261-289.

5216. **Masure, E.** *Le sacrifice du Chef.* Paris (Beauchesne) 1932, 364 pp.

5217. **Mayer, J.** *Erlaubte Geburtenbeschränkung? Ernste Bedenken gegen die 'natürliche' Methode der Empfängnisverhütung.* Paderborn (Bonifacius-Druckerei) 1932, 60 pp.

5218. **Mayer, J.** "Thomas v. Aq. für Smulders? Zu dem Artikel vom Prof. Dr. W. Rauch," *Pastor Bonus* XLIV (1933) 57-60. (Cf. *infra* nos. 5260-5261.)

5219. **McNabb, V., O.P.** "The Word κλώμενον in the Eucharistic Consecration," *Downside Rev.* L (1932) 138-142.

5220. **Michel, A.** "Ordre. Ordination," *D T C* XI, sect. 4: Les grands scolastiques, col. 1304-1314.

5221. **Michel, A.** "Sacramentaux," *D T C* XIV, col. 465-482.

5222. **Michel, A.** "Sacrements," *D T C* XIV, col. 485-655.

5223. **Michel, A.** "Pénitence (du 4me Conc. du Latran à la Réforme)" *D T C* XII, sect. 3: S. Thomas d'Aq., col. 973.

5224. **Miller, L.J.** "St. Thomas on the Mass," *Orate Fratres* (1928-29) 268-273.

5225. **Mitterer, A.** "Eugenik nach Thomas v. Aq.," *Schönere Zukunft* X (L934-35) 1361-1362.

5226. **Morsch, G.** "De Transsubstantiatie," *Alg. Nederl. Euch.*

Tijd. X (1931) 65-77; 134-149; 193-203; 257-269; 321-331; XI (1932) 6-12; 65-78; 140-155; 215-223; 257-269; 334-348.

5227. **Morsch, G.** "Hylemorphisme en Transsubstantiatie," *Studia Cathol.* VII (1930) 198-207.

5228. **Nascetti, A.** *Considerazione devote sugli Inni Eucaristici di S. Tommaso.* Bologna (Via Castiglione 67) c. 1925.

5229. **Neveut, E., C.M.** "L'absolution change-t-elle les dispositions psychologiques du pénitent? Est-il impossible au pécheur, tant qu'il demeure dans son péché, d'avoir pour Dieu un simple amour de bienveillance?" *D T P* XXXII (1929) 160-166.

5230. **Neveut, E., C.M.** "Le désir des Sacrements," *Rev. Thom.* XIX (1936) 313-329; 486-504.

5231. **Neveut, E., C.M.** "La grâce sacramentelle," *D T P* XXXVIII (1935) 249-285.

5232. **Neveut, E., C.M.** "Du motif et de l'efficacité de la contrition parfaite," *D T P* XXXI (1927) 725-734.

5233. **Neveut, E., C.M.** "La pensée de S. Thomas sur la causalité des sacrements de la Nouvelle Loi," *D T P* XL (1937) 267-270.

5234. **Neveut, E., C.M.** "Valeur du repentir du pécheur," *D T P* XXXI (1927) 264-297.

5235. **Nussbaumer, A., O.M.C.** "Der hl. Thomas und die rechtliche Stellung der Frau. Eine Abwehr und Richtigstellung," *D T F* XI (1933) 63-75; 138-156.

5236. **O'Neill, F.** "Appendixes" to: *St. Thomas on the Blessed Sacrament and the Mass.* Translated with Notes. Ditchling (Pepler and Sewell, St. Dominic's Press) 1935, xii-186 pp.

5237. **Pègues, T., O.P.** *Commentaire français littéral de la Somme théologique.* Tome XVII: Les Sacrements, Baptême, Confirmation. Toulouse (Privat); Paris (Téqui) 1927, viii-461 pp. Tome XVIII: L'Eucharistie. *Ibid.* 1928, viii-469 pp.

5238. **Pègues, T.** *Idem.* Tome XIX: Pénitence et Extrême-Onction. *Ibid.* 1930, 618 pp.

5239. **Pègues, T.** *Idem.* Tome XX: Ordre. Mariage. *Ibid.* 1931, viii-553 pp.

5240. **Penido, M.T.L.** *Le rôle de l'analogie* etc. (*supra* no. 4157.) 2me Partie, ch. 4: Transubstantiation et présence réelle. pp. 419-449.

5241. **Périnelle, J., O.P.** *L'Attrition d'après le concile de Trente et d'après S. Thomas d'Aq.* (Bibl. Thom. X; sect. théol. I)Le Saulchoir, Kain, 1927, 152 pp.

5242. **Périnelle, J., O.P.** "La doctrine de S. Thomas sur le Sacrement de l'Ordre," *R S P T* XIX (1930) 236-250.

5243. **Périnelle, J., O.P.** "Le Prêtre restaure dans le Christ l'ordre universel," *Vie Spirit.* XXVII (1931) 257-268; XXVIII (1931) 15-27.

5244. **Périnelle, J.** et **De Paillerets, M., O.P.** "L'épiscopat cime du sacerdoce," *Vie Spirit.* XXXIII (1932) 245-261.

5245. **Périnelle, J.** et **Boisselot, P., O.P.** "Six ordres de 'Ministres' préparent au sacerdoce," *Vie Spirit.* XXXI (1932) 225-240.

5246. **Périnelle, J.** et **Forestier, D., O.P.** "L'âme du prêtre est marquée à l'effigie du Christ," *Vie Spirit.* XXX (1932) 5-22.

5247. **Perrella, C.M.** "Il decreto di Eugenio IV 'pro Armenis' relativo al sacramento dell' ordine," *D T P* XXXIX (1936) 448-483.

5248. **Perrella, C.M.** "Ancora sul decreto 'pro Armenis' relativo al sacramento dell' ordine," *D T P* XL (1937) 177.

5249. **Pieper, J.** "Randbemerkungen zum Herrenmahl-Traktat der theologischen Summa des hl. Thomas," *Liturg. Leben* IV (1937) 213-217.

5250. **Pieper, J.** *Thomas v. Aquin: das Herrenmahl.* Leipzig (Hegner) 1937.

5251. **Pieper, J.** "Thomistische Bemerkungen über den Sinn des Bussakramentes," *Liturg. Leben* II (1935) 249-258.

5252. **Pinsk, J.** "Das Sakrament der Firmung in der römisch katholischen Kirche," *Eine heilige Kirche* (Spez. Bd.) XVIII (1936) 92-102.

5253. **Poschmann, B.** "*Mysteriengegenwart* im Licht des hl. Thomas," *Theol. Quartalschr.* CXVI (1935) 53-116.

5254. **Post, L.M., O.P.** "Zur Kontroverse um die Andachtsbeichte," *Theol. u. Glaube* XXX (1939) 40-52.

5255. **Quera, M., S.J.** "Alrededor de los origines del atritionismo," *Estud. Ecles.* VIII (1929) 193-210.

5256. **Quera, M., S.J.** "Atrición y contritión según S. Tomás," *Estud. Ecles.* VII (1928) 318-335.

5257. **Quera, M., S.J.** "De contritionismo et attritionismo in scholis usque ad tempus S. Thomae tradito," *Anal. Sacr. Tarrac.* IV (1928) 183-202.

5258. **Quera, M., S.J.** "Otra vez sobra el amor de benevolencia en atrición," *Est. Ecles.* X (1931) 51-64.

5259. **Rahner, K., S.J.** "Von Sinn der haeufigen Andachtsbeichte," *Zeitschr. f. Asz. u. Mystik* IX (1934) 323-336.

5260. **Rauch, W.** "Erlaubte Geburtens Beschränkung und die Scholastik. Eine Replik auf Prof. Mayers Artikel," *Pastor Bonus* XLIV (1933) 125-136. (Cf. Mayer, *supra* no. 5218.)

5261. **Rauch, W.** "Thomas v. Aq. Ein Kronzeuge gegen die fakultative Sterilität, *Pastor Bonus* XLIII (1932) 321-335.

5262. **Renard, G.** "La doctrine institutionnelle du mariage," *Vie Intell.* XII (1931) 96-123.

5263. **Renard, G.** "Le mariage est-il un contrat comme les autres? Mariage-contrat et mariage-institution," in *La crise du mariage.* Paris (Ed. Mariage et Famille) 1932, pp. 101-113.

5264. **Ries, J.** "Die Messapplikation nach der Lehre des hl.

Thomas," *Oberrhein. Pastoralblatt* XXIX (1927) 241 seqq.

5265. **Robilliard, J.A., O.P.** "L'amour et l'enfant," *Vie Intell.* LX (1938) 9-23.

5266. **Rohner, G.** "Die Messaplikation nach der Lehre des hl. Thomas v. Aq.," *D T F* II (1924) 385-410; III (1925) 64-91.

5267. **Rohner, G.** "Zur Messaplikation Erwiderung," *D T F* VI (1928) 76-84.

5268. **Rohner, G.** "Messopfer—Kreuzopfer," *D T F* VIII (1930) 3-17; 145-173.

5269. **Rosendal, G.** *Var Herres Jesu Kristi Lekamens och Blods Sakrament.* Osby, Sweden (Förlaget Pro Ecclesia) 1938, 272 pp. (This Swedish Non-Catholic work uses the views of St. Thomas on the Eucharist; the interpretation is sometimes erroneous.)

5270. **Van Rossum, G.M. Card.** *De essentia sacramenti Ordinis disquisitio historico-theologica.* Romae (Pustet) 1931, 242 pp.

5271. **Rupprecht, P., O.S.B.** "Der hl. Thomas und das Leidengedächtnis in der Eucharistie," *Theol. Quartalschr.* CXVIII (1937) 403-436.

5272. **Rupprecht, P., O.S.B.** "Sacrificium Mediatoris, die Opferanschauungen des Aquinaten," *D T F* IX (1931) 293-308; X (1932) 59-78; 514-530.

5273. **Rupprecht, P., O.S.B.** "Zum Vollbegriff der eucharistischen Konsecration," *D T F* XV (1937) 371-414.

5274. **Sanders, N., O.F.M.** "De transsubstantiatie," *Studia Cathol.* VII (1931) 149-168.

5275. **Sauras, E.** "La reviviscencia de los sacramentos," *Levantinas* XII (1930) 3-7.

5276. **Scheller, J.M., O.P.** "Zur Mysterienlehre," *Zeitschr. f. Asz. u. Mystik* XI (1936) 61-63.

5277. **Scheppens, P., S.J.** "Het wezen van het hl. Misoffer volgens de leer van den hl. Thomas v. Aq.," *Geloof en Wetenschap* II (1927) 60-82.

5278. **Schmitt, A., S.J.** "Periodische Enthaltsamkeit der Eheleute und Sittengesetz," *Zeitschr. f. kath. Theol.* LVI (1932) 416-422.

5279. **Simonin, H.D.** et **Meersemann, G., O.P.** *De sacramentorum efficientia apud theologos Ord. Praedicatorum.* Romae (Angel.) 1936.

5280. **Söhngen, G.** "Die Kontroverse über die kultische Gegenwart des Christusmysteriums," *Catholica* VII (1938) 114-150.

5281. **Söhngen, G.** "Le rôle agissant des mystères du Christ dans la liturgie d'après les théologiens contemporains," *Quest. Liturg. et Par.* XXIV (1939) 79-107.

5282. **Söhngen, G.** *Symbol und Wirklichkeit im Kultmysterium.* (Grenzfragen zwischen Theol. u. Philos. IV) Bonn (Hanstein) 1937, 101 pp.

5283. **Söhngen, G.** *Der Wesensaufbau des Mysteriums.* (Grenzfragen zwischen Theol. u. Philos. VI) Bonn (Hanstein) 1938, 103 pp.

5284. **Spicq, C., O.P.** "Les sacrements sont cause instrumentale perfective de la grâce," (IIIa, q. 62, a. 1) *D T P* XXXII (1929) 337-356.

5285. **Springer, E., S.J.** "Die Taufgnade als Kraftwirkung der Eucharistie," *D T F* VIII (1930) 421-431.

5286. **Springer, E., S.J.** "Doctrina S. Thomae de Eucharistiae necessitate," *Bog. Smotra* XII (1924) 50-63.

5287. **Stohr, A.** "P. Casels Mysterium und die thomistische Spekulation," *Pastor Bonus* XLIV (1933) 374-389. (Cf. *supra* no. 5142.)

5288. **Stohr, A.** "Der hl. Thomas ein Kronzeuge für D. Odo Casels Mysterientheorie?" *Pastor Bonus* XLII (1931) 422-436; XLIII (1932) 41-49.

5289. **Stohr, A.** "Vom Geheimnis des Eucharistischen Opfers," *Pastor Bonus* XLII (1931) 256-265.

5290. **Teixidor, A., S.J.** "De causalitate sacramentorum. Nota circa difficultatem assequendi hac in re mentem Doctoris Angelici," *Gregor.* VIII (1927) 76-100.

5291. **Ter Haar, F., C.SS.R.** "De sacramento poenitentiae valido et informi," *Ephem. Theol. Lovan.* XV (1938) 625-646.

5292. **Ternus, J., S.J.** "Dogmatische Untersuchungen zur des hl. Thomas über des Sakrament der Weihe," *Scholast.* VII (1932) 161-186; 354-386; VIII (1933) 161-202.

5293. **Ternus, J., S.J.** "Vertrag und Band der christlichen Ehe als Träger der sakramentalen Symbolik," *D T F* X (1932) 451-474; XI (1933) 202-220.

5294. **Thierry d'Argenlieu, B., O.P.** "La doctrine de S. Thomas d'Aq. sur le caractère sacramentel dans les 'Sentences'," *Rev. Thom.* XXXIV (1929) 219-233.

5295. **Thierry d'Argenlieu, B., O.P.** "La doctrine de S. Thomas d'Aq. sur le caractère sacramentel dans la Somme," *Rev. Thom.* XXXIV (1929) 289-302.

5296. **Thils, G.** "Le pouvoir cultuel du baptisé," *Ephem. Theol. Lovan.* XV (1938) 683-689.

5297. **Tuyaerts, M., O.P.** "Utrum S. Thomas causalitatem sacramentorum respectu gratiae mere dispositivam unquam docuit?" *Angel.* VIII (1931) 149-186.

5298. **Tymczak, A.** "Quaestiones disputatae de Ordine," *D T P* XL (1937) 543-562.

5299. **Tymczak, A.** *Quaestiones disputatae de Ordine. Historico-dogmatica disquisitio de ordinibus minoribus necnon de quaestionibus connexis.* Przemisl (Typ. S. Michel) 1936, 396 pp.

5300. **Umberg, I.B., S.J.** "Das sakramentale Gnadenleben," *Zeitschr. f. Asz. u. Mystik* VI (1930) 1-14.

5301. **Unterkirchner, F.** *Zu einigen Problemen der Eucharistielehre.* Innsbruck (Tyrolia Verlag) c. 1931, 100 pp.

5302. **Valdeparas, A., O.P.** *S. Tomás de Aq. Doctor eucaristico.* Barcelona, 1927.

5303. **Verhamme, A.** "Doctrina S. Thomae de transsubstantiatione (Pars III, q. 75, a. 2, ad 7m)," *Coll. Brug.* XXXV (1935) 269-276.

5304. **Vonier, A., O.S.B.** *A Key to the Doctrine of the Eucharist.* London (Burns, Oates) 1925, xiv-269 pp.

5305. **De Vooght, P., O.S.B.** "A propos de la causalité du sacrament de pénitence. Théologie thomiste et théologie tout court," *Ephem. Theol. Lovan.* VII (1930) 663-675.

5306. **De Vooght, P., O.S.B.** "La justification dans le sacrement de pénitence d'après S. Thomas d'Aq.," *Ephem. Theol. Lovan.* V (1928) 225-256.

5307. **Waschle, G.** "Die *applicatio missae* mit bes. Berucksichtigung der Lehre des hl. Thomas v. Aq.," *Rottenb. Monatschr.* X (1926-27) 71-75.

5308. **Winzen, D., O.S.B.** "La dottrina sacramentale di S. Tommaso e la religiosità moderna," *Studium* XXXII (1936) 200-209.

5309. **Winzen, D., O.S.B.** "Note complémentaire et réponse à quelques critiques," *Quest. Liturg. et Par.* XXIV (1939) 108-113.

5310. **Winzen, D., O.S.B.** "Die Sakramentenlehre der Kirche in ihrem Verhältnis zur dialektischen Theologie," *Catholica* I (1933) 19-36.

5311. **Zimmermann, F.** *Laessliche Sünde und Andachtsbeichte.* Innsbruck-Wien-München (Tyrolia Verlag) 1935, 148 pp.

5312. **Zychlinski, A.** "Sincera doctrina de conceptu transsubstationis juxta principia S. Thomae Aq.," *Cien. Tom.* XXIX (1924) 28-65; 222-244.

N—CHURCH AND POPE

5313. **Auger, J.** *La doctrine du Corps Mystique de Jésus-Christ d'après les principes de la théologie de S. Thomas.* Paris (Beauchesne) 1929, 508 pp. (First publ. Strasbourg, 1910.)

5314. **Auger, J.** *The Doctrine of the Mystical Body of Christ. According to the Principles of the Theology of St. Thomas.* Transl. by J.J. Burke. London (Longmans) 1932, 400 pp.

5315. **Baldegger, J.** *Kirkliche Autorität und persönliche Freiheit im natürlichen Leben nach der Lehre des hl. Thomas v. Aq.* Constance, Bade (O. Walter) 1932.

5316. **Bernareggi, A.** "S. Tommaso d'Aq. e la repressione dell' errore," *Scuola Catt.* LII (1924) 54-86.

5317. **Congar, M.J., O.P.** *Chrétiens désunis. Principe d'un 'Oecuménisme' catholique.* (Unam Sanctam, I) Paris (Ed. du Cerf) 1937, xx-404 pp.

5318. **Congar, M.J., O.P.** "De la communication des biens spirituels," *Vie Spirit.* XLII (1935) Suppl. 5-17.

5319. **Congar, M.J., O.P.** "Ordre et juridiction dans l'Eglise," *Irénikon* X (1933) 22-31; 99-110; 243-252.

5320. **Congar, M.J., O.P.** "The Idea of the Church in St. Thomas Aq.," *Thomist* I (1929).

5321. **Congar, M.J., O.P.** "L'unité de l'Eglise et sa dialectique interne," *Vie Spirit.* LII (1937) Suppl. 9-29.

5322. **Creyghton, J., S.J.** "Het deelgenootschap der engelen aan het Corpus mysticum in de theologie van S. Thomas," *Studia Cathol.* VIII (1931-32) 3-19.

5323. **De Delft, R.** "Le Corps mystique du Christ d'après le P. Mura," *Etudes Francisc.* XLVII (1935) 718-725 (Cf. *infra* nos. 5375-5376.)

5324. **Feckes, C.** *Das Mysterium der heiligen Kirche. Dogmatische Untersuchungen zum Wesen der Kirche.* Paderborn (Schöningh) 1934, 222 pp.

5325. **Feckes, C.** *Das Mysterium der hl. Kirche. Ihr Sein und Wirken im Organismus der Uebernatur.* Paderborn (Schöningh) 1935, 283 pp. (A much changed second edition of no. 5324.)

5326. **Garrigou-Lagrange, R., O.P.** "Le Christ Chef mystique de l'Eglise," *Vie Spirit.* XLI (1934) Suppl. 113-122.

5327. **Geiselmann, J.** "Christus und die Kirche nach Thomas v. Aq.," *Theol. Quartalschr.* CVII (1926) 198-222; CVIII (1927) 233-256.

5328. **Glez, G.** "Pouvoir du Pape en matière temporelle," *D T C* XII, Doctrine thomiste: col. 2729-2731; 2737-2738; 2754-2767.

5329. **Graber, R.** *Die dogmatischen Grundlagen der katholischen Aktion.* Augsburg (Haes u. Grabherr) 1932, 63 pp.

5330. **Grosche, R.** *Pilgernde Kirche.* Freiburg i. B. (Herder) 1938, 244 pp.

5331. **Héris, C.V., O.P.** "La régence de l'Eglise," *R S P T* XVII (1928) 59-76.

5332. **Héris, C.V., O.P.** *L'Eglise du Christ. Son Sacerdoce. Son Gouvernement.* Juvisy (Ed. du Cerf) c. 1930.

5333. **Héris, C.V., O.P.** "L'éminente dignité de la prière de l'Eglise," pp. 37-61 in: *Prière liturgique et Vie chrétienne.* (Cours et Conf. des Semaines liturg. IX) Gembloux (Duculot) 1932, 260 pp.

5334. **Hugueny, E., O.P.** "Le scandale édifiant d'une exposition missionaire," *Rev. Thom.* XVI (1933) 217-242; 533-567. (Tire-à-part: 62 pp.)

5335. **Hurtevent, S.** *L'Unité de l'Eglise de Christ.* Paris (Bonne Presse) [1930] xlvii-424 pp.

5336. **Jacquemet, G.** *Tu es Petrus. Encyclopédie populaire sur* *la Papauté.* Paris (Bloud) 1934, xv-1168 pp. (See "Tables" for citations of St. Thomas.)

5337. **Journet, C.** "L'Eglise issue de la hiérarchie," *Vie Spirit.* XXXIX (1934) Suppl. 65-80. (Start of a series.)

5338. **Journet, C.** "L'Esprit-Saint hôte et âme incréée de l'Eglise," *Ibid.* XL (1934) Suppl. 65-77.

5339. **Journet, C.** "La sainteté du message de l'Eglise: le message dogmatique de l'Eglise," *Nova et Vetera* IX (1934) 59-103.

5340. **Journet, C.** "La sainteté du message secondaire de l'Eglise," *Ibid.* 180-205.

5341. **Journet, C.** "Remarques sur la sainteté de l'Eglise militante," *Ibid.* 299-323.

5342. **Journet, C.** "L'état de grâce ou l'état de liberté de l'Eglise," *Ibid.* 408-416.

5343. **Journet, C.** "L'occupation dominante ou la forme de vie de l'Eglise," *Etudes Carmélit.* XIX (1934) I, 1-17.

5344. **Journet, C.** "Les destinées du Royaume de Dieu," *Nova et Vetera* X (1935) 68-111.

5345. **Journet, C.** "Le Royaume de Dieu sur terre. 2: La croissance du Royaume pérégrinal. 3: Les temps concrets de l'Eglise," *Ibid.* 198-231.

5346. **Journet, C.** "Les vertus surnaturelles dans l'Eglise," *Ibid.* 283-311.

5347. **Journet, C.** "L'Eglise et les communautés totalitaires," *Ibid.* 431-439.

5348. **Journet, C.** *La juridiction de l'Eglise sur la Cité.* (Quest. Disputées, Dir: Journet et Maritain) Paris (Desclée) 1931, 235 pp.

5349. **Journet, C.** "La pensée thomiste sur le pouvoir indirect," *Vie Intell.* XXVI (1929) 630-682.

5350. **Journet, C.** "Qui est membre de l'Eglise?" *Nova et Vetera* VIII (1933) 90-103.

5351. **Journet, C.** "Les phases de l'acte générateur de l'Eglise ou les régimes divins de l'Eglise," *Nova et Vetera* XI (1936) 198-213. (Start of a series.)

5352. **Journet, C.** "Le corps de l'Eglise," *Ibid.* 307-347.

5353. **Journet, C.** "Le pouvoir d'ordre, cause ministérielle de l'Eglise," *Ibid.* 426-479.

5354. **Journet, C.** "Le pouvoir de juridiction, second cause ministérielle de l'Eglise," *Ibid.* XII (1937) 91-121.

5355. **Journet, C.** "Le pouvoir coercitif de l'Eglise," *Ibid.* 303-346.

5356. **Journet, C.** "L'apostolicité, propriété et note de la véritable Eglise," *Rev. Thom.* XLIII (1937) 167-200.

5357. **Journet, C.** "La juridiction permanente ou pontificat," *Nova et Vetera* XIII (1938) 80-117.

5358. **Journet, C.** "Message spéculatif et message pratique de l'Eglise," *Ibid.* 198-234.

5359. **Journet, C.** "Juridiction particulière et juridiction universelle," *Ibid.* 320-345.

5360. **Journet, C.** "Le successeur de Pierre, évêque de Rome," *Rev. Thom.* XLIV (1938) 522-536.

5361. **Journet, C.** "La Cité pontificale," *Ibid.* XLV (1939) 30-57.

5362. **Journet, C.** "Eclaircissements sur les rapports du pouvoir canonique et du pouvoir politique," *Nova et Vetera* XIV (1939) 182-209.

5363. **Jürgensmeier, F.** *Der mystische Leib Christi als Grundprinzip der Aszetik. Aufbau des religiösen Lebens und Strebens aus dem Corpus Christi mysticum.* Zweite Aufl. Paderborn (Schöningh) 1933, 383 pp.

5364. **Kaeppeli, T.M., O.P.** *Zur Lehre des hl. Thomas v. Aq. vom Corpus Christi Mysticum.* Mit einem kurzen Ueberblick über die wichtigsten Vertreter dieser Lehre vor Thomas v. Aq. (Stud. Friburg.) Freiburg i. Schw. (Domin.) 1931, x-135 pp.

5365. **Karrer, O.** *Das Religiöse in der Menschheit und das Christentum.* Freiburg i. B. (Herder) 1934. (In French: *Le sentiment religieux dans l'humanité et le Christianisme.* Trad. par P. Mazoyer. Paris [Lethielleux] 1936, viii-337 pp.)

5366. **Labrunie, J.D., O.P.** "Les principes de la catholicité d'après S. Thomas," *R S P T* XVII (1928) 633-658.

5367. **Lemonnyer, A., O.P.** "Mémoire théologique sur l'épiscopat," *Vie Spirit.* XLVI (1936) Suppl. 148-167; XLVII (1936) 33-48.

5368. **Maes, J.D.M., O.P.** *De Kerk van Christus.* Antwerpen (Geloofsverdediging) 1928-29, 2 vol. 293; 331 pp.

5369. **Maggiolo, M., O.P.** *Il dottorato cattolico.* Chieri (G. Astesano) 1930, 65 pp.

5370. **Malevez, L., S.J.** "L'Eglise dans le Christ. Etude de Théologie historique et théorique," *Rech. Sc. Relig.* XXV (1935) 257-291; 418-440.

5371. **Maritain, J.** "Le chrétien et le monde," *Rev. de Philos.* XXXV (1935) 1-22.

5372. **Mersch, E., S.J.** *Le Corps Mystique du Christ. Etudes de Théol. historique.* (Museum Lessianum, sect. théol. 28-29) Louvain (Museum Less.) 1933, 2 vol. xxxviii-477; 445 pp.

5373. **Müller, G. (W.)** "Il concetto della Chiesa come 'societas perfecta' in S. Tommaso d'Aq., e l'idea moderna della sovranità," *Riv. Internaz. di Sc. Sociali* XXI (1923.)

5374. **Mura, E.** "La Communion des Saints," *Vie Spirit.* XLI (1934) 123-138.

5375. **Mura, E.** *Le Corps mystique du Christ. Sa nature et sa vie divine d'après S. Paul et la Théologie.* Préf. du R.P. Garrigou-Lagrange, O.P. Paris (Blot) 1934, 2 vol. 214; 460 pp.

5376. **Mura, E.** *Idem.* 2me éd. Paris (Blot) 1937, 2 vol. xviii-365; xviii-520 pp.

5377. **Paris, G.M., O.P.** *Ad mentem S. Thomae Aq. Tractatus de Ecclesia Christi ad usum Studentium Theologiae fundamentalis.* Turin (Marietti) 1929, vii-254 pp.

5378. **Philbin, W.J.** "The Scholastic Theory of the Power of the Keys," *Irish Eccl. Rec.* LXIX (1933) 604-614.

5379. **Philips, G.** *De heilige Kerk.* (De wetenschappelijke Bibliotheek) Mechlen (Het Kompas); Amsterdam (De Spieghel) 1935, 275 pp.

5380. **Renaudin, P., O.S.B.** "La théologie de S. Cyrille d'Alexandrie d'après S. Thomas d'Aq. Les prérogatives du Souverain Pontife," *Rev. Thom.* XVIII (1934) 237-244.

5381. **Robilliard, J.A., O.P.** "A propos d'un conflit entre le droit civil et la loi de l'Eglise relatif à la prescription acquisitive," *Bull. Thom.* VII (1930-33) 193*-198*.

5382. **Schultes, R.M., O.P.** *De Ecclesia catholica praelectiones apologeticae.* Denuo editae cura E.M. Prantner. Paris (Lethielleux) 1931, ix-765 pp.

5383. **Ternus, J., S.J.** "Vom Gemeinschaftsglauben der Kirche. Ein Beitrag zur Sociologie des gesamtkirchlichen Lebens," *Scholast.* X (1935) 1-30.

5384. **Thomas, J.** "Pouvoir d'ordre et paternité spirituelle de l'évêque," *Coll. Dioec. Tornac.* XXXIII (1938) 489-507.

5385. **Zimara, C.** "Zum Grundproblem christlicher Mission," *D T F* XIII (1935) 446-460.

O—DESTINY OF MAN, FUTURE LIFE, BEATIFIC VISION

5386. "Comment expliquer l'identité du corps dans la Résurrection?" *Ami du Clergé* XLVI (1929) 227-231.

5387. "Sur la connaissance qu'ont les saints du ciel," *Ami du Clergé* LI (1934) 103-105.

5388. "Les âmes du purgatoire savent-elles ce qui se passe ici-bas?" *Ami du Clergé* LII (1935) 385.

5389. "L'état des âmes séparées d'après S. Thomas," *Ami du Clergé* XLIII (1926) 641-646.

5390. "Les peines de Purgatoire ne sont-elles qu'une question d'intensité et non de durée?" *Ami du Clergé* XLVI (1929) 526-527.

5391. **D'Alès, A., S.J.** "La lucidité des morts," *Etudes* CCXIV (1933) 314-317.

5392. **Anciaux, E.** "Vision intuitive de Dieu," *Coll. Dioec. Tornac.* XXVII (1932) 507-522.

5393. **Balzaretti, P., O.P.** "De natura appetitus naturalis," *Angel.* VI (1929) 352-386; 519-544.

5394. **Brisbois, E., S.J.** "Désir naturel et vision de Dieu," *Nouv. Rev. Théol.* LIV (1927) 81-97.

5395. **Brisbois, E., S.J.** "Le désir de voir Dieu et la métaphysique du vouloir selon S. Thomas," *Nouv. Rev. Théol.* LXIII (1936) 978-989; 1089-1113.

5396. **Brisbois, E., S.J.** "Human Desire and the Vision of God," *Mod. Schoolman* XVI (1938) 9-14; XVI (1939) 29 seq.

5397. **De Broglie, G., S.J.** "De ultimo fine humanae vitae asserta quaedam," *Gregor.* IX (1928) 628-630.

5398. **Bruckmann, W.D.** "The Natural and Supernatural End of the Intellect," *New Scholast.* V (1931) 219-233.

5399. **Capéran, L.** *Le problème du salut des infidèles.* I: Essai historique. II: Essai théologique. Toulouse (Grand Séminaire) 1934, 2 vol. xiii-616; vii-150 pp. (About 20 pages on St. Thomas.)

5400. **Cappuyns, M., O.S.B.** "Note sur le problème de la vision béatifique au IXe siècle," *R T A M* I (1929) 98-107. (On background of *S.T.* I, 12, a. 3.)

5401. **Carrion, A.** "Del gran número de los que se salvan y de la mitigación de las penas eternas," *Razón y Fe* CVIII (1935) 5-36. (On Getino, *infra* no. 5412.)

5402. **Cathrein, V., S.J.** "De naturali hominis beatitudine," *Gregor.* XI (1930) 398-409.

5403. **Charlier, L., O.P.** "Puissance passive et désir naturel selon S. Thomas," *Ephem. Theol. Lovan.* VII (1930) 5-28; 639-662.

5404. **Doucet, V., O.F.M.** "De naturali seu innato supernaturalis beatitudinis desiderio," *Antonian.* IV (1929) 167-208.

5405. **Dumont, P., S.J.** "L'appetit innée de la béatitude surnaturelle chez les auteurs scolastiques," *Ephem. Theol. Lovan.* VIII (1931) 205-224; 571-591; IX (1932) 5-27.

5406. **Elter, E., S.J.** "De naturali hominis beatitudine ad mentem scholae antiquioris," *Gregor.* IX (1928) 269-306.

5407. **Fernandez, A., O.P.** "Naturale desiderium videndi divinam essentiam apud D. Thomam ejusque scholam," *D T P* XXXIII (1930) 5-28; 503-527.

5408. **Folghera, J.D., O.P.** (Transl.) S. Thomas d'Aq. *Somme théologique.* L'Au-delà (Suppl. qq. 69-74.) Trad, franç. Notes et appendices par J. Wébert, O.P. Paris (Rev. des Jeunes) 1935, 352 pp.

5409. **Gardeil, A., O.P.** "Le désir naturel de voir Dieu.—La vitalité de la vision divine et des actes surnaturels.—La structure analogique de l'intellect, fondement de la puissance obédientielle au surnaturel," *Rev. Thom.* IX (1926) 381-410; 477-489; 523-527. Lettres de P. D'Alès et P. Gardeil: X (1927) 3-19.

5410. **Garrigou-Lagrange, R., O.P.** "L'appétit naturel et la puissance obédientielle," *Rev. Thom.* XI (1928) 474-478.

5411. **Garrigou-Lagrange, R., O.P.** "La possibilité de la vision béatifique peut-elle se démontrer?" *Rev. Thom.* XVI (1933) 669-688.

5412. **Getino, L., O.P.** "Del gran número de los que se salvan y de la mitigación de las penas eternas," *Contemporanea* III (1933) 225-235; 390-396; IV (1934) 92-105; 348-360; V (1934) 114-128; 210-221; 444-461. In book form: (Bibl. de Tomistas Españoles, II) Madrid-Valencia (Ed. F.E.D.A.) 1934, 310 pp. (This work was placed on the *Index of Prohibited Books,* by decree of the Holy Office, March 5, 1936.)

5413. **Glorieux, P.** "Endurcissement final et grâces dernières," *Nouv. Rev. Théol.* LIX (1932) 865-892.

5414. **Gómez, M.** "Sobre el libro del R.P. Getino acerca del número de los que salvan y de la mitigación de la penas eternas," *Razon y Fe* CIV (1935) 145-167. (Cf. *supra,* no. 5412.)

5415. **Heinen, W.** *Die erkenntnistheoretische Bedeutung des Desiderium Naturale bei Thomas v. Aq.* Bonn (Scheurich) 1927 [Ausgabe 1931] 50 pp.

5416. **Hugueny, E., O.P.** "L'Enfer et la miséricorde," *Rev. Apolog.* LIV (1932) 513-534.

5417. **Hugueny, E., O.P.** "Résurrection et identité corporelle," *R S P T* XXIII (1934) 94-106.

5418. **Journet, C.** "L'Eglise souffrante," *Nova et Vetera* VII (1932) 146-199.

5419. **Journet, C.** *Le Purgatoire.* (Etudes relig. 301-302) Liège (La Pensée Cathol.) 1932, 55 pp.

5420. **Lallement, D.** "Commentaires de D. Thomas d'Aq. Somme Théol. q. 12, l'existence de la vision béatifique," *Lumen* VI (1925), fév.

5421. **Lallement, D.** "Le 'comment' de la vision béatifique," *Lumen* VI (1925), juin.

5422. **Laporta, A., O.S.B.** "Les notions d'appétit naturel et de puissance obédientielle chez S. Thomas," *Ephem. Theol. Lovan.* V (1928) 257-277.

5423. **Lavaud, B., O.P.** "Béatitude et connaissance des créatures," *Vie Spirit.* XVIII (1933) Suppl. 1-22.

5424. **Lavaud, B., O.P.** "Béatitude et vision de Dieu," *Vie Spirit.* XVI (1931) Suppl. 1-15.

5425. **Lavaud, B., O.P.** "Le corps dans la gloire," *Vie Spirit.* LV (1938) 113-136.

5426. **Lavaud, B., O.P.** "Le jugement dernier," *Vie Spirit.* LVII (1938) 113-139.

5427. **Lavaud, B., O.P.** "La résurrection de la chair: données théologiques," *Vie Spirit.* LIII (1937) Suppl. 65-85.

5428. **Lavaud, B., O.P.** "La résurrection de la chair: la foi de l'Eglise," *Vie Spirit.* LIII (1937) Suppl. 113-135.

5429. **Lennerz, H., S.J.** "Kann die Vernunft die Möglichkeit der beseligenden Anschauung Gottes beweisen?" *Scholast.* V (1930) 102-108.

5430. **Lewalter, E.** "Thomas v. Aq. und die Bulle 'Benedictus Deus' von 1336," *Zeitschr. f. Kirchengesch.* LIV (1935) 399-461.

5431. **Llamera, M.** "Das problemas de ultratumba. (Carta abierta al P. M.Luis G.A. Getino)" *Contemporanea* VI (1934) 312-319. (Cf. *supra,* no. 5412.

5432. **Lozano, S., O.P.** "Naturaleza afectiva de la vision beatifica según S. Tomás," *Cien. Tom.* XXXI (1925) 321-347.

5433. **Lumbreras, P., O.P.** "Una doctrina inadmisible del infierno," *Cien. Tom.* LI (1935) 104-124. (On Getino, *supra* no. 5412.)

5434. **Matthijs, M., O.P.** "Quid Ratio Naturalis doceat de possibilitate visionis beatae secundum S. Thomàm in Summa c. Gentiles," *D T P* XXXIX (1936) 201-228.

5435. **Michel, A.** *Les fins dernières.* (Bibl. cath. d. Sc. relig.) Paris (Bloud et Gay) 1929, 174 pp.

5436. **Michel, A.** "Résurrection des morts," *D T C* XIII, 2, col. 2501-2571.

5437. **Motte, A.R., O.P.** "Désir naturel et béatitude surnaturelle," *Bull. Thom.* VIII (1932) 651*-676*.

5438. **Mulard, R., O.P.** "Désir naturel de connaître et vision béatifique," *R S P T* XIV (1925) 5-19.

5439. **Mulson, J.** *La possibilité de la vision béatifique dans S. Thomas d'Aq.* Langres (Impr. Champenoise); Lyon (Vitte) 1932, xi-91 pp.

5440. **O'Mahoney, J.E.** *The Desire of God in the Philosophy of St. Thomas Aq.* Dublin-Cork (Cork Univ. Press) 1929, xxvi-263 pp.

5441. **Otto, H.** "Zum Streite um die *visio beatifica,*" *Hist. Jahrb.* L (1930) 227-232.

5442. **Pègues, T., O.P.** *Commentaire franç. litt. de la Somme théol.* Tome XXI: La résurrection. Toulouse (Privat); Paris (Téqui) 1932, xv-699 pp.

5443. **Pelster, F., S.J.** "Zur Frage nach der Möglichkeit einer *beatitudo naturalis,*" *Scholast.* IV (1929) 255-260.

5444. **Porrot, J.M., des Pères Blancs,** *La Nécessité de l'acte de foi pour la justification.* (Extr. d'une thèse de doctorat en théol.) Rome (Angelicum) 1933, 35 pp.

5445. **Raineri, A.** "De possibilitate videndi Deum per essentiam," *D T P* XXXIX (1936) 307-330; 409-429; XL (1937) 3-21; 113-128.

5446. **Ritzler, R.** *De naturali desiderio beatitudinis supernaturalis ad mentem S. Thomae.* (Dissert. ad Lauream) Romae (Facult. Theol. O.M.Conv.) 1938, 95 pp.

5447. **Rivière, J.** "Le salut des infidèles," *Rev. Apolog.* LXI (1935) 129-142.

5448. **Roland-Gosselin, M.D., O.P.** "Béatitude et désir naturel," *R S P T* XVIII (1929) 193-222.

5449. **Sartori, A.** *La visione beatifica. La dottrina e la controversia nella storia.* Torino (Marietti) 1927, xii-178 pp.

5450. **Sauras, E.** "La misericordia de Dios y los condenados, según la mente de S. Tomás," *Cien. Tom.* LIII (1935) 5-39. (On Getino, *supra* no. 5412.)

5451. **Segarra, F., S.J.** *De identitate corporis mortalis et corporis resurgentis, Disputatio theologica.* Madrid (Razon y Fe) 1929, xii-278 pp. (Cf. Hugueny, *supra* no. 5417.)

5452. **Segarra, F., S.J.** "Temeraria? O algo menos?" *Est. Ecles.* X (1931) 105-136.

5453. **Segarra, F., S.J.** "Todavía una palabra sobre 'la identidad del cuerpo mortal y del cuerpo resucitado'," *Est. Ecles.* XIII (1934) 470-479.

5454. **Tiberghein, P.** "Y a-t-il des sans-Dieu?" *Vie Intell.* XXXI (1934) 374-380; XXXII (1934) 37-46.

5455. **Trancho, A., O.P.** "Fundamento, naturaleza y valor apologético del deseo natural de ver a Dios," *Cien. Tom.* XLIV (1931) 447-468.

5456. **Vallaro, S.** "De natura capacitatis intellectus creati ad videndam divinam essentiam," *Angel.* XII, 2 (1935).

5457. **Vallaro, S.** "De naturali desiderio videndi essentiam Dei et de ejus valore ad demonstrandum possibilitatem ejusdem visionis Dei quidditativae," *Angel.* XI (1934) 133-170.

5458. **Van de Vijvere, J., O.P.** "Het Leven na den Dood," *Thom. Tijdschr.* II (1931) 45-69.

5459. **Walz, J.B.** *Die Fürbitte der armen Seele und ihre Anrufung durch die Gläubigen auf Erden. Ein Problem des Jenseits dogmatisch untersucht und dargestellt.* Bamberg (Selbstverlag) 1933, xviii-177 pp.

5460. **Yelle, E., P.S.S.** "Le désir naturel de connaître Dieu," *R U O* XXXIX (1933) 193-213.

P—ST. THOMAS AND HOLY SCRIPTURE

5461. **Albanese, F.** *La Bibbia scevra di errori contiene alcune inaccuratezze. Ricerche esegetiche sui Padri e sull' Aquinate che rivelano un principio di soluzione di molte questioni bibliche.* Palermo (116 via Stabile) 1929, 156 pp.

5462. **De Ambroggi, P.** "Il senso letterale pieno nelle divine Scritture," *Scuola Catt.* LX (1932) 296-312.

5463. **De Baets, P.** (ed.) *De Bijbel, het welsprekendste boek ter wereld. Een rede van St. Thomas v. Aq.* Brugge (Canisiusblad) 1936,

32 pp. (Transl. *Principium Fr. Thomae de Aq. quando incepit Parisiis ut baccelarius biblicus.* ed Mandonnet, *Opuscula,* IV, no. 39.)

5464. **Bainton, R.H.** "The Immoralities of the Patriarchs according to the Exegesis of the Late Middle Ages and of the Reformation," *Harvard Theol. Rev.* XXIII (1930) 39-49. (This work by a Non-Catholic scholar does not cite St. Thomas directly.)

5465. **Balestri, J., Erm. S. Aug.** *Biblicae Introductionis Generalis Elementa.* Romae (Typis Polyglottis Vat.) 1932, vii-545 pp. (St. Thomas on biblical prophecy: pp. 394-400.)

5466. **Barton, J.M.T.** *The Holy Ghost.* London (Burns, Oates) 1930, 86 pp.

5467. **Ceuppens, F., O.P.** "Quid S. Thomas de multiplici sensu litterali in S. Scriptura senserit?" *D T P* XXXIII (1930) 164-175.

5468. **Colunga, A., O.P.** "El metodo historico en la Sagrada Escritura según S. Tomás," *Cien. Tom.* XXXV (1927) 30-51.

5469. **Defeutrelle, J.** "S. Thomas et l'inspiration biblique," *Bull. de l'Inst. Cath. de Paris* XV (1924) 106-110.

5470. **Fleig, P.** *Die hermeneutischen Grundsätze des Thomas v. Aq.* Freiburg i. B. (Waibel) 15 pp.

5471. **Garrigos, F.** "S. Tomás expositor," *Rev. Calasancia* (1925) n. 147.

5472. **Hoepfl, H., O.S.B.** *Tractatus de Inspiratione Sacrae Scripturae et Compendium Hermeneuticae Biblicae Catholicae.* Ed. altera. Romae (Bibl. d'Art.) 1929, 312 pp.

5473. **Holzmeister, U., S.J.** "Die exegetischen Schriften des hl. Thomas v. Aq.," *Zeitschr. f. kath. Theol.* XLVII (1923) 327 seqq.

5474. **De Jonge, J.** "De evangelische Zaligheden volgens den hl. Thomas v. Aq.," *Pastor Bonus* IX (1928) 1-14.

5475. **Lercaro, G.** "S. Tommaso esegeta," *Scuola Catt.* LII (1924) 118-133.

5476. **Lusseau, H.** *Essai sur la Nature de l'Inspiration Scripturaire.* Paris (Geuthner) 1930, xvi-243 pp.

5477. **Maquart, F.X.** "S. Thomas commentateur de la Sainte Ecriture," *Cahiers du Cercle Thom.* I (1926) 153-169.

5478. **Miklik, J.** "Sv. Tomaš a Bible," in *Svaty Tomas* (Symp.) 36-39.

5479. **Pelster, F., S.J.** "Echtheitsfragen bei den exegetischen Schriften des hl. Thomas v. Aq. I: Hat Thomas eine *Expositio ad litteram* zu den vier Evangelischen verfasst? II: Die *Lectura in Evangelium Matthaei.* III: Die Erklärung der Paulinischen Briefe," *Biblica* III (1922) 330-338; IV (1923) 300-311.

5480. **Perrella, G.M.** "In margine alla questione dell' apostolato come criterio d'inspirazione," *D T P* XXXVII (1934) 510-516.

5481. **Perrella, G.M.** "Nuovi argomenti contro l'inspirazione verbali," *D T P* XXXIII (1930) 189-197.

5482. **Pirot, L.** *L'Inspiration.—Initiation biblique,* de A. Robert et J. Tricot. Paris (Desclée) 1939, pp. 9-24.

5483. **Pope, H., O.P.** *St. Thomas Aq. as an Interpreter of Holy Scripture.* Oxford (Blackwell) 1924, 40 pp.

5484. **Porporato, F.S., S.J.** "Affetti dell' Agiografico e ispirazione," *Civ. Cattol.* LXXXVI (1935) IV, 279-288; 391-403; 464-467.

5485. **Roland-Gosselin, M.D., O.P.** "Le sermon sur la montagne et la théologie thomiste," *R S P T* XVII (1928) 201-234.

5486. **Roslaniec, F.** *Sw. Tomasz z Ak. jsko egzegeta na tle swej epoki.* Warszawa (Bracka 18) 1925, 120 pp.

5487. **Sales, M., O.P.** "De origine et indole quarti evangelii juxta doctrinam S. Thomae," *D T P* II (1925) 734-767.

5488. **Sales, M., O.P.** "Doctrina S. Thomae de inerrantia biblica," *D T P* I (1924) 84-106.

5489. **Sales, M., O.P.** "Principia tradita a D. Thoma pro Sacrarum Scripturarum interpretatione," in *Xenia Thom.* (Symp.) II, 19-34.

5490. **Schumpp, H.** "Der Glaubensbegriff des Hebräerbriefes und seine Deutung durch den hl. Thomas v. Aq.," *D T F* XI (1933) 397-410.

5491. **Synave, P., O.P.** "Le canon scripturaire de S. Thomas d'Aq.," *Rev. Biblique* XXXIII (1924) 522-533.

5492. **Synave, P., O.P.** "La doctrine de S. Thomas d'Aq. sur le sens littéral des Ecritures," *Rev. Biblique* XXXV (1926) 40-65.

5493. **Synave, P., O.P.** "La doctrine de S. Thomas sur le sens littéral," *R S P T* XV (1926) 40-65.

5494. **Vitti, A., S.J.** "L'attività esegetica di S. Tommaso d'Aq.," in *A S. Tommaso* (Symp.) 64 pp.

5495. **Vitti, A.** "De S. Thoma Scripturae interprete," *Verbum Domini* IV (1924) 153-159.

5496. **Vosté, J.M., O.P.** "De natura inspirationis biblicae secundum principia Angelici Doctoris," in *Xenia Thom.* (Symp.) II, 35-64.

5497. **Vosté, J.M., O.P.** "Quaestio circa inspirationem biblicam," in: *De prologo Joanneo et Logo* (Opusc. Bibl. Coll. Angel.) Romae (Angel.) n.d. pp. 66-68.

5498. **Zarb, S.M., O.P.** "Num hagiographi sibi conscii fuerunt charismatis divinae inspirationis?" *Angel.* XI (1934) 228-244.

5499. **Zarb, S.M., O.P.** "S. Thomas et l'inspiration biblique," *Rev. Thom.* XIX (1936) 367-382.

5500. **Zarb, S.M., O.P.** "Unité ou multiplicité des sens littéraux dans la Bible?" *Rev. Thom.* XV (1932) 251-300.

5501. **Zarb, S.M., O.P.** "Utrum S. Thomas unitatem an vero pluralitatem sensus litteralis in Sacra Scriptura docuerit?" *D T P* XXXIII (1930) 337-359.

V—DOCTRINAL AND HISTORICAL RELATIONS

A—GENERAL RELATIONS

6001. **Arnaiz, M.** "Filosofia escolastica y Tomismo," *Ciud. Dios* CXL (1925) 428-443.

6002. **Arnou, R., S.J.** *De quinque viis S. Thomae ad demonstrandum Dei existentiam apud antiquos Graecos et Arabes et Judaeos praeformatis vel adumbratis, textus selectos.* (Text. et Doc. Ser. philos., 4) Romae (Univ. Gregor.) 1932, 104 pp.

6003. **Augé, R., O.S.B.** "S. Tomás i l'ensenyament teologie Benedicti," *Vida Crist.* XII (1924) 60-67.

6004. **Balič, C.** "De relatione S. Thomae Aq. ad alios doctores scholasticos," *Bogosl. Smotra* XXV (1937) 133-160; 261-290.

6005. **Bordoy-Torrents, P.** "Intorno alla restaurazione della filosofia di S. Tommaso d'Aq.," in *Xenia Thom.* (Symp.) I, 87-104.

6006. **Brentano, F.** *Die Vier Phasen der Philosophie und ihr augenblicklicher Stand.* (Nebst Abhandl. über Plotinus, Thomas v. Aq., Kant, Schopenhauer und A. Comte.) Mit Einleitung, Anmerkungen u. Register hrsg. von O. Kraus. Leipzig (Meiner) 1926, xviii-169 pp.

6007. **Boyer. C., S.J.** *Il concetto di storia nell' idealismo e nel tomismo.* Roma (Studium) 1935, 120 pp.

6008. **Denissoff, E.** *L'Eglise Russe devant le Thomisme.* Paris (Vrin) 1936, 66 pp.

6009. **Descoqs, P., S.J.** "Thomisme et scolastique, à propos de M. Rougier," *Arch. de Philos.* V, fasc. 1 (1927).

6010. **Descoqs, P., S.J.** *Thomisme et Scolastique. A propos de M. Rougier.* 2me éd. Paris (Beauchesne) 1935, 220 pp.

6011. **Dillon, J.M.** "Dominican Influence on the Discovery of America," *Amer. Cath. Hist. Soc.* XLI (1930) 193-229.

6012. **Fabro, C.** "Le grandi correnti della scolastica e S. Tommaso d'Aq.," *R F N S* XXXI (1939) 329-340.

6013. **Fermi, A.** *Le vicende del pensiero tomistico nel seminario vescovile di Piacenza.* (Estr. del *Boll. Stor. Piac.*) Piacenza, 1924, 63 pp.

6014. **Fraile, G.** "S. Thomás y la orientación intelectual de la nueva España," *Cien. Tom.* LVII (1938) 6-14.

6015. **Gallucci, G.** "Il tema agostiniano e il tema tomistico nella speculazione filosofia," *Sophia* II (1934) 39-53.

6016. **Gilson, E.** *Christianisme et philosophie.* Paris (Vrin) 1936, 168 pp.

6017. **Gilson, E.** *L'Esprit de la philosophie médiévale.* (Gifford Lectures, Aberdeen) Paris (Vrin) 1932, 2 vol. viii-329; 297 pp. (In English: *The Spirit of Mediaeval Philos.* N.Y. [Scribners] 1940.)

6018. **Gilson, E.** *La philosophie au moyen âge.* Paris (Payot) 1930.

6019 **Gilson, E.** "La signification historique du thomisme," in: *Etudes de philosophie médiévale.* Strasbourg, 1921, pp. 76-124.

6020. **Gorce, M.M., O.P.** "Néo-thomisme et simple philosophie. De l'apport permanent de S. Thomas à la pensée humaine," *Rev. Apologét.* L (1930) 287-295.

6021. **Grabmann, M.** *Die Geschichte der katholischen Theologie seit dem Ausgang der Väterzeit.* Freiburg i. B. (Herder) 1933, xiv-338 pp. (St. Thomas: pp. 75-84; Thomistic School: pp. 95-102.)

6022. **Guttmann, J.** *Religion und Wissenschaft im mittelälterlichen und modernen Denken.* Berlin, 1922.

6023. **Hopkin, C.E.** *The Share of Thomas Aquinas in the Growth of the Witchcraft Delusion.* (Dissert.) Philadelphia (Univ. of Pennsylvania) 1940, viii-188 pp.

6024. **Hykede, J., O.P.** "Učeni Sv. Tomase a řad kazatelsky," in *Svaty Tomas* (Symp.) 137-141. (On St. Thomas and the Order of Preachers.)

6025. **Kösters, H.** "Die Ordnung im Weltbild des Konfuzius und des hl. Thomas v. Aq., *Zeitschr. f. Missionswissenschaft* XXV (1935) 106-130.

6026. **De La Brière, Y., S.J.** "Chronique du mouvement religieux. S. Thomas et les sciences ecclésiastiques," *Etudes* CLXXVII (1923) 608-615.

6027. **Lanna, D.** "L'eterna giovinezza del Tomismo," *R F N S* XVI (1924) 109-118.

6028. **Manser, G.M., O.P.** "Des Aquinaten Ruf und Ruhm," *D T F* XI (1933) 117-137.

6029. **Maritain, J.** "S. Thomas et l'unité de la culture chrétienne," *Vie Intell.* XXV (1928) 46-74.

6030. **Maritain, J.** "Thomas v. Aq. und die Einheit des Abendlandes," *Kath. Gedanke* II (1929) 11-30.

6031. **Masnovo, A.** "Il significato storico di S. Tommaso d'Aq.," *A P A R* I (1934) 9-32.

6032. **Mattiussi, G., S.J.** "Eccellenza dell' Angelica dottrina," *Gregor.* V (1924) 3-24.

6033. **Mignosi, P.** "S. Tommaso e il pensiero moderno," in *Polemica Cattolica, Prima Serie.* Palermo (La Tradizione) 1930, 256 pp.

6034. **Millar, M.F.X., S.J.** "Aquinas and the Missing Link in the Philosophy of History," *Thought* VIII (1934) 642-655.

6035. **Mindorff, J.F.** "Voluntarism vs. Intellectualism," *Francisc. Ed. Conf. Report* (1929) 34-35.

6036. **Ohm, T.** *Die Stellung der Heiden zur Natur und Uebernatur nach dem hl. Thomas.* Münster i. W., 1927, 364 pp.

6037. **Olgiati, F.** "Il tomismo e le sue relazione con le altre correnti della filosofia cristiana," *R F N S* XXXIV (1932) 534-543.

6038. **Olgiati, F.** "Il tramonto di S. Tommaso e la sua resurrezione," in *S. Tommaso d'Aquino* (Symp.) 302-317.

6039. **Pace, E.A.** "The Church and Scholasticism in their Historical Relations," *Cath. Hist. Rev.* VIII (1928) 55-68.

6040. **Papillon, A., O.P.** "Pour l'histoire du thomisme au Canada," *Revue Domin.* XXXIII (1927) 538-546.

6041. **Pérez Goyena, A., S.J.** "Enseñanza de S. Tomás en las Universidades españoles," LXV (1923); LXVI (1924).

6042. **Petruzzellis, N.** "S. Tommaso e il pensiero moderno," *Logos* XXI (1938) 136-137.

6043. **Przywara, E., S.J.** "Thomismus und Molinismus," *Stimmen d. Zeit* CXXV (1933) 26-35.

6044. **Przywara, E., S.J.** "Thomas v. Aq., Ignatius v. Loyola, Fried. Nietzsche," *Zeitschr. f. Asz. u. Mystik* XI (1936) 257-295.

6045. **Puigdessens, J.** "Origens del Dogmatisme de S. Tomás," in *Miscel. Tomista* (Symp.) 155-165.

6046. **Ramón de Maria, O.Carm.D.** *El tomismo carmelitano descalzo. Disquisición historica acerca de la doctrina filosofico-teologica de la Orden de Carmelitas Descalzos.* Valencia (Tip. del Carm.) 1930, 81 pp.

6047. **Rougier, L.** *La Scolastique et le Thomisme.* Paris, 1925.

6048. **Sartiaux, F.** *Foi et science au moyen âge.* Paris, 1925.

6049. **Segarra, F., S.J.** *De identitate corporis mortalis et corporis resurgentis.* Madrid (Razón y Fe) 1929, xii-278 pp. (History from St. Thomas to the 20th c.)

6050. **Sestili, G.** "S. Tommaso d'Aq. e la filosofia italiana," *D T P* II (1925) 483-516.

6051. **Simon, P.** *Thomas v. Aq. und die Scholastik.* (Gesch. de. Philos. hrsg. v. Kafka, Bd. 12-13) München (Reinhardt) 1927.

6052. **Slipyj, J.** "De S. Thoma Aq. atque theologia et philosophia scholastica," *Bohoslovia* III (1925) 91-116; 226-229. Offprint: 76 pp.

6053. **Slipyj, J.** "De valore S. Thomae Aq. pro Unione ejusque influxu in theologiam orientalem," *Bohoslovia* III (1925) 1-18.

6054. **Smith, H.I., O.P.** "Historical Implications in the Writings of St. Thomas Aq.," *Cath. Hist. Rev.* III (1923) 57-66.

6055. **Von Sokolowski, P.** "Thomas v. Aq. und die Zivilisation der Kirche," in *Festschrift f. E. Liljeqvist.* Lund (Skanska Centraltryckeriet) 1930, vol. I.

6056. **Tardini, D.** "S. Tommaso d'Aq. e la Romanità," *R F N S* XXIX (1937) 109-117; also in *Scuola Catt.* LXV (1937) 130-141.

6057. **Taurisano, J., O.P.** "Note storiche sul 'Collegium D. Thomae de Urbe' e gli studi domenicani in Roma," *Anal. Ord. Praed.* XXXIII (1925) 306-321.

6058. **Tout, T.F.** "The Place of St. Thomas in History," in *St. Thomas. Papers read at . . . Manchester, 1924.* Oxford (Blackwell) 1925, pp. 1-32.

6059. **Tusquets i Terrats, J.** "La missió historica del tomisme," *Foment de Pietat Catal.* (1923).

6060. **Ueberweg-Geyer,** *Grundriss der Geschichte der Philosophie.* Zweiter Teil: Die Patrist. u. Scholast. Philos. Elfte Aufl. hrsg. v. B. Geyer. Berlin (Mittler) 1928, xviii-826 pp.

6061. **Vann, G., O.P.** "St. Thomas and Humanism," *Blackfriars* XIII (1932) 395-402; 467-476.

6062. **Du Vauroux, Mgr.** "Pour comprendre la mission providentielle de S. Thomas," *Lumen* VI (1925).

6063. **Wolf, E.** "Thomas v. Aq. und die Neugestaltung Deutschlands," *Christ. Wiss.* V (1926) 190-211.

6064. **De Wulf, M.** *Histoire de la Philosophie Médiévale.* 5me éd. Louvain-Paris (Vrin) 1924-25, 2 vol. 6me éd. Louvain-Paris (Vrin) 1934-36. (St. Thomas is treated in tome II: Le treizième siècle, 1936, 407 pp.)

6065. **De Wulf, M.** *History of Mediaeval Philosophy.* Transl. by E.C. Messenger from the 6th French ed. London-N.Y. (Longmans) 1935 ff.

6066. **De Wulf, M.** *Manuale di storia della filosofia.* Trad. e adattazione per l'Italia del P. I. Brunetta, O.M. Torino (Marietti) 1933, 234 pp.

6067. **Xiberta, B.F.M., O.Carm.** "De institutis Ordinis Carmelitarum quae ad doctrinas philosophorum et theologorum pertinent," *Anal. Ord. Carmel.* VI (1929) 337-379.

6068. **Xiberta, B.F.M., O.Carm.** "Le thomisme dans l'Ecole Carmélitaine," in *Mélanges Mand.* (Symp.) I, 441-448.

B—ST. THOMAS AND THE GREEKS AND ROMANS

6069. **Arnou, R., S.J.** "Platonisme des Pères," *D T C* XII, col. 2258-2392.

6070. **Beck, H.** "Der Kampf um den thomistischen Theologiebegriff in Byzanz," *D T F* XIII (1935) 3-22.

6071. **Brade, W.R.V.** *From Plotinus to St. Thomas. Being Studies in the Later Phases of the Tradition of Greek Philosophy.* London (Faith Press) 1926, viii-104 pp.

6072. **Brémond, A., S.J.** "Le dilèmme Aristotélicien," *Arch. de Philos.* X, 2 (1933) 155 pp.

6073. **Busnelli, G., S.J.** "Il Dio d'Aristotele e il Dio di Tommaso d'Aq.," *Civ. Catt.* LXXXIV (1933) 142-150.

6074. **Busnelli, G., S.J.** "Il pensiero aristotelico e il ripensamento moderno della fede e della ragione secondo il prof. A. Carlini," *Ibid.* 378-393.

6075. **Capone-Braga, G.** *Il mondo delle idee. I problemi fondamentali del Platonismo nella storia della filosofia.* (Bibl. di cultura filos.) Città di Castello ('Il Solco') 1928-1933, 2 vol. 212; 285 pp. (St. Thomas: I, pp. 103-146.)

6076. **Carpenter, H.J., O.P.** "The Baptism of Aristotle," *Dublin Rev.* CXC (1932) 161-178.

6077. **Chevalier, J.** "Aristote et S. Thomas d'Aq., ou l'idée de création," *Lettres* XIV (1927) 427-447.

6078. **Chojnacki, P.** "L'expansion de l'Aristotélisme et l'idée directrice de la reforme thomiste de la philosophie chrétienne au XIIIe siècle," *Przegl. Teol.* XII (1931) 281-297.

6079. **De Corte, M.** "Themistius et S. Thomas d'Aq. Contribution à l'étude des sources et de la chronologie du Commentaire de S. Thomas sur le *De Anima*," *A H M A* VII (1932) 47-84.

6080. **Deman, T., O.P.** "Le 'Liber de bona fortuna' dans la théologie de S. Thomas," *R S P T* XVII (1928) 38-58. (On the *Eudemian Ethics.*)

6081. **Dondaine, A., O.P.** "Compte rendu de: Salman, D., S. Thomas et les traductions latines des Métaphysiques d'Aristote," *Bull. Thom.* IV (1933-36) p. 153. (Cf. *infra* no. 6114.)

6082. **Downey, R.** "St. Thomas and Aristotle," in *St. Thomas-Cambridge-1924* (Symp.) 45-93.

6083. **Festugière, A., O.P.** "Notes sur les sources du Commentaire de S. Thomas au Livre XII des Métaphysiques; I: Primauté de la substance," *R S P T* XVIII (1929) 283-290; "II: Division des substances et objet propre de la métaph." *Ibid.* 657-663.

6084. **Festugière, A., O.P.** "La notion du péché présentée par S.

Thomas, I-II, q. 71, et sa relation avec la Morale Aristotélicienne," *New Scholast.* V (1931) 332-341.

6085. **Festugière, A., O.P.** "La place du *De Anima* dans le système aristotélicien d'après S. Thomas," *A H M A* VI (1931) 25-47.

6086. **Franceschini, E.** "S. Tommaso e l'etica nicomachea," *R F N S* XXVIII (1936) 313-328.

6087. **Grabmann, M.** "Die Aristoteleskommentare des hl. Thomas v. Aq.," in *Mittel. Geistesleben.* Münster, 1926, pp. 266-313.

6088. **Grabmann, M.** *Mittelalterliche lateinische Aristotelesübersetzungen und Aristoteleskommentare in Handschriften spanischer Bibliotheken.* München (Bayerische Akademie: Oldenbourg) 1928, 120 pp.

6089. **Grabmann, M.** *Mittelalterliche lateinische Uebersetzungen von Schriften der Aristoteles-Kommentatoren Joh. Philoponos, Alexander von Aphrodisias und Themistius.* München (Bayerische Akad: Oldenbourg) 1929, 72 pp.

6090. **Halpin, A.J.** "The Location of Qualitative Essence. I. Aristotle and Aquinas," *New Scholast.* X (1936) 145-166.

6091. **Ivánka, E. von,** "Das stoische Fatum und der scholastische *ordo universi,*" *Theol. u. Glaube* XXV (1933) 15-24.

6092. **Jaroszewicz, J.A.** *Senecae et S. Thomae de moralitate atque educatione affectuum.* Vilnae (Lib. S. Adalberti) 1932, 156 pp.

6093. **Jolivet, R.** "Aristote et la notion de création," *R S P T* XIX (1930) 209-234.

6094. **Jolivet, R.** *Essai sur les rapports entre la pensée chrétienne. Aristote et S. Thomas d'Aq., ou l'idée de création. Plotin et S. Augustin.* Paris (Vrin) 1931, viii-212 pp.

6095. **Laurent, V.** "Un polemiste grec de la fin du XIIIe siècle. La vie et les oeuvres de Georges Moschabar," *Echos d'Orient* XXXII (1929) 129-158.

6096. **Van Lieshout, H.** *La théorie plotinienne de la vertu. Essai sur la genèse d'un article de la S.T. de S. Thomas (I-II, 61, 5.)* (Stud. Friburg.) Fribourg, Suisse (Université) 1926, viii-203 pp.

6097. **Mager, A., O.S.B.** "Der νοῦς παθητικός bei Aristoteles Thomas v. Aq.," in *Hommage à M. De Wulf* (Symp.) 263-274.

6098. **Mansion, A.** "Le Commentaire de S. Thomas sur le 'De sensu et sensato' d'Aristote. Utilisation d'Alexandre d'Aphrodise," in *Mélanges Mand.* (Symp.) I, 83-102.

6099. **Mansion, A.** "La théorie aristotélicienne du temps chez les péripatéticiens médiévaux, Averroës, Albert le Grand, S. Thomas d'Aq.," in *Hommage à M. De Wulf* (Symp.) 275-307.

6100. **Mansion, A.** "L'eudémonisme aristotélien et la morale thomiste," in *Xenia Thom.* (Symp.) I, 429-449.

6101. **Mansion, A.** "Pour l'histoire du Commentaire de S. Thomas sur le Métaphysique d'Aristote," *R N P* XXVI (1925) 274-295.

6102. **Meyer, H.** "Thomas v. Aq. als Interpret der aristotelischen Gotteslehre," in *Aus d. Geisteswelt* (Symp.) 682-687.

6103. **Van Moé, E.** "Les fondements aristotéliciens de la théorie thomiste de la création et de la conservation des êtres," *Angel.* I (1924) 21-32.

6104. **Montalto, F.** "Religione e filosofia in Aristotele, S. Tommaso ed E. Kant," *Giorn. crit. della Filos. Ital.* X (1929) 372-390.

6105. **Mullane, D.T.** *Aristotelianism in St. Thomas.* (Dissert.) Washington (Cath. Univ.) 1929, x-196 pp.

6106. **Nuyens, F., S.J.** "De voornanste Aristotelische teksten over den νοῦς in St. Thomas' interpretatie," *Studia Cathol.* IX (1933) 105-119.

6107. **Peghaire, J., C.S.Sp.** "L'axiome 'Bonum est diffusivum sui' dans le néoplatonisme et le thomisme," *R U O* II (1930) 5*-32*.

6108. **Pegis, A.C.** *St. Thomas and the Greeks.* (Aquinas Lecture, 1939) Milwaukee (Marquette U. Press) 1939, 107.

6109. **Pelster, F., S.J.** "Die Uebersetzungen der aristotelischen Metaphysik in den Werken des hl. Thomas v. Aq.," *Gregor.* XVI (1935) 325-348; 531-561; XVII (1936) 377-406.

6110. **Rackl, M.** "Der hl. Thomas v. Aq. und das trinitärische Grundgesetz in byzantinischer Beleuchtung," in *Xenia Thom.* (Symp.) III, 363-389.

6111. **Rolfes, E.** "Die aristotelischen Grundlagen der thomistische Doktrin," *D T F* I (1923) 68-73.

6112. **Rotta, P.** "Il tomismo e la filosofia antica," *R F N S* XXVI (1934) 161-167.

6113. **Rotta, P.** "S. Tommaso e il pensiero classico," in *S. Tommaso d'Aquino* (Symp.) 51-83.

6114. **Salman, D., O.P.** "S. Thomas et les traductions latines des Métaphysiques d'Aristote," *A H M A* VII (1932) 85-120.

6115. **Santeler, J., S.J.** "Der Platonismus in der Erkenntnislehre des hl. Thomas v. Aq.," *Philos. u. Grenzwissensch.* VII, H. 2-4 (1939).

6116. **Schissel von Fleschenberg, O.** "Kann die expositio in libros de anima des S. Thomas Aq. ein Kommentar des Joannes Philoponos zu Aristoteles περὶ ψυχῆς sein?" *Byzant. Neugriech. Jahrb.* IX (1933) 104-110.

6117. **De Valk, T., O.P.** "S. Thomas' houding tegenover Aristoteles," *Geloof en Wetenschap* II (1927) 49-59.

6118. **Wilpert, P.** "Die Ausgestaltung der aristotelischen Lehre vom Intellectus agens bei den grieschischen Kommentatoren und in der Scholastik des 13 Jahrhunderts," *B G P M* Suppl. III (1935) 447-462.

C—ST. THOMAS AND THE ARABS

6119. **Asin y Palacios, M.** "Un aspecto inexplorado de los origenes de la teologia escolástica," in *Mélanges Mand.* (Symp.) II, 55-66.

6120. **Bouyges, M., S.J.** "L'exégèse de la 'Tertia via' de S. Thomas d'Aq.," *Rev. de Philos.* XXXII (1932) 113-146. (On Averroës and Avicenna.)

6121. **Chenu, M.D., O.P.** "Un vestige du stoïcisme. (Notes de lexicographie philosophique médiévale)," *R S P T* XXVII (1938) 63-68. (Terms *"fides"* and *"formatio"* from Avicenna and Averröes respectively.)

6122. **Gauthier, L.** "Scolastique musulmane et scolastique chrétienne," *Rev. d'Hist. Philos.* II (1928) 221-253; 333-365.

6123. **Gilson, E.** "La critique thomiste des Motecallemin," and "L'avicennisme," in: "Pourquoi S. Thomas a critiqué S. Augustin," *A H M A* I (1926) pp. 8-25; 35-44.

6124. **Gomez, E., O.P.** "Muslim Theology in its Bearing on Scholasticism," *Clergy Review* VI (1933) 99-109.

6125. **Kleine, W.** *Die Substanzlehre Avicennas bei Thomas v. Aq. auf Grund der ihm zugänglichen lateinischen Uebersetzungen.* Freiburg i. B. (Herder) 1933, 220 pp.

6126. **Laubenthal, R.** *Das Verhältnis des hl. Thomas v. Aq. zu den Arabern in seinem Physikkommentar.* (Dissert. Würzburg) Kallmünz (Lassleben) 1934, iv-86 pp.

6127. **Masnovo, A.** "I primi contatti di S. Tommaso con l'averroismo latino," *R F N S* XVI (1924) 367-376; XVII (1925) 43-55. Also in: *Atti del Quint. Congr. Intern. Filos.* Napoli (Perrella) 1926, pp. 1007-1017.

6128. **Ohm, T., O.S.B.** "Akkomodation und Assimilation in der Heidenmission nach dem hl. Thomas v. Aq.," *Zeitschr. f. Missionswissenschaft* XVII (1927) 94-113.

6129. **Ohm, T., O.S.B.** *Die Stellung der Heiden zu Natur und Uebernatur nach dem hl. Thomas v. Aq. Eine missionstheoretische Untersuchung.* (Missionswiss. Abhandl. u. Texte, 7) Münster (Aschendorff) 1927, xvi-352 pp.

6130. **Ohm, T., O.S.B.** "Thomas v. Aq. und die Heiden- und Mohammedanermission," in *Aus d. Geisteswelt* (Symp.) 735-748.

6131. **Roland-Gosselin, M.D., O.P.** "De distinctione inter essentiam et esse apud Avicennam et S. Thomam," in *Xenia Thom.* (Symp.) III, 281-288.

6132. **Roland-Gosselin, M.D., O.P.** "Sur les relations de l'âme et du corps d'après Avicenne," in *Mélanges Mand.* (Symp.) II, 47-54.

6133. **Siedler, D.** "Der hl. Thomas v. Aq. und die Mohammedanermission," *Pastor Bonus* XLII (1931) 370-376. (Refers to the Arabic transl. of the *C.G.*)

6134. **De Vaux, R., O.P.** "La première entrée d'Averroës chez les Latins," *R S P T* XXII (1933) 193-245.

6135. **De Vaux, R., O.P.** *Notes et Textes sur l'Avicennisme Latin aux confins des XII et XIIIe siècles.* (Bibl. Thom. XX) Paris (Vrin) 1934, 184 pp.

6136. **Wolfson, H.A.** "The Internal Senses in Latin, Arabic and Hebrew Philosophic Texts," *Harvard Theol. Rev.* XXXVIII (1935) 69-133.

D—ST. THOMAS AND THE JEWS

6137. **Arnou, R., S.J.** *De Quinque viis S. Thomae* etc. (Cf. *supra* no. 6002.)

6138. **Brunner, P.** *Probleme der Teleologie bei Maimonides, Thomas v. Aq., und Spinoza.* (Beitr. z. Philos. 13) Heidelberg (Winter) 1928, xii-139 pp. (Thomas v. Aq: pp. 28-47.)

6139. **Guttmann, J.** *Die Philosophie des Judentums.* (Gesch. d. Philos. hrsg. v. G. Kafka, Bd. III) München (Reinhardt) 1933, 416 pp.

6140. **Van Kol, A.** "De zijnsordening bij Spinoza en S. Thomas," *Studia Cathol.* XII (1936) 388-416.

6141. **Koplowitz, E.S.** *Ueber die Abhängigkeit Thomas v. Aq. von Boethius und R. Mose ben Maimon.* (Dissert. Würzburg) Kallmünz (Lassleben) 1935, xxv-97 pp.

6142. **Liebeschütz, H.** "Eine Polemik des Thomas v. Aq. gegen Maimonides," *Monatschr. f. Gesch. u. Wiss. d. Judentums* LXXX (1936) 93-96.

6143. **Mailloux, B., O.P.** *S. Thomas et les Juifs.* Montréal (Presse Dominicaine) 1935, 31 pp. (Extr. de la *Rev. Domin.*, 1935). Reprinted in: *Essais et Bilans* (Journées thom. I) Ottawa (Coll. Domin.) 1935, pp. 217-235.

6144. **Muckle, J.T., C.S.B.** "Isaac Israeli's Definition of Truth," *A H M A* VIII (1933) 5-8.

6145. **Singer, C.** and **D. W.** "Le facteur juif dans la pensée du moyen âge," in: *Le legs d'Israel* par Sir Adam Smith, trad. de l'Anglais par J. Robillot et J. Marty. Paris (Payot) 1931, pp. 176-275. (See pp. 257-264, on St. Thomas.)

6146. **Strulovici, J.** *Der Einfluss Moses Maimonides in der Schrift 'De Veritate' des Thomas v. Aq.* (Dissert. Würzburg) Kallmünz (Lassleben) 1936, 74 pp.

6147. **Unger, E.** "Maimonides et S. Thomas," *Cahiers Juifs* No. spéc. (c. 1925).

6148. **Wolfson, H.A.** *The Philosophy of Spinoza. Unfolding the Latent Processes of his Reasoning.* Cambridge, Mass. (Harvard Univ. Press) 1934, 2 vol. xix-440; xii-424 pp.

E—ST. THOMAS AND THE FATHERS

6149. **Backes, I.** *Die Christologie des hl. Thomas v. Aq. und die griechischen Kirchenväter.* Paderborn (Schöningh) 1931, xiii-338 pp.

6150. **Backes, I.** "Thomas v. Aq. und die Tradition der Väterzeit," *Pastor Bonus* XLIX (1938) 94-99.

6151. **Bardy, G.** "Notes sur les sources patristiques grecques de S. Thomas dans la première partie de la Somme théologique," *R S P T* XII (1923) 493-502.

6152. **Boyer, C., S.J.** "S. Thomas et S. Augustin," in: *Essais sur la doctrine de S. Augustin.* Paris (Beauchesne) 1932, 138-165.

6153. **Boyer, C., S.J.** "S. Thomas et S. Augustin," *Scuola Catt.* LII (1924) 22-34.

6154. **Boyer, C., S.J.** "S. Thomas et S. Augustin d'après M. Gilson," *Gregor.* VIII (1927) 106-110.

6155. **Brémond, A., S.J.** "L'Augustinisme de S. Thomas dans la théorie de la connaissance," *Rev. Apolog.* LVI (1933) 513-527.

6156. **B[reton], V.M.** "Augustinisme et thomisme," *France Francisc.* XVIII (1936) 493-496.

6157. **Busnelli, G., S.J.** "La funzione storica del tomismo e le 'rationes aeternae' di S. Agostino," *Civ. Catt.* LXXXIV (1933) 54-59.

6158. **Darmet, A.** *Les notions de raison séminale et de puissance obédientielle chez S. Thomas et S. Augustin.* (Dissert. Lyon) Belley (Impr. Chaduc) 1934, 166 pp.

6159. **Forest, M.C., O.P.** "Augustinisme et Thomisme," *Rev. Domin.* XXVI (1930) 649-666.

6160. **Gardeil, A., O.P.** "Le 'mens' d'après S. Augustin et S. Thomas d'Aq.," *R S P T* XIII (1924) 145-161.

6161. **Gardeil, A., O.P.** "S. Thomas et l'illuminisme augustinien," in: *La structure de l'âme et l'expérience mystique.* (*supra* no. 2682.) Appendice II, pp. 313-325.

6162. **Gilson, E.** *Introduction à l'étude de S. Augustin.* (Etudes de Philos. Méd. XI) Paris (Vrin) 1929, ii-352 pp. (See particularly: pp. 293-307.)

6163. **Gilson, E.** "Les sources gréco-arabes de l'augustinisme avicennisant," *A H M A* IV (1929) 5-142. (Appendice I: Le texte latin médiéval du *De intellectu* d'Al Farabi, pp. 108-141; Append. II: Jean Scot Erigène source du pseudo-Avicenne, pp. 142-150.)

6164. **Gilson, E.** "L'idée de philosophie chrétienne chez S. Augustin et chez S. Thomas d'Aq.," *Vie Intell.* VIII (1930) 46-62; also in *Acta Hebdom.* (Symp.) 75-87.

6165. **Gilson, E.** "Pourquoi S. Thomas a critiqué S. Augustin," *A H M A* I (1926-27) 5-127.

6166. **Gilson, E.** "Réflexions sur la controverse S. Thomas—S. Augustin," in *Mélanges Mand.* (Symp.) I, 371-383.

6167. **Goñi, B.** "A la luz de l'Angelico y de S. Basilio. Los clasicos latinos y la predicación," *Rev. Ecles.* III (1931) 552-570.

6168. **Gonzalez, A.** "S. Augustin y S. Thomas en la filosofia cristiana," *Archivo Agustiniano* (Sept. 1928)

6169. **Grabmann, M.** *Der göttliche Grund d. menschl. Wahrheitserkenntnis nach Augustinus und Thomas v. Aq.* Köln (Albertus Magnus Akad. IV, 1, 44-53) 1924.

6170. **Grabmann, M.** "Le fondement divin de la vérité humaine d'après S. Augustin et S. Thomas," *Rev. de Philos.* XXVIII (1928) 517-529; XXIX (1929) 7-30; 125-155.

6171. **Hessen, J.** *Augustinische und thomistische Erkenntnislehre.* Paderborn (Schöningh) 1921.

6172. **Hessen, J.** "Die augustinische und die thomistische Lehre vom menschlichen Erkennen," in: *Augustins Metaphysik der Erkenntnis.* Berlin-Bonn (Dümmler) 1931, pp. 267-325.

6173. **Jolivet, R.** "S. Augustin et S. Thomas," in: "La doctrine augustinienne de l'illumination," *Rev. de Philos.* XXX (1930) pp. 484-501.

6174. **Laurenti, C. Card.** "S. Agostino e S. Tommaso," in *Acta Hebdom.* (Symp.) 201-219.

6175. **Marcos del Rio, F., O.S.A.** "El conocimiento según S. Tomás y S. Agustin," *Ciud. Dios* CXL (1925) 401 seqq; CXLI (1925) 163-201; CXLIV (1926) 355-387; CXLV (1926) 5-29.

6176. **Maritain, J.** "De la sagesse augustinienne," *Rev. de Philos.* XXX (1930) 715-741.

6177. **Maritain, J.** "St. Augustine and St. Thomas," in: *Monument to St. Augustine.* London (Sheed & Ward) 1930, pp. 197-223. (Transl. of no. 6176.)

6178. **Montanari, P.** "La conoscenza intelletuale in S. Tommaso e S. Agostino," *Scuola Catt.* n.s. III (1932) 263-276.

6179. **Neveut, E., C.M.** "Formules augustiniennes: La définition du péché," *D T P* XXXIII (1930) 617-622.

6180. **Peghaire, J., C.S.Sp.** "Le couple augustinien 'Ratio superior et ratio inferior'," *R S P T* XXII (1934) 221-238.

6181. **Renaudin, P., O.S.B.** *La théologie de S. Cyrille d'Alexandrie d'après S. Thomas d'Aq. Les prérogatives du Souverain Pontife.* Tongerloo (Impr. Saint-Norbert) 1937, 79 pp. (Collection of earlier articles, beginning: *Rev. Thom.* XXXIX [1934] 237-244.)

6182. **Schneider, W.** "Die quaestiones disputatae de veritate des Thomas v. Aq. in ihrer philosophiegeschichtlichen Beziehung zu Augustinus," *B G P M* XXVII, 3 (Münster, 1930) 97 pp.

6183. **Sestili, I.** "Thomae Aq. cum Augustino de illuminatione concordia," *D T P* XXXI (1928) 50-82.

6184. **Simard, G., O.M.I.** "Les thomistes et S. Augustin," *R U O* VI (1936) 5 seqq.

6185. **Di Somma, I.** "De naturali participatione divini luminis in mente humana secundum S. Augustinum et S. Thomam," *Gregor.* VII (1926) 321-338.

6186. **Teixidor, L.** "La libertad humana en S. Agustin," *Est. Ecles.* IX (1930) 433-461. (Notes Augustinian sources of *De Verit.* XXII, 5; *De Pot.* X, 2, ad 5m; *S.T.* I, 82, 1.)

6187. **Visman, L.** "S. Augustinus en S. Thomas. Doctores Veritatis," *Thom. Tijdschr.* I (1930) 665-685.

6188. **Vismara, S.** "S. Agostino, S. Tommaso e Rosmini," *Scuola Catt.* LXVI (1938) 609-615.

6189. **Vosté, J.M., O.P.** "De investigandis fontibus patristicis S. Thomae," *Angel.* XIV (1937) 417-434.

6190. **Van de Woestyne, Z.** "Augustinismus in gnoseologia S. Bonaventurae et S. Thomae," *Antonianum* VIII (1933) 281-306; IX (1934) 383-404; 475-504.

6191. **Zarb, S., O.P.** "Le fonti agostiniane del trattato sulla profezia di S. Tommaso d'Aq.," *Angel.* XV (1938) 169-200.

F—ST. THOMAS AND THE FIFTH TO TWELFTH CENTURIES

6192. **Benz, E.** "Joakim-Studien III. Thomas v. Aq. und Joakim de Fiori. Die katholische Antwort auf die spiritualische Kirchen- und Geschichtsanschauung," *Zeitschr. f. Kirchengesch.* LIII (1934) 52-116.

6193. **Cappuyns, M., O.S.B.** "Note sur le problème de la vision béatifique au IXe siècle," *R T A M* I (1929) 98-107. (On background of *S.T.* I, q. 12, a. 3.)

6194. **Janssens, H.L., O.S.B.** "S. Thomas et S. Anselme," in *Xenia Thom.* (Symp.) III, 289-296.

6195. **Philippe, P., O.P.** "Plan des Sentences de Pierre Lombard d'après S. Thomas," *Bull. Thom.* IX (1932).

6196. **Théry, G., O.P.** "Essai sur David de Dinant d'après Albert le Grand et S. Thomas," in *Mélanges Thom.* (Symp.) II, 361-408.

6197. **Théry, G., O.P.** "L'authenticité du *De spiritu et anima* dans S. Thomas et Albert le Grand," *R S P T* X (1921) 373-377.

6198. **Woroniecki, H., O.P.** "Elementa djonizjanskie w tomizmie," *Coll. Theol.* XVII (1936) 25-40.

G—ST. THOMAS AND THE THIRTEENTH CENTURY

6199. **D'Albi, J.** *S. Bonaventure et les luttes doctrinales de 1267-1277.* Tamines, Belg. (Duculot-Roulin) 1922.

6200. **Antoni, Maria de Barcelona, O.M.C.** "S. Tomas i S. Bonaventura dins l'Escolastica," in *Miscel. Tomista* (Symp.) 249-256.

6201. **Bačić, A., O.P.** "Ex primordiis scholae thomisticae," *Angel.*

IV (1927) 19-50; 224-251; 406-429. Offprint: Romae (Angelicum) 1928, 120 pp.

6202. **Bannon, J.F., S.J.** "Thomas Aq. in a Forgotten Rôle," *Thought* VII (1933) 646-660.

6203. **Belmond, S., O.F.M.** "A propos d'une critique néo-thomiste du scotisme," *Rev. de Philos.* XXXVI (1936) 57-67.

6204. **Beltran de Heredia, V., O.P.** "El 'Correctorium Corruptorii' de Guillermo de Torto Collo en defensa de S. Tomás," *Cien. Tom.* XXXIII (1926) 102-111.

6205. **Benes, J.** "O Stava filosofie v české mentalitě a je-li mozno prispěti ji metafysikou sv. Thomášě," *Filosofická Rev.* IV (1932) 158-162.

6206. **Benes, J.** "Valor possibilium apud S. Thomam, Henricum Gandaviensem, B. Jacobum de Viterbo," *D T P* XXIX (1926) 612-634; XXX (1927) 94-117; 333-355.

6207. **Blaton, F.** "De peccato veniali doctrina scholasticorum ante S. Thomam," *Collat. Gandav.* XV (1928) 134-142. (On background of *De Malo,* VII, a. 1 c.)

6208. **B[reton], V.M.** "Augustinisme et Thomisme," *France Francisc.* XVIII (1935) 493-496. (On Duns Scotus and St. Thomas.)

6209. **Bruni, G.** "Egidio Romano e la sua polemica antitomista," *R F N S* XXVI (1934) 239-251.

6210. **Bullough, E.** "Dante, the Poet of St. Thomas," in *St. Thomas-Cambridge-1924* (Symp.) 247-277.

6211. **Buonaiuti, E.** "Gioacchino da Fiore, S. Bonaventura, S. Tommaso," *Ricerche Relig.* VI (1930) 289-297.

6212. **Busnelli, G., S.J.** "L'accordo di Sigieri di Brabante e Tommaso d'Aq.," *Civ. Catt.* LXXXIII (1932) 120-135.

6213. **Busnelli, G.** e **Vandelli, G.** *Opere di Dante. Il Convivio,* ridotto a miglior lezione e commentato da G. B. e G. V., con introd. di M. Barbi Vol. I. Firenze (Le Monnier) 1934, lxviii-486 pp. (Notes on Thomism in Dante.)

6214. **Busnelli, G., S.J.** "S. Tommaso e l'eclettismo di Dante," in *S. Tommaso d'Aquino* (Symp.) 294-301.

6215. **Castagnoli, P., C.M.** "Gli scolastici del secolo XIII e del principio del XIV. Rassegna," *D T P* n.s. III (1926) 281-309; 478-493 (on Dominican School); 493-515 (Franciscan School); 728-738 (Anti-Thomistic School); IV (1927) 155-174 (Thomists in Italy); 549-562 (Thomists in Germany and France.)

6216. **Chenu, M.D., O.P.** "Notes de travail. I: La surnaturalisation des vertus. II: L'amour dans la foi," *Bull. Thom.* IV (1931-33) 93*-99*.

6217. **Chenu, M.D., O.P.** "La première diffusion du thomisme à Oxford. Klapwell et ses 'notes' sur les *Sentences,*" *A H M A* III (1928) 105-184.

6218. **Chenu, M.D., O.P.** "Les réponses de S. Thomas et de Kilwardby à la consultation de Jean de Verceil (1271)," in *Mélanges Mand.* (Symp.) I, 191-222.

6219. **Chossat, M., S.J.** "L'averroisme de S. Thomas. Notes sur la distinction d'essence et d'existence à la fin du XIIIe siècle," *Arch. de Philos.* IX, 3 (1932) 130-177.

6220. **Congar, M.J., O.P.** "*Praedeterminare* et *Praedeterminatio* chez S. Thomas," *R S P T* XXIII (1934) 363-371.

6221. **Cordovani, M., O.P.** *La teologia del Purgatorio nella seconda Cantica di Dante.* Arezzo (Zelli) 1928.

6222. **Cordovani, M., O.P.** "S. Tommaso e Dante," *Mem. Domen.* XL (1923) 123-150.

6223. **Cordovani, M., O.P.** "Tomismo dantesco," in *Xenia Thom.* (Symp.) III, 309-326.

6224. **Dawson, C.** "The Origins of the European Scientific Tradition: St. Thomas and Roger Bacon," *Clergy Review* II (1931) 193-205.

6225. **Draime, J., O.P.** "Art et théologie; Dante et S. Thomas," *Rev. Domin.* XXXI (1925) 390-406.

6226. **Forest, A.** "Figures et doctrines des philosophes du XIIIe siècle. IV: La réforme d'Albert le Grand et de S. Thomas d'Aq.," *Rev. des Cours et Conf.* XXXIII (1932) 375-384.

6227. **Garrigou-Lagrange, R., O.P.** "L'origine thomiste des décrets prédéterminants et le récent ouvrage du Dr. H. Schwamm," Appendice IV, pp. 413-419, in: *La prédestination des saints et la grâce.* Paris (Desclée) 1936. (Cf. *infra,* no. 6382.)

6228. **Garrigou-Lagrange, R., O.P.** "S. Albert le Grand, théologien et précurseur de S. Thomas," *Nova et Vetera VIII* (1933) 35-44.

6229. **Gilbert, A.H.** *Dante's Conception of Justice.* Durham, N.C. (Duke Univ. Press) 1925, vii-244 pp. (Uses S. Thomae, *In Ethic. Arist.,* as basis.)

6230. **Gillon, L.B.** *La théorie des oppositions et la théologie du péché au XIIIe siècle.* Paris (Vrin) 1937, xix-151 pp.

6231. **Gilson, E.** "Roger Marston: un cas d'Augustinisme avicennisant," *A H M A* VIII (1933) 37-42.

6232. **Glorieux, P.** "Aux origines du Quodlibet," *D T P* XXXVIII (1935) 502-522.

6233. **Glorieux, P.** "Comment les thèses thomistes furent proscrite à Oxford," *Rev. Thom.* X (1927) 259-291.

6234. **Glorieux, P.** "De quelques 'emprunts' de S. Thomas," *R T A M* VIII (1936) 155-168. (From the *Quaest. Disput.* of S. Bonaventura.)

6235. **Glorieux, P.** "La littérature des correctoires. Simples notes," *Rev. Thom.* XI (1928) 69-96.

6236. **Glorieux, P.** "La première pénétration thomiste et son problème," *Rev. Apolog.* LIII (1931) 257-275; 383-410.

6237. **Glorieux, P.** *Les premières polémiques thomistes. I: Le Correctorium corruptorii 'Quare'. Edition critique.* (Bibl. Thom. IX) Le Saulchoir-Paris (Vrin) 1927, lvi-451 pp.

6238. **Glorieux, P.** *Répertoire des Maîtres en Théologie de Paris au XIIIe siècle.* (Etudes de Philos. Méd. XVII-XVIII) Paris (Vrin) 1933-34, Tome I, 468 pp; tome II, 516 pp.

6239. **Glorieux, P.** "Une offensive de Nicolas de Lisieux contre S. Thomas d'Aq., *Bull. de Litt. Ecclés.* XXXIX (1938) 121-129.

6240. **Gorce, M.M., O.P.** *L'essor de la pensée au moyen âge. Albert le Grand, Thomas d'Aq.* Paris (Letouzey) 1933, xviii-422 pp.

6241. **Gorce, M.M., O.P.** "La lutte 'contra Gentiles' à Paris au XIIIe siècle," in *Mélanges Mand.* (Symp.) I, 223-243.

6242. **Gorce, M.M., O.P.** "Le problème des trois Sommes. Alexandre de Halès, Thomas d'Aq., Albert le Grand," *Rev. Thom.* n.s. XIV (1931) 293-301.

6243. **Gorce, M.M., O.P.** (ed.) *Le Roman de la Rose par G. de Lorris et J. de Meun.* Texte essentiel de la scolastique courtoise, préfacé et commenté. Paris (Ed. Montaigne) 1933, 255 pp.

6244. **Grabmann, M.** "Aegidius v. Lessines, O.P. Ein wissenschaftliches Charakterbild aus den ältesten Schule des hl. Thomas v. Aq.," *D T F* II (1924) 35-54.

6245. **Grabmann, M.** "Bernhard v. Auvergne, O.P. (st. nach 1304) ein Interpret und Verteidiger der Lehre des hl. Thomas v. Aq. aus alter Zeit," *D T F* X (1932) 23-35.

6246. **Grabmann, M.** "Bernhard v. Trilia, O.P. (st. 1292) und seine Quaestiones de cognitione animae separatae," *D T F* XIII (1935) 385-399.

6247. **Grabmann, M.** "Circa historiam distinctionis essentiae et existentiae," *A P A R* I (1934) 61-76.

6248. **Grabmann, M.** "Einzelgestalten aus der mittelalterlichen Dominikaner- und Thomistentheologie," in *Mittel. Geistesleben.* München, 1926, II, 512-613.

6249. **Grabmann, M.** "Fra Remigio de' Girolami, O.P., discepolo di S. Tommaso d'Aq. e maestro di Dante," *Scuola Catt.* LIII (1925) 267-281; 347-368.

6250. **Grabmann, M.** "Die Wege von Thomas v. Aq. zu Dante. Fra Remigio de' Girolamo, O.P. Schuler des hl. Thomas v. Aq. und Lehrer Dantes," *Deutsches Dantejahrb.* IX (1925) 1-35.

6251. **Grabmann, M.** "Helwicus Theutonicus (Helwic von Germar?) der Verfasser der pseudothomistischen Schrift *De dilectione Dei et proximi,*" *D T F* V (1927) 401-410.

6252. **Grabmann, M.** "La scuola tomistica italiana nel XIII e principio del XIV secolo," *R F N S* XV (1922) 131-143.

6253. **Grabmann, M.** "Die italienische Thomistenschule des XIII und beginnenden XIV Jahrhunderts," in *Mittel. Geistesleben,* München, 1926, pp. 332-391.

6254. **Grabmann, M.** "Kurze Mitteilungen über ungedrückte englische Thomisten des 13 Jahrhunderts," *D T F* III (1925) 205-214.

6255. **Grabmann, M.** "Magister Petrus v. Hibernia, der Jugendlehrer des hl. Thomas v. Aq. Seine Disputation vor König Manfred und seine Aristoteleskommentare," in *Mittel. Geistesleben,* München 1926, 249-265.

6256. **Grabmann, M.** "De quaestione 'Utrum aliquid possit esse simul creditum et scitum' inter scholas Augustinismi et Aristotelico-Thomismi medii aevi agitata," in *Acta Hebdom.* (Symp.) 110-139.

6257. **Grabmann, M.** *Studien über den Einfluss der aristotelischen Philosophie auf die mittelalterlichen Theorien über das Verhältnis von Kirche und Staat.* (Sitz. d. bayer. Akad. d. Wiss., Philo.-hist., 2.) München (Verlag Bayer. Akad.) 1934, 162 pp.

6258. **Grabmann, M.** "De Summae D. Thomae Aq. theologicae studio in ordine Frat. Praed. jam saeculis XIII et XIV vigente," in *Miscel.-Stor.-Art.* (Symp.) 151-161.

6259. **Graf, T.** *De subjecto psychico gratiae et virtutum secundum doctrinam scholasticorum usque ad medium saeculi XIV. Pars Prima: De subjecto virtutum cardinalium.* (Studia Anselm. III-IV) Romae (Herder) 1935, viii-272-159 pp.

6260. **Hartig, P.** "Albert der Grosse und Thomas v. Aq. Untersuchung zur Bedeutung volksheitlicher Verwurzelung im Mittelalter," *Deutsche Vierteljahrschr. f. Lit.* V (1927) 25-36.

6261. **Henquinet, F.M., O.P.** "Descriptio codicis 158 Assisii in bibliotheca communi," *Arch. Francisc. Hist.* XXIV (1930).

6262. **Henquinet, F.M., O.P.** "Vingt-deux Questions inédites d'Albert le Grand dans un manuscrit à l'usage de S. Thomas d'Aq.," *New Scholast.* IX (1935) 283-328.

6263. **Heuel, M.** *Die Lehre vom 'lumen naturale' bei Thomas v. Aq., Bonaventura und Duns Scotus.* (Dissert.) Bonn (Univ.) 1928.

6264. **Hinz, J.** *Verhältnis des Sentenzenkommentars von Thomas v. Aq. zu dem Alberts des Grossen.* (Vergleich v. Buch II.) (Dissert.) Würzburg (Mayer) 1936, 141 pp.

6265. **Hirschenauer, F.R.** *Die Stellung des hl. Thomas v. Aq. im Mendikantenstreit an der Universität Paris.* (Dissert. München) St. Ottilien, Oberbayern (Missionsverlag) 1934, xv-158 pp.

6266. **Hocedez, E., S.J.** *Aegidii Romani Theoremata de esse et essentia.* Texte précédé d'une introd. historique et critique. Louvain (Museum Lessianum: sect. philos. 12) 1930, xiv-(127)-188 pp.

6267. **Hocedez, E., S.J.** "Gilles de Rome et S. Thomas," in *Mélanges Mand.* (Symp.) I, 384-409.

6268. **Hocedez, E., S.J.** *Quaestio de unico esse in Christo a Doc-*

toribus saeculi XIII *disputata.* (Text. et Doc. Ser. theol. 14) Romae (Univ. Gregoriana) 1933, 130 pp.

6269. **Hoffmans, J.** "La table des divergences et innovations doctrinales de Godefroid de Fontaines," *R N P* XXXVI (1934) 412-436.

6270. **Hufnagel, A.** "Studien zur Entwicklung des thomistischen Erkenntnisbegriffes im Anschluss an das Correctorium Quare," *B G P M* XXXI, 4 (Münster, 1935) viii-131 pp.

6271. **Jessberger, L.** *Das Abhängigkeitsverhältnis des hl. Thomas v. Aq. von Albertus Magnus und Bonaventura im dritten Buche des Sentenzenkommentar.* (Dissert.) Würzburg (Mayer) 1936, vi-205 pp.

6272. **Kachnik, J.** "Sv. Tomas Ak. a Dante Al. o hlavnich zavadach mravniho charakteru," *Casopis Katol. Duchov.* LXIV (1923) 521-531.

6273. **Kleinedam, E.** *Das Problem der hylomorphen Zusammensetzung der geistigen Substanzen im 13 Jahrhundert, behandelt bis Thomas v. Aq.* Breslau (Univ. Dissert.) 1930, xii-100 pp.

6274. **Koch, J.** "Philosophische und theologische Irrtumslisten von 1270-1329. Ein Beitrag zur Entwicklung der theologischen Zensuren," in *Mélanges Mand.* (Symp.) II, 305-329.

6275. **Kreutle, M.** "Die Unsterblichkeitslehre in der Zeit nach Thomas v. Aq.," *Philos. Jahrb.* XL (1927) 40-56.

6276. **Lacombe, O.** "La critique des théories de la connaissance chez Duns Scot," *Rev. Thom.* XIII (1930) 217-235.

6277. **Landgraf, A.** "Anfänge einer Lehre vom Concursus simultaneus im XIII Jahrhundert," *R T A M* I (1929) 202-228; 338-355.

6278. **Landgraf, A.** *Das Wesen der lässlichen Sünde in der Scholastik bis Thomas v. Aq.* Bamberg (Goerresverlag) 1923, xx-338 pp.

6279. **Landgraf, A.** "De necessaria relatione caritatis ad bonitatem moralem actuum humanorum," *Bogosl. Vestnik* IV (1924) 35-50; 127-144; 212-225.

6280. **Landgraf, A.** "Partes animae norma gravitatis peccati. Inquisitio dogmatico-historica," *Bohoslovia* II (1924) 97-117 et seqq. Offprint: Lwów, 1925, 54 pp.

6281. **Laurent, M.H., O.P.** "Armand de Belvezer et son Commentaire sur le *De ente et essentia,*" *Rev. Thom.* XIII (1930) 426-436.

6282. **Laurent, M.H., O.P.** "Godefroid de Fontaines et la condamnation de 1277," *Rev. Thom.* XIII (1930) 273-281.

6283. **Limpens, J., S.M.M.** "La théologie de S. Thomas d'Aq. et le Traité de la vraie dévotion du Bx. de Montfort," *R U O* I (1931) 462-473; II (1932) 22-33.

6284. **Little, A.** and **Pelster, F., S.J.** *Oxford Theology and Theologians, c. 1282-1302 A.D.* Oxford (Clarendon Press) 1934, xi-389 pp.

6285. **Lottin, O., O.S.B.** "Les classifications des dons du Saint-Esprit au XIIe et au XIIIe siècle," *Rev. d'Asc. et Mystique* II (1930) 269-285.

6286. **Lottin, O., O.S.B.** "Les définitions du libre arbitre au XIIe siècle," *Rev. Thom.* X (1927) 104-120; 214-230.

6287. **Lottin, O.** "Les dons du Saint-Esprit chez les théologiens depuis P. Lombard jusqu'à S. Thomas d'Aq.," *R T A M* I (1929) 41-61. (Textes inédits rélatifs aux dons du Saint-Esprit, pp. 62-97.)

6288. **Lottin, O.** "Liberté humaine et motion divine. De S. Thomas d'Aq. à la condamnation de 1277," *R T A M* VII (1935) 52-69; 156-173.

6289. **Lottin, O.** "Le libre arbitre au lendemain de la condamnation de 1277," *R N P* XXXVIII (1935) 213-233.

6290. **Lottin, O.** "Une question quodlibétique inconnue de Godefroid de Fontaines," *Rev. d'Hist. Eccl.* XXXIV (1934) 852-859.

6291. **Lottin, O.** "La théorie du libre arbitre pendant le premier tiers du XIIIe siècle," *Rev. Thom.* X (1927) 350-382.

6292. **Lottin, O.** "Le thomisme de Godefroid de Fontaines en matière de libre arbitre," *R N P* XL (1937) 554-573.

6293. **Luyckx, B.A., O.P.** "Thomas' Kenleer," in *St. Thomas-Herdacht* (Symp.) 45-72. (Compares St. Thomas and St. Bonaventure.)

6294. **Mariani, U., O.S.A.** "La funzione storica del Tomismo e Dante," *Giorn. Dantesco* XXXI (1930) 58 pp.

6295. **Maquart, F.X.** "Faut-il réviser les jugements des thomistes concernant la doctrine de Scot?" *Rev. de Philos.* XXXIV (1934) 400-435.

6296. **Masnovo, A.** *Da Gugliemo d'Auvergne a S. Tommaso d'Aq.* Vol. I: *G. d'Auvergne e l'ascesa verso Dio.* Vol. II: *L'origine delle cose da Dio in G. d'Auvergne.* Milano (Vita e Pensiero) 1930-34, viii-383; 203 pp.

6297. **Mitzka, F., S.J.** "Anfänge einer Konkurslehre im XIII Jahrhundert," *Zeitschr. f. kath. Theol.* LIV (1930) 161-179.

6298. **Monroe, J.F.** "The Influence of Albert on Thomas," *Dominicana* XVII (1932) 32-36.

6299. **Nardi, B.** "Il preteso tomismo di Sigieri di Brabante," *Giorn. Crit. d. Filos. Ital.* XVII (1936) 26-35.

6300. **Nardi, B.** "L'origine dell' anima umana secondo Dante," *Giorn. Crit. d. Filos. Ital.* XII (1931) 433-456.

6301. **Nardi, B.** *Saggi di filosofia dantesca.* Roma-Milano *(Albrighi)* 1930.

6302. **O'Donnell, C.M.** *The Psychology of St. Bonaventure and St. Thomas Aq.* (Dissert.) Washington (Cath. Univ.) 1937.

6303. **Ogarek, J.S., O.P.** *Die Sinneserkenntnis Albert d. Gr.*

vergleichen mit derjenigen d. Thomas v. Aq. (Dissert) Lwów (Domin.) 1931, xvi-163 pp.

6304. **Olgiati, F.** "Una nuova edizione del 'Convivio' dantesco e la filosofia di S. Tommaso," *R F N S* XXVII (1935) 166-168. (Cf. Busnelli-Vandelli ed. *supra* no. 6213.)

6305. **Orestano, F.** "Disconuità dottrinali nella Divina Commedia," *Sophia* I (1933) 3-21.

6306. **Orestano, F.** "San Tommaso e Dante," *Tradizione* III (1930) 131-139.

6307. **Paré, G.** et **Brunet, A.** et **Tremblay, P., O.P.** *La renaissance du XIIe siècle. Les écoles et l'enseignement.* Ottawa (Inst. d'Etudes Méd.); Paris (Vrin) 1933, 324 pp.

6308. **Pègues, T., O.P.** "Il B. Alberto Magno maestro di S. Tommaso d'Aq.," *Mem. Domen.* XLVIII (1931) 393-400.

6309. **Pelster, F., S.J.** "Die Bibliothek von S. Caterina zu Pisa, eine Büchersammlung aus den Zeiten des hl. Thomas v. Aq.," in *Xenia Thom.* (Symp.) III, 249-280.

6310. **Perugini, L.** "Il tomismo di Sigieri di Brabante e l'elogio dantesco," *Sophia* IV (1936) 90-94.

6311. **Porebowicz, E.** "Sw. Tomaz z Ak. a Dante," *Prsegl. Teol.* V (1924) 190-194.

6312. **Rand, E.K.** "A Friend of the Classics in the Times of St. Thomas Aq.," in *Mélanges Mand.* (Symp.) II, 261-282.

6313. **Reilly, G.C., O.P.** *The Psychology of St. Albert the Great Compared with that of St. Thomas.* (Dissert.) Washington (Cath. Univ.) 1934, x-93 pp.

6314. **Reilly, G.C., O.P.** "St. Thomas and Albert the Great," *Dominicana* XVI (1931) 19-26. Also in: *Unitas* (Manila) Dec. (1932).

6315. **Riquet, M.** "S. Thomas d'Aq. et le modernisme au treizième siècle," *Etudes* CLXXIX (1924) 257-266.

6316. **Robert, P., O.F.M.** *Hylémorphisme et devenir chez S. Bonaventure.* Préf. de C. De Koninck. (Dissert.) Montréal (2107 Dorchester Ouest) 1936, xv-159 pp.

6317. **Romeyer, B., S.J.** "Bonaventurisme, Thomisme et Scotisme," in: *La philos. chrétienne jusqu'à Descartes.* Paris (Bloud et Gay) 1937, t. III, 120-172.

6318. **Rucker, P.** *Der Ursprung unserer Begriffe nach Richard von Mediavilla.* Münster (Aschendorff) 1934, xiv-174 pp. (*B G P M* XXXI, H. 1.)

6319. **Salman, D., O.P.** "Sur la lutte 'Contra Gentiles' de S. Thomas," *D T P* XL (1937) 488-509.

6320. **Sargent, D.** "Dante and Thomism," in *Maritain-Thomist* (Symp.) 256-264.

6321. **Sassen, F.** "Thomas v. Aq. en Siger v. Brabant," in *S.*

Thomas-Herdacht (Symp.) 73-96.

6322. **Schmaus, M.** "Der 'Liber propugnatorius' des Thomas Anglicus und die Lehrunterschiede zwischen Thomas v. Aq. und Duns Scotus," (II Teil: Die trinitärischen Lehrdifferenzen) *B G P M* (Münster, 1930) xxviii-666-334 pp.

6323. **Schwendiger, F., O.F.M.** "De analysi fidei juxta Joannem Duns Scotum," *Antonianum* VI (1931) 417-440.

6324. **Sharp, D.E.** "The 1277 Condemnation by Kilwardby," *New Scholast.* VIII (1934) 306-318.

6325. **Sharp, D.E.** "Further Philosophical Doctrines of Kilwardby," *New Scholast.* IX (1935) 39-55.

6326. **Stegmüller, F.** *Die Lehre von allgemeinen Heilwillen in der Scholastik bis Thomas v. Aq.* (Dissert.) Freiburg i. B. (Univ.) 1929, 61 pp.

6327. **Stohr, A.** *Die Trinitätslehre Ulrichs von Strassburg. Mit besonderer Berücksichtigung ihres Verhältnisses zu Albert dem Grossen und Thomas v. Aq.* (Münster. Beitr. zur Theol. 13) Münster (Aschendorff) 1928, x-241 pp.

6328. **Van den Tempel, P., O.P.** *Albertus Magnus en Thomas v. Aq. De heilige Kerkleeraren.* Schiedam (Vox Romana) 1933, 88 pp.

6329. **Tinivella, F., O.F.M.** "De impossibili sapientiae adeptione in philosophia pagana juxta *Collationes in Hexaëmeron* S. Bonaventurae," *Antonianum* XI (1936) 27-50; 135-186.

6330. **Turk, J.** "Nov prispevek za zgodovino skotizma in tomizma," *Bogosl. Vestnik* XIII (1933) 282-284.

6331. **De Valk, T., O.P.** "De verhouding tusschen ziel en lichaam volgens S. Thomas en volgens zijn tijdgenooten," *Studia Cath.* IX (1933) 257-275.

6332. **De Valk, T., O.P.** "S. Thomas' hylemorphisme en dat zijner tijdgenooten," *Studia Cath.* IX (1933) 157-171.

6333. **Vanni Rovighi, S.** "L'immortalità dell' anima nel pensiero di Giovanni Duns Scoto," *R F N S* XXIII (1931) 78-104.

6334. **Wallerand, G.** "Henri Bate de Malines et S. Thomas d'Aq.," *R N P* XXXVI (1934) 387-411.

6335. **Walsh, G.G., S.J.** "The Doctrine of St. Thomas in the 'Convivio' of Dante," *Gregor.* XVI (1935) 504-530.

6336. **Walz, A.M., O.P.** "De Alberti Magni et S. Thomae de Aq. Personali ad invicem Relatione," *Angel.* II (1925) 299-319.

6337. **Walz, A., O.P.** "Ordinationes Capitulorum generalium de S. Thoma ejusque culta et doctrina," *Anal. Ord. Praed.* XXXI (1923) 168-173.

6338. **Wittmann, M.** "Thomas v. Aq. und Bonaventura in ihrer Glückseligkeitslehre miteinander vergleichen," *Aus d. Geisteswelt* (Symp.) 749-758.

H—ST. THOMAS AND THE FOURTEENTH AND FIFTEENTH CENTURIES

6339. **Beck, H.** "Der Kampf um den thomistischen Theologiebegriff in Byzanz," D T F XIII (1935) 3-22. (On the polemic involving Demetrios and Prochoros Kydones, and Neilos Kabasilas.)

6340. **Binnebesel, B.** *Die Stellung der Theologen des Dominikanerordens zur Frage nach der unbeflechten Empfängnis Marias bis zum Konzil von Basel.* Kallmünz bei Regensburg (Lassleben) 1934, xvii-86 pp.

6341. **Campbell, B.J.** *The Problem of One or Plural Substantial Forms in Man as Found in the Works of St. Thomas Aq. and John Duns Scotus.* (Dissert. Univ. of Penn.) Paterson, N.J. (St. Anthony Guild Press) 1940, vi-131 pp.

6342. **Cantarella, R.** "Canone greco inedito di Giuseppe Vescovo de Methone (Giovanni Plusiadeno: sec. XV) in onore di S. Tommaso d'Aq.," *Arch. Frat. Praed.* IV (1934) 145-185.

6343. **Chenu, M.D., O.P.** "'Maître' Thomas est-il une 'autorité'? Note sur deux lieux théologiques au XIV siècle," *Rev. Thom.* VII (1925) 187-194.

6344. **Cordovani, M., O.P.** "Il Tomismo di S. Caterina da Sienna," *Mem. Domen.* XLVIII (1931) 302-304.

6345. **Egenter, R.** "Gemeinnutz vor Eigennutz. Die soziale Leitidee im 'Tractatus de bono communi' des Fr. Remigius von Florenz (1319)," *Scholast.* IX (1934) 79-92.

6346. **Egenter, R.** "Die Idee der Gottesfreundschaft im vierzehnten Jahrhundert," in *Aus d. Geisteswelt* (Symp.) 1021-1036.

6347. **Elisée de la Nativité, O.Carm.D.** "La vie intellectuelle des Carmes," *Etudes Carmélit.* XX (1935) 93-157.

6348. **Gennade Scholarios,** *Oeuvres complètes.* Publiées pour la première fois par Mgr. L. Petit, X.A. Siderides et M. Jugie, A.A. Tome V: Résumé de la Somme contre les Gentils et de la première partie de la Somme théol. de S. Thomas d'Aq. Paris (Bonne Presse) 1928-1931.

6349. **Gennade Scholarios,** *Idem.* Tome VI: Résumés, traductions et commentaires thomistes. 1. Résumé de la I-II; 2. Trad. et commentaire de 'De ente et essentia'; 3. Trad. du commentaire du 'De anima' d'Aristote. Paris (Bonne Presse) 1933, xii-592 pp.

6350. **Gerardus de Monte,** *Decisionum S. Thomae, quae ad invicem oppositae a quibusdam dicuntur, concordantiae anno 1456 editae per G. de Monte, ad codicum fidem nunc primum typis mandavit G. Meersemann, O.P.* Romae (Istituto Storico Domenicano) 1934, 109 pp.

6351. **Getino, L.G., O.P.** *Leyenda de S. Tomás de Aq. siglo XIV.* Madrid (Rev. de Archivos) 1924, 220 pp.

6352. **Glorieux, P.** "Le commentaire d'Armand de Belvézer sur le 'De ente et essentia'," *R T A M* VI (1934) 34-96.

6353. **Glorieux, P.** *Le Correctorium Corruptorii Quare.* Le Saulchoir, Kain (Bibliothèque Thom. IX) 1927.

6354. **Glorieux, P.** "Le première pénétration thomiste et son problème. II: Vers le triomphe," *Rev. Apolog.* L (1931) 385-410.

6355. **Grabmann, M.** "Die Kanonization des hl. Thomas v. Aq. in ihrer Bedeutung für die Ausbreitung und Verteidigung seiner Lehre in 14 Jahrhundert," *D T F* I (1923) 233-249.

6356. **Grabmann, M.** "Forschungen zur ältesten deutschen Thomistenschule des Dominikanerordens," in *Xenia Thom.* (Symp.) 392-431.

6357. **Guichardon, S., A.A.** *Le Problème de la simplicité divine en Orient et en Occident aux XIVe et XVe siècles. Grégoire Palamas, Duns Scot, Georges Scholarios. Etude de théologie comparée.* (Dissert.) Lyon (Legendre) 1933, 224 pp.

6358. **Hocedez, E., S.J.** "L'origine scotiste d'une théorie thomiste d'après un ouvrage récent," *Nouv. Rev. Théol.* LX (1933) 149-152. (Cf. Schwamm, *infra* no. 6382.)

6359. **Jellouschek, C.** "Quaestio Magistri Joannis de Neapoli, O.P.: 'Utrum licite possit doceri Parisius doctrina fratris Thome quantum ad omnes conclusiones ejus,' hic primum in lucem edita," in *Xenia Thom.* (Symp.) III, 73-104.

6360. **Jugie, M., A.A.** "Georges Scholarios et S. Thomas d'Aq.," in *Mélanges Mand.* (Symp.) I, 422-440.

6361. **Jugie, M., A.A.** "Palamas (Grégoire)," *D T C* XI, 2, col. 1735-1776.

6362. **Jugie, M., A.A.** "Un apôtre de l'Union des Eglises à Byzance au XIVe siècle, Demetrios Cydones," *L'Unité de l'Eglise* (Paris, Bonne Presse) mars-avril (1930) 239-248; mars-avril (1931) 419-428.

6363. **Koch, J.** "Durandus de S. Porciano, O.P. Forschungen zum Streit um Thomas v. Aq. zu Begin des 14 Jahrhunderts," Erster Teil: Literargeschichtliche Grundlegung. *B G P M* XXVI, 1 (Münster, 1927) xv-436 pp.

6364. **Koch, J.** "Die Verteidigung der Theologie des hl. Thomas v. Aq. durch den Dominikanerorden gegenüber Durandus de S. Porciano," in *Xenia Thom.* (Symp.) III, 323-368.

6365. **Kraus, J.** "Die Stellung des Oxforder Dominikanerlehrers Crathorn zu Thomas v. Aq.,"*Zeitschr. f. kath. Theol.* LVII (1933) 66-68.

6366. **Kraus, J.** *Utrum Capreolus sit thomista. Inquisitio brevis in Dr. Joannis Ude, Doctrinam Capreoli.* Radkersburg (Semlitsch) 1931, 28 pp.

6367. **Lang, A.** "Die Wege der Glaubensbegründung bei den

Scholastikern des XIV Jahrhunderts," *B G P M* XXX, 1-2 (Münster, 1931) xx-261 pp.

6368. **Laurent, V.** "Panaretos (Mathieu-Ange)," *D T C* XI, 2, col. 1841-1849.

6369. **Lewalter, E.** "Thomas v. Aq. und die Bulle 'Benedictus Deus' von 1336," *Zeitschr. f. Kirchengesch.* LIV (1935) 399-461.

6370. **Martin, R.M., O.P.** "E primitiis scholae D. Thomae Aq. Magistri Hervaei de Nedellec, O.P., tractatus de peccato originali," in *Xenia Thom.* (Symp.) III, 233-247.

6371. **Meersemann, G., O.P.** (ed.) *Decisionum S. Thomae quae ad invicem oppositae a quibusdam dicuntur Concordantiae,* etc. (See *supra* no. 6350.)

6372. **Meersemann, G., O.P.** "La lutte entre Thomistes et Albertistes parisiens vers 1410. Une voix thomiste. (MS 1582 Bibl. municipale d'Angers)," *D T P* XL (1937) 397-403.

6373. **Mercati, G.** *Notizie di Procore e Demetrio Cidone, Manuele Caleca e Teodoro Meliteniota, ed altri appunti per la storia della teologia e della letteratura bizantina del secolo* XIV. (Studi e Testi, 56) Città del Vaticano (Bibl. Apost. Vatic.) 1931, ix-548 pp.

6374. **O'Neill, M.A.** "Le B. Jean Duns Scot en face de S. Thomas d'Aq.," *France Francisc.* VIII (1925) 491-501.

6375. **Van den Oudenrijn, M.A.** "Ein armenische Uebersetzung der Summa Theologica des hl. Thomas im 14 Jahrhundert," *D T F* VIII (1930) 245-278.

6376. **Van den Oudenrijn, M.A.** "Sint Thomas en Armenie," *Thomist. Tijdschr.* II (1931) 339-358.

6377. **Pavic, J.** "Dimitrije Kydones, grčki teolog XIV vijcka," *Bogosl. Smotra* XII (1924) 14-29; 209-224.

6378. **Pegis, A.C.** "Necessity and Liberty: An Historical Note on St. Thomas Aq.," *New Scholast.* XV (1941) 18-45.

6379. **Pelster, F., S.J.** "Thomas v. Sutton, O.P., ein Oxforder Verteidiger der thomistische Lehre," *Zeitschr. f. kath. Theol.* XLVI (1922) 212 seqq; 361 seqq; XLVII (1923) 483 seqq.

6380. **Rackl, M.** "Thomas v. Aq. im Werturteil eines byzantinischen Theologen," in *Aus d. Geisteswelt* (Symp.) 1361-1372. (On Demetrios Cydones.)

6381. **Salaville, S.** "Un thomiste à Byzance au XVe siècle: Gennade Scholarios," *Echos d'Orient* XXVII (1924) 129-136.

6382. **Schwamm, H.** *Magistri Joannis de Ripa, O.F.M., doctrina de praescientia divina.* (Anal. Gregor. I) Romae (Univ. Gregor.) 1930, 228 pp.

6883. **Sharp, D.E.** "Thomas of Sutton, O.P. His Place in Scholasticism and an Account of his Psychology," *R N P* XXXVI (1934) 332-354; XXVII (1934) 88-104; 219-233.

6384. **Siedel, G.** *Theologie Deutsch. Mit einer Einleitung über* *die Lehre von der Vergottung in der Dominikanischen Mystik, nach Luthers Druck von 1518 hrsg.* Gotha (Klotz) 1929, xi-198 pp.

6385. **Stegmüller, F.** "A propos du Commentaire d'Armand de Belvézer sur le 'De ente et essentia' de S. Thomas d'Aq.," *R T A M* VII (1935) 86-91.

6386. **Teicher, J.** "Studi preliminari sulla dottrina della conoscenza di Gersonide," in *Rendiconti della R. Academia nazionale dei Lincei.* Classe d. sc. moral. stor. e filol. Ser. 6; t. VIII, marzio-aprile (1932).

6387. **Théry, G., O.P.** "Le Commentaire de Maître Eckhart sur le livre de la Sagesse," *A H M A* V (1930) 233-394.

6388. **Xiberta, B.F.M., O.Carm.** "Guiu Terrena i S. Tomas sobre l'analogia de l'esser," *Critérion* VI (1930) 11-34.

6389. **Xiberta, B.F.M., O.Carm.** "El Tomisme del Doctor Breviloc Guiu Terré," in *Miscell. Tomista* (Symp.) 81-96.

6390. **Xiberta, B.F.M., O.Carm.** "Una falsa conceptio del realismo moderat," *Estudis Francisc.* XL (1930) 366-380.

I—ST. THOMAS AND THE SIXTEENTH TO EIGHTEENTH CENTURIES

6391. **Arintero, J., O.P.** "Influencia de S. Thomas en la mistica de S. Juan de la Cruz y S. Teresa," *Vida Sobrenat.* VII (1924) 165-182.

6392. **Balthasar, N.** "Javellus comme exégète de S. Thomas dans la question de la relation finie," in *Philos. Perennis* (Symp.) I, 149-157.

6393. **Banez, D., O.P.** *Scholastica Commentaria in Summam Theol. S. Thomae.* Introd. general y edición por L. Urbano, O.P. Madrid (F.E.D.A.) 4 vol. 1934 ff.

6394. **Bersani, S., S.M.** "De mente Cardinalis Cajetani circa vim conclusionum quinque viarum," *D T P* XXXVI (1933) 429-434.

6395. **Breuer, A.** *Der Gottesbeweis bei Thomas und Suarez.* Freiburg i. Schw. (Paulus-Druckerei) 1929, viii-88 pp.

6396. **Cajetani, Thomae de Vio, Card.** *In 'De ente et essentia' D. Thomae Aq. commentaria.* Cura et studio M.H. Laurent, O.P. Torino (Marietti) 1934, xvi-260 pp.

6397. **Cajetani, Thomae de Vio, Card.** *Scripta Philosophica. Commentaria in Porphyrii Isagogen ad Praedic. Arist.* Marega, I., O.P. edit curavit . . . Romae (Coll. Angelico) 1934, lxxxiv-140 pp.

6398. **Cajetani, Thomae de Vio, Card.** *De nominum analogia. De conceptu entis.* Edit. curavit P. Zammit, O.P. Romae (Angel.) 1934, xix-112 pp.

6399. **Cajetani, Thomae de Vio, Card.** *Opuscula oeconomico-socialia.* Ed. curavit P. Zammit, O.P. Romae (Angel.) 1934, xii-189 pp.

6400. **Cajetani, Thomae de Vio, Card.** *Scripta Theologica.* Vol.

I: De comparatione auctoritatis Papae et Concilii cum Apologia ejusdem tractatus. Ed. curavit V.M. Pollat, O.P. Romae (Angel.) 1936, 353 pp.

6401. **Cichowski, H.** "Pologne," *D T C* XII, 2, (II: Les sciences sacrées en Pologne) col. 2470-2515. (Much information on Thomism in Poland in 16-18th c. One novelty was a versified *S.T.*: J.A. Bardzinski, *Breve compendium Summae Angelicae in versu summatum,* Warsaw, 1705.)

6402. **Claverie, A.F.** "Le commentaire de la Somme théologique," *Rev. Thom.* XVII (1934) 275-296. (On Cajetan's *Commentary.*)

6403. **Congar, M.J., O.P.** "Bio-bibliographie de Cajétan," *Rev. Thom.* XVII (1934) 3-49.

6404. **Congar, M.J., O.P.** "Le rôle des images dans l'abstraction intellectuelle selon Cajétan," *Rev. Thom.* XVII (1934) 225-245.

6405. **Cordovani, M., O.P.** "Il Gaetano e l'edizione Piana della Somma teologica," *Angel.* XI (1934) 561-567.

6406. **De Corte, M.** "Le concept de bonne volonté dans la morale kantienne," *Rev. de Philos.* XXXI (1931) 190-221.

6407. **Crisogono de Jesús Sacramentado, O.Carm.D.** "El Tomismo de S. Juan de la Cruz," *Mensajero de S. Teresa* VIII (1930) 270-276.

6408. **Daffara, M., O.P.** "Tommaso de Vio Gaetano interprete e commentatore della morale di S. Tommaso," in: *Il Card. Tommaso de Vio Gaetano nel quarto Cent. della sua morte.* (*R F N S* Suppl. al vol. XXVII) Milano (Vita e Pensiero) 1935, pp. 75-101.

6409. **Dalbiez, R.** "Les sources scolastiques de la théorie cartésienne de l'être objectif. A propos du 'Descartes' de M. Gilson," *Rev. d'Hist. de la Philos.* III (1929) 464-472. (Cf. *infra* no. 6426.)

6410. **Dalmau, J.M., S.J.** "S. Tomás i Kant," *Anal. Sac. Tarrac.* I (1925) 243-258.

6411. **Dempf, A.** *Das Unendliche in der mittelalt. Metaphysik und in der Kantischen Dialektik.* Köln, 1926.

6412. **Dentice di Accadia, C.** "Tomismo e Machiavelismo nella concezione politica di T. Campanella," *Giorn. Crit. Filos. Ital.* VI (1925) 1-16.

6413. **Derisi, O.N.** "El espiritu de dos filosofías. Realismo metafisico e idealismo racionalista (S. Tomás de Aq. y Renato Descartes)," *Estudios* LVII (1937) 469-514.

6414. **Descoqs, P., S.J.** "Thomisme et Suarézisme," *Arch. de Philos.* IV, 4 (1926).

6415. **Diebolt, J.** *La théologie morale catholique en Allemagne au temps du philosophisme et de la Restauration, 1750-1850.* Strasbourg (Le Roux) 1926, xxviii-362 pp. (On spread of Thomism in Germany.)

6416. **Febrer, M.** "Principio de moralidad kantiano comparado con el tomismo," *Levantinas* XII (1930) 12-20.

6417. **Feldman, J.** "Thomas v. Aq. in der modernen Philosophie," *Theol. u. Glaube* XVI (1924) 1-24.

6418. **Festugière, A.J., O.P.** "Studia Miranduiana. I: La formulation intellectuelle de Pic de la Mirandole," *A H M A* VII (1933) 143-177.

6419. **Folchieri, G.** "Filosofia e religione in S. Tommaso e G.B. Vico," in *Acta II Congr.* (Symp.) 489-493.

6420. **Forest, A.** "La conception de la substance chez Leibniz et la métaphysique thomiste," *R S P T* XII (1923) 281-307.

6421. **Fossati, L.** "Conoscenza e volontà nel Suarez," *Riv. di Filos.* XXI (1930) 29-57.

6422. **Garin, P.** *Thèses cartésiennes et Thèses thomistes.* Paris (Desclée) 1932, 179 pp.

6423. **Garrigou-Lagrange, R., O.P.** "La critique thomiste du 'Cogito' cartésien," in *Cartesio, nel terzo centenario del 'Discorso del Metodo'.* Milano (Vita e Pensiero) 1937, pp. 393-400.

6424. **Garrigou-Lagrange, R., O.P.** "S. Thomas et S. Jean de la Croix," *Vie Spirit.* XXV (1930) Suppl. 16-37.

6425. **Gilson, E.** "Descartes et la métaphysique scolastique," *Rev. de l'Univ. de Bruxelles* Dec. (1923); Jan. (1924).

6426. **Gilson, E.** *Etudes sur le rôle de la pensée médiévale dans la formation du système cartésien.* (Etudes de Philos. Méd. XIII Paris (Vrin) 1930, 336 pp.

6427. **Goergen, A.** *Die Lehre von der Analogie nach Kardinal Cajetan und ihr Verhältnis zu Thomas v. Aq.* Speyer (Pilger-Verlag) 1938, xviii-112 pp.

6428. **Grabmann, M.** "Die Stellung des Kardinals Cajetan in der Geschichte des Thomismus und der Thomistenschule," *Angel.* XI (1934) 547-560. Revised in: *Mittel. Geistesleben* (Münster, 1926) II, 602-613.

6429. **Gračanin, G.** *La personnalité morale d'après Kant. Son exposé, sa critique à la lumière du thomisme.* Préface de J. Maritain. Paris (Mignard) 1935, 178 pp.

6430. **Guinassi, E., O.P.** "S. Tommaso d'Aq. ed Em. Kant," *Scuola Catt.* LII (1924) 35-53.

6431. **Gunz, P., O.P.** "La dottrina di S. Giovanni della Croce e il Tomismo," *Vita Christiana* II (1930) 129-151; 218-234; 329-336; et seqq.

6432. **Heidingsfelder, H.** "Zum Unsterblichkeitsstreit in der Renaissance (Petrus Pompanatius st. 1525)," in *Aus d. Geisteswelt* (Symp.) 1265-1286. (On Cajetan, also.)

6433. **Horgan, J.** "Aspects of Cajetan's Theory of Analogy," *Irish Eccl. Rec.* LXXI (1935) 113-135.

6434. **Joannis a Sancto Thoma, O.P.** *Cursus Philosophicus Tho-*

misticus. Ed. B. Reiser, O.S.B. I: Logica, 1930, xviii-839 pp; II: Philos. Naturalis, 1933, xviii-888 pp; III: Philos. Naturalis, 1937, xvi-624 pp. Turin-Rome (Marietti) 3 vol.

6435. **Joannis a Sancto Thoma, O.P.** *Cursus Theologicus.* Opera et studio monach. Solesmensium O.S.B. I: 1931, cviii-560 pp; II: 1934, viii-646 pp; III: 1937, vi-688 pp. Paris-Tournai (Desclée) 3 vol.

6436. **Hugueny, E., O.P.** "S. Jean de la Croix et S. Thomas d'Aq.," *Bull. Thom.* VIII (1931) Notes et Comm. 8*-10*.

6437. **Jansen, J.L., C.SS.R.** "S. Alphonsus in systemate morali cum S. Thoma concors," in *Xenia Thom.* (Symp.) III, 441-448.

6438. **Keeskez, P.** *Das Problem der sittlichen Freiheit nach Spinoza und Thomas v. Aq.* Budapest, 1923, viii-110 pp.

6439. **Koyré, A.** *Descartes und die Scholastik.* Berlin, 1923.

6440. **Mahowald, G.H., S.J.** "Suarez: De Anima. (Sect. II: Differences of Opinion in Suarez and St. Thomas.)," *Proc. Jesuit Educ. Assoc.* (Chicago, 1931) 162-171. Reprinted in: *New Scholast.* VI (1932) 108-119.

6441. **Marcelo del Niño Jesús, O.Carm.D.** *El tomismo de S. Juan de la Cruz.* Burgos (Tip. de 'El Monte Carmelo') 1930, 205 pp.

6442. **Maritain, J.** *Le Songe de Descartes.* Paris (Corréa) 1932, xii-344 pp.

6443. **Marxuach, F., S.J.** "El antitomismo del P. Suárez," *Est. Ecles.* VI (1927) 429-432.

6444. **Masnovo, A.** "L'uomo di S. Tommaso e l'uomo di R. Cartesio," in *Cartesio* (Milan, 1937) pp. 577-580.

6445. **Massoulié, A., O.P.** *Méditations de S. Thomas sur les trois vies, purgative, illuminative et unitive, pour les exercices de dix jours, avec la Pratique des Méditations du même S. Thomas, ou Traité des vertus dans lequel les actes des principales vertus sont expliqués.* Ed. et introd. par F. Florand et P. Adam. Paris (Lethielleux) 1934, 524 pp. (First published in 1678 A.D.)

6446. **Masterson, E.** "The Metaphysics of Suarez and St. Thomas," *Irish Eccl. Rec.* Jan. (1924).

6447. **Messaut, J.** "L'immanence intellectuelle d'après Cajétan," *Rev. Thom.* XVII (1934) 193-224.

6448. **Morabito, G.** "L'essere e la causalità in Suarez e in S. Tommaso," *R F N S* XXXI (1939) 18-46.

6449. **Neveut, E., C.M.** "De la justification," *Rev. Apolog.* LIII (1932) 29-48. (Comparison of Suarez and St. Thomas.)

6450. **Oddone, A., S.J.** "La dottrina dell' analogia nell' opuscolo 'De nominum analogia' del Card. Gaetano," *R F N S* XXVII (1935) Suppl. 5-16.

6451. **Van den Oudenrijn, M.A., O.P.** "Mechithar Sebastenus Thomista Orientalis (1676-1749)," *Angel. VIII* (1931) 26-33. (Transl.

of a section of *Prima Pars* into Armenian.)

6452. **Parent, A.M.** "Le thomisme de S. Alphonse," *R U O* I (1931) 342-363.

6453. **Penido, M.T.L.** "Cajétan et notre connaissance analogique de Dieu," *Rev. Thom.* XVII (1934) 149-198.

6454. **Perez Goyena, A., S.J.** "El autor de dos libros teológicos seudónimos," *Est. Ecles.* IX (1930) 405-410. (Joachim Blanco, S.J., 1675-1731, anti-thomist, wrote under the pseudonym: Salvador J. Collados.)

6455. **Przywara, E., S.J.** "Thomismus und Molinismus," *Stimmen d. Zeit* CXXV (1933) 26-35.

6456. **Przywara, E., S.J.** *Kant heute. Eine Sichtung.* München-Berlin (Oldenbourg) 1930, vi-112 pp.

6457. **Przywara, E., S.J.** "Kantischer und thomistischer Apriorismus," *Philos. Jahrb.* XLII (1929) 1-24.

6458. **Przywara, E., S.J.** "Thomas oder Hegel? Zum Sinn der 'Wende zum Objekt'," *Logos* XI (1926) 1-20.

6459. **Raus, J.B., C.SS.R.** *La doctrine de S. Alphonse sur la vocation et la grâce en regard de l'enseignement de S. Thomas et des prescriptions du Code.* Lyon (Vitte) 1926, 129 pp.

6460. **Reiser, B., O.S.B.** "Ein beachtenswerter Brief von Johannes a S. Thoma," *Arch. Frat. Praed.* I (1931) 398-407. (How John understood St. Thomas on the Immac. Conception.)

6461. **Ribelles Barrachina, F. de P.** "El libro primero 'De justitia et jure' de Fray Domingo de Soto comparado con la 'Summa' de S. Tomás y el tratado 'De legibus' de Suarez," *Acad. Calasancia* XXXVIII (1929) 129-133; 183-187.

6462. **Robinson, L.** "L'immortalité spinoziste," *Rev. Metaph. Morale* XXXIX (1932) 445-469. (S. Thomas et Spinoza, pp. 465-468.)

6463. **Roland-Gosselin, M.D., O.P.** "Compte rendu de: B. Romeyer, 'S. Thomas et notre connaissance de l'esprit humain,' *Arch. de Philos.* VI, 2, 1928," *Bull. Thom.* VI, 2 (1929) 469-474.

6464. **Ryan, J.K.** "Aquinas and Hume on the Laws of Association," *New Scholast.* XII (1938) 366-377.

6465. **Ryan, J.K.** "John Norris: A Seventeenth Century English Thomist," *New Scholast.* XIV (1940) 100-145.

6466. **Salaville, S.** "Un thomiste à Byzance au XVe siècle, Gennade Scolarios," *Echos d'Orient* XXIII (1924) 129-136.

6467. **Siwek, P., S.J.** "Problema valoris in philosophia S. Thomae et Cartesii," *Gregor.* XVIII (1937) 518-533.

6468. **Teixidor, L.** "Suarez y S. Tomás. Notas criticas," *Est. Ecles.* XII (1933) 75-99; 199-227; 473-502; XIII (1934) 111-154; 262-286; XV (1936) 67-82.

6469. **Tellkamp, A.** *Das Verhältnis Lockes zur Scholastik.* (Albertus-Magn. Akad. 2) Münster (Aschendorff) 1927, viii-124 pp. (See pp. 8-83, on the Nominalistic Peripateticism taught at Oxford and Cambridge in 18th c.)

6470. **Torres Lopez, M.** "La doctrina de S. Tomás sobre la guerra justa y sus influencias en la de Francisco de Vitoria," *Anal. Fac. de Filos. y Letres, Univ. de Granada* (1929) 7-28.

6471. **Townsend, A.** "A Forgotten English Version of the *Adoro te* and the *Lauda Sion* of St. Thomas," *Dominicana* XV (1930) 5-11. (Verse transl. by R. Crashaw, 1613-1649.)

6472. **Vaccari, A.** "S. Tommaso e Lutero nella storia dell' esegesi," *Civ. Catt.* LXXXVI (1935) maggio, 561-575; giugno, 36-47.

6473. **Vanni Rovighi, S.** "La teoria della sostanza e la metafisica tomistica," in: *Spinoza nel terzo centenario della sua nascità.* (*R F N S* Suppl. XXV) Milano (Vita e Pensiero) 1934, pp. 7-20.

6474. **Vitoria, Francisco de, O.P.** *Commentarios a la Secunda Secundae de S. Tomás.* Ed. prep. por el R.P. Vicente Beltran de Heredia, O.P. (Bibl. de teol. españoles) Salamanca (Apartado 17) 1932-36, 5 vol.

6475. **Vitoria, Francisco de, O.P.** *Relecciones teologicas.* Ed. crit. con facsimil de codices y ediciones principes, variantes, version castellana, notas y introd. por el R. P. L. Getino, O.P. Madrid-Valencia (F.E.D.A.) 1933, 2 vol. xlviii-489 pp; xix-538 pp.

6476. **Wade, G.I.** "St. Thomas and Thomas Traherne," *Blackfriars* XII (1931) 666-673.

6477. **Wilms, H., O.P.** "Konrad Köllin als Thomaskommentator," *D T F* XV (1937) 33-42.

6478. **Willey, B.** *The Seventeenth Century Background. Studies in the Thought of the Age in Relation to Poetry and Religion.* London (Winches) 1934, viii-315 pp. (Chap. 1: on Rejection of Scholasticism; St. Thomas and the Philos. of Nature.)

6479. **Winance, E.** "La 'Philosophia thomistica' de Louis Babenstuber," *R N P* XXXVII (1934) 463-465. (Résumé d'une Dissert.)

6480. **Wright, D.** "Charles Lamb and St. Thomas Aq.," *Blackfriars* XIV (1933) 117 seqq.

6481. **Yepez, D., O.P.** *Sentimientos de S. Tomás de Aq. y de S. Alfonso de Ligorio sobre la entrada en religion.* Lima, 1924, 38 pp.

J—ST. THOMAS AND THE NINETEENTH AND TWENTIETH CENTURIES

6482. "L'accademia romana di S. Tommaso d'Aq. e i suoi nuovi atti," *Civ. Catt.* LXXXVI (1935) III, 251-263.

6483. "The Lesson of St. Thomas Aq.," *Colosseum* Feb. (1936)

6484. "Le mouvement thomiste en France depuis la fin de la guerre," *Nouv. Religieuses* X (1927) 385-386; et fasc. suiv.

6485. "Il P. Taparelli d'Azeglio e il rinnovamento della scolastica alla Collegio Romano," *Civ. Catt.* LXXVII (1926) 395-405; aprile,

28-37; 121-131; LXXVIII (1927) 107-121; 206-219; 397-412; agost. 193-205; LXXIX (1928) 304-318; novem. 215-229; dec. 396-411; LXXX (1929) 229-244; 422-433; aprile 31-42; giuglio, 126-134.

6486. **Adler, M.J.** *St. Thomas and the Gentiles.* (Aquinas Lect. 1938) Milwaukee (Marquette Univ. Press) 1938.

6487. **Anisio, P.** *A philosophia thomista e o agnosticismo contemporaneo.* Parahyba, Brazil (Impr. Official) 1929, iv-362-xx pp.

6488. **Aveling, F.** "St. Thomas and Modern Thought," in *St. Thomas-Cambridge-1924* (Symp.) 94-131.

6489. **Bandas, R.G.** *Contemporary Philosophy and Thomistic Principles.* Milwaukee (Bruce) 1932, viii-468 pp.

6490. **Baroni, A.** "L'attualità di S. Tommaso," *Studium* IV (1932) 459-476. (Old series, no. XXVIII.)

6491. **Bartolomei, T.** *Idealismo e realismo. L'idealismo contemporaneo italiano esaminato alla luce delle dottrine di S. Tommaso d'Aq.* Parte II e III: idealismo di B. Croce e G. Gentile. Torino (Marietti) 1932, 2 vol. xvi-620; xix-614 pp.

6492. **Baruzi, J.** (ed.) "J. Maritain et la renaissance du thomisme," chap. IX, pp. 196-204 in: *Philosophes et savants français du XXe siècle.* Vol. I: Paris (Alcan) 1926, 220 pp.

6493. **Billot, L. Card.** "S. Thomas et sa philosophie à l'époque actuelle," in *Acta Hebdom.* (Symp.) 9-27.

6494. **Bizzari, R., O.M.Cap.** *Il problema gnoseologico metafisico moderno di fronte alla filosofia tradizionale.* Firenze (Vallecchi) 1929, 374 pp.

6495. **Blanche, F.A., O.P.** "Le R.P. Peillaube, premier doyen de la Faculté de Philos. de l'Inst. Cath. de Paris," *Rev. de Philos.* XXXV (1935) 364-375.

6496. **Boudrault, H.** "L'enseignement de la philosophie dans nos collèges classiques," [en Canada] *Rev. Domin.* XLI (1935); reprod. en *Journées thomistes, I: Essais et Bilans.* Ottawa (Coll. Domin.) 1935, 244 pp.

6497. **Broeckaert, N.** "Het thomisme sedert 1914," in *S. Thomas-Bijdragen* (Symp.) 129-140. (Thomism in France and Belgium.)

6498. **Bruni, G.** "Agli Albori del neotomismo italiano, con pagine inedite," *Sophia* II (1934) 351-361. (On a work, probably by Fr. Segna, 1836-1911 opposing revival of Thomism.)

6499. **Castiglione, D.** "La psicologia neoscolastica del Card. Mercier," *Scuola Catt.* LXIV (1936) 366-382.

6500. **Ceriani, G.** *L'ideologia Rosminiana nei rapporti con la gnoseologia Agostiniano-Tomistica.* Milano (Vita e Pensiero) 1938, xi-388 pp.

6501. **Ceriani, G.** "Il movimento neo-scolastica in Italia," *Scuola Catt.* LX (1932) 161-176.

6502. **Ceriani, G.** "Religione e filosofia nel pensiero idealistico e nella gnoseologia tomistica," *R F N S* XXIX (1937) 16-43.

6503. **Charrière, F.** "Quelques témoignages de juristes modernes sur S. Thomas," *Nova et Vetera* II (1927) 426-428.

6504. **Chenu, M.D., O.P.** "Le R.P. Mandonnet," *Bull. Thom.* XII (1936) 693-697.

6505. **Contri, S.** *La filosofia scolastica in Italia nell' ora presente.* Bologna (Tip. Cuppini) 1931, 60 pp. *Idem. Opusculo secondo.* Bologna (Ed. C. Galleri), 1931, 68 pp.

6506. **Cordovani, M., O.P.** "Actualismus italicus et realismus S. Thomae," *Angel.* VIII (1931) 515-526.

6507. **Cordovani, M., O.P.** *L'attualità di S. Tommaso d'Aq.* Milano (Vita e Pensiero) 1924, 126 pp.

6508. **Culemans, J.B.** "The Modernity of the *Summa contra Gentiles,*" *Cath. Educ. Assoc. Bull.* XXXI (1924) 616-625.

6509. **D'Arcy, M.C., S.J.** "A Modern Form of Thomism," *Clergy Review* I (1931) 557-575. (On Maréchal and O'Mahoney.)

6510. **Denis-Boulet, N.M.** "A propos d'une critique du thomisme: Etude critique," *Rev. de Philos.* XXIX (1929) 204-210. (On: Compagnion, J. *Critique néo-scotiste du thomisme,* 1916.)

6511. **Descoqs, P., S.J.** "S. Thomas et le thomisme: J. Maritain, A.D. Sertillanges, M.C. D'Arcy, G. Bandas, R.L. Patterson, A. Hufnagel, G.M. Manser, L. Fuetscher (Etudes critiques)," *Arch. de Philos.* X (1930) 595-643.

6512. **Descoqs, P., S.J.** "Thomisme et Scolastique. A propos de M. Rougier," *Arch. de Philos.* V, 1 (1927) 176 pp. (Cf. *infra* no. 6630.)

6513. **Dingle, R.J.** "An English Critic of Thomism," *Month* CLVIII (1931) 8-17. (Dr. Crookshank on relation of soul and body.)

6514. **Dominguez, D.** "El Neoscolasticismo y la Compañia de Jesus," *Est. Ecles.* XIV (1935) 318-332; 540-554; XV (1936) 168-184.

6515. **Dorm,** "Zur Thomasjubiläum," *Rottenb. Monatschr.* IX (1924) 109-117.

6516. **Dwelshauvers, G.** "Tomisme y filosofies contemporanies," *Paraula Crist.* XL (1925).

6517. **Eklund, H.** *Evangelisches und Katholisches in Max Schelers Ethik.* (Dissert.) Uppsala (Almquist u. Wiksells) 1932, xx-314 pp.

6518. **Eröss, A.** "Die Herrlichkeiten der göttlichen Gnade. Scheebens Gnadenlehre in ihrer ersten Fassung," in *Scheeben-Heft das Coll. Germanicum-Hungaricum.* Roma, 1935, pp. 71-109.

6519. **Eröss. A.** "M.J. Scheeben, ein Mystiker der Neuscholastik," *Zeitschr. f. Asz. u. Mystik* XI (1936) 173-192.

6520. **Essertier, D.** "La psychologie néo-thomiste. E. Peillaube, G. Dwelshauvers," pp. 228-247 in: *Philos. et savants franç. du XXe* *siècle.* IV: Psychologie. Paris (Alcan) xii-251 pp.

6521. **Evans, V.B.** "Jacques Maritain," *Int. Journ. of Ethics* XLI Jan. (1931).

6522. **Evola, I.** "La scolastica dinanzi allo spirito moderno," *Bilychnis* XXVII (1926) 1-18. (On Rougier, *infra* no. 6630.)

6523. **Faggiotto, A.** "L'avvenire di tomismo," *Tradizione* IX (1936) fasc. 3.

6524. **Feckes, K., Grabmann, M., Münch, F. X., Pingsmann, W.,** und **Schmaus M.** *Matthias Joseph Scheeben, der Erneurer katholischer Glaubenswissenschaft.* Mainz (Matthias-Grünewald Verlag) 1935, 141 pp.

6525. **Fehr, J.** "Die Offenbarung als 'Wort Gottes' bei Karl Barth und Thomas v. Aq.," *D T F* XV (1937) 55-64.

6526. **Feldmann, J.** "Thomas v. Aq. und die Philosophie der Gegenwart," *Theol. u. Glaube* XVI (1924) offprint: 48 pp.

6527. **Forest, A.** "L'esprit de la philosophie thomiste. (I: Le thomisme devant le philos. contemporaine. II: L'harmonie des êtres. III: La vie de l'esprit. IV: L'humanisme de S. Thomas.)," *Rev. des Cours et Conf.* XXXIV (1933) I, 577-588; II, 13-23; 147-158; 357-370.

6528. **Forest, A.** "La formation intellectuelle de l'enseignement chrétien," *Bull. J. Lotte* VII (1936) 51-76.

6529. **Forest, A.** "La réalité concrète chez Bergson et chez S. Thomas," *Rev. Thom.* XVI (1933) 368-398.

6530. **Gagnebin, E.** "La restauration de la philosophie thomiste," *Rev. de Belle-Lettres* (1925-26) 39-63. (Swiss Non-Catholic comment on Thomism.)

6531. **Garrigou-Lagrange, R., O.P.** "Le R.P. Pègues," *Rev. Thom.* XIX (1936) 441-445.

6532. **Van Geerf, C.** "La actuación del Card. Mercier en el renacimiento tomista," *Cien. Tom.* XXXIII (1926) 434-440.

6533. **Geiger, L.B.** "Phénoménologie et Thomisme," *Vie Intell.* XVII (1932) 415-419.

6534. **Gemelli, A., O.F.M.** "Compiti e missione della neoscolastica italiana dopo venticinque anni di lavoro," in *Indirizzi e Conquiste* (Symp.) 1-20.

6535. **Gemelli, A., O.F.M.** *Il mio contributo alla filosofia neoscolastica.* (Univ. Catt. S.C., Filos. VIII) Milano (Vita e Pensiero) 1926, 85 pp. (Originally printed in: *Die Philos. in Selbstdarstellungen.* Leipzig, 1925.)

6536. **Gemelli, A., O.F.M.** "Le risposte egli errore dell' ex Rev. Saitta, G., professore di filosofia 'morale' nella Univ. di Bologna," *R F N S* XXVII (1935) 524-529.

6537. **Gemelli, A., O.F.M.** "Il significato filosofico del centenario della canonizzazione di S. Tommaso d'Aq.," *R F N S* XVI (1924) 86 pp.

6538. **Gemelli, A., O.F.M.** "Il significato del centenario di S. Tommaso," in *S. Tommaso d'Aquino* (Symp.) 22-40.

6539. **Giacon, C.** "Il secondo congressu tomistico internazionale," *Gregor.* XVIII (1937) 111-122.

6540. **Gillet, M.S., O.P.** "S. Thomas d'Aq. et la jeunesse des Ecoles," *Rev. d. Jeunes* XIV (1924) 506-523.

6541. **Gillet, M.S.** et **Périnelle, J.** "Le R.P. Lemonnyer," Introd. à *Notre vie divine.* Juvisy (Ed. du Cerf) 1936, pp. v-xvii; avec une annexe bibliog. par M. de Paillerets, pp. 419-432.

6542. **Gilson, E.** "Réalisme et méthode," *R S P T* XXI (1932) 161-186.

6543. **Gorce, M.M., O.P.** "Arintero (Juan Gonzales)," *Dict. de Spirit.* I, col. 855-859.

6544. **Gorce, M.M., O.P.** "Le néo-réalisme bergsonien-thomiste," *Sophia* III (1935) 35-47; 145-160.

6545. **Gorce, M.M., O.P.** "Prado (Norberto del)," *D T C* XII, col. 2774-2775.

6546. **Graber, H.** "Die Thomistische Theologie Frankreichs und Deutschlands," *Abendland* Feb. (1929).

6547. **Grabmann, M.** "The Influence of Mediaeval Philosophy on the Intellectual Life of Today," *New Scholast.* III (1929) 24-56.

6548. **Gredt, J., O.S.B.** "Bewegung, Zeit und Raum in der Einstein'schen Relativitätstheorie. Eine prüfende Untersuchung nach arist.-thomist. Grundsätzen," *D T F* II (1924) 432-446.

6549. **Gredt, J., O.S.B.** "Theoria relativitatis Einsteiniana philosophice excussa secundum principia arist.-thomist." in *Acta I Congr.* (Symp.) 105-120.

6550. **Guinassi, E., O.P.** "L'idealismo di S. Tommaso," *D T P* XXVIII (1925) 720-734.

6551. **Häfele, G.** "Constantin von Schäzler über die Mission des hl. Thomas für unsere Zeit," in *Aus d. Geisteswelt* (Symp.) 759-778.

6552. **Harmignie, P.** "La carrière scientifique de M. le Prof. De Wulf," in *Hommage à M. De Wulf* (Symp.) 39-66.

6553. **Herke, K.H.** "Goethe und Thomas v. Aq.," in *Aehren aus der Garbe.* Kleines Jahrb. des Matthias-Grünewald-Verlages zu Mainz, für 1925. Wiesbaden (Rauch) 1925, pp. 124-131.

6554. **Von Hornstein, X.** "Die Geistesfreiheit des hl Thomas v. Aq. und unsere Geistesfreiheit," *Schweizer. Kirchenzeitung* CV (1937) 69-71.

6555. **Hugon, E., O.P.** "*S.* Thomas magister pietatis," *Angel.* III (1926) 79-84.

6556. **Jaccard, P.** "L'inutile paradoxe des néo-scolastiques," *Rev. de Genève* août (1927) 142-161. (By a Swiss Non-Catholic.)

6557. **Jaccard, P.** "La renaissance thomiste dans l'Eglise. Du Card. Mercier à M. J. Maritain," *Rev. de Théol. et Philos.* XV (1927) 134-161.

6558. **Jansen, B., S.J.** "Die Eigenart des Aquinaten und unsere Zeit," in *Wege der Weltweisheit.* Freiburg (Herder) 1924, pp. 98-124.

6559. **Jolivet, R.** "Le congrès international de philosophie thomiste de Prague, octobre 6-8, 1932," *Rev. Thom.* XVI (1933) 75 seqq.

6560. **Jolivet, R.** "L'intuition intellectuelle de Bergson considerée du point de vue thomiste," in *Sbornik Mezin. Thomist.* (Symp.) 173-187.

6561. **Jolivet, R.** "Thomisme et Bergsonisme," *Studia Cath.* XIII (1937) 43-60.

6562. **Journet, C.** "Chronique de philosophie," *Nova et Vetera* II (1927) 406-421. (Survey of Swiss Non-Catholic interest in Thomism and the lectures by J. Maritain, in Geneva, 1923-25.)

6563. **Jules-Bois, H.A.** "St. Thomas Aq. Apostle for our Time," *Cath. World* CXXXVII (1933) 305-312.

6564. **Koepgen, G.** *Die neue kritische Ontologie und das scholastische Denken. Ein metaphysisch-theologischer Umriss der Tragweite des religiösen Erkennens.* Mainz (Kirchheim) 1928, 138 pp.

6565. **Kowalski, K.** *Filozofja Augusta hr. Cieszkowskiego w swielle zasad filozofji sw. Tomasza Ak. Studjum porownawcze.* Poznan (Ksiegarnia sw. Wojciecha) 1929, 246 pp.

6566. **Kowalski, C.** "Metaphysica thomistica et aspirationis mentis modernae sive metaphysicae thomismi ad tendentias philosophiae modernae relatio," in *Sbornik Mezin. Thomist.* (Symp.) 53-68.

6567. **Lamarche, M.A., O.P.** "La jeunesse intellectuelle et la philosophie thomiste," *Le Devoir* (Montréal) 19 oct. 1934; reprod. dans *Document. Cath.* XXXII (1934) 893-895. (Allocution à l'Acad. S. Thomas d'Aq., Québec.)

6568. **Lamarche, M.A., O.P.** "La renaissance thomiste chez les laïcs," in *S. Thomas-Etudes-Ottawa* (Symp.) 78-100.

6569. **Landy, Z.** "Dlaczego sw. Tomasz?" *Prad* XIX (1930) 301-309.

6570. **Lanna, D.** "La scuola tomistica di Napoli. Appunti per la storia del movimento neoscolastico italiano," *R F N S* XVII (1925) 385-395.

6571. **Laurent, M.H., O.P.** "Le R.P. Mandonnet," *Rev. Thom.* XIX (1936) 157-163.

6572. **Leone, N.** *Due centenarii: S. Tommaso d'Aq. ed Em. Kant.* Napoli (Iazzeta) 1924, 40 pp.

6573. **Limoges, R.** "L'enseignement de la théologie thomiste: La morale," *Rev. Domin.* juillet (1935) ; reprod. dans *Journées thomistes. I Essais et Bilans.* Ottawa (Coll. Domin.) 1935, 244 pp.

6574. **Loewenberg, J.** "Fifty Years of St. Thomas," *Commonweal* XI (1930) 272-274.

6575. **Luc-Verus,** *Verités sur les Jésuites.* Paris (Silvin) 1936, 46 pp. ("Les Jésuites contre S. Thomas," pp. 18-28.)

6576. **Luyten, N.** "De thomistische studiedagen te Leuven," *Studia Cath.* XII (1936) 36-39.

6577. **Maréchal, J., S.J.** *Le thomisme devant la philosophie critique.* Louvain-Paris (Alcan) 1926.

6578. **Maréchal, J., S.J.** "Phénoménologie pure, ou philosophie de l'action," in *Philos. Perennis* (Symp.) I, 377-400.

6579. **Maritain, J.** "A propos des Cahiers du R.P. Maréchal," *Rev. Thom.* XXIX (1924) 416-425.

6580. **Maritain, J.** "De quelques conditions de la renaissance thomiste," in *Antimoderne.* Paris (Ed. Rev. d. Jeunes) 1922, pp. 113-156. (Conf. à L'Inst. Sup. de Philos. de Louvain, le 26 janvier, 1920.)

6581. **Maritain, J.** *La philosophie bergsonienne. Etudes critiques.* 2me éd. rev. et augm. Paris (Rivière) 1930, lxxxvi-468 pp; 3me éd. Paris (Desclée) 1931.

6582. **Maritain, J.** *Réflexions sur l'intelligence et sur sa vie propre.* Paris (Desclée) 1931.

6583. **Maritain, J.** "S. Thomas apôtre des temps modernes," *Rev. d. Jeunes* XIV (1924) 461-505. Also in: *Xenia Thom.* (Symp.) I, 65-85.

6584. **Maritain, J.** "Der hl. Thomas v. Aq. als Apostel unserer Zeit," *Das Siegel* II (1926) 4-33.

6585. **Maritain, J.** "Le thomisme et la crise de l'esprit moderne," in *Acta Hebdom.* (Symp.) 55-79.

6586. **Maritain, J.** "S. Tomás y Henri Bergson en los estilos de la ética," *Columna* (Buenos Aires) VIII (1937) 66-67.

6587. **Maritain, J.** "Scholastická filosofie a matematická fysika. Nekolik slovk descartovské revoluci," in *Svaty Tomas* (Symp.) 76-88.

6588. **Masnovo, A.** "Il neotomismo in Italia dopo il 1870," *R F N S* XVI (1924) 97-108.

6589. **Masnovo, A.** *Il Neo-Tomismo in Italia. Origini e prime vicende.* Milano (Vita e Pensiero) 1923, 245 pp.

6590. **Masnovo, A.** "La novità di S. Tommaso d'Aq.," in *S. Tommaso d'Aquino* (Symp.) 41-50.

6591. **Mazzantini, C.** "Attualità e ittalianità di S. Tommaso d'Aq. filosofo," *Convivium* I (1929) 417-430.

6592. **Mazzone, G., C.M.** "Scolasticismo e tomismo," *Giorn. Dantesco* XXVIII (1925) 50-51.

6593. **Michalski, K.** "Tomizm wobec wspólczesnej filozofji dziejów," in *Magister Thomas* (Symp.) 1-31.

6594. **Von Mittel, V.** "La fenomenologia y el tomismo," *Contemporanea* VIII (1935) 365-367.

6595. **Mönius, G.** "J. Maritain über Thomas v. Aq. als 'Apostel unserer Zeit'," *Schönere Zukunft* II (1928) 837 seqq.

6596. **Montserrat, A.** "José Vasconcelos contre S. Thomas d'Aq.," *Rev. de l'Amer. Latine* (1926) 270-276.

6597. **De Munnynck, V.M., O.P.** *L'anti-intellectualisme contemporain.* Lectiones acad. habitae apud Pontif. Inst. 'Angelicum'. Series I. Rome (Angel.) 1936, pp. 45-61.

6598. **Naddeo, P.** *Modernità, attualità, italianità di S. Tommaso d'Aq.* (Discorso) Salerno (Di Giacomo) 1933, 30 pp.

6599. **Noël, L.** "De heropleving van het thomisme," in *S. Thomas-Bijdragen* (Symp.) 114-128.

6600. **Noël, L.** "L'oeuvre de M. De Wulf," in *Hommage à M. De Wulf* (Symp.) 11-38.

6601. **Noël, L.** "Les progrès de l'épistémologie thomiste," *R N P* XXXIV (1932) 429-448.

6602. **Olgiati, F.** "Italian Neo-Scholasticism and its Relations to other Philosophical Currents," in *Present-Day Thinkers* (Symp.) 276-300.

6603. **Olgiati, F.** "La néo-scolastique italienne et ses caractéristiques essentielles," *Rev. de Philos.* XXXV (1935) 33-56.

6604. **Olgiati, F.** "Il problema della conoscenza nella scolastica italiana," in *Indirizzi e Conquiste* (Symp.) 43-160.

6605. **Olgiati, F.** "Il Tomismo e la sue relazione con le altre correnti della filosofia cristiana," *R F N S* XXIV (1932) fasc. 4.

6606. **O'Meara, W.** "John Dewey and Modern Thomism," in *Maritain-Thomist* (Symp.) 308-318.

6607. **Padovani, U.** "Il neotomismo italiano," *Scuola Catt.* LXIII (1935) 44-55.

6608. **Perrier, P.** "Spiritualité du clergé canadien," *Rev. Domin.* XLI (1935); reprod. in *Journées thomistes. I Essais et Bilans,* Ottawa, 1935.

6609. **Petrone, R., C.M.** "La relatività d'Einstein e la metafisica," *D T P* n.s. II (1925) 105-118.

6610. **Picard, N.** "De valore specierum intellectualium in cognitione sensibili juxta principia P. Gabrielis Picard, S.J.," *Antonianum* X (1935) fasc. 2.

6611. **Piket, T.** "Verslag van de tweede algemeene vergadering der vereeniging voor thomistische wijsbegeerte," *Studiën* CXXV (1936) 148-151.

6612. **Pirotta, A.M., O.P.** "Zamboni, Kant und S. Thomas," *D T F* III (1925) 185-204.

6613. **Prevost, J.** "L'avenir de S. Thomas d'Aq.," *Europe* (Paris) 15 janv. (1927) 130-133. (By a Swiss Non-Catholic scholar.)

6614. **Przywara, E., S.J.** "Thomas v. Aq. und die geistigen Grundmotiven der Gegenwart," in *Sbornik Mezin. Thomist.* (Symp.)

6615. **Przywara, E., S.J.** "Thomas und Hegel," pp. 930-957 in: *Ringen der Gegenwart.* Augsburg (B. Filser) 1929, xii-985 pp.

6616. **Przywara, E., S.J.** "Tragische Seele? Eine Betrachtung zum Thomasjubiläum," *Stimmen d. Zeit* CVI (1924) 32-45.

6617. **Pusinieri, G.** "Disegno di uno scritto di Rosmini su S. Tomaso d'Aq.," *Riv. Rosmin.* XVIII (1924) 23-36.

6618. **Raby, J.** "Contemporary Thought and St. Thomas," *Dublin Rev.* CLXXII (1923) 252-266.

6619. **Raby, J.** "St. Thomas and Relativity," *Dublin Rev.* CLXXV (1924) 222-246.

6620. **Raby, J.** "St. Thomas and Scientific Thought," *Dublin Rev.* CLXXVII (1925) 86-99.

6621. **Reinhardt, K.F.** "Husserl's Phenomenology and Thomistic Philosophy," *New Scholast.* XI (1937) 320-331.

6622. **Reymond, A.** "Philosophie scolastique et problèmes actuels," *Rev. de Théol. et Philos.* XIV (1926) 125-142.

6623. **Robert, A.** "L'actualité de la philosophie thomiste," *Canada Franç. avril* (1924) 565-584.

6624. **Rochenbach, M.** *Katholisches Frankreich. (Maritain Führer der Thomismus.)* München-Gladbach (Orplid-Verlag) 1926.

6625. **Rohner, A., O.P.** "Thomas v. Aq. oder Max Scheler," *D T F* I (1923): "Ethik der Vorbilder," pp. 250-274; "Das Ebenbild Gottes," pp. 329-355; "Die Wertethik und die Seinsphilosophie," *Ibid.* II (1924) 55-83; 257-269; "Individuum und Gemeinschaft," *Ibid.* III (1925) 129-144; 282-298.

6626. **Romanowski, H.** "Aktualność filosofja tomistycznej," *Przegl. Katolicki* (1931).

6627. **Romanowski, H.** *Nowa Filosofja. Studjum o Bergsonizmie.* Lublin, 1929, 192 pp.

6628. **Rossi, P.** "La cosmologia di S. Tommaso in rapporto alle scienze moderne," in *S. Tommaso d'Aquino* (Symp.) 247-279.

6629. **Rostworowski, J., S.J.** "W sprawie 24 tez tomistycznych," *Aten. Kaplanskie* XX (1927) 60-75.

6630. **Rougier, L.** *La Scolastique et le Thomisme.* Paris (Gauthier-Villars) 1925, xliii-812 pp.

6631. **Rougier, L.** "Le Thomisme et la critique sympathique de M. Gilson," *Mercure de France* CCXXXI (1931) 340-370.

6632. **Ryan, J.H.** "The New Scholasticism as a Contemporary Philosophy," in *Proc. Sixth Intern. Congr. of Philos.* N.Y. (Longmans) 1927, 622-628.

6633. **Sartiaux, F.** "Le thomisme est-il une philosophie rationelle?" *Rev. d'Hist. Phil. Relig.* (1927) 365-376. (On Rougier, *supra* no. 6631.)

6634. **Sato, F.X.S.** "Die Aristotelisch-Scholastische Denkrichtung in Japan," in *Philos. Perennis* (Symp.) I, 401-409.

6635. **Schaezler, C. von,** "Das Prinzip der christlichen Ethik," (ed. G. Haefele) *D T F* XIII (1935) 23-40; 167-186; 290-304; 400-424. (Originally written before 1880 A.D.)

6636. **Schultes, R., O.P.** "Der hl. Thomas v. Aq. nach Fr. Heiler," *D T F* IV (1926) 147-156. (Critique of: Heiler, *Der Katholizismus*, München, 1923, pp. 112-125.)

6637. **Schwertner, T.M., O.P.** "Lay Thomists," *Commonweal* XVIII (1932).

6638. **Sella, N., X.** (a pseudonym) e **Bozzetti, G.** "Rosmini e S. Tommaso non possono andare d'accordo," *Riv. Rosmin.* XXVI (1932) 50-56.

6639. **Sénécal, W.** "L'enseignement du thomisme au Canada," *Rev. Domin.* XLI (1935) 6 seqq. Reprod. in *Journées thomistes. I Essais et Bilans*, Ottawa, 1935.

6640. **Sertillanges, A.D., O.P.** "S. Thomas d'Aq. homme du temps présent," *R S P T* XIX (1930) fasc. 4.

6641. **Shepperson, Sister M.F.** *Comparative Study of St. Thomas Aq. and Herbert Spencer.* Pittsburgh (Univ. Press) 1923, 85 pp.

6642. **Smith, I., O.P.** "Recent Studies in St. Thomas," *Eccles. Review* LXXXI (1929) 410-423.

6643. **Solages, B. de,** "La procès de la scolastique," *Rev. Thom.* X (1927) 317-333; 383-404; 473-496. (On Rougier, *supra* no. 6630.)

6644. **Solana, M.** "A postilla de Menéndez y Pelayo a los 'Estudios sobre la filosofia de S. Tomás' por el R.P. Ceferino González," *Bol. Bibl. Men. Pelayo* X (1928).

6645. **Solari, G.** "Rosmini inedito," *Riv. di Filos.* XXVI (1935) 98-145. (On an incomplete work by Rosmini, *De D. Thomae Aq. studio apud recentiores theologos instaurando,* written 1819-1824.)

6646. **Spiess, E.** "Die philosophischen Theorien Oswald Spenglers im Lichte der thomistischen Metaphysik," *D T F* I (1923) 51 seqq.

6647. **Steffes, J.P.** "Thomas v. Aq. und eine Bedeutung für die Gegenwart," *Hochland* XXII (1924-25) fasc. 1, 44-48; fasc. 2, 216-232.

6648. **Stein, E.** "Husserls Phänomenologie und die Philosophie des hl. Thomas v. Aq. Versuch einer Gegenüberstellung," pp. 315-338 in: *Festschrift E. Husserl.* Halle (Niemeyer) 1929, 370 pp.

6649. **Steiner, R.** "Der Thomismus der Gegenwart," *Die Drei* VI (1927) 702-728.

6650. **Suchomel, P., C.SS.R.** "Obroda tomismu v nové dobe," in *Svaty Tomas* (Symp.) 111-117.

6651. **Talamo, S.** *Il rinnovamento del pensiero tomistico e la scienza moderna. Discorsi tre.* 3a ediz. Roma (Pustet) 1927, 119 pp. (Originally delivered 1874-76.)

6652. **Thiel, M., O.S.B.** "Die phänomenologischen Lehre von der Anschauung im Lichte der thomistischen Philosophie," *D T F* I (1923) 165-192.

6653. **Thompson, P.** "Is Thomism an Acosmic System?" *Sobornost* Dec. (1936). (Reply to an art. by Zander, of the new Russian School of theology.)

6654. **Tusquets i Terrats, J.** "El Card. Joan-Tomás de Boxadoro i la seva influencia en el renaixement del Tomisme," *Anuari Soc. Catal. de Filos.* I (1923) 243-304.

6655. **Urbano, L., O.P.** "Einstein y S. Tomás. El concepto relativista del espacio y la doctrina del Angelico Doctor," in *Miscel. Tomista* (Symp.) 97-154.

6656. **Urbano, L.** "Einstein y S. Tomás. Las teorias relativistas acerca del tiempo y las doctrinas del Angelico Doctor," *D T P* II (1925) 26-64; 667-719.

6657. **Useničnik, A.** "Sv. Tomasz Ak. in nasa doba," *Casopis Katol. Duchov.* XIX (1924-25) 197-214.

6658. **Vann, G., O.P.** *On Being Human: St. Thomas and Mr. Aldous Huxley.* N.Y. (Sheed & Ward) 1934, vii-110 pp.

6659. **Varano, F.S.** *Vincenzo de Grazia.* Napoli (Perrella) 1931, 107 pp. (Italian Thomism in 19th c.)

6660. **Velisek, P.** "[Thomism in England: in Polish]" *Casopis Katol. Duchov.* LXX (1929) nn. 7-8.

6661. **Verda, Sister Mary,** *New Realism in the Light of Scholasticism.* N.Y. (Macmillan) 1926, 204 pp.

6662. **Vilatimo, M.** "S. Tomàs i les Universitats espanyoles," *Missatger del S. Cor de Jesus* mar. (1923).

6663. **Warrain, F.** "Rationalisme et thomisme. Examen des critiques de M. L. Rougier," *Rev. Thom.* XIII (1930) 374-400; XIV (1931) 94-130. (Cf. *supra* no. 6630.)

6664. **Windischer, H.** *Franz Brentano und die Scholastik.* (Philos. u. Grenzwiss. VI, 6) Innsbruck (Rauch) c. 1934.

6665. **Woroniecki, J., O.P.** "[The value of the speculative aspects of Thomism: in Polish]" *Przegl. Teol.* VIII (1927) 27-42.

6666. **De Wulf, M.** "Card. Mercier, Philosopher," *New Scholast.* I (1927) 1-14.

6667. **Wust, P.** "Die Offensive der Scholastik in der Philosophie der Gegenwart," in: *Im Schritte der Zeit.* (Sonntagsbeilage der *Kölnischen Volkszeitung,* n. 67, 28 Februar) Köln, 1926.

INDEX I

PROPER NAMES OF AUTHORS AND PERSONS MENTIONED IN TITLES

*All references are to serial numbers; italicized numbers indicate names mentioned within titles, also editors and translators.**

* It will be helpful to note that major categories of the *Bibliography* have been assigned to different thousands, as follows: *Life and Works* — one thousand; *Philosophy* — two and three thousand; *Theology* — four and five thousand; *Relations* — six thousand.

INDEX II

Anonymous Works

Numerals refer to serial numbers, not to pages.